ÉMILE MICHEL

Les Maîtres
Du Paysage

Hachette & Cie

LES MAITRES
DU PAYSAGE

PARIS, IMPRIMERIE LAHURE.

ÉMILE MICHEL
MEMBRE DE L'INSTITUT

LES MAITRES
DU PAYSAGE

OUVRAGE CONTENANT
CENT SOIXANTE-DIX REPRODUCTIONS DANS LE TEXTE
ET QUARANTE PLANCHES HÉLIOGRAVURE

PARIS
LIBRAIRIE HACHETTE ET Cie
79, BOULEVARD SAINT-GERMAIN, 79

1906

DAUBIGNY. — L'ÉTANG.
Musée du Louvre. (Phot. Neurdein.)

AVANT-PROPOS

J. CAZIN. — LE MOULIN A VENT.

Le titre même de ce livre dit assez qu'il ne faut pas y chercher une histoire complète de la peinture de paysage. Mais si l'étendue de cette histoire dépassait singulièrement les proportions de ce volume, j'ai essayé, du moins, de donner quelque idée de l'ordre suivant lequel sont apparus les différents maîtres qui y figurent et de l'importance relative qu'il convient d'attribuer à chacun d'eux. N'ayant à parler ici que de ceux qui ont excellé, je devais cependant, ne fût-ce que sommairement, montrer, selon la suite des temps, d'où ils viennent et mettre autant que possible en lumière, non seulement ce qui fait leur mérite propre, mais aussi l'action qu'ils ont pu exercer sur le développement de leur art. Cette succession chronologique m'était d'ailleurs imposée par mon sujet lui-même. Rationnelle et commode pour l'exposé des faits,

AVANT-PROPOS.

elle dérive ici de l'étude même de ces faits, l'éclosion et le développement de la peinture de paysage ne s'étant pas produits simultanément, mais bien tour à tour, dans les diverses écoles, suivant les modifications qu'en se déplaçant ce genre a subies, suivant aussi l'aptitude des races ou le génie des maîtres dont la supériorité s'y est manifestée.

C'est aux temps modernes que commence notre étude. L'imitation de la nature n'ayant joué dans l'antiquité qu'un rôle très effacé, celle-ci ne compte pas, à vrai dire, de maîtres du paysage. En Grèce, l'anthropomorphisme de la religion se retrouve dans la littérature comme dans l'art, et c'est à peine si parmi les œuvres de la statuaire de la grande époque on pourrait relever çà et là un fragment de rocher, un tronc d'arbre autour duquel s'enlace un lierre ou un cep de vigne. Bien que le paysage occupe parfois une place assez importante dans les peintures des villas romaines ou campaniennes, il y reste toujours purement décoratif, et les éléments pittoresques qui s'y trouvent réunis semblent associés comme au hasard. Il ne faut pas oublier d'ailleurs que ce ne sont là que des travaux secondaires et anonymes dont l'exécution facile dénote une certaine habileté, mais n'a rien à voir avec cette interprétation intime de la nature dans laquelle tous les détails profitent à l'aspect d'une œuvre et en fortifient l'impression.

Nous ne parlerons pas davantage, au surplus, de la façon dont la peinture de paysage a été comprise et pratiquée dans l'Extrême-Orient. Si dans les albums japonais, particulièrement dans ceux d'Hokousaï, les motifs les plus variés sont rendus avec une vive et piquante concision, il faut convenir que, sauf les différences d'une dextérité plus ou moins grande, ces ébauches assez sommaires, tracées avec une légèreté spirituelle, mais dépourvues de modelé, dérivent de formules pareilles. Pour charmantes qu'elles soient, elles ne montrent jamais ce caractère d'originalité personnelle, ni cette riche diversité de sentiment que nous admirons chez nos maîtres de l'Occident. C'est donc à ceux-ci que nous nous bornerons.

On ne s'étonnera pas que parmi eux nous ayons fait une assez large part à des peintres qui n'ont pas été exclusivement paysagistes et que, à côté de Claude, de Ruisdael, de Constable, de Corot, de Rousseau et de

AVANT-PROPOS.

Daubigny, plusieurs grands artistes qui ont pratiqué tous les genres, comme les Van Eyck, le Titien, Dürer, Poussin, Rubens, Rembrandt et Velazquez, aient trouvé dans ce volume la place qui leur était due, à raison du talent avec lequel ils ont interprété la nature et exprimé ses beautés. Afin de les mieux comprendre, c'est à la fois dans leurs œuvres et dans les pays où ils ont vécu que j'ai étudié tous ces artistes, cherchant à relever quels traits vraiment significatifs ils en ont rendus et la sincérité plus ou moins grande qu'ils ont mise dans leurs traductions. On ne goûte pleinement Claude et Poussin qu'après avoir vu l'Italie, et si différents qu'ils soient l'un de l'autre, on peut s'y convaincre que c'est bien la même nature qui les a inspirés tous deux. De même, à chaque pas, en Hollande, on découvre les humbles motifs dont van Goyen, Ruisdael, Paul Potter et Adrien van de Velde nous ont donné de si fidèles et si poétiques images. En revivant avec eux, dans les contrées où s'est formé leur talent, il m'est arrivé plus d'une fois de retrouver leurs stations familières et la place même où ils s'étaient assis.

Pour ce qui concerne l'époque moderne, c'est un privilège peu enviable de mon âge que d'avoir approché la plupart des paysagistes qui ont illustré notre école au XIXe siècle. Quelques-uns des détails que je donne sur eux, sur leur carrière, sur l'idée qu'ils se faisaient de leur art, c'est de leur bouche que je les tiens, ou c'est en questionnant leurs amis et leurs proches que j'ai pu les recueillir. Il m'a paru cependant que, pour apprécier avec quelque impartialité les artistes de notre temps, un certain recul était nécessaire, et la prudence autant qu'un légitime souci de l'équité me commandaient de ne parler ici que des morts.

Quant aux illustrations de ce livre, j'ai de mon mieux cherché à leur donner toute la variété que comportait mon sujet. A côté des chefs-d'œuvre qu'a consacrés l'admiration et que par conséquent je ne pouvais omettre, je me suis efforcé de réunir dans ce volume des reproductions d'œuvres remarquables, mais moins connues, particulièrement de celles qui ont quitté l'Europe pour passer en Amérique. J'y ai joint quelques fac-similés de dessins originaux faits par les maîtres, soit d'après nature, soit en vue de la préparation de leurs tableaux, et aussi des copies photographiques de gravures et de lithographies faites par eux, ou d'après eux par d'autres artistes. C'est pour moi un devoir de remercier à cette occasion tous ceux qui par leurs libérales communications ont facilité ma tâche, notamment MM. Scheltema et Holkema d'Amsterdam; M. Hanfstaengl de Munich; MM. les directeurs des Graphischen Künste de Vienne; en Amérique, MM. John La Farge et F. Jaccaci; à Londres, Sir Poynter, directeur de la National Gallery; à Berlin, MM. les conseillers W. Bode, directeur général des musées, et F. Lippmann, le regretté conservateur du cabinet des estampes; à La Haye, M. le Dr A. Bredius, conservateur du musée royal de peinture; à Paris, Mmes L. Belly, C. Bernier et J.-C. Cazin, MM. Henri de Curzon, Maurice et Rodolphe Kann, Montaignac et Warneck. Une fois de plus je suis heureux d'exprimer toute ma gratitude à MM. J. P. Heseltine et L. Bonnat, qui avec la plus amicale prévenance m'ont permis de puiser très largement dans leurs magnifiques collections de dessins.

Est-il besoin d'ajouter que, dans mes appréciations d'œuvres d'artistes contemporains, je me suis appliqué à une entière sincérité. Une longue pratique des musées et des principales collections, publiques ou privées, de l'Europe, et par suite des comparaisons fréquentes d'œuvres très dissemblables n'ont fait que développer en moi le besoin inné de concilier entre elles les admirations les plus diverses et de reconnaître le talent partout où il se trouve.

RUISDAEL. — ÉTUDE D'APRÈS NATURE.

LE TITIEN. — PAYSAGE AVEC TOUR.
(Collection de M. Léon Bonnat.)

CHAPITRE I

LES MAITRES DU PAYSAGE EN ITALIE

I. PREMIÈRE APPARITION DU PAYSAGE DANS L'ART CHRÉTIEN : LES MOSAÏQUES ET LES MINIATURES. — GIOTTO. — LES MAITRES DE L'OMBRIE. — LÉONARD DE VINCI. — RAPHAEL. — LE CORREGE. — LA DÉCADENCE ET LES CARRACHE. — II. LE PAYSAGE DANS L'ÉCOLE VÉNITIENNE. — G. BELLINI. — MARCO BASAITI. — LE GIORGIONE. — LE TITIEN. — CANALETTO.

I

L. DE VINCI. — ÉTUDE D'ARBRE
Dessin à la plume. (Bibl. de Windsor.)

L'APPARITION du paysage dans l'art chrétien a été très tardive et son rôle devait pendant longtemps rester fort effacé. Nous n'avons pas à parler ici de ses humbles commencements : quelques traits suffiront à montrer la gaucherie de ses premiers essais et la lenteur qu'il a mise à se développer.

Dans les mosaïques comme dans les miniatures primitives, les éléments pittoresques empruntés à la nature tiennent de bonne heure, il est vrai, une place considérable, mais ces éléments purement décoratifs sont reproduits d'une façon si rudimentaire que ceux qui s'appliquent à les représenter croient prudent de placer à côté de leur figuration les noms des objets dont ils ont voulu nous donner l'image.

C'est ainsi que dans *le Baptême du Christ*, du Baptistère des Orthodoxes à Ravenne, le cours d'eau, dans lequel le Christ plonge jusqu'à la ceinture, est indiqué à la fois par des stries parallèles simulant les flots, par une divinité fluviale appuyée sur son urne, et par le nom du Jourdain écrit au-dessus de sa tête.

Dans la longue et profonde obscurité qui s'étend ensuite sur le monde, les premiers symptômes de rénovation sont si rares et si effacés qu'on a peine à les distinguer des ruines laissées par les civilisations disparues.

Il semble même que, pendant les luttes sanglantes qui désolent ces siècles de barbarie, l'art fût sur le point de sombrer complètement, jusqu'à ce que des croyances à la fois plus élevées et plus humaines vinssent enfin succéder au formalisme étroit et farouche des époques précédentes.

La nature, longtemps considérée comme une ennemie, découvre ses beautés à l'âme tendre et ardente d'un saint François (1182-1226). Au fond des solitudes vers lesquelles il est attiré, Dieu lui parle, et dans les moindres créatures il reconnaît l'ouvrage du Créateur. Il aime les fleurs, les bois, les fontaines, le ciel, la lumière du soleil, et il les célèbre en des accents émus que le monde n'avait pas encore entendus.

Ainsi que le remarque Ozanam[1], la basilique d'Assise, tombeau vénéré du saint, allait devenir le berceau d'un art nouveau. C'est à Assise, en effet, que Giotto (v. 1267-1337) frayait à la peinture des voies jusque-là inexplorées. Sans doute, le paysage ne joue qu'un rôle très secondaire dans ses œuvres et le retour à l'observation directe de la nature s'y manifeste surtout par une étude plus attentive de la figure humaine, de ses attitudes, de ses expressions. Mais le besoin de vérité qui est en lui le pousse à représenter avec plus d'exactitude les divers milieux où il place ses compositions, à y introduire des détails pittoresques que négligeaient ses prédécesseurs : des semblants d'architecture, des rochers aux formes et aux couleurs bizarres, avec des broussailles ou des arbres qui poussent dans les interstices. Sa perspec-

---

1. *Les Poètes franciscains*; Lecoffre, 1859, t. V, p. 83.

tive est encore bien enfantine; les proportions des objets ne sont guère respectées : les maisons trop exiguës ne sauraient abriter les personnages qui les avoisinent; le coloris est terne et monotone, et les formes, simplifiées à l'excès, demeurent rudimentaires.

Tandis que les sculpteurs, Ghiberti notamment, font dans leurs œuvres une large part à la nature et en reproduisent avec autant de grâce que d'exactitude les moindres détails, — fleurs, plantes, animaux, — les successeurs de Giotto, au lieu de s'inspirer de la réalité, se copient longtemps les uns les autres.

Ainsi qu'on en peut juger par les décorations du Palais Riccardi, exécutées à Florence par Benozzo Gozzoli 1420-1498, le dessin des terrains est, chez eux, aussi arbitraire que leur couleur, et l'aspect des montagnes n'est pas plus vrai que celui des eaux. Des rochers bizarres, aux cassures régulières et toujours pareilles, sont posés sur le sol comme des décors de théâtre.

Peu à peu cependant, à mesure que l'étude des formes et des proportions du corps humain se développe par la pratique de l'anatomie, celle de la représentation du paysage gagne également en largeur et en précision, avec une notion plus juste des lois de la perspective. Une observation délicate et fine des beautés intimes de la nature l'associe graduellement à la composition des sujets sacrés traités par les peintres de l'Ombrie et leur prête un charme croissant. Dans la *Rencontre de l'Enfant Jésus et de saint Jean-Baptiste* (musée de Berlin), peinte probablement par un élève de Filippo Lippi, le paysage, plus important, donne à cet aimable épisode toute sa signification. C'est au milieu d'un bois d'arbres grêles, dont les troncs serrés laissent à peine entrevoir un tranquille horizon, que les deux enfants s'abordent joyeux auprès d'une source, tandis que des biches, attirées par la fraîcheur du lieu, broutent ou se reposent à côté de ces êtres innocents.

Mais une place aussi large faite au paysage constitue presque toujours une exception, et d'habitude il n'intervient que comme un accessoire. Il peut servir d'accompagnement plus ou moins heureux, concourir à l'expression et la compléter; il n'empiète jamais sur le sujet et laisse toujours à la figure le rôle principal. Telle est du moins la doctrine admise par les maîtres de la Renaissance et pratiquée par eux avec les différences que comporte la diversité de leur génie. Le paysage est même tout à fait absent dans l'œuvre de Michel-Ange. Le grand artiste ne parle qu'avec une hauteur dédaigneuse de ceux qui l'étudient, et c'est à peine si un lambeau de ciel, un buisson, un bout de rocher, apparaissent dans les grandioses compositions qui s'étalent aux voûtes ou aux murailles de la Sixtine et dont l'homme reste l'unique objet.

En revanche, Léonard (1452-1519), curieux de tout comme il l'était, ne devait pas rester indifférent à l'étude de la nature pittoresque. C'est avec l'esprit d'un savant qu'il l'observait ; c'est avec l'âme d'un artiste qu'il l'aimait. Peintre avant tout, il veut que le peintre soit en état d'exprimer tout ce qu'il voit, tout ce qu'il sent. Les lois de la lumière, celles de la perspective, la formation des nuages, l'écoulement des eaux, les divers modes de croissance des plantes ou des arbres le préoccupent tour à tour, et chaque année, vienne le printemps, comme s'il trouvait froides ces spéculations théoriques, il a des joies d'enfant à dessiner, avec la perfection qu'il met à tout ce qu'il fait, des hépatiques, des ancolies, des violettes ou des iris qu'il a rapportés de ses promenades et dont il meublera les premiers plans du *Bacchus*, du *Saint Jean* et de la *Sainte Famille*. Ou bien, sans songer à l'égayer par ces gracieuses végétations, il peindra derrière *la Joconde* ces défilés de rochers emmêlés, ces routes tortueuses, ces pics menaçants qui se dressent de toutes parts comme pour fermer l'horizon, toute cette contrée désolée,

BENOZZO GOZZOLI. — LES ROIS MAGES.
Palais Riccardi, à Florence. (Phot. Alinari.)

FILIPPO LIPPI. — RENCONTRE DE SAINT JEAN ET DE JÉSUS.
Musée de Berlin. (Phot. Hanfstaengl, Berlin-Munich.)

commentaire éloquent de la beauté de cette créature étrange et de l'expression féline de sa bouche et de son regard.

Avec cette sûreté de goût qui est un des traits saillants de son génie, Raphaël (1483-1520), mieux encore que Léonard, a su donner aux sujets si variés qu'il a traités le cadre pittoresque qui leur convenait le mieux. Pour lui, le paysage qui les accompagne n'est pas, comme chez son maître, une tranche quelconque de la nature découpée au hasard, sans relation avec les épisodes auxquels il sert de fond. Les perspectives indifférentes que le Pérugin avait déroulées derrière ses madones, Raphaël les circonscrit, il les réduit à de justes proportions et les rend intéressantes par le choix des détails qui en précisent la signification. Dans les lignes aussi bien que dans les tonalités, tout est doux et chaste autour de cette Vierge du Louvre, connue sous le nom de *la Belle Jardinière* : le ciel matinal et pur sur lequel se détachent ses blonds cheveux et son frais visage, l'horizon bleuâtre qui borne cette plaine tranquille égayée par des eaux limpides et ce tapis de verdure étendu sous ses pieds nus, tout parfumé de plantes printanières : des fraisiers, des géraniums sauvages et des ancolies en fleurs. Même intelligente et harmonieuse intervention de la nature dans la suite des peintures des *Loges*, dans celle des *Chambres*, aussi bien que dans les cartons des Tapisseries du Vatican. On reste émerveillé de la facilité abondante et de la merveilleuse diversité de ces motifs pittoresques, de l'heureux accord du paysage avec le caractère de compositions aussi variées que *le Parnasse*, *la Dispute du Saint Sacrement*, *la Délivrance de saint Pierre* ou *la Pêche miraculeuse*, accord qui jamais, avant le grand artiste, n'avait été réalisé avec une telle force et une telle aisance.

Après Raphaël, l'école ombrienne, ayant atteint son complet épanouissement, allait rapidement décroître. Mais, sur cette terre privilégiée, l'art était loin d'être épuisé. Son activité créatrice, d'abord resserrée et condensée au centre de l'Italie, s'était portée peu à peu vers le Nord où, en prolongeant l'ère des grands maîtres, elle devait produire de nouveaux chefs-d'œuvre. Un des plus originaux parmi les précurseurs, et peut-être celui qui devait exercer l'influence la plus considérable sur ses contemporains, Andrea Mantegna (1431-1506), était né à Vicence. Également épris de la nature et de l'antiquité, c'est avec un sens très personnel qu'il s'appliqua à concilier dans son talent tout ce qu'on pouvait alors savoir des anciens, et tout ce qu'une étude opiniâtre de la réalité devait lui apprendre. Il est, à ce titre, comme la vivante incarnation des aspirations multiples de la Renaissance. Dans cette synthèse de l'universalité des choses à laquelle il vise, la force apparaît plus que la grâce, et à côté de ses divinations magnifiques et de ses inspirations grandioses, cet art puissant et austère conserve je ne sais quoi de rude et de terrible. Il a pourtant ses détentes, et c'est à une consultation sincère de la nature que Mantegna les demande. Derrière ses *Madones*, encore rigides et graves, il aime à tresser d'épaisses guirlandes de feuillages, de fleurs et de fruits; ou bien, comme dans les décorations du Vieux Palais de Mantoue, dans *le Parnasse* et *la Sagesse victorieuse des Vices* (tous deux au Musée du Louvre), à travers les bizarres découpures de rochers qui surplombent, il nous laisse entrevoir une riche campagne, parsemée de villes et de châteaux. Dans le dernier de ces tableaux, parmi les nuages floconneux et grisâtres qui découpent nettement leur silhouette, l'œil découvre des visages d'hommes ou d'enfants très nettement dessinés, plaisanterie innocente à laquelle s'amusait le vieux maître, comme pour rappeler les fantastiques et passagères apparitions que parfois les caprices du vent ou de la lumière font et défont sous nos yeux dans les formes mobiles de ces nuages.

Ces étrangetés, cet amas de détails un peu incohérents et ce fini minutieux que nous remarquons dans les œuvres de la pleine maturité de Mantegna, s'allient chez lui à un sens pittoresque qu'on est loin de rencontrer à pareil degré chez ses contemporains. Et cependant, bien qu'un assez court intervalle le sépare du Corrège (v. 1494-1534), quelle interprétation plus libre, plus large et plus vraie de la nature, nous pouvons constater chez ce dernier! Autant Mantegna est dur, âpre, violent et compliqué, autant le maître de Parme est simple, plein de grâce et de mesure. Au lieu de ces compositions drues, pressées et un peu farouches, au lieu de ces entassements d'accessoires qui font des tableaux du peintre de Mantoue comme autant de petits musées où il accumule tout ce qu'il peut d'objets rares et précieux, peints avec la plus rigoureuse précision, chez le Corrège c'est la bonne nature qui nous apparaît avec ses doux loisirs, ses horizons indulgents, ses jolis coins où la plante et l'arbre, croissant à leur gré, s'épanouissent sous un ciel clément. Des contours onduleux, délicatement assouplis, des repos heureusement ménagés, une lumière savoureuse et caressante ont remplacé le jour égal et cru, les silhouettes anguleuses et les lignes rigides des primitifs. Déjà pressenti par Léonard, le clair-obscur devient avec le Corrège un élément d'expression qui va accroître et renouveler les ressources de la peinture. Vivant dans cette ville de Parme, près de laquelle il était né, et qu'il ne devait jamais quitter, Antonio Allegri avait de bonne heure goûté le charme du paysage et compris l'heureux complément qu'il peut fournir à la représentation de la figure humaine. Dès sa jeunesse, il s'essayait à réaliser cet accord dans ces gracieuses décorations de la *Chambre de l'Abbesse* Couvent de Saint-Paul, où dans un capricieux entrelacement de pampres, de liserons et de roses, on aperçoit des amours qui portent les attributs de Diane et volent dans l'azur. Mais ce n'était là qu'un travail sommaire et en quelque sorte improvisé. Absorbé ensuite par les grandes fresques des coupoles du Dôme et de l'église Saint-Jean, le Corrège revenait plus tard à des compositions moins ambitieuses et mieux faites pour son génie. Le titre même du *Jour* attribué au *Saint Jérôme* du Musée de Parme et celui de *la Nuit* sous lequel est connue *la Nativité* de la Galerie de Dresde, attestent la préoccupation qu'il y montre des jeux de la lumière. Mais sensible, comme il l'est, à toutes les grâces de la beauté féminine, à

ANNIBAL CARRACHE. — LA PÊCHE.
Musée du Louvre.

l'éclat et à la souplesse des carnations, on conçoit que les épisodes empruntés à la Fable répondaient mieux que les sujets religieux à ses goûts et au caractère de son talent. C'est en les exprimant, en effet, qu'il a manifesté toute son originalité. Les tièdes caresses d'une atmosphère ensoleillée modèlent les formes de ces jeunes filles et de ces beaux enfants rebondis qu'il aimait à peindre. Autour d'eux, des arbres touffus, qu'étreignent amoureusement les pousses vigoureuses d'une vigne sauvage, projettent leur ombrage parmi les gazons fleuris, et dans l'air embaumé flotte je ne sais quel souffle de volupté innocente. Chaste, à force de candeur, le maître, jusque dans les épisodes mythologiques les plus scabreux, conserve une ingénuité qui leur prête une décence imprévue : c'est *Io* enveloppée et pâmée dans la nue; c'est *Léda* et la troupe joyeuse de ses compagnes qui s'ébattent dans les eaux courantes, poursuivies par des cygnes; c'est, dans notre *Antiope*, un de ses chefs-d'œuvre, la nymphe endormie dont Jupiter découvre le beau corps, sur lequel le blanc nuage qui passe et le chêne dont la brise agite le feuillage promènent leurs ombres et leurs reflets mobiles, comme pour en faire mieux valoir encore toutes les beautés. Grâce à cet accord harmonieux de l'être humain et de la nature au milieu de laquelle il vit, le maître nous offre un ensemble de couleurs et de formes amies, que l'œil embrasse d'un regard, vers lequel il est attiré, et dont il a peine à se détacher.

GIOVANNI BELLINI. — LA TRANSFIGURATION.
Musée de Naples. (Phot. Brogi.)

Cependant, si grande que soit la part faite par le Corrège à la nature, c'est chez les maîtres de l'école vénitienne que le paysage allait trouver son complet épanouissement. Sauf le portrait d'ailleurs, qui, soutenu par l'imitation immédiate de la nature, conserve quelque temps encore une certaine supériorité, les autres genres, après leur période de grand éclat, avaient, en effet, rapidement décliné dans le reste de l'Italie. C'est contre cet amoindrissement général de l'art que les Carrache essayaient de réagir à Bologne, par une tentative de rénovation qui, accueillie, dès le début, par les plus ardentes sympathies, devait jusqu'à ces derniers temps conserver la faveur publique. Loin de méconnaître la valeur des maîtres qui les avaient précédés, les novateurs proclamaient hautement leur admiration pour eux, et, sans prétendre les surpasser dans les diverses parties où ils excellaient, ils avaient conçu l'ambition de réunir et de concilier dans un harmonieux ensemble les qualités spéciales qui faisaient la supériorité de chacun d'eux.

Si la figure humaine demeure l'objet principal de leur étude, les Carrache avaient cependant compris quel appoint d'intérêt le paysage pouvait offrir à leurs compositions, et ils lui avaient fait une large place dans les grandes peintures décoratives qui de bonne heure leur étaient confiées à Bologne et bientôt après à Rome, au Palais Farnèse. Resté seul chargé de l'exécution de ces dernières, Annibal, le plus jeune des deux frères (1568-1609), n'était pas encore muni d'une instruction suffisante pour y traiter le paysage d'une façon bien personnelle. C'est en vue d'un idéal abstrait, et non pour rendre des impressions profondément ressenties, qu'avec une déplorable facilité il réunit dans une même œuvre les détails les plus disparates et, faute de se renouveler, il retombe forcément dans les mêmes formes et les mêmes tonalités. Ses tableaux dispersés dans les musées de l'Europe, à Berlin, à Londres, à Paris et à Rome, dans la galerie Doria, ne laissent qu'un souvenir confus, et quand on se trouve en présence de l'un d'eux, on croirait volontiers l'avoir déjà vu. Cependant, au Louvre, deux grandes toiles qui se font pendant, *la Chasse* et *la Pêche*, méritent d'être distinguées, la dernière surtout dans laquelle le peintre, frappé sans doute par le spectacle d'une scène analogue à laquelle il aurait assisté, a su très ingénieusement en grouper les divers épisodes. A défaut du sens intime de la nature, ces tableaux sont, du moins, très décoratifs par la largeur de l'ordonnance, par l'ampleur, la sûreté et l'aisance de leur exécution.

Avec les disciples ou les continuateurs des Carrache, les destinées du paysage vont désormais suivre en Italie celles de l'art lui-même, et l'école vénitienne mise à part, nous ne voyons guère que Salvator Rosa qui mérite d'être signalé dans ce genre. Né à Naples en 1615, à la fois musicien, poète lyrique et satirique, Salvator apportait dans la pratique de la peinture, avec la richesse de ses dons, la mobilité de son humeur et cette verve facile qui, à cette époque et dans ce milieu, le condamnaient à n'être guère qu'un improvisateur. Il semble que l'admirable contrée où il est né et où s'est passée une grande partie de son existence, l'ait laissé tout à fait indifférent. Jamais, en tout cas, il n'a essayé d'en rendre la grâce ni l'éclatante lumière. C'est dans les parties les plus désolées des Abruzzes, et bien plus encore dans les évocations fantastiques de son imagination, qu'il trouve les motifs de ces ravins sauvages, de ces rochers éboulés, de ces ruines et de ces montagnes cahoteuses auxquelles il se complaît et qu'il peuple de soldats, de bohémiens et de brigands, ou dont il fait parfois le théâtre d'une de ces mêlées furieuses qui répondent si bien à son tempérament. Notre *Bataille* du Louvre est un des meilleurs spécimens de ce genre, dans lequel Salvator aura, par la suite et dans tous les pays, de nombreux imitateurs, sans qu'aucun l'ait jamais égalé. Mais ce n'est là, en somme, qu'un art tout à fait factice et, sans nous attarder davantage, c'est à Venise que nous allons trouver avec des visées plus hautes, des maîtres d'une originalité à la fois plus saine et plus robuste.

II

Si pénétrant et si vif qu'ait été chez les peintres de l'Ombrie le sentiment de la nature, Venise doit être considérée comme le véritable berceau du paysage. La situation même de cette ville semblait lui réserver ce privilège. Alors qu'au moyen âge les autres cités italiennes, avec la haute enceinte de leurs remparts et leurs palais austères le plus souvent enserrés dans d'étroites ruelles, n'avaient devant elles qu'un horizon très limité, à Venise, au contraire, la vue s'étendait de tous côtés sur la mer, sur les lagunes et, au loin, sur les vastes plaines de la terre ferme, dominées par les cimes des Alpes. La transparence lumineuse de l'atmosphère ajoute au charme de cette contrée et la ville elle-même, avec l'architecture originale de ses monuments, est une joie pour le regard. Cependant l'art n'avait que tardivement répondu à cet appel de la nature. Pendant longtemps absorbée par les difficultés de toute sorte qu'il lui fallait surmonter pour assurer son existence dans une situation aussi exceptionnelle, Venise était restée étrangère au grand mouvement de rénovation artistique parti du centre de l'Italie et qui de là s'était peu à peu propagé dans les cités voisines. Mais quand, avec la prospérité que lui avaient value ses courageuses entreprises, elle sentit que l'art devait être le luxe suprême de sa richesse, elle s'assimila bien vite les enseignements que les autres écoles n'avaient acquis qu'au prix de tâtonnements et d'efforts réitérés.

Plus dégagés des formules hiératiques qui pesaient sur leurs confrères, les maîtres vénitiens allaient apporter dans la pratique de la peinture des visées plus originales. En même temps qu'un commerce fréquent avec les artistes du Nord les rendait plus attentifs aux beautés de la nature, le procédé nouveau de la peinture à l'huile, divulgué chez eux par Antonello de Messine (1444-1493), leur fournissait, comme à point nommé, des ressources techniques qui leur permettaient de les exprimer avec plus d'éclat. Grâce aux Bellini, l'école devait trouver sa véritable voie et sa complète émancipation. Originaire de Venise, Jacopo, le chef de la famille, suit à Florence Gentile da Fabriano dont il a reçu les leçons; à Padoue, où il demeure quelque temps, il se lie

GIOVANNI BELLINI. — MARTYRE DE SAINT PIERRE DE VÉRONE.
National Gallery. (Phot. Hanfstaengl, Munich.)

avec Donatello et il a pour gendre Mantegna. Ces voyages, ces relations avec les maîtres les plus en vue, lui font connaître l'art de son temps, et si les rares peintures de lui qui nous ont été conservées ne dénotent pas une grande habileté, les deux albums de dessins que possèdent le Louvre et le British Museum, tout remplis de croquis de monuments antiques, d'animaux, de plantes et de problèmes de perspective, témoignent, en revanche, de son insatiable curiosité. Ses deux fils, nés à un an de distance vers 1427-1428, à Venise ou à Padoue, étaient donc à bonne école.

Avec un talent supérieur et un esprit plus ouvert, Giovanni, le plus jeune, devait exercer sur la direction de l'école une action décisive. Son originalité, cependant, avait été assez lente à se dégager et les œuvres de sa jeunesse ont été plus d'une fois confondues avec celles de Mantegna,

MARCO BASAITI. — VIERGE ET ENFANT JÉSUS.
National Gallery. (Phot. Hanfstaengl, Munich.)

son beau-frère. Il semble aussi qu'à l'exemple de ce dernier il ait à ce moment cherché à établir une correspondance plus ou moins étroite entre le caractère des scènes qu'il représente et le paysage qui leur sert de cadre. Dans *le Christ au Jardin des Olives* de la National Gallery le décor pittoresque ajoute une puissance singulière à l'impression de ce sujet pathétique. L'artiste, il est vrai, ne s'est aucunement préoccupé de localiser l'épisode qu'il avait à traiter; mais l'impression de tristesse qui se dégage de cette contrée abrupte est renforcée ici par un de ces effets crépusculaires que jusqu'alors les peintres italiens n'avaient pas osé aborder. Dans le ciel empourpré par le couchant, quelques nuages légers reçoivent encore les derniers rayons du soleil et avec les ombres épaisses qui envahissent déjà la campagne, la figure du Christ abîmé dans sa prière, non loin des apôtres endormis, paraît encore plus touchante dans ce grand abandon des hommes et le silence de la nuit qui va tomber.

Plus tard, le paysage prendra dans les œuvres de Bellini une place de plus en plus importante; l'artiste copiera la nature avec une fidélité plus scrupuleuse, mais il n'y cherchera plus un accord aussi intime avec le caractère de ses compositions. C'est ainsi que derrière *la Transfiguration*, du Musée de Naples, se déroule un paysage tranquille, probablement emprunté aux premières ondulations de la plaine qui s'étend au pied des montagnes du Frioul ; s'il n'ajoute rien à la signification de l'œuvre, du moins il ne la contredit pas et le charme familier de cette contrée, l'ingénuité respectueuse avec laquelle Bellini en a rendu les moindres détails manifestent à la fois l'habileté du peintre et le plaisir que, vers la fin de sa vie, il prenait à de semblables études.

En revanche, dans le *Martyre de saint Pierre de Vérone* (National Gallery) le paysage présente avec le sujet de cette composition un contraste tout à fait imprévu. Tandis que, sur le devant du tableau, l'un des assassins plonge son glaive dans la poitrine du saint et que le Dominicain qui accompagnait celui-ci essaie de se dérober par la fuite aux coups d'un autre meurtrier, à deux pas de là, s'étend une contrée insolemment aimable, en désaccord absolu avec ce sanglant épisode. Tout y respire le calme, la sérénité, la joie d'une belle journée dans une riante campagne ; tout jure avec l'action sauvage étalée au premier plan et l'on chercherait vainement une explication tant soit peu plausible d'une pareille anomalie. Celle qu'on essaierait de trouver dans l'indifférence, ou même le défi injurieux que la nature semble opposer parfois à nos sentiments, serait bien subtile pour cette époque. En tout cas, à ne considérer que le paysage, abstraction faite du sujet, il est, comme exécution, une véritable merveille.

D'abord élève et collaborateur de Luigi Vivarini, Marco Basaiti avait ensuite reçu les leçons de Bellini. Autant, à ses débuts, il montre de sécheresse et de raideur, autant, plus tard, il aime à étudier la nature et s'inspire de ses beautés pittoresques, soit que, dans la *Vocation des fils de Zébédée* (Académie des Beaux-Arts à Venise et Musée de Vienne), il représente les deux apôtres dans un paysage montagneux, quittant leurs barques amarrées sur le bord d'un lac ; soit que, plus simple et plus touchant encore, il donne pour fond à sa *Vierge adorant l'enfant Jésus* (National Gallery) un coin paisible du Frioul, avec un village flanqué de tours dorées par les rayons du soleil et, sur les rives d'un cours d'eau plantées de quelques arbres grêles, des pâtres avec des vaches qui broutent ou se reposent. Rien ici, sans doute, ne rappelle la Palestine ou le Jourdain ; mais cette douce image d'une mère en contemplation devant son enfant s'accorde avec ce paysage placide, dont la sérénité nous pénètre peu à peu.

On aimerait à s'attarder avec ces précurseurs, à respirer avec eux ces premiers parfums de nature qui se dégagent de leurs œuvres; mais il est temps d'en venir à l'épanouissement complet d'un art dont, par ses leçons comme par son propre talent, Bellini avait préparé l'éclosion. Vers la fin de sa longue carrière, d'ailleurs, par l'effet d'une de ces curieuses réciprocités dont l'histoire offre maint exemple, le maître devait, à son tour, subir l'influence de ses deux élèves les plus illustres et marcher à leur suite dans les voies qu'il avait lui-même ouvertes à leur génie.

Le premier en date de ces glorieux élèves est le peintre charmant, mort dans la fleur de sa jeunesse, à peine âgé de trente-quatre ans, Giorgio di Castelfranco, célèbre sous le nom de *il Giorgione* (le grand Georges). Malgré les recherches des érudits, sa biographie est restée assez obscure et les légendes y tiennent plus de place que les faits positifs. A peine a-t-on pu découvrir en ces derniers temps quelques documents qui le concernent. Le nom de Barbarelli qui lui est encore attribué par tous les catalogues n'était pas le sien, mais bien celui d'une famille de paysans originaire de Vedelago, dans la Marche de Trévise d'où l'on croit que venaient aussi ses parents. Un grand nombre de ses œuvres mentionnées par ses contemporains ont disparu et la critique s'était comme évertuée jusqu'en ces derniers temps à dénier successivement l'authenticité de celles qui nous restent. Il y a dix ans à peine, il eût été imprudent, à en croire ses historiens, d'en citer une seule qui fût certainement du grand artiste dont la réputation s'était cependant étendue sur toute l'Italie de son vivant et qui avait exercé sur ses successeurs une influence si considérable que Vasari le proclame, avec Léonard, l'initiateur le plus fécond de tous les maîtres de la Renaissance. Ce n'est que tout récemment que M. Herbert Cook, dans une intéressante monographie où il résume, contrôle et rectifie sur plus d'un point les affirmations de ses devanciers, a pu, et suivant nous très justement, lui restituer environ une cinquantaine de tableaux et signaler aussi quelques copies d'œuvres anciennes aujourd'hui perdues.

On sait que, vers 1505, le Giorgione, après avoir fréquenté l'atelier de Giovanni Bellini, peignait à Venise, suivant la mode d'alors, les façades de plusieurs édifices, et notamment en 1508, deux ans avant sa mort, celles du *Fondaco de' Tedeschi*, sur lesquelles on ne découvre plus aujourd'hui que des traces à peine apparentes de colorations. Ces divers travaux dénotent la facilité et la souplesse de son talent; mais tout en regrettant leur perte, il est permis de présumer que ni ses goûts, ni la tournure de son esprit ne le destinaient à de pareilles tâches. C'est à la nature, en effet, qu'il demanda de bonne heure ses enseignements; c'est elle qui jusqu'au bout lui a fourni ses meilleures inspirations.

La ville où il est né et dans laquelle il aima toujours à revenir, touche d'ailleurs à l'une des contrées les plus pittoresques de l'Italie. Située dans la vallée du Musone, à peu près à égale distance des Alpes et de l'Adriatique, la petite ville de Castelfranco attire de loin les regards par ses hautes tours, aujourd'hui à demi ruinées et habillées de lierre, et par la vaste enceinte de ses murailles qui faisaient de son château posé sur une petite éminence une espèce de camp retranché. De riches cultures l'environnent de tous côtés; mais en remontant vers le nord, le pays, d'abord tout à fait plat, devient de plus en plus accidenté, et sur les contreforts des montagnes qui bordent la plaine s'élèvent çà et là des clochers ou des fermes ombragées par de grands arbres.

Toutes les beautés de cette aimable contrée, le maître les a exprimées avec autant de vérité que de poésie. On les retrouve déjà éparses dans quelques-unes de ses premières œuvres, dans l'*Apollon et Daphné* du séminaire de Venise; dans l'*Orphée et Eurydice* du musée de Bergame; dans le *Salomon* et le *Moïse enfant* des Uffizi et surtout dans cette *Madone entre saint Libéral et saint François* qu'il peignit avant 1504 pour une des chapelles de la principale église de Castelfranco où elle se trouve encore. Ce n'est pas que la composition en soit bien remarquable; mais on oublie la gaucherie de son ordonnance quand on considère l'ampleur et la beauté de la peinture, la force et la délicatesse des colorations et l'harmonie du paysage qui ajoute tant de charme à ce bel ouvrage.

Le Giorgione, à peine installé à Venise, allait, avec sa précoce maturité, conquérir bien vite la faveur publique. Il n'y manquait pas d'églises à décorer et pendant longtemps encore les murailles des édifices publics devaient offrir aux maîtres de l'école de vastes espaces pour célébrer la gloire de la cité. La foi cependant avait dès lors perdu de sa ferveur et

BEAUTÉ DU PAYSAGE PRÈS DE CASTELFRANCO. 17

LE GIORGIONE. — APOLLON ET DAPHNÉ.
Séminaire de Venise. (Phot. Anderson.)

les grands faits de guerre devenaient plus rares. En revanche, avec la richesse croissante, les chefs des grandes familles manifestaient un goût de plus en plus marqué pour les arts. Chez les lettrés, d'ailleurs, la mode était revenue de ces pastorales un peu subtiles auxquelles se complaisaient les civilisations raffinées. En même temps que les textes des écrivains de l'antiquité, Virgile, Ovide, Théocrite et Longus, revisés et commentés par les érudits, faisaient l'objet des publications aujourd'hui si recherchées d'Alde Manuce et de ses successeurs, des poètes, comme Sannazar, s'évertuaient dans leurs pastiches à célébrer les grâces apprêtées d'une Arcadie de convention. Mieux inspiré, le Giorgione, qui ne fut jamais grand clerc, demandait à la nature elle-même les sujets de ses tableaux, et c'est pour sa propre satisfaction qu'il lui faisait une place toujours plus grande dans ses œuvres. Vivant à Venise, il aimait à retrouver le coin de terre où s'était passée son enfance, et dès qu'il en avait le loisir, il venait revoir ses chers horizons. Dans ce milieu charmant, il se sentait à l'aise. Avec le temps, son talent avait gagné en puissance et en autorité. Il connaissait assez son pays natal pour y bien choisir les motifs qui le caractérisaient le mieux. Tout l'y intéressait : les arbres dont la croissance généreuse atteste la fertilité du sol, les beaux groupes qu'ils forment dans la campagne, la gaieté des villages étagés sur les collines, les eaux rapides et claires qui, descendues des montagnes, s'épandent en cascatelles, portant sur leur passage la fraîcheur et la fécondité. Le peintre, à ce que nous apprennent ses biographes, avait pour ces eaux courantes une prédilection particulière; il se plaisait à les observer, à étudier leur transparence et leurs mystérieuses profondeurs. La lumière aussi lui semblait, comme à Léonard, l'âme même du paysage. Curieux de tous les problèmes du clair-obscur, il s'était appliqué à en rendre les effets les plus capricieux. Une lettre d'Isabelle d'Este (25 octobre 1510) nous apprend qu'il avait peint une « *Nuit* très belle et singulière », que la princesse avait vivement désiré acquérir, laissant toute liberté à son agent d'en donner la somme que voudrait l'artiste. D'habitude cependant, c'est la pleine et vive lumière du jour qui resplendit dans les tableaux du maître. Leur tonalité générale est puissante et l'ampleur de l'exécution, l'abondance généreuse de la pâte, la splendeur des harmonies répondent au rythme élégant des lignes et à la belle proportion des masses.

De toute cette nature s'exhale une impression de bonheur et de poétique rusticité. Et cependant si simples qu'elles soient, les compositions de l'artiste recèlent des énigmes qui ont maintes fois exercé la sagacité de la critique et provoqué de sa part les commentaires les plus hasardeux. Voici, par exemple, dans le tableau connu sous les noms de *la Tempête* ou *la Famille du Giorgione* (collection du prince Giovanelli, à Venise), une jeune femme presque entièrement nue, accroupie sur le gazon au bord d'un ruisseau et donnant le sein à son enfant. Tout à fait à gauche, au premier plan, sur l'autre rive, un jeune homme se tient debout appuyé sur un bâton. Au centre, encadré par de grands arbres, un autre petit cours d'eau au-dessus duquel est établie une passerelle en bois, et, plus loin, se détachant en clair sur un ciel assombri que traverse le zigzag d'un éclair, des habitations, les tours et l'enceinte d'un château. Cette menace de la foudre, ces deux figures isolées, l'une vêtue et l'autre nue, ont donné lieu à de nombreuses hypothèses, la plupart voulant voir dans cette composition un symbole de la vie humaine et des malheurs imprévus qui, à tout moment, peuvent fondre sur elle. Comme on l'a fait observer, l'explication du sujet est, sans doute, plus simple et moins subtile. Si l'appellation du tableau est exacte, — et ainsi qu'on peut le constater par la photographie prise d'après nature que nous donnons ici, le paysage reproduit, en effet, assez fidèlement, les abords de Castelfranco, tels qu'ils se sont conservés, — c'est l'artiste lui-même qu'il faudrait reconnaître dans ce jeune gars de fière tournure

2. GIORGIONE. — LE CONCERT CHAMPÊTRE.
(MUSÉE DU LOUVRE.)

qui veille sur sa femme, alors que par une journée d'orage, celle-ci est venue chercher la fraîcheur d'un bain dans ce lieu retiré. Son nourrisson, déposé près de là, dans l'herbe, s'étant réveillé, la mère calme en hâte son appétit, et séduit par le spectacle de cette idylle familière, le peintre a voulu en conserver le souvenir.

La composition des *Astronomes* (Musée de Vienne) a soulevé des interprétations encore plus laborieuses et plus compliquées, et les divers titres : *les Philosophes, les Géomètres, les Trois Mages*, etc., qu'on a successivement proposés pour elle, montrent assez que le sujet n'en est pas très nettement défini. Il n'y a pas à épiloguer en présence du *Concert champêtre*, un des chefs-d'œuvre de notre Louvre, ou plutôt cette belle œuvre non seulement défie tous les commentaires, mais se passe de toute vraisemblance. Comment expliquer, en effet, au milieu de cette campagne ouverte, la présence de ces deux femmes nues, à côté desquelles, sur le gazon, un jeune seigneur de bonne tournure et galamment accoutré, pince les cordes d'une guitare, tout en causant avec son voisin, un rustaud à la figure ébouriffée? Avec une effronterie ingénue, les deux donzelles, — l'une massive et charnue, l'autre élégante et d'une beauté superbe, — s'étalent aux regards de tous, et un pâtre qui, à quelques pas de là, conduit son troupeau, ne semble aucunement étonné d'un spectacle si étrange. Quel hasard a pu réunir des personnes de conditions, de costumes et de tournures aussi disparates? La mythologie pourtant n'a rien à voir en cette affaire, et même en ces temps lointains et de morale peu scrupuleuse, pareilles exhibitions en plein air n'auraient pas été tolérées sans scandale. L'image cependant, à le bien prendre, est décente et aucune idée de volupté ne s'y mêle. Nous sommes ici en plein pays des rêves, et, avec un réalisme aussi puissant que poétique, le maître a su nous associer à ce beau songe d'une après-midi d'automne qui s'offrait à son imagination. Contentons-nous donc, sans trop chercher ce que sont ces personnages, de jouir avec eux des séductions de cette avenante contrée, de la douceur de l'air, de l'accord exquis de ces figures humaines avec la grâce d'un paysage fait pour elles et dont on ne saurait les séparer. Mieux qu'aucun autre de ses ouvrages, *le Concert champêtre* résume l'idée qu'on doit garder du maître, de son âme délicate et naïve, de son talent, un des plus forts et des plus tendres qui furent jamais.

VUE ACTUELLE DE CASTELFRANCO.
(Phot. Alinari.)

Toutes les promesses de ses devanciers et du Giorgione lui-même, le Titien allait les dépasser en réalisant leurs plus nobles aspirations. Né vers 1477, mort en 1576[1], il touche à la fois, par sa longue carrière, aux débuts de l'école vénitienne et à son déclin; il en marque lui-même l'apogée; il en est la plus complète et la plus éclatante incarnation. Grâce à l'universalité de ses aptitudes, il a pu aborder tous les genres et il les a tous renouvelés. Enfin par la place qu'il a faite dans son œuvre à la nature, il est le véritable créateur du paysage moderne et, à ce titre, il s'impose particulièrement à notre attention.

La petite ville de Pieve di Cadore, où il vit le jour, est adossée à l'un des contreforts des Alpes de Cadore, dont les plus hauts sommets se dressent en grandiose amphithéâtre au-dessus d'elle. A ses pieds, la Piave, écumeuse et bruyante, se fraie difficilement son cours à travers

---

1. On a récemment contesté la date de naissance du Titien, pour la reculer dix ans plus tard. L'une et l'autre opinion peuvent, en effet, se soutenir avec des arguments plausibles. Si les témoignages de Vasari et de Dolce s'accordent en faveur de la date 1485, il convient cependant de remarquer que dans une lettre écrite à Philippe II, en 1571, le Titien lui-même se dit alors âgé de quatre-vingt-quinze ans.

LE GIORGIONE. — LA TEMPÊTE.
(Collection du Prince Giovanelli, à Venise.) — (Phot. Anderson.)

des éboulis de rochers. La race forte et laborieuse qui habite cette contrée est adonnée à la vie pastorale ou à l'exploitation des forêts de sapins, dont les arbres abattus sur les flancs des montagnes et confiés au hasard des torrents sont ensuite recueillis en aval, à Perarolo, où le Boito joint ses eaux à celles de la Piave, et dans les localités voisines. La pureté de l'air autant que ses habitudes de travail et d'existence frugale assurent à la population de ces hauteurs cette robuste santé que possédait le Titien et que reflète également sa peinture. Comme son père et ses frères, c'est à ce climat réconfortant que le maître dut de conserver l'activité intacte de sa verte vieillesse jusque dans l'âge le plus avancé.

La famille du Titien, dont on retrouve déjà la trace vers le milieu du xiiie siècle, avait produit des juristes, des notaires et l'on y compte jusqu'à neuf peintres. Elle était considérée dans le pays; mais les parents de l'artiste ne devaient pas jouir d'une grande aisance, à en juger par l'humble maison qu'ils habitaient à l'extrémité du bourg et qui a été conservée dans son ancien état. Le panorama qu'on découvre de là sur la vallée et sur les cimes des montagnes environnantes est d'ailleurs magnifique. Élevé au milieu de cette rude nature, le jeune homme avait vu sa vocation précoce encouragée par les siens et, de bonne heure, il était envoyé à Venise pour y faire son apprentissage de peintre. Avec l'art de la mosaïque dont Sébastien Zuccato lui enseigna les éléments, il prit l'habitude de cette ampleur décorative qu'il manifestait dans les fresques du *Fondaco de' Tedeschi*, exécutées en collaboration avec le Giorgione, et qu'on remarque dans tout son œuvre. Les enseignements qu'il reçut ensuite de Gentile et de Giovanni Bellini lui permirent bientôt d'y joindre le fini précieux de l'exécution qui distingue ses premiers tableaux, *le Christ à la Monnaie*, de la Galerie de Dresde, par exemple. Mais plus encore que l'influence de ces maîtres, celle du Giorgione, son jeune camarade et son émule, devait agir sur son développement. Comme lui, il aimait passionnément la nature, et en même temps qu'il en comprenait la grandeur, il en admirait aussi les moindres détails. Une des œuvres de sa jeunesse, le célèbre tableau de la Galerie Borghèse, connu sous le nom de *l'Amour sacré et l'Amour profane*, atteste à la fois cet amour de la nature et l'action profonde que le Giorgione avait exercée sur lui. Il n'est pas jusqu'à l'indécision même du sujet qui, dans cette œuvre charmante, ne révèle les analogies qu'offrent au début le talent et les goûts des deux artistes. Mais ce ne fut là qu'une période momentanée dans la longue existence du peintre de Cadore. Prenant toujours son appui dans l'étude directe de la réalité, il arrive vite à en dégager les traits significatifs, ceux qui répondent le mieux à son idée et au caractère de l'épisode qu'il veut traiter. Ses voyages, ses lectures, sa curiosité, ses relations avec les grands de ce monde aussi bien qu'avec les savants et les lettrés les plus en vue, sans jamais entamer son originalité, n'ont fait qu'étendre son esprit, élargir encore les limites du vaste domaine où il se meut à l'aise, montrant en tout sa maîtrise. C'est par le sens de la vie et du pittoresque qu'éclate surtout son originalité; c'est grâce à lui qu'il renouvelle tous les sujets qu'il aborde.

Avant le Titien, dans l'école vénitienne, les madones que peignaient ses prédécesseurs nous apparaissent austères, inertes, parées comme des châsses sur leurs trônes qu'entourent quelques saints juxtaposés, fixés eux-mêmes dans des attitudes rigides. Avec lui, ces images hiératiques s'animent, s'attendrissent et s'humanisent. La Vierge quitte son trône; elle sort des sanctuaires aux architectures compliquées pour se mêler familièrement aux hommes et converser avec eux dans la campagne. Dans notre *Vierge au Lapin*, peinte en 1530, la jeune mère, par une belle journée, est venue se reposer dans une riante prairie avec le petit Jésus auquel une jeune sainte, gracieusement agenouillée devant lui, présente un lapin d'une blancheur éclatante. Au milieu de ces campagnes riantes, des eaux vives forment une cascade, et un massif de grands arbres, déjà dorés par l'automne, se détache sur les montagnes bleuâtres. Parmi les gazons drus, des touffes de violettes poussent çà et là à côté de fraises qui rougissent et de mauves aux pétales finement nuancés. Une impression de tendresse et d'intime sérénité se dégage de cette scène familière dans laquelle tous les détails sont touchés d'un pinceau habile et souple. La tonalité pleine et harmonieuse, l'exécution attentive, à la fois large et précieuse, montrent le soin qu'a mis l'artiste pour donner à son œuvre toute la perfection dont il était capable, comme s'il voulait, lui aussi, à toutes ces offrandes de la nature apportées à la madone, joindre l'hommage du meilleur de son talent.

Mais les sujets religieux ont fourni au Titien des épisodes plus sévères et plus dramatiques, soit qu'il nous montre, dans le silence et les clartés voilées de la nuit, *Saint Jérôme* (Musée du Louvre), au milieu d'une contrée abrupte et sauvage, implorant le ciel contre les tentations qui viennent encore assaillir son indomptable vieillesse; soit que, dans sa pleine maturité, vers 1528-1530, il peigne un de ses chefs-d'œuvre, ce *Martyre de saint Pierre de Vérone*, qui fut anéanti par le feu en 1867[1]. Le célèbre paysagiste anglais John Constable, qui professait pour ce tableau une admiration enthousiaste, était d'avis qu'il constituait dans

---

1. J'ai pu, dans ma jeunesse, contempler à loisir cet admirable ouvrage, alors que, déposé encore dans la sacristie de l'église San Giovanni e Paolo, où il fut brûlé quelques années après, il venait d'être l'objet d'une habile restauration qui lui avait rendu tout son éclat.

l'histoire du paysage une véritable révélation et comme l'aboutissement de trois cents ans d'efforts. C'est bien de lui, en effet, que date dans l'art une conception nouvelle de la nature. On connaît, par les nombreuses copies ou gravures qui en ont été faites, l'ordonnance de la composition et le parti, inusité jusque-là, que l'artiste a tiré de l'abaissement de l'horizon, parti dont le souvenir des montagnes de son pays natal lui avait sans doute suggéré l'idée. Vue ainsi de haut et enfermée dans les grands arbres qui l'encadrent, la scène apparaît à la fois imprévue et terrible, se détachant tout entière sur le ciel, avec la silhouette brutale du meurtrier et le geste effaré du compagnon du saint, qui veut se dérober par la fuite aux coups de son agresseur. Ces terrains cahoteux surplombant l'abîme, ces troncs d'arbres qui se dressent implacables pour barrer l'issue aux deux religieux, ces attitudes violentes et ces feuillages frémissants, comme terrifiés du guet-apens qui s'est préparé sous leur ombrage, tout contribue à fixer dans notre mémoire la scène telle que le Titien l'a conçue et à laquelle il semble que nous assistions nous-mêmes. Si l'on veut mesurer la distance qui sépare une telle œuvre de ses devancières immédiates, qu'on pense à ce curieux *Martyre de saint Pierre* dans lequel, nous l'avons vu, Giovanni Bellini, traitant le même sujet, ne considérait le paysage que comme un décor indifférent, non seulement sans aucun rapport avec la scène, mais en contradiction absolue avec elle. Chez le Titien, en même temps que son rôle est capital, il prête au drame auquel il sert de cadre le commentaire le plus saisissant.

Peut-être les sujets mythologiques ont-ils mieux encore fourni au maître l'occasion de manifester son originalité, car, plus que les autres, ils convenaient à son tempérament. Depuis longtemps déjà, les écoles du centre de l'Italie avaient fait une large part à la représentation des légendes de la Fable. Mais tandis que les artistes cédaient d'habitude à la tentation d'y faire étalage de tout ce qu'une archéologie assez primitive leur apprenait de l'antiquité, le Titien ne s'accommode pas de cette érudition de seconde main. Au lieu des compositions figées dans lesquelles ses prédécesseurs ont laborieusement introduit et complaisamment souligné les documents qu'ils ont pu recueillir, c'est à la source même qu'il va puiser pour renouveler les vieilles légendes. Elles sont pour lui éternellement jeunes, puisqu'elles lui apparaissent comme les

LE TITIEN. — LA VIERGE AU LAPIN.
Musée du Louvre. (Phot. Braün, Clément et Cie.)

emblèmes toujours vivants des énergies, des splendeurs ou des grâces de la nature. C'est donc la nature elle-même qui sera son inspiratrice, et ses formes, ses couleurs, ses harmonies, étudiées directement, mais résumées et exaltées par son génie, donneront à la traduction qu'il en fait plus de vérité et de poésie. S'exerçant sur ces données réelles, sa vive imagination les interprète et les transpose avec une liberté intelligente. Mais c'est la nature entière qui les lui fournit, et il ne se serait jamais résigné à ne demander qu'à son pays natal les éléments pittoresques qu'il sème dans ses œuvres avec une si exubérante prodigalité.

Un admirateur fervent du Titien, M. J. Gilbert, a cependant cherché, et il pense avoir trouvé dans la patrie même du peintre, à Cadore et aux environs, les sites que celui-ci aurait fidèlement reproduits dans ses paysages. A l'appui de cette découverte, il a publié dans un livre, d'ailleurs fort intéressant[1], des croquis assez sommaires, exécutés par lui sur place,

1. *Cadore, or Titian's Country*; Londres, 1869.

et dont il croit reconnaître l'analogie positive dans les tableaux du peintre. Les photographies que nous avons recueillies et les dessins que nous avons pris nous-même, au cours d'une excursion récente dans cette région, rapprochés d'autres photographies de ces mêmes tableaux, ne nous ont point paru se prêter aussi complaisamment à l'identification précise des localités désignées par M. Gilbert. Si parfois, dans cette excursion, nous avons rencontré quelques ressemblances entre certains paysages du Titien et certains aspects que nous offrait la réalité, elles demeurent toujours assez vagues. Ce sont des réminiscences, jamais des portraits. Enserrée dans un cercle restreint de montagnes très élevées[1], cette contrée est d'un caractère tout à fait alpestre et sauvage, qui n'apparait jamais chez le Titien. Jamais, en effet, l'artiste n'a représenté l'aspect étrange qu'offrent quelques-uns de ces pics, avec les dentelures profondes de leurs cimes et les neiges dont elles sont couronnées. Si parfois on les retrouve dans ses dessins, notamment dans l'*Enlèvement d'Europe* Musée du Louvre et dans une autre grande composition qui lui fait pendant, ce sont des motifs qu'il a pu noter au passage, ou dont il s'est souvenu, mais que, d'ordinaire, il n'a pas introduits dans ses tableaux. Durant toute sa vie, il est vrai, il n'a pas cessé de venir, à des intervalles assez rapprochés, dans sa ville natale. Mais actif et passionné pour son art, pressé de commandes comme il le fut toujours, ses séjours à Cadore devaient être de courte durée, car la maison de famille, très exiguë, ne se prêtait guère à la résidence d'un homme de sa condition et qui ne pouvait longtemps rester désœuvré. Il n'hérita d'ailleurs de cette maison qu'en 1560, à la mort de Francesco, son frère aîné. En revenant de Venise, le Titien trouvait sur sa route des régions plus variées, plus riches, mieux proportionnées à l'homme et, par conséquent, mieux faites pour lui plaire. A mi-chemin, vers Cesneda et Serravalle, — où l'attirait sa fille bien-aimée Lavinia, qui s'était mariée dans cette dernière localité, – de tous côtés s'offraient à lui les perspectives les plus pittoresques, vers les Alpes et leurs contreforts étagés, vers la vallée, ses cultures et ses beaux ombrages, et vers la mer, assez voisine. Il semble que ce fût là une contrée à souhait, où il avait sous la main tout ce qui fait le charme du paysage. Le même

---

1. Les altitudes de ces montagnes varient de 2500 à plus de 3000 mètres.

3. — TITIEN. BACCHUS ET ARIANE.
(NATIONAL GALLERY.)

sentiment qui poussait le Giorgione à quitter les horizons indéfinis de la plaine pour s'avancer vers la montagne, invitait le Titien à descendre des âpres sommets de Cadore vers un climat moins rude et un pays plus aimable.

C'est un des mérites du Titien, une des marques de son génie et de la sûre clairvoyance de son goût, d'avoir négligé les bizarreries et les singularités trop marquées de la nature, comme ces dolomites ou ces roches fantastiques qui avaient surtout tenté ses devanciers, et Léonard de Vinci lui-même. Il se préoccupait avant tout de l'ordre, de l'harmonie. Aux raretés, aux curiosités qui attireraient indiscrètement le regard et détourneraient de ce qui, pour lui, est l'essentiel, il préfère les motifs qui lui semblent les mieux appropriés aux épisodes qu'il traite et à l'impression qu'il veut produire. Sa connaissance de la nature est telle que les interprétations qu'il nous en donne, à la fois très respectueuses et très libres, présentent, dans les tonalités comme dans les lignes, une subordination et un accord si intimes avec les sujets qu'on ne saurait les en distraire.

L'*Antiope* du Louvre, la *Bacchanale* et l'*Offrande à la Fécondité* du Musée du Prado et bien d'autres œuvres du Titien attestent la variété et l'ampleur qu'il a su mettre dans ses compositions mythologiques. A voir avec quelle facilité il s'assimile les données les plus diverses de la Fable, on dirait qu'il a vécu avec les dieux et les héros des légendes antiques. Un admirable dessin que possède de lui M. Léon Bonnat, et que nous reproduisons ici, nous fait pénétrer à sa suite dans une contrée plantureuse hantée par des satyres. A côté des belles figures des femmes réservées à leurs cyniques plaisirs, ces êtres bizarres vaquent à toutes les menues occupations de leur sauvage existence. En voici un qui ramène les boucs de la pâture : deux autres, dans un coin, devisent avec leurs belles ; un quatrième grimpe avec agilité au tronc d'un arbre chargé des fruits qu'un de ses compagnons s'apprête à recevoir dans le tablier dont il est ceint. Vous croiriez, tant les détails sont plausibles et précis, que l'artiste a été témoin de cette scène familière et qu'avec sa maîtrise et sa verve habituelles il n'a eu qu'à en tracer, au courant de la plume, la fidèle copie.

Mais nulle part la magnificence des inventions du Titien n'apparaît avec plus d'éclat que dans ce *Bacchus et Ariane* de la National Gallery où, autour du groupe principal, il a accumulé toutes les splendeurs de la nature évoquées par sa puissante imagination. Parmi ces riantes campagnes et ces rivages aux gracieuses découpures, tout respire la joyeuse expansion d'une vie débordante. Sous l'azur profond du ciel se déroulent les vastes perspectives de côtes fuyantes, semées de rochers, d'ombrages épais, d'anses sinueuses où le flot paresseux laisse en mourant un ourlet argenté. Des ancolies, des iris, des jacinthes et des anémones égaient les gazons et, au premier plan, des guirlandes de vignes embrassent amoureusement les troncs d'arbres élancés. Où que le regard se porte, ce ne sont qu'images radieuses et harmonies étincelantes. L'or du char et le pelage doré des fauves donnent tout leur prix aux bleus savoureux du ciel, des montagnes et de la mer, rehaussés encore çà et là par le rose tendre ou la pourpre ondoyante d'une draperie qui s'envole au souffle de la brise. L'exécution, partout vivante et sûre, ajoute à la beauté de ce chef-d'œuvre je ne sais quel air de spontanéité.

C'est à son travail que le Titien, en dépit de sa célébrité croissante, a toujours réservé le meilleur de son temps. A la mort de sa femme, il avait plus que jamais senti le besoin de s'absorber dans son art. Sa sœur Orsola était alors venue se charger du soin de son ménage et de l'éducation de ses trois enfants, deux fils qui lui donnèrent assez de souci, l'aîné surtout, et Lavinia, sa fille tendrement chérie. Pour mieux se défendre contre les importuns, le Titien quittait la maison qu'il avait occupée jusque-là, à San Samuele, près du Grand Canal, au cœur même de Venise et il allait s'établir à l'extrémité septentrionale de la ville, à Biri Grande, sur la paroisse San Canciano, dans une demeure spacieuse qu'il avait louée et appropriée à sa guise. La vue embrassait de là une vaste étendue de ciel et de mer et, par un temps clair, elle s'étendait à l'horizon jusqu'aux cimes lointaines des Alpes de Cadore, son pays natal. Pour satisfaire son amour de la nature, il avait joint à cette location celle d'un jardin contigu qu'il remplissait des plantes et des fleurs les plus variées et qui fut bientôt cité comme une des merveilles de Venise. La tradition rapporte même que les grands arbres du *Martyre de saint Pierre* auraient été peints des fenêtres de son atelier d'après les modèles qu'il avait sous les yeux dans ce jardin.

C'est là que s'écoulait sa vie paisible, remplie par une production

LE TITIEN. — PAYSAGE AUX SATYRES.
(Collection de M. Léon Bonnat.)

incessante. On se disputait ses œuvres; ses compatriotes en ornaient à l'envi les églises et les palais de Venise, et les amateurs ou les princes de l'Europe entière les recherchaient. Après Charles-Quint qui l'avait anobli, il était honoré de la faveur de Philippe II; les ducs d'Este, de Ferrare, de Mantoue, et le pape Paul III lui-même essayaient de le retenir à leur Cour. A toutes les séductions de la grandeur, il préférait son indépendance, son foyer, son travail et le commerce d'un petit nombre de lettrés ou d'artistes qui étaient ses amis. Comme le Giorgione, comme beaucoup de grands peintres, nous savons qu'il goûtait fort la musique. Peut-être est-ce par un simple caprice que Paul Véronèse l'a représenté lui-même jouant du violoncelle au premier plan des *Noces de Cana*; mais une lettre de l'Arétin nous apprend, du moins, qu'il avait été heureux d'acquérir un orgue d'Alessandro, en échange d'un portrait fait par lui de ce célèbre facteur.

On formerait une galerie complète des plus hautes illustrations de son temps avec les portraits peints par le Titien. Dans la plupart d'entre eux la nature tient une large place, notamment dans les grands portraits d'apparat comme celui du marquis d'Avalos (Musée de Cassel) et dans celui de *Charles-Quint à cheval, à la bataille de Mühlberg* (Musée du Prado), aussi bien que dans ces portraits de doges derrière lesquels se déploient les perspectives magnifiques des palais vénitiens ou la vue de la mer couverte des flottes victorieuses de la République. De même, les créatures effrontées, courtisanes ou favorites des princes, qui, dans maint musée, sous l'appellation complaisante de *Vénus*, étalent impudemment leur nudité, aux yeux de tous, ont trouvé dans les beaux arbres, près desquels le Titien nous les montre étendues, l'accompagnement le plus propre à faire valoir leurs carnations chaudes et nacrées.

Dans tous les genres, on le voit, et il les a tous abordés avec une égale maîtrise, le Titien assigne à la nature un rôle capital. Les anciens inventaires mentionnent des paysages purs, aujourd'hui perdus, qu'aurait exécutés l'artiste, et lui-même d'ailleurs, dans une lettre datée de 1552, annonce à Philippe II l'envoi d'une de ces peintures. En tout cas, par l'amour qu'il a porté à la nature, aussi bien que par le talent avec lequel il l'a interprétée, le Titien mérite d'être considéré comme le véritable créateur, et, ainsi que l'ont dit plusieurs historiens de l'Art, comme l'*Homère du paysage*. Dans son œuvre immense il montre bien la richesse infinie de ses aspects. Toutes les saisons, toutes les heures du jour, tous les accidents de la lumière, tous les phénomènes de l'atmosphère, il les a exprimés et il en a su rendre les aspects divers.

La vieillesse était venue : elle avait laissé intactes les merveilleuses facultés du maître en même temps que son ardeur au travail. Entouré du respect de tous, il conservait au milieu des plus hautes faveurs de la fortune et de la gloire sa bienveillance accueillante et la noble simplicité de ses manières. La mort le trouvait à son chevalet, appliqué à sa tâche habituelle, quand, le 27 août 1576, il était enlevé par la peste qui, une fois de plus, exerçait à Venise de terribles ravages. En dépit de ces tristes circonstances, la dépouille du Titien fut conduite en grande pompe à l'église des Frari, où mieux encore que le somptueux monument sous lequel il repose, la *Vierge de la Famille Pesaro*, un de ses plus beaux ouvrages, proclame la grandeur de son génie.

Le temps n'a fait que consacrer la gloire du Titien, en montrant l'influence vivace qu'à travers les âges il devait à son tour, exercer sur les artistes les plus divers, sur Rubens qui, non content d'admirer et de collectionner ses œuvres, ne se lassait pas de les copier; sur les Carrache, sur Poussin, sur Watteau et sur Gainsborough qui, tour à tour, ont subi son ascendant. Après lui, d'ailleurs, aucun autre dans l'école vénitienne n'a eu son universalité, ni atteint sa maîtrise. Le paysage qui, si important qu'il soit chez lui, ne représente cependant qu'une des faces de son talent, devenait un genre spécial chez un de ses disciples, Domenico Campagnola, dont les dessins sont souvent confondus avec les siens, malgré leur infériorité bien marquée.

A la suite du Titien, quelques-uns de ses élèves ou de ses imitateurs, Paris Bordone, les Bonifazio, les Bassano, d'autres encore ont, comme lui, fait au paysage une large place dans leurs œuvres. Chez Jacopo da Ponte 1510-1592, — le premier de cette dynastie des Bassano qui devait fournir plusieurs générations de peintres, — on peut même dire que, malgré les innombrables personnages et animaux dont il remplit ses compositions, c'est le paysage qui y domine. Mais les *Paradis*, les *Arches de Noé* et les suites de scènes rustiques qu'il aimait à peindre sont devenus, avec le temps, d'une couleur dure, opaque et noirâtre, dont la tristesse et la monotonie les font reconnaître de loin, et l'on ne

LE TITIEN. — PERSÉE ET ANDROMÈDE.
(Collection de M. Léon Bonnat.)

s'explique guère aujourd'hui la vogue extrême dont ces tableaux encombrés et confus ont joui jusqu'au siècle dernier.

Deux maîtres cependant méritent une mention spéciale et soutiennent après le Titien l'honneur de l'école vénitienne : Jacopo Robusti dit le Tintoret (1519-1594), son élève, et Paolo Caliari (1528-1588), qui du lieu de sa naissance a pris le nom de Véronèse. A côté des toiles immenses du Palais Ducal et de la Scuola di san Rocco, brossées avec cet entrain exubérant qui confine souvent à la rudesse, le Tintoret a su maintes fois assouplir sa verve un peu farouche, dans des compositions pittoresques mieux équilibrées, comme la *Fuite en Égypte* de San Rocco, *Mercure et les Grâces*, ou *Bacchus et Ariane* de la salle de l'Anti-Collège. Mais toute son originalité se manifeste dans ce chef-d'œuvre éblouissant du *Miracle de saint Marc* (Académie des Beaux-Arts) où le paysage ajoute un si puissant attrait à la prodigieuse richesse des colorations. On n'imagine pas, en effet, de consonance à la fois plus hardie et plus harmonieuse que celle de ce ciel d'un bleu si intense et si lumineux avec les architectures ensoleillées qui servent de fond à la fulgurante apparition du saint.

Autant l'exécution du Tintoret est d'habitude rude et fougueuse, autant la facture de Véronèse est, au contraire, discrète et posée, ses colorations légères, délicates et finement nuancées. Reprenant avec un art plus savant les traditions de Carpaccio, il transpose à la vénitienne les sujets religieux, avec une telle liberté et un si mince souci de l'orthodoxie qu'il a maille à partir avec l'Inquisition, d'ordinaire assez peu exigeante à Venise. Même dans ses toiles les plus grandes, en dépit de la somptuosité des ordonnances, du nombre des personnages et de l'extrême diversité de leurs costumes chatoyants, il sait demeurer simple, et avec le charme exquis des morceaux, il conserve l'unité parfaite des ensembles. Mais, à côté de ses immenses compositions, peut-être se montre-t-il supérieur encore dans les œuvres de dimensions plus restreintes où il a dégagé et résumé quelques-uns des aspects les plus caractéristiques de Venise avec une si séduisante poésie. Non seulement la ville elle-même lui fournissait les éléments des motifs si franchement décoratifs qu'il savait y trouver, mais en même temps qu'une fête pour le regard, c'est le souvenir même du passé de Venise et de sa brillante histoire qu'évoquent ces belles créatures que Véronèse nous représente adossées à quelque colonne de marbre ou penchées au-dessus d'une balustrade ajourée, avec leurs corps sveltes, leurs types élégants et leurs robes de brocart brodées d'or. Isolée des autres écoles de l'Italie, l'école vénitienne devait jusqu'au bout garder son existence distincte et sa physionomie particulière.

Après Bellini, le Giorgione et le Titien qui marquent son plein épanouissement, elle s'était continuée avec des maitres tels que le Tintoret et Véronèse, et le sens de la décoration qui, dérivé de la nature elle-même, était devenu chez elle une tradition, se maintenait jusqu'à la chute de la République dans les prestigieuses improvisations de Tiepolo (1696-1770). En même temps, d'ailleurs, et comme pour achever le cycle complet de ses transformations, l'école vénitienne, avant de disparaître, allait produire avec Canale et Guardi des paysagistes purs, presque les seuls qu'ait vus naître l'Italie, pour nous donner de Venise elle-même une image aussi accomplie que fidèle. Aux interprétations plus ou moins libres de ses devanciers, Antonio Canale (1697-1768) substituait, en effet, des aspects le plus souvent exacts de tout point, ou combinés, lorsqu'il en modifie l'arrangement, avec des éléments toujours réels. Après ses poètes et ses chantres inspirés, Venise trouvait en lui son portraitiste. C'est elle-même qui nous apparaît dans ses œuvres

4 — **CANALETTO** VUE DE VENISE. (MUSÉE DU LOUVRE
PHOT BRAUN, CLÉMENT ET C⁽ⁱᵉ⁾)

nombreuses, répandues à travers les musées de l'Europe. Entre tous, on reconnaît les tableaux de cet habile artiste, ses architectures si solidement établies, sa couleur si franche et si pleine, l'honnêteté impeccable de sa facture, la finesse de son œil et la sûre précision de sa main. Dans la foule de ses toiles, deux surtout nous semblent caractériser son talent et offrir comme un résumé de ses meilleures qualités. La *Vue du grand Canal* (musée du Louvre) nous montre sous la tranquille lumière d'une belle journée, la magnifique perspective des palais de Venise. Jusqu'au fond de l'horizon, dans cette atmosphère limpide, les formes restent nettement indiquées, sans dureté comme sans mollesse, sans aucun de ces contrastes factices, ni de ces repoussoirs commodes auxquels d'habitude les peintres ont recours en pareil cas. Une autre *Vue de Venise* (National Gallery) nous paraît égaler le tableau du Louvre par la franchise de l'effet et l'harmonieux éclat des colorations. Il ne s'agit plus cette fois d'un de ces motifs d'apparat qui frappent l'étranger et lui offrent, dans un vaste panorama, quelqu'un des aspects réputés de cette ville unique. Nous avons, au contraire, sous les yeux un coin à l'écart et d'une intimité charmante, un vrai tableau d'artiste, peint probablement des fenêtres mêmes de son atelier par Antonio Canale, dans les terrains de la *Scuola della Carità* qu'occupe aujourd'hui l'Académie des Beaux Arts.

Francesco Guardi, disciple d'Antonio Canale, né à Venise, en 1712, devait, comme lui, trouver dans sa ville natale ses meilleures inspirations. Dans ses tableaux, en général de dimensions assez restreintes, son pinceau est plus alerte, plus léger, plus pimpant que celui de son maître, et avec une couleur moins abondante, ses lumières sont indiquées spirituellement par des rehauts empâtés. Mais il n'a pas la correction absolue de Canale et l'on pourrait relever dans plusieurs de ses ouvrages des fautes de perspective ou l'équilibre un peu hasardeux de certains monuments. Du reste, l'architecture ne joue pas toujours le principal rôle dans ses compositions, et les cérémonies religieuses ou officielles qu'il se plaît à y introduire — réjouissances publiques, couronnements de doges, processions, scènes du carnaval vénitien, pendant longtemps si renommé — lui fournissent ses motifs préférés. Ils lui procurent l'occasion de peindre une foule grouillante et diaprée de personnages de toute sorte : courtisanes et badauds, masques et grands seigneurs, dignitaires de l'Église, matelots, bateleurs, etc., tout un monde agité et paré dont la vie semble une fête perpétuelle. C'est au milieu de ces divertissements et de ces spectacles incessants qu'allaient disparaître à la fois l'indépendance et l'art de Venise. Délaissée, restée à l'écart, la vieille ville a gardé jusqu'à nos jours sa physionomie originale; elle continue d'attirer dans ses palais, devenus des hôtelleries, de nombreux étrangers. Des artistes venus de tous les points du globe, séduits à leur tour par ses aspects pittoresques, s'essaient à l'envi à les reproduire. Mais en même temps que sa vie propre, elle a perdu son école, cette école qui a fait le meilleur de sa gloire et qui avait été associée de si près à toutes les vicissitudes de sa singulière existence.

ANDREA MANTEGNA. — FRAGMENT DE PAYSAGE.
Fresque du Château de Mantoue.

P. BRUEGHEL. — LES AVEUGLES.
Musée de Naples. (Phot. Brogi.)

CHAPITRE II

LE PAYSAGE DANS L'ÉCOLE FLAMANDE

I. LES MINIATURISTES. — LES VAN EYCK ET LEURS SUCCESSEURS. — GÉRARD DAVID. — J. BOSCH. — B. VAN ORLEY. — J. PATINIR. — II. LES BRUEGHEL. — LES PAYSAGES DE RUBENS. — D. TENIERS. — AD. BROUWER.

1

P. RUBENS. — LES VACHES. (FRAGMENT.)
Musée de Munich. (Phot. Hanfstaengl).

Comme en Italie, au début de la Renaissance, la peinture ne s'est développée dans les pays du nord de l'Europe qu'après l'architecture et la sculpture, et c'est dans les manifestations de ces deux arts qu'il faudrait chercher les premières traces d'une étude directe de la nature pittoresque. Peu à peu cependant, la peinture, d'abord reléguée dans les bas côtés obscurs de nos cathédrales, commence à déployer au-dessus des autels les compartiments diaprés de ses tableaux polyptyques. Si lents que soient ses progrès, les types raides et figés que l'ignorance, bien plus encore que les prescriptions liturgiques, avait assignés aux figures sacrées, vont insensiblement se transformer. La vie, avec ses acceptions les plus variées, animera ces représentations dont la piété naïve des âges précédents s'était contentée, et le portrait aura été la principale cause de cette rénovation. Voyez, en effet, auprès des saintes images offertes à la vue des fidèles, ces personnages, en général de moindres dimensions, qui, de part et d'autre, se tiennent un peu à l'écart et invoquent la protection divine. Pour flatter l'amour-propre de ces donateurs, et aussi pour faire montre de son talent, le peintre s'attachera de plus en plus à rendre leur ressemblance plus complète, et afin de les faire mieux reconnaître, il placera à côté d'eux le château, le monastère, la ville où ils vivent, l'église à laquelle est destiné leur présent, toute la contrée qui les entoure, avec l'aspect caractéristique de ses terrains, de ses cours d'eau et de sa végétation. En même temps qu'il fait ainsi honneur à ceux qui l'emploient, l'artiste étend le champ de ses études et, devenu plus exigeant pour lui-même, il ne néglige rien pour accroître son instruction.

Mais la peinture des manuscrits allait être pour la représentation du paysage la cause de progrès plus décisifs, et quand on étudie attentivement leurs miniatures, on est étonné de la variété qu'on y découvre. C'est tout un monde nouveau où l'on pénètre et dans lequel les différences des tempéraments et des talents s'accusent avec un cachet d'originalité très personnel.

En regard des manœuvres honnêtes, consciencieux et patients, de goût douteux et de talent médiocre, qui, sans épargner ni leur temps, ni leurs yeux, s'appliquent à leur travail, vous rencontrez de véritables artistes, épris de leur profession et prodiguant sans compter — dans un cadre aussi restreint et pour des productions le plus souvent anonymes — des trésors d'invention, d'habileté et de poésie. C'est à la flore de la contrée où ils résident qu'ils recourent le plus largement, et souvent même d'une manière exclusive, pour en tirer les motifs de la décoration des marges des missels ou des bréviaires. Dans cette gracieuse parure, variée à chaque page, tantôt c'est une même fleur qu'ils nous présentent sous ses divers aspects, et tantôt c'est de la réunion de fleurs différentes, harmonieusement groupées, qu'ils composent des ensembles. Des oiseaux, des insectes, des papillons qui semblent vivants voltigent alentour.

Un tel travail est attachant; mais le miniaturiste ne se laisse pas absorber tout entier par ces menus détails. Des travaux plus intéressants lui sont proposés, et quand, dans les calendriers qu'il est d'usage de placer en tête des *Livres d'Heures*, il reprend la série de ces scènes rustiques que le sculpteur avait autrefois essayé de reproduire aux parois de nos cathédrales, il est désormais en mesure de les représenter avec toute l'importance qu'elles comportent. De feuillet en feuillet, la suite des *Mois* se déroule avec les occupations que ramène chacun d'eux, et à chaque scène le décor changeant de la nature permet de suivre les transformations incessantes qu'elle subit au cours de l'année.

Peu à peu, malgré les dimensions exiguës de leurs œuvres et les moyens limités dont ils disposaient, les miniaturistes parviennent à donner à ces représentations pittoresques du paysage une vérité et une poésie singulières. C'est au moment même où la vulgarisation des procédés de la peinture à l'huile et, bientôt après, la découverte de l'imprimerie allaient amener la disparition de leur art que ces artistes devaient briller du plus vif éclat.

Plusieurs d'entre eux, sans doute, après avoir été initiés aux pratiques nouvelles, continuèrent à exercer leur talent d'enlumineur, et habiles comme ils l'étaient, ils ont exercé une grande influence sur le rapide développement de la peinture; mais d'autres circonstances en ont aussi hâté la subite et merveilleuse perfection, et, avant tout, le génie des Van Eyck.

Bien qu'on n'ait pu recueillir aucune information précise à cet égard, les deux frères appartenaient probablement à une famille d'artistes, puisque, comme eux, leur sœur Marguerite s'était adonnée à la peinture. De plus, la contrée où ils naquirent était alors une des plus riches de l'Europe et l'une des plus avancées sous le rapport de la civilisation. A Liège, au service de l'évêque Jean de Bavière, et surtout à la Cour de Bourgogne, où Philippe le Bon les avait appelés, les van Eyck avaient bien vite conquis la faveur de ces princes. Enfin, à la mort d'Hubert (v. 1370-1426), son aîné, Jan (1390-1440), alors dans sa maturité, avait pu, grâce à la mission dont son maître l'avait chargé (du 14 octobre 1428 à décembre 1429), passer une année entière en Portugal et visiter le nord de l'Espagne. Rentré à Bruges pour s'y fixer, il y avait

JAN VAN EYCK.
LES CHEVALIERS DU CHRIST.
Musée de Berlin. (Phot. Hanfstaengl.)

reçu des témoignages réitérés de la bienveillance dont l'honorait Philippe le Bon et quand, le 4 mai 1432, il exposait à Gand, dans une chapelle de l'église Saint-Jean, cette *Adoration de l'Agneau*, que son frère avait ébauchée et qu'il venait de terminer, ses contemporains saluaient en elle l'œuvre la plus accomplie que l'art du nord eût encore produite.

Même, à ne parler que de la seule représentation de la nature telle que les van Eyck l'ont entendue, nous devons proclamer la grandeur et l'originalité de leur génie. Leur œuvre entière atteste cette excellence; mais l'exemple le plus saisissant nous en est fourni par cette merveilleuse *Adoration de l'Agneau*, dont l'église Saint-Bavon de Gand, le Musée de Bruxelles et surtout celui de Berlin possèdent aujourd'hui les fragments épars. Tout en laissant aux personnages l'importance qui leur convient, le paysage y tient une place considérable. Il reste subordonné à la composition et contribue même à lui donner le caractère d'unité qui s'y découvre à première vue. Dans cette foule qui de toutes parts se presse vers le centre, l'arrangement des groupes et la disposition générale des lignes, les attitudes et les gestes des figures ramènent irrésistiblement le regard sur l'Agneau mystique, comme vers le principe et la fin de toute la vie chrétienne. Une certaine symétrie était ici nécessaire, puisque, en rattachant l'œuvre aux lignes architecturales du monument qui la contient, elle répondait aussi aux convenances mêmes du sujet. Le paysage qui sert de fond à ce poème grandiose complète de la façon la plus heureuse sa signification. Par des inflexions

L'ADORATION DE L'AGNEAU.

habilement rythmées, ses lignes s'abaissent ou se relèvent tour à tour, pour s'étaler largement au centre. Les montagnes, les défilés par lesquels s'avancent les saintes Théories, — notamment celles des *Chevaliers du Christ* et des *Saints Ermites*, que nous reproduisons ici, — aboutissent aux molles ondulations de la prairie au milieu de laquelle le divin symbole, placé sur un autel, s'offre à l'adoration des fidèles. Agenouillés suivant un double cercle, anges et croyants entourent l'Agneau d'une amoureuse couronne, tandis qu'au-dessus de lui les collines, doucement entr'ouvertes, laissent apercevoir les perspectives bleuâtres de l'horizon. De même que toutes les classes de l'humanité et tous les représentants de la hiérarchie céleste se trouvent ici réunis, ainsi, à côté de cette image de la vie spirituelle, l'artiste a placé comme une image en raccourci de l'univers avec ses montagnes et ses plaines, ses bois et ses prés, l'eau de ses fleuves et l'aridité de ses déserts, avec ses villes et ses solitudes, avec toutes les richesses de la flore méridionale, — grenadiers, orangers, figuiers et palmiers

JAN VAN EYCK. — LES SAINTS ERMITES.
Musée de Berlin. (Phot. Hanfstaengl.)

couverts de fleurs et de fruits, — mêlées à la végétation de nos contrées.

Dans cet ensemble tout parle à la fois à l'œil et à l'esprit, et l'on s'attarderait longtemps à y relever les mystérieuses analogies que le spectacle du monde extérieur éveille dans une âme religieuse. Les van Eyck ont su les exprimer avec autant de clarté que de délicatesse. En face de cette œuvre prodigieuse, on sent la présence d'un esprit supérieur; mais, si haute qu'en soit la conception, elle a été traduite par un peintre, et un amour intelligent de la réalité se manifeste dans l'exécution de tous les détails qui font la vie de sa composition. Ces myriades de fleurs piquées dans l'herbe drue ont chacune leur port, leur physionomie propre, et toutes concourent à l'ornement de ce fin tapis dont le vert adouci fait ressortir les rouges éclatants des costumes des personnages. La végétation exotique est étudiée avec la même conscience. Ces emprunts qu'il fait à la flore du midi, l'artiste ne songe pas à les étaler avec une complaisance indiscrète pour attirer sur eux votre attention. Il n'y mêle aucune de ces bizarreries auxquelles les voyageurs de tous les temps sont facilement enclins, comme s'ils voulaient se prévaloir de leurs lointaines excursions et des choses extraordinaires qu'ils y auraient vues. Bien qu'idéal et formé d'éléments hétérogènes, le paysage semble vraisemblable et les grandes lignes aussi bien que l'harmonie générale en assurent l'unité logique. Le dessin est d'une vérité et d'une pénétration extrêmes. Savant sans jamais rien montrer de convenu, il tire de la réalité seule sa force, sa souplesse et sa précision. De même, la perspective, du moins dans ses prescriptions essentielles, est d'une correction étonnante pour l'époque. Les van Eyck en avaient-ils formulé les règles, les avaient-ils reçues de leurs devanciers, ou plutôt, avec leur vive pénétration, en avaient-ils découvert les lois dans les sincères consultations qu'ils demandaient à la nature? Il est difficile de le dire. Mais il convient de constater la solide instruction que dès lors ils possédaient à cet égard.

Si Jan van Eyck, le plus jeune des deux frères, n'avait pas été chargé seul de cet immense travail, il y avait eu certainement la plus grosse part. Loin d'être épuisé par cette tâche, il donnait aussitôt après la mesure de sa fécondité dans d'autres ouvrages qui, moins importants par leurs dimensions et plus modestes dans leurs visées, attestent mieux encore l'originalité et la souplesse de son génie. Tels sont, par exemple, ce tableau de *la Vierge adorée par le chancelier Rollin* (Musée du Louvre), dans lequel il semble qu'il ait voulu se proposer les problèmes les plus compliqués qu'un peintre ait à résoudre, en réunissant sous nos yeux tout ce que la nature et l'industrie de l'homme ont produit de plus rare et de plus précieux; et cette *Vierge au donateur* de la Galerie de Dresde, ce bijou dont, suivant une tradition, — que la valeur et les dimensions exiguës de l'œuvre rendent assez vraisemblable, — Charles-Quint ne se séparait jamais dans ses voyages. Il semble que, conformant son exécution à ces proportions qui dépassent à peine celles des miniatures, van Eyck se soit appliqué à faire paraître dans tout leur éclat les ressources que le procédé nouveau dont il se servait mettait à sa disposition.

L'excellence des van Eyck, déjà si manifeste quand on les compare à leurs devanciers, n'est pas moins éclatante lorsqu'on étudie les peintres qui leur ont succédé. Le charme du naturel, la force et la franchise d'expression que nous avons admirés chez eux, nous ne les rencontrerons plus à ce degré dans la période suivante. Du premier coup, ils avaient atteint la perfection et fixé avec une autorité décisive les limites de leur art. Après eux, avec leurs successeurs immédiats, Rogier van der Weyden v. 1399-1464 et H. Memling avant 1430-1494, se termine cette période initiale d'éclosion et de jeunesse dans laquelle l'art flamand possède encore toute sa fraîcheur et nous montre des impressions ingénument ressenties, sans qu'aucun mélange de convention en altère la franchise. Plus tard, le génie même de ces maîtres primitifs va peser sur leurs successeurs et paralyser l'originalité de leur talent. Soit qu'ils cèdent à des réminiscences involontaires, soit qu'au contraire ils s'efforcent de répudier les exemples de leurs devanciers, ils perdent quelque chose de leur spontanéité. Un maniérisme inconscient se glisse dans leurs œuvres et leur communique je ne sais quoi de guindé et d'artificiel qui les dépare.

Gérard David n'a pas tout à fait évité ce défaut. C'était cependant un esprit curieux, également attiré, comme les peintres de la Renaissance italienne, par les souvenirs de l'antiquité et par l'étude de la nature. Peut-être même est-il permis de dire qu'il attribue parfois au paysage un rôle excessif et que, loin d'ajouter ainsi au charme de ses compositions, il en diminue plutôt l'intérêt. Dans *le Baptême du Christ*, du Musée de Bruges, et dans *le Repos en Égypte*, de la collection de M. R. Kann, ces arbres étudiés feuille à feuille, — des châtaigniers, des ormes, des peupliers et des érables dont les diverses essences sont scrupuleusement spécifiées, — ces lierres et ces houblons qui enlacent leurs troncs, ces buissons d'épines, ces ronces et ces fougères semées dans le gazon, ces rochers taillés à arêtes vives, aux découpures monotones, tous ces éléments pittoresques, indiqués avec une complaisance trop évidente, détournent l'attention des personnages dont les

BERNARD VAN ORLEY. — LE CHATEAU DUCAL A BRUXELLES.
Tapisserie des *Chasses de Maximilien*. Dessin plume et lavis, Musée du Louvre. (Phot. Girandon.)

attitudes compassées sentent d'ailleurs un peu l'effort et la pose.
Pendant qu'à l'exemple de G. David, quelques-uns de ses contemporains se laissent ainsi entraîner à une imitation trop minutieuse de la nature, d'autres essaient de se soustraire à ces étroites préoccupations et cherchent, en dehors même de la réalité, des voies nouvelles dans le domaine du fantastique et du merveilleux. Mais bien qu'il soit surtout célèbre par les *Tentations*, les *Enfers*, et toutes les visions diaboliques dont il s'était fait une spécialité, Jérôme van Aken, plus connu sous le nom de Bosch[1], lorsqu'il se borne à la simple représentation de la nature, manifeste aussi toute son originalité. Dans une de ses œuvres les plus remarquables, le triptyque de *l'Adoration des Mages*, du Musée de Madrid, le paysage qui s'étend au-dessus de la crèche, dans la partie moyenne de la composition, — un cours d'eau avec de beaux arbres qui l'ombragent, et plus loin, des terrains incultes couverts d'un maigre gazon, — est rendu avec une grande justesse et l'artiste a su, par la fermeté du dessin et la vérité des intona-

1. Ce surnom il le devait à sa ville natale, Bois-le-Duc (Hertogen-Bosch), où il passa la plus grande partie de sa vie et où il mourut en 1516.

GÉRARD DAVID. — LA FUITE EN ÉGYPTE.
(Collection R. Kann.)

tions, exprimer très fortement le caractère d'une de ces contrées sauvages dont la poésie n'avait pas encore tenté le pinceau de ses devanciers.

Avec le temps, le goût de la peinture s'était peu à peu répandu dans tous les Pays-Bas, mais, attirés par le prestige toujours croissant de la Renaissance italienne, les artistes flamands iront désormais au delà des monts chercher leur idéal et compléter leur éducation. Dans ce mouvement de migration vers le Midi dont Gossaert dit Jean de Mabuse (v. 1470-1541) donne le signal et qui se poursuit avec les van Orley, les Coxie, les Floris et bien d'autres encore, nous voyons disparaître peu à peu l'originalité du vieil art national. Au contact d'un art étranger, il perd cette sincérité dans laquelle il avait jusque-là puisé sa force et, malgré le talent de ceux qui s'y emploient, les essais de conciliation tentés entre des aspirations si opposées n'aboutissent qu'à des productions bâtardes également dépourvues de style et de naturel.

Un nom cependant mérite d'être retenu parmi ceux des peintres que nous venons de citer, celui de Bernard van Orley. Mais bien qu'à son retour d'Italie, son talent se soit développé dans un sens assez personnel, ce n'est pas dans ses tableaux que nous devons chercher la meilleure preuve de son originalité comme paysagiste. Van Orley était un décorateur de premier ordre et à côté des cartons des belles verrières de Sainte-Gudule, ceux de plusieurs séries de tapisseries, notamment celle des *Chasses de Maximilien*, méritent d'être signalés, à raison de la largeur avec laquelle le paysage y est traité. Cette suite des *Douze mois*, dont on peut voir quelques panneaux exposés dans les salles du Louvre, et qui représente des épisodes de chasses variées, nous offre une fidèle image de la campagne aux environs de Bruxelles, dans la forêt de Soignies, à Tervueren, à Sept-Fontaines, avec les châteaux, les couvents et les étangs ou les cours d'eau qui les avoisinent. Les plantes et les arbustes, habilement groupés sur les premiers plans de ces compositions, témoignent d'une étude scrupuleuse de la flore locale, qui a également fourni les motifs de l'ornementation des bordures.

Mais des figurations aussi vraies sont tout à fait exceptionnelles chez les Flamands de cette époque, et nous terminerions avec van Orley cette étude des débuts du paysage dans les Flandres, si nous n'avions à mentionner rapidement encore les œuvres de deux de ses contemporains qui — bien qu'ils se rattachent plus étroitement que lui aux traditions du passé — n'ont pas laissé d'exercer une influence assez considérable sur les artistes venus après eux. Nous voulons parler de Patinir et de Henri de Bles, que la critique a longtemps désignés comme les inventeurs du paysage, formant un genre à part et se suffisant à lui-même.

Ils étaient tous deux nés presque à la même époque, vers 1480, et dans des lieux voisins, l'un à Dinant, l'autre à Bouvignes, près de Namur. Leurs vies sont peu connues, celle de Bles surtout, dont le nom même a été l'objet de nombreuses variantes. Sa seule signature irrécusable, *Henricus Blesius*, nous est fournie par un tableau de la Pinacothèque de Munich, *l'Adoration des Mages*, dans lequel le paysage, d'une couleur puissante et savoureuse, n'offre cependant aucune particularité remarquable. Quant à Joachim Patinir, qui passe d'ailleurs pour avoir été le maître de Bles, bien des fables ont couru sur son compte; mais rien, dans le petit nombre de dates et de faits positifs que nous connaissons de sa vie, ne saurait justifier la réputation de désordre et d'ivrognerie que lui ont faite certains chroniqueurs. Installé de bonne heure à Anvers, il y devenait, dès 1515, membre de la Gilde et, peu de temps après son mariage, acquéreur d'une maison située au bord de l'Escaut. Le 5 mai 1521, Albert Dürer, qui voyageait alors dans les Pays-Bas, assistait à son mariage. Très choyé par Patinir dont il appréciait fort le talent, il faisait son portrait aujourd'hui au Musée de Weimar, et lui laissait, en outre, comme souvenir de sa visite, plusieurs dessins de petites figures destinées à orner ses compositions. Nous savons d'ailleurs que Patinir mettait son pinceau à la disposition de ses confrères et que, donnant un des premiers l'exemple de ces collaborations qui, plus tard, devinrent très fréquentes, il peignait pour plusieurs d'entre eux les fonds de leurs tableaux ou de leurs portraits. Le talent de l'artiste, le soin et la conscience qu'il apportait à l'exécution de ses œuvres, témoigneraient aussi, au besoin, contre les fâcheux propos qui ont été tenus sur lui.

La contrée où était né Patinir avait, sans doute, contribué à développer en lui le goût d'une nature un peu étrange, mais bien faite pour plaire à un paysagiste de ce temps. La situation même de Dinant, au bord de la Meuse, le cours rapide de ce fleuve dominé par des rochers élevés, les vallées étroites qui débouchent non loin de là, celle de la Semois surtout, avec ses nombreux circuits, ses gorges profondes, ses frais ombrages, et les cavernes mystérieuses où ses eaux se dérobent, toute cette campagne pittoresque présentait, réunie dans un espace restreint, cette profusion d'accidents et de sites variés que les peintres de cette époque aimaient à accumuler dans leurs compositions. Loin de simplifier cette nature déjà assez compliquée, Patinir semble s'être ingénié à ajouter à son étrangeté par un amas de motifs hétérogènes qu'il rapproche les uns des autres : la mer, des montagnes escarpées, des rochers isolés et inaccessibles, couronnés par des villes ou des habitations, des perspectives qui s'étendent dans tous les sens et des cours d'eau dont les sinuosités reparaissent à tous les plans. Malgré cet entas-

J. PATINIR. — SAINT CHRISTOPHE.
Musée de l'Escurial. (Phot. Lacoste.)

sement de détails, il n'estime pas cependant que le paysage offre assez d'intérêt en lui-même pour en faire le sujet exclusif de ses tableaux. Il croit nécessaire d'y introduire des scènes dans lesquelles il a, sans doute, plus que ses devanciers, restreint le nombre et la taille des personnages, mais qui, avec la donnée première de ces œuvres, lui en fournissent les titres. C'est *la Fuite* ou *le Repos en Égypte*, *le Baptême du Christ*, *l'Apparition du Cerf à saint Hubert*, *la Tentation de saint Antoine*, *Saint Jérôme dans le désert*, et d'autres épisodes que ses prédécesseurs avaient déjà traités et qui, pendant longtemps encore, défraieront ses successeurs. Enfin, loin de profiter des enseignements laissés par les van Eyck, il revient aux errements des maîtres primitifs, et souvent il lui arrive de juxtaposer, dans un même tableau, des scènes différentes se rapportant à une même légende.

Patinir, quoi qu'on en ait dit, n'est donc pas un novateur; mais il faut bien reconnaître que, mieux qu'on ne l'avait fait jusque-là, il s'est appliqué à augmenter progressivement l'importance du paysage et à réduire d'autant celle des figures, sans cependant les éliminer tout à fait. D'ailleurs, en dépit de leur complication, l'aspect général de ses

P. BRUEGHEL. — LE PAIEMENT DE LA DÎME.
Musée de Bruxelles. (Phot. Hanfstaengl.)

tableaux ne manque pas d'une certaine ampleur, à laquelle concourent la souplesse et l'habileté de son exécution, la vérité des effets et de la lumière. On peut même déjà observer chez lui la première apparition de ce parti pris systématique adopté en vue de l'harmonie de l'ensemble, parti pris qui consiste à distribuer, d'une manière invariable, les *Trois tons* qui dominent dans ses paysages : le brun coloré des premiers plans servant de repoussoir, les verts plus ou moins francs de la partie moyenne et le bleu des lointains. Cette répartition, assez conforme, du reste, aux lois de la perspective aérienne, prête à d'heureux contrastes. Mais si la nature, surtout dans le Midi, en offre quelquefois l'exemple, ce n'est là chez elle qu'une des innombrables combinaisons de la riche palette dont elle dispose et que, suivant les saisons et les heures du jour, elle sait varier à l'infini. Pendant longtemps, au contraire, les paysagistes flamands, sans doute à l'exemple des Vénitiens, ne se lasseront pas de recourir à ce procédé d'effet que Patinir avait inauguré. Chez presque tous, nous en retrouvons la trace plus ou moins déguisée, et l'abus d'un expédient aussi sommaire contribue à donner à leurs œuvres une certaine monotonie. C'est chez les paysagistes de la fin du xvi siècle que ce défaut est surtout sensible, chez Gillis van Coninxloo, Josse de Momper, Lucas van Valckenborgh, Roelant Savery, A. Gowaerts, van Uden, etc., et, après eux, chez J. Brueghel. Une autre cause d'uniformité dépare aussi les œuvres de ces derniers artistes, c'est le choix de leurs épisodes favoris : le *Paradis terrestre*, la *Tour de Babel*, le *Déluge*, le *Massacre des Innocents*, *Orphée charmant les animaux*, les *Kermesses*, les *Batailles*, etc., qui leur permettent de multiplier à l'infini les personnages et les animaux. C'est avec une déplorable facilité qu'ils cèdent à ce courant de routine et de mode, dont l'histoire de l'Art offre trop souvent l'exemple. D'ailleurs, au lieu de chercher dans les campagnes qui les environnent des inspirations personnelles et immédiates, la plupart vont demander à d'autres contrées, surtout à l'Italie, des impressions qui forcément demeurent superficielles et confuses. Ainsi compris, le paysage reste purement décoratif, et ses aspects, trop peu caractérisés, ne peuvent guère nous toucher.

II

En dépit de la décadence croissante de l'Italie, le prestige qu'elle exerçait au dehors n'avait pas, en effet, cessé de grandir. Tout conspirait, d'ailleurs, pour attirer chez elle les peintres des diverses nations, avides d'y contempler à la fois les ruines des monuments de l'antiquité et les chefs-d'œuvre de la Renaissance. Dans les Pays-Bas, surtout, si profondément troublés à cette époque, le mouvement d'émigration des artistes au delà des monts ne pouvait manquer de se développer, car, à la perspective d'enseignements très réputés, se joignait pour eux l'espoir d'une existence moins difficile. Au sortir des plaines flamandes, dont quelques faibles ondulations rompent à peine la monotonie, l'aspect des contrées pittoresques et grandioses qu'ils rencontraient sur leur chemin était, du reste, bien fait pour les frapper. Mais, si émerveillés qu'ils fussent tous de pareils spectacles, quelques-uns d'entre eux, plus foncièrement attachés à leur patrie, sentaient mieux, avec le temps, le regret de l'avoir quittée, et, sans céder aux séductions qui retenaient en Italie un grand nombre de leurs confrères, ils avaient hâte de regagner leurs foyers. Parmi ces derniers, le vieux Brueghel est certainement une des figures les plus curieuses et les plus franchement caractérisées.

Né vers 1525, Pierre Brueghel était, à ce que nous apprend van Mander, originaire d'une famille de paysans, qui tenait son nom d'un village du Brabant, situé près de Bréda. Si imprévue que nous semble sa vocation, étant donnée cette origine, il conserva jusqu'au bout, dans son talent comme dans le choix de ses sujets, la marque de cette rusticité. Il avait, sans doute, manifesté de bonne heure ses dispositions, puisque ses parents lui laissèrent facilement suivre la carrière qui l'attirait. Il fut donc mis en apprentissage à Anvers, chez un artiste alors très célèbre, Pierre Coucke d'Alost, homme d'un esprit très ouvert, qui avait voyagé en Orient, et cultivait également la peinture, la sculpture et l'architecture. Entré chez lui vers 1540, Brueghel y avait vécu dans cet état de quasi-domesticité que comportaient alors les conditions de l'apprentissage, et plus d'une fois il avait porté dans ses bras et promené par les rues de la ville la petite fille de son maître, qui devait plus tard devenir sa femme. Il recevait ensuite les leçons de Jérôme Cock, connu surtout comme graveur, et qui tenait aussi un commerce d'estampes fort achalandé.

Ainsi que l'avaient fait ses deux maîtres, le jeune Brueghel, à peine émancipé et devenu membre de la Gilde de Saint-Luc en 1551, cédait au courant qui entraînait ses confrères vers l'Italie. Van Mander nous apprend qu'il passa par la France, et, ainsi que le prouve l'inscription d'une de ses gravures, il était à Rome en 1553. La collection du Louvre possède plusieurs dessins à la plume faits par lui sur son chemin, soit à l'aller, soit au retour, probablement dans le Tyrol. La conscience avec laquelle sont traités tous les détails pittoresques de cette nature accidentée, nous montre l'impression qu'elle produisit sur le voyageur. C'est d'une main ferme et sûre qu'il en trace les vivantes images, en insistant sur les traits qui lui semblent vraiment caractéristiques. Dans cette façon d'interpréter la nature, avec un sens déjà personnel, on reconnaît cependant l'artiste qui a étudié chez J. Cock les dessins et les gravures du Titien. Ses indications, franches et expressives dans leur spontanéité, ont la même ampleur et la même décision, et Mariette a pu dire que certains de ces dessins du maître d'Anvers n'auraient pas été désavoués par le maître de Cadore.

LES MAITRES DU PAYSAGE.

Brueghel, pourtant, n'a pas dû prolonger beaucoup son séjour en Italie ; ni son éducation, ni ses goûts, ne pouvaient l'y retenir, et il avait hâte de regagner son pays. En tout cas, il était de retour en Flandre en 1553, car c'est la date que nous montre une *Vue de la Porte Saint-Georges*, gravée d'après un de ses dessins, avec une foule de gens de tout âge et de toute condition qui s'ébattent sur la glace des fossés de la ville d'Anvers. L'artiste se retrouvait à l'aise parmi ses compatriotes.

JEAN BRUEGHEL. — LE RUISSEAU.
Musée de Dresde. (Phot. Hanfstaengl.)

Ami des paysans, il se plaisait à vivre au milieu d'eux ; il s'intéressait à leurs travaux, assistait à leurs fêtes, et il les peignait tels qu'ils étaient, étrangers à toutes les grâces, gauches et lourds, avec leurs carnations basanées, leurs mains déformées et calleuses. La force de Brueghel ne va pas sans quelque rudesse et nous comprenons l'admiration que François Millet professait pour lui. Dans les gravures du vieux maître, accrochées aux murailles de son pauvre atelier de Barbizon, Millet retrouvait ses modèles et saluait dans leur peintre un de ses devanciers. Ces personnages rustiques, Brueghel les a scrupuleusement placés dans leur milieu ; derrière eux se déroule la campagne où ils vivent, avec leurs chaumières misérables et leurs horizons familiers. Nous les retrouvons dans la *Rixe de Paysans* de la Galerie de Dresde, aussi bien que dans les sujets tirés des Livres Saints qu'il transpose à la flamande, comme *le*

P. BRIL. — TOBIE ET L'ANGE.
Musée de Dresde. (Phot. Hanfstaengl.)

Massacre des Innocents (Musée de Vienne), auquel le ciel assombri d'un jour de neige ajoute ses tristesses, et dans cette *Parabole des Aveugles* dont le Musée de Naples possède une peinture à la détrempe et le Louvre une excellente répétition à l'huile, deux véritables chefs-d'œuvre. Le coin paisible, théâtre de ce dernier épisode, a été rendu par l'artiste avec autant de vérité que de poésie. Le vert franc des prairies, la légèreté et la profondeur du ciel argentin, l'aspect modeste du village et de sa petite église, la colline basse qui ferme l'horizon et le ruisseau où viennent aboutir les pas incertains des aveugles, tout cela a été vu et exprimé par Brueghel en dehors de toutes les conventions reçues, avec une originalité de conception, une justesse de dessin, une force et une délicatesse de coloris telles que l'on comprend l'admiration de Rubens, assurément bon connaisseur, qui faisait graver pour les répandre, et recherchait avec passion pour lui-même les meilleures œuvres du maître.

Estimé pour son caractère et très apprécié pour son talent, Brueghel avait vu, avec une production incessante et qui embrassait tous les genres, croître son aisance et sa célébrité. Sa femme lui avait donné deux fils qui, comme lui, furent peintres, et une fille qui devait épouser David Teniers. L'année même où naissait le second de ces fils marque, en quelque sorte, le point culminant de sa carrière, car c'est à cette date de 1568 qu'il signait *les Aveugles* de Naples et le tableau des *Paysans dansant autour d'un Gibet*, qu'il considérait lui-même comme un de ses meilleurs ouvrages. Mais il n'avait plus longtemps à jouir du bonheur qu'il s'était si légitimement créé par son travail. Un an après, en pleine maturité, il mourait âgé d'environ 44 ans. Avec lui disparaissait une des figures les plus originales de l'art flamand. Au moment où cet art semblait près de s'égarer à la suite des *italianisants*, Brueghel remettait en honneur ses meilleures traditions. Sans doute, c'est un maître violent et un peu âpre: mais sa force tranche sur les subtilités ou les fadeurs de la plupart de ses contemporains, et l'on chercherait en vain parmi eux une si vivante fécondité, une pareille richesse d'imagination. Parfois son exécution peut paraître rude et trop appuyée; elle est, en revanche, remarquable par sa décision, sa fermeté et sa largeur. Il a aimé dans la peinture les contrastes auxquels il se plaisait dans le choix même de ses sujets: des bruns et des noirs intenses s'y opposent à des blancs purs, et il ne craint jamais d'accentuer l'éclat de ses rouges, de ses jaunes et de ses verts. Mais en laissant à ces colorations toute leur plénitude, il compose avec elles des harmonies d'une hardiesse singulière, comme celles de ces étoffes ou de ces faïences qui séduisent les campagnards par la vivacité même de leurs nuances. Brueghel n'est pas un raffiné: il est resté de son village et il a conservé à la ville son air de robuste santé. Avec sa gaieté épanouie et ses malices épicées, avec sa verve plantureuse et débordante, il montre ce que vaut un art qui, fût-ce au prix de quelque grossièreté, a su garder intactes sa puissance et sa verdeur.

Nous n'avons pas à nous occuper ici de l'aîné des fils du maître, Pierre II, qui, ainsi que l'indique son surnom de *Brueghel d'Enfer*, s'attacha de préférence à peindre des apparitions fantastiques et des diableries. Quant à Jean, le second, l'élégance de sa mise et de ses allures l'avait fait appeler *Brueghel de Velours*, désignation que justifieraient aussi, d'ailleurs, le moelleux et le fini minutieux de sa facture. A peine âgé d'un an, il avait été, à la mort de son père, recueilli par sa grand'mère qui, artiste elle-même, lui apprit à peindre à l'aquarelle, et le talent de son petit-fils conserva toujours le pli de cette première éducation. Après avoir reçu les leçons d'un peintre peu connu, Pierre Goetkint le Vieux, il avait, selon la mode du temps, fait un pèlerinage en Italie, où il séjourna de 1593 à 1596, dessinant les monuments et les ruines de la ville de Rome. Sa précocité autant que l'amabilité de son caractère attiraient de bonne heure sur lui l'attention, et lui valaient, entre autres, la protection affectueuse du cardinal Frédéric Borromée, neveu et successeur de saint Charles Borromée, pour lequel il ne cessa pas de travailler depuis l'année 1595 jusqu'à sa mort.

La vie agréable et facile que Brueghel menait en Italie, et les relations utiles ou amicales qu'il y laissait, expliquent les regrets qu'il éprouva de l'avoir quittée. Mais, grâce à la considération acquise par son père et au charme de sa personne, il se faisait bientôt sa place à Anvers, où, dès son retour, il était admis à la Gilde de Saint-Luc. La précision et la dextérité de sa touche excitaient l'admiration des amateurs, de tout temps sensibles à de pareilles qualités. Outre les compositions compliquées qui ont souvent tenté Brueghel, il a peint aussi des paysages purs, dont la valeur est très inégale. Les meilleurs, ceux où l'indication des divers plans est exprimée avec le plus de justesse, sont ces *Routes*, ces *Abords de ville*, ces *Canaux*, sortes de vues panoramiques qu'il anime d'innombrables figures auxquelles il sait donner une grande vérité d'attitudes et de mouvements. Parfois, malgré cette abondance extrême des détails, il conserve une grande simplicité d'aspect; mais, trop souvent, il ne sait éviter ni le bariolage, ni la crudité des intonations. Généralement aussi, il a adopté ce parti pris des *Trois tons*, que nous avons signalé chez Patinir et dont les contrastes excessifs, trop souvent répétés, ne laissent pas de produire quelque monotonie. Peut-être Brueghel en a-t-il encore plus abusé que ses prédécesseurs. Sans doute aussi, la couleur de quelques-uns de ses paysages s'est modifiée, car on trouve, même dans les premiers plans de plusieurs d'entre eux, ces bleus acides qui attirent et offensent le regard. Malgré tout, il a laissé aux paysagistes plus d'une utile leçon dans sa manière de rendre le feuillé des diverses essences d'arbres et de les caractériser mieux qu'on n'avait fait jusque-là. Ses productions étaient fort recherchées par ses contemporains et, grâce à son travail, non seulement il avait pu suffire à l'entretien de sa nombreuse famille, — des deux mariages contractés par lui, il n'avait pas eu moins de neuf enfants, — mais son train de maison était considérable et il avait orné son intérieur de statues, de tableaux et d'une foule d'objets précieux. Généreux et très serviable, il se montrait envers ses confrères d'une obligeance qui lui avait gagné l'affection de tous. La fin de sa vie ayant été troublée par des pertes d'argent, il reçut à cette occasion les marques de sympathie les plus touchantes. Après sa mort (13 janvier 1625), Rubens acceptait d'être le tuteur de ses enfants et peignait le portrait de son ami pour être enchâssé dans le monument que sa famille érigeait à sa mémoire, dans l'église Saint-Georges.

Bien qu'elle se soit continuée dans deux de ses fils, — Jean II, qui traita avec un talent moindre les mêmes sujets que son père, et Ambroise, qui fut surtout peintre de fleurs, — nous prendrons, avec Brueghel de Velours, congé de cette dynastie d'artistes chez laquelle on peut suivre, en quelque sorte d'une manière continue, le développement de l'école flamande. Cependant, entre les merveilleux débuts et la rapide décadence de cette école, le nom glorieux, qui de si haut la domine, mérite ici une place d'honneur. Rubens, il est vrai, n'a été qu'accessoirement paysagiste, mais dans ceux de ses paysages où il s'est directement inspiré de la nature, il a manifesté toute l'originalité de sa maîtrise universelle. Comme nous avons déjà pu le constater, et ainsi que le remarque à ce propos E. Delacroix, « les hommes spéciaux qui n'ont qu'un genre sont souvent inférieurs à ceux qui, embrassant tout de plus haut, portent dans ce genre une grandeur inusitée, sinon la même perfection dans les détails ; exemple Rubens et le Titien dans leurs paysages. »

Quoiqu'il aimât passionnément la nature, Rubens n'a peint que très tard des paysages purs. On sait quelle influence féconde et durable les huit années qu'au commencement de sa carrière il passa au delà des monts (de 1600 à 1608) ont exercé sur son talent. Mais s'il a beaucoup appris en Italie, il n'y a pas cependant changé sa technique. En quittant les Flandres, il était déjà en possession de celle qu'il garda toute sa vie. Il en avait reconnu l'excellence et sans cesser jamais de l'améliorer, jamais, non plus, il n'en modifia les principes essentiels. Cette technique était celle des bons peintres d'Anvers, ses prédécesseurs, celle du vieux Brueghel notamment, pour qui, nous le savons, il professait une prédilection particulière. Avec un sens plus délicat et plus souple, il en conserva les mâles qualités, la fermeté du dessin, les franches et fortes

P. RUBENS. — L'HIVER.
Galerie de Windsor. (Phot. Hanfstaengl.)

intonations. Mais son œil était plus fin, sa main plus légère, son goût plus cultivé, son entente des harmonies décoratives plus savante et plus riche. On conçoit néanmoins tout le profit qu'avec son intelligence si ouverte et son désir constant de s'instruire, il put tirer de l'étude des chefs-d'œuvre et de la fréquentation des artistes qu'il trouvait réunis soit à la Cour de Mantoue, soit à Rome, dans les séjours successifs qu'il y fit. Parmi les membres de la colonie étrangère qu'il rencontrait dans la Ville Éternelle, il était entré naturellement en relations avec un de ses compatriotes qui, s'y étant installé depuis longtemps, jouissait alors d'une grande réputation. Né à Anvers, en 1554, Paul Bril avait quitté à vingt ans sa ville natale, contre le gré de sa famille, pour aller rejoindre, à Rome, son frère aîné Mathieu, qui s'y était fait apprécier comme paysagiste. Associé, dès son arrivée, aux grands travaux que celui-ci exécutait au Vatican, Paul fut, après la mort prématurée de son frère (1584), chargé de les terminer, et la vogue qu'il conquit bientôt à Rome, où il était devenu membre de l'Académie de Saint-Luc, le décida à s'y établir et à s'y marier. Grand admirateur du Titien, il restait cependant, en quelque manière, fidèle aux enseignements qu'il avait reçus en Flandre, notamment à ce groupement de tonalités dont nous avons parlé plus haut et qui était alors devenu un procédé d'effet un peu conventionnel. Il atténuait cependant ce que ce procédé avait de trop systématique, grâce à une observation plus attentive de la nature.

Rubens, à qui les occasions d'approcher Paul Bril n'avaient certainement pas manqué, faisait grand cas de son talent. Mais, tout en reconnaissant le mérite de Bril et celui d'Annibal Carrache, il avait bien vite discerné tout ce qu'ils devaient l'un et l'autre au Titien; c'est donc au chef même de l'école vénitienne qu'il demanda les enseignements que celui-ci pouvait directement lui fournir. A son arrivée en Italie, il avait passé trop peu de temps à Venise pour apprécier tout le génie du maître. En revanche, à Rome, où il arrivait déjà plus mûr, il trouvait réunis quelques-uns de ses plus beaux ouvrages, entre autres : *l'Amour sacré et l'Amour profane* (Galerie Borghèse), *l'Offrande à la Fécondité* et la *Bacchanale* (aujourd'hui au Musée du Prado), dans lesquels le paysage ajoute un charme si poétique à la composition. Rubens avait conçu, dès lors, pour le Titien une admiration qui devait durer toute sa vie. Saisissant toutes les occasions qui se présentaient à lui d'acquérir de ses œuvres pour sa collection, il recherchait également les gravures faites d'après lui et prenait un plaisir extrême à copier avec soin un grand nombre de ses tableaux, à Mantoue, à Rome et en Espagne, à son second voyage,

P. RUBENS. — LE TOURNOI.
Musée du Louvre. (Phot. Braun, Clément et C⁽ⁱᵉ⁾)

alors qu'il était déjà lui-même en possession de toute sa célébrité. C'est aussi de l'exemple du Titien qu'il s'inspirait dans les beaux dessins qu'il exécutait pour être gravés sur bois par C. Jegher, véritables chefs-d'œuvre où il résume avec autant de force que de concision les traits les plus significatifs de ses compositions. Mais pendant son séjour en Italie, absorbé par les commandes du duc de Mantoue et par les travaux qui lui permettaient à peine de suffire à son existence, il n'avait guère le loisir d'étudier la nature. A son retour à Anvers, accueilli aussitôt par la faveur de ses compatriotes et des gouvernants, son temps n'était pas moins disputé. Bien qu'il comprit tout l'intérêt qu'il pourrait tirer d'une étude plus attentive du paysage, c'est à grand'peine que, son carnet à la main, il parvient à faire quelques croquis rapides d'après les plantes — des bardanes, des touffes de violettes, des roseaux ou des plantains — dont il meuble les premiers plans de ses tableaux. Si, de hasard, il peut s'éloigner un peu de la ville, il a plaisir à résumer dans un tableau les impressions qu'il goûte à la campagne. Tel est, par

P. RUBENS. — L'ARC-EN-CIEL.
Musée de Munich. (Phot. Hanfstaengl.)

exemple, cet *Enfant prodigue*, entré en 1894 au Musée d'Anvers, dans lequel, autour de la figure principale, un pauvre loqueteux, blême et exténué, le maître a groupé les instruments de culture d'une exploitation agricole et les animaux les plus variés; ou bien cette *Chasse à travers une forêt* (Galerie de Dresde), dont, en bon cavalier, il a sans doute suivi les divers épisodes et dans laquelle il introduit, au premier plan, un grand arbre fracassé dont le Louvre possède le dessin magistral.

Aimant, comme il fait, son travail et son foyer, Rubens éprouve bientôt le besoin de se sentir chez lui, et, dès qu'il le peut, il a hâte de se créer un intérieur à sa guise. Il transforme la maison qu'il a achetée en une résidence princière, dans laquelle à côté de son logement et de celui de sa famille, il a son atelier, celui de ses élèves, une rotonde à l'italienne où il dispose, en bel ordre, les collections de toute sorte qu'il a déjà amassées et qu'il ne cesse pas d'enrichir. Les terrains voisins sont convertis en un jardin qu'il remplit d'arbres, d'arbustes rares et de plantes exotiques que lui envoient ses correspondants. C'est dans ce jardin, près d'un pavillon dont il a donné le dessin, que nous le retrouvons quatre années après la mort d'Isabelle Brant, sa première femme, par une claire et joyeuse matinée de printemps, paré du costume élégant sous lequel il essaie de dissimuler son âge — il a cinquante-trois ans — le bras passé sous celui de sa nouvelle compagne, Hélène Fourment, presque une enfant, parée comme lui de ses plus beaux atours. Autour d'eux, les arbres ont reverdi, les lilas parfument l'air et sous la tiédeur embaumée du ciel tout sourit au couple heureux. Le grand artiste, désireux de fixer ce souvenir, n'a jamais peint d'une touche plus délicate, ni d'une palette plus gaie une image plus radieuse (Pinacothèque de Munich).

Malgré son désir de ne pas s'éloigner d'une demeure où tant de séductions le retiennent, la politique, qui plus d'une fois déjà l'a distrait de son art, vient le réclamer et absorber son temps. L'archiduchesse, qui le connait, qui apprécie son intelligence et sa sûreté, fait appel à son dévouement pour les missions qu'elle juge délicates. Ce n'est qu'à de rares intervalles qu'il peut retourner à son travail, jouir de sa famille et du petit cercle d'amis fidèles qu'il s'est fait. Mais chez lui encore les ennuis d'une existence trop en vue l'attendent et viennent l'assaillir. Son talent, sa bienveillance et l'agrément de sa conversation, les hautes relations qu'il compte dans l'Europe entière, les richesses artistiques qu'il a réunies dans sa demeure, tout conspire à lui attirer de nombreux visiteurs et à troubler sa tranquillité. Il a bien essayé déjà de vivre aux champs, d'y goûter le calme dont il a besoin, car, dès le 29 mai 1627, il achetait, sur le territoire d'Eeckeren, une petite propriété avec des terres et une maison entourée d'eau et connue sous le nom de *Hof van Urseel*, où il se proposait probablement de faire des séjours assez prolongés. Mais c'est à peine s'il a pu l'habiter, car ses missions diplomatiques se succèdent, à ce moment, presque sans trêve, et le retiennent à l'étranger pendant plusieurs années. Quand enfin il s'excuse auprès de la Gouvernante et la prie de le décharger d'occupations peu compatibles avec l'exercice de son art et même avec le soin de sa santé, la perspective d'une vie plus stable le détermine à passer la belle saison à la campagne.

Soit que son bien d'Eeckeren, qu'il garda cependant jusqu'à sa mort, eût cessé de lui plaire, soit qu'il ne le jugeât plus en rapport avec l'importance de sa position et de sa fortune, ou enfin que l'occasion se fût présentée pour lui d'un placement avantageux, Rubens acquit, le

5. RUBENS. L'AUTOMNE. (NATIONAL GALLERY.)

12 mai 1635, au prix de 93 000 florins soit environ 600 000 francs de notre époque, la seigneurie de Steen, située sur le territoire d'Ellewyt, entre Malines et Vilvorde. C'était un domaine considérable, comprenant une ferme louée 2400 florins, d'autres terres, des bois et des étangs. Les bâtiments d'exploitation, le logement du fermier et l'habitation, un ancien château fort, étaient entourés d'eau de tous côtés et l'on y accédait au moyen d'un pont défendu, au milieu par une tour carrée, et à l'extrémité par un pont-levis avec sa herse. Il semble que le maître ait voulu évoquer le souvenir de cet état primitif de Steen dans la charmante esquisse du *Tournoi* que possède le Musée du Louvre. Mais dès les premiers moments de son installation, il s'était hâté de prescrire les travaux qui devaient rendre l'ancienne forteresse plus habitable et mieux appropriée à ses goûts. La tour, le pont-levis, les mâchicoulis avaient donc disparu et le peintre s'était fait disposer un atelier à sa convenance. Un superbe paysage de la National Gallery, *l'Automne*, peut d'ailleurs nous aider à reconstituer l'ensemble des constructions du château, dont ce tableau nous montre la tour et les pignons à gradins se détachant en vigueur sur un ciel illuminé par les rayons du soleil à son déclin. Sans parler de l'aspect magistral de cette toile, les personnages qui l'animent lui prêtent un intérêt spécial. Outre un chariot à deux chevaux conduit par un valet de ferme et non loin d'un chasseur qui s'avance en rampant vers une compagnie de perdreaux blottie dans les sillons voisins, nous y voyons, en effet, Rubens lui-même avec Hélène Fourment et un de leurs enfants tenu par sa nourrice. L'œuvre est charmante et de cette peinture, brossée avec une verve magistrale, se dégage la bienfaisante impression du calme qui, vers la fin d'une belle journée, se répand sur la campagne.

Mais si le château de Steen, profondément remanié par son dernier propriétaire, n'a plus rien conservé de son ancienne apparence, le pays, du moins, n'a pas changé. Telle qu'elle est, cette contrée placide n'a pas grand caractère; mais peut-être plaisait-elle mieux ainsi à Rubens. En tout cas, les interprétations qu'il nous en a données, amplifiées et débordantes de vie, nous font mieux comprendre à quel secret instinct il obéissait dans le choix de ses motifs et quels traits de cette nature simple et modeste lui paraissaient dignes d'être mis en lumière. Quant à la satisfaction qu'à ce moment de sa carrière il trouvait à peindre ces

P. RUBENS. — RETOUR DES CHAMPS.
Palais Pitti. (Phot. Giraudon.)

paysages, elle nous est assez prouvée par leur nombre et leur importance. Il les avait presque tous conservés dans son atelier et ils figurent par conséquent dans l'inventaire qui fut dressé après sa mort.

Il importe cependant de séparer en deux catégories bien distinctes les œuvres de ce genre qui datent de cette époque, car plusieurs d'entre elles sont de pures compositions qui n'ont aucun rapport avec la contrée dans laquelle Rubens s'était établi. On dirait même parfois qu'au milieu de ces plaines unies, son imagination lui remet volontiers en mémoire les sites les plus accidentés qu'il a rencontrés au cours de ses voyages.

Au contraire, dans ses paysages inspirés directement par la nature, Rubens manifeste toute l'originalité de son génie, et les impressions qu'il a su rendre sont très différentes de celles que nous retrouvons chez les paysagistes de profession à cette époque. Sans se préoccuper de ce qu'ils font, il cherche à exprimer tout ce qui l'intéresse personnellement dans la campagne. Mais s'il respecte la simplicité des motifs qui lui sont offerts, ce n'est cependant pas une copie littérale qu'il nous en donne. Comme à son insu, il y mêle quelque chose de ce sens épique qui est en lui, pour les grandir et les transfigurer. Les lignes sont plus animées, les masses ont plus d'ampleur et les colorations plus d'éclat.

Intéressante par elle-même, chacune de ces images trouve aussi sa

P. RUBENS. — LA CHARRETTE EMBOURBÉE.
Musée de l'Ermitage. (Phot. Hanfstaengl.)

signification particulière dans un ensemble qui comprend les aspects les plus caractéristiques du paysage, variés à la fois par le choix des sites, par les mouvements du ciel, par les diverses heures du jour et par la succession des travaux qu'amène le cours des saisons. Déjà dans une peinture exécutée quelques années auparavant, *l'Étable*, qui fait aujourd'hui partie de la Galerie de Windsor[1], Rubens s'était proposé de représenter l'hiver. Tandis qu'au dehors les arbres dépouillés et le blanc linceul qui couvre le sol attristent les regards, l'animation du premier plan contraste avec cette mort apparente de la nature. Sous le hangar qui occupe le devant de la composition, l'artiste a, en effet, réuni tout le personnel, les animaux et les ustensiles d'une grande exploitation agricole, groupés dans un amusant pêle-mêle. Mais, avec sa parfaite intelligence des possibilités de son art, le maître, voulant figurer la chute de la neige, a compris qu'il ne devait pas répandre uniformément à travers tout son tableau les taches blanches d'innombrables flocons dont la mono-

---

1. L'exécution de ce tableau est antérieure à l'année 1627, car il fut compris dans l'achat des collections de Rubens fait, à cette date, par le duc de Buckingham, et l'on retrouve d'ailleurs parmi les personnages qui l'étoffent le type de *la Vieille au Couvet* de la Galerie de Dresde, qui fut peinte vers 1622-1623.

tonie aurait produit le plus fâcheux effet. En reportant au second plan ces flocons qui tombent mollement dans l'air et en restreignant ainsi à un espace limité la place qu'ils occupent, il a su ingénieusement exprimer son intention et faire une œuvre à la fois très vraie et très picturale.

C'est surtout l'été, avec sa fécondité et ses magnificences, que Rubens aime à nous montrer dans un grand nombre de paysages dont les environs de Steen lui ont fourni les motifs et qui datent par conséquent de la fin de sa carrière. Voici, dans *les Vaches* de la Pinacothèque de Munich, une douzaine de ces bonnes bêtes que deux paysannes sont occupées à traire, au bord d'une mare ombragée par de grands arbres. Nonchalantes et repues, elles sont groupées dans les attitudes les plus variées, et de Piles, qui vante avec raison ce tableau, nous assure que la justesse du dessin de ces animaux « persuade assez qu'ils ont été faits d'après nature, avec beaucoup de soin ». Dans *le Retour des champs* (Palais Pitti), la composition offre plus d'intérêt. Sous un ciel déjà coloré par les lueurs du couchant, la grande plaine flamande étale jusqu'à l'horizon bleuâtre ses bois, ses prairies, ses champs aux cultures diaprées, avec quelques villages à demi cachés dans la verdure et la silhouette lointaine de la ville de Malines dominée par le clocher de Saint-Rombaut. Le soleil, qui va disparaître, éclaire la campagne de ses derniers rayons. Au milieu du redoublement d'activité qui l'anime encore à ce moment, on sent déjà comme les apaisements de la nuit prochaine, et, dans l'air rafraîchi, le vague parfum des foins coupés remplit l'atmosphère de ses pénétrantes senteurs. Bien différente, mais peut-être plus franche encore, est l'impression de ce *Paysage à l'Arc-en-ciel*, dont la collection de sir Richard Wallace et la Pinacothèque de Munich possèdent chacune un exemplaire de dimensions différentes, mais tous deux de la main du maître. Ici encore, l'été déploie toutes les splendeurs de ses colorations. L'or des blés mûrs tranche fortement sur le vert des prairies dont la pluie vient de raviver l'éclat, et les cimes des arbres éclairées par le soleil se détachent en pleine lumière sur les nuées assombries où l'arc-en-ciel décrit sa grande courbe.

Par l'importance qu'il attribue à ces aspects changeants du ciel, Rubens est véritablement un novateur et personne, avant lui, n'avait songé à y représenter les grandes luttes des nuages et leurs incessantes transformations. Ce n'est pas seulement, en effet, la chute de la neige ou l'apparition de l'arc-en-ciel après l'orage qu'il a peintes, mais tous les phénomènes de la lumière, toutes les perturbations de l'atmosphère ont tour à tour attiré son attention et tenté ses pinceaux. Dans un paysage appartenant à sir W. Wynn, il nous montre les rayons du soleil filtrant à travers les arbres d'une forêt où, dès l'aube, un chasseur s'élance avec sa meute à la poursuite du gibier. Une autre fois, c'est, au contraire, la tombée du jour qu'il a représentée dans la *Charrette embourbée* Musée de l'Ermitage, avec des voituriers qui essaient de tirer leur charrette des ornières où elle s'est enfoncée. Nos hommes se pressent, car le chemin est difficile et la nuit va venir. Cette heure mystérieuse du crépuscule, si chère aux paysagistes de notre temps, n'avait jamais encore inspiré les artistes avant Rubens et il en a exprimé avec un charme exquis la poétique indécision. Bien rarement aussi ses prédécesseurs avaient osé aborder, comme il l'a fait dans le *Clair de lune* de Dudley-House, les augustes recueillements de la nuit étoilée, avec ses lueurs vagues, sa solitude et son silence à peine troublé par la marche errante d'un cheval qui broute au premier plan. Plus imprévue encore est l'impression de ce *Paysage avec un oiseleur* que nous possédons au Louvre et dans lequel le soleil, se dégageant de la brume matinale, dissipe et boit les vapeurs argentées qui flottent au-dessus des eaux, tandis que la nature entière se réveille, pénétrée de lumière et de fraîcheur.

Dans tous ces paysages, des figures et des animaux, très vrais dans leurs allures et toujours placés au bon endroit, achèvent de caractériser la signification de chaque œuvre ou en relèvent la tonalité par quelque note piquante : le jaune clair d'une vache, le blanc d'un cheval, le bleu ou le rouge vif d'une jupe. Ce sont, par exemple, dans la *Matinée* du Louvre, deux hommes qui scient un arbre, un oiseleur qui a tendu ses filets, deux dames et un cavalier à demi cachés dans des buissons, qui guettent la capture des oiseaux

Si salutaires que fussent pour lui la liberté et le repos moral dont il jouissait à Steen pendant ses dernières années, Rubens ne parvenait pas à prolonger autant qu'il l'aurait voulu les séjours qu'il y faisait. Bien des obligations auxquelles il ne pouvait se soustraire le rappelaient à Anvers. Surchargé de commandes par Philippe IV et pressé par le

HUYSMANS DE MALINES. — LA RUINE.
Dessin du Musée du Louvre.

Cardinal Infant d'en hâter l'achèvement, il restait jusqu'au bout sur la brèche. Mais quand, à la fin de l'été de 1639, il quittait Steen où il avait essayé de se refaire, il ne devait plus y revenir et moins d'un an après, le 30 mai 1640, il s'éteignait après de vives souffrances. Dans l'épitaphe ampoulée que son ami Gevaert avait préparée pour sa tombe, le souvenir de ce coin de terre qu'il avait tant aimé se trouvait rappelé et le titre de seigneur, de *Toparque* de Steen, était associé aux louanges emphatiques décernées à « l'Apelle non seulement de son siècle, mais de tous les âges ». Bien mieux que ces métaphores alambiquées et ces pompeuses hyperboles, le nom seul de Rubens suffit aujourd'hui à dire quelle perte l'art venait de faire.

Avec Rubens, en effet, disparaissait le chef incontesté de l'école flamande. Van Dyck, son disciple, et un moment son émule, devait bientôt le suivre (19 décembre 1641); mais si grand que fût chez lui le talent du portraitiste, il faut reconnaître qu'il n'avait ni l'universalité, ni la puissance du génie du maître. Le paysage, en tout cas, ne tient presque aucune place dans son œuvre. A peine çà et là, entre les colonnades de ses portraits d'apparat, aperçoit-on une touffe d'arbres, un

ADRIEN BROUWER. — LES CHAUMIÈRES.
(Collection de M. M. Kann.)

morceau de ciel dont le gris bleuâtre est surtout destiné à faire valoir les carnations de ses modèles, ou bien les dernières lueurs du couchant qui, perçant à travers des nuées d'orage, donnent une signification dramatique à cette belle tête de jeune homme, ardente et maladive, que possède le Musée du Louvre.

David Teniers a, comme van Dyck, subi l'influence de Rubens, et ainsi que le maître, avec une moindre envergure, abordé tous les genres. Sans hausser jamais le ton, il ne fait pas grosse dépense d'imagination et se contente de peindre simplement ce qu'il voit. C'est par leurs petits côtés que trop souvent il traite les grands sujets, mais à force d'esprit, il arrive à nous intéresser aux données les plus humbles. Sa facture vive et amusante est un peu sommaire, et sa couleur mince et transparente à l'excès manque parfois de solidité. Sur la tonalité moyenne des dessous peu couverts, quelques accents vigoureux dans les ombres et des rehauts clairs posés avec une dextérité merveilleuse donnent à peu de frais l'illusion du fini. Mais la légèreté et la sûreté de la touche de Teniers sont incomparables.

Ces qualités qui se manifestent surtout dans ses *Intérieurs*, nous les retrouvons dans ses paysages. Colorés économiquement, avec leurs ciels animés, et leurs feuillages mobiles, ils procèdent d'un sens très vrai de la nature et dénotent une grande finesse d'observation. La facilité de travail de l'artiste était incroyable. Seigneur de ce joli château des Trois-Tours qu'il avait acquis à la pointe de son pinceau, tout en promenant ses hôtes aux environs de son domaine, il notait au passage les motifs variés qui lui plaisaient et dont, rentré à l'atelier, il faisait si prestement des tableaux.

Plus humble que Teniers, et souvent même plus vulgaire dans le choix de ses sujets, Adrien Brouwer est encore plus peintre que lui. Il cède moins à la virtuosité et il est plus exigeant pour lui-même; son dessin très serré pénètre plus avant; sa couleur est moins superficielle et son observation plus profonde. Il aime trop la nature, il y découvre trop de charmes pour se contenter jamais de redites et de formules apprises. Fruste et un peu lourd à ses débuts, dans sa facture, il est âpre et rude dans sa couleur, essayant, sans grand succès, d'harmoniser entre eux des rouges et des jaunes assez discordants. Mais son œil et sa main s'affinent bien vite et, vers la fin de sa courte carrière, il montre un des plus rares talents de peintre qu'on rencontre dans l'histoire de l'art. Ses meilleures œuvres ne peuvent être goûtées pleinement que par des artistes, et de son temps même elles furent recherchées par deux maîtres assurément très différents, mais tous deux excellents connaisseurs : Rubens qui témoignait à leur auteur une affectueuse sympathie, et qui avait réuni chez lui dix-sept de ses tableaux, et Rembrandt qui n'en comptait pas moins de sept avec de nombreux dessins dans ses collections.

Hollandais par son éducation, puisqu'il fut élève de Frans Hals, à Harlem, Brouwer est Flamand par sa naissance à Oudenaarde, en 1606, et par sa résidence à Anvers où, après avoir été membre de la Gilde de Saint-Luc en 1631 et de la Chambre de Rhétorique en 1635, il mourut au commencement de 1638. Placé ainsi sur la limite de la Flandre et des Pays-Bas, il est comme un intermédiaire entre les deux écoles dont il réunit en lui les meilleures qualités. Si, à la Pinacothèque de Munich, — où il ne compte pas moins de dix-huit tableaux, presque la moitié de son œuvre totale, — et à Paris même, au Louvre, au Petit Palais, et dans plusieurs collections privées, on peut apprécier à sa valeur le peintre des tabagies. Brouwer est beaucoup moins connu comme paysagiste, et ses productions en ce genre sont, en effet, extrêmement rares. Mais quiconque a vu au Musée de Berlin ce *Petit pâtre*, entouré de ses moutons, dans des terrains vagues, par un temps gris; ou ces *Joueurs de boules*, du Musée de Bruxelles, et mieux encore ces *Chaumières* de la collection de M. Maurice Kann, d'une harmonie si originale et d'un effet si pittoresque, est en droit de regretter qu'un interprète de la nature aussi exquis n'ait pas plus souvent déserté les intérieurs fumeux qui lui fournissaient ses motifs habituels, pour aller chercher aux champs ou dans le voisinage de la mer, l'air plus vif et plus pur qu'on respire dans ses paysages.

Après ces artistes de la grande époque, élevés à l'école de la nature, la décadence s'est vite accusée dans l'école flamande. Ce n'est pas que, même alors, les talents lui fissent défaut. Mais ce n'est plus qu'un art de seconde main chez ces *italianisants* qui n'ont pas tous vu l'Italie, ou chez ces habiles exécutants qui, se copiant les uns les autres, perdent bientôt le sens même de la réalité et lui substituent les procédés d'école, et les recettes conventionnelles.

Tout au plus, puisque nous ne parlons ici que des maîtres du paysage, convient-il de citer Jacques d'Arthois (1613-1684) qui, sans avoir le grand souffle de Rubens, s'est inspiré de ses ordonnances décoratives, et a imité sa facture; et surtout le meilleur élève de d'Arthois, Cornelis Huysmans, qui, bien que né à Anvers en 1648, est cependant connu sous le nom d'Huysmans de Malines, à raison des nombreux séjours qu'il a faits dans cette ville où il mourut en 1727. Reprenant, pour les mettre mieux en valeur, cette tradition des *Trois tons* qui avait été inaugurée par les primitifs, Huysmans s'est fait un nom par l'éclat de ses paysages, dont presque toujours les dispositions sont pareilles : des rochers couronnés de grands arbres qui, vers le centre, laissent entre eux une échappée sur l'horizon. En opposant les cassures éclatantes de ces roches calcaires, aux verts jaunâtres des végétations et au bleu savoureux des lointains, Huysmans a tiré un parti harmonieux de ces contrastes; mais leur trop fréquente répétition donne à ses tableaux, dispersés dans les divers musées de l'Europe, une apparence fâcheuse d'uniformité.

Un peu avant Huysmans, Jan Siberechts (1627-1703), né comme lui, à Anvers, a mis plus de naïveté dans son interprétation des grasses campagnes de la Flandre. Ses tableaux, assez rares, — au Louvre, à Lille, à Bordeaux, à Bruxelles, Anvers, Copenhague, Munich — ne brillent ni par le choix, ni par l'intérêt des motifs, et les animaux comme les figures, qui d'ordinaire tiennent une assez large place, sont traités avec un réalisme un peu vulgaire. Ils méritent cependant d'être signalés à raison de la franchise des colorations et de la limpidité de la lumière.

Malgré les incontestables qualités de ces artistes, il semble que peu à peu la vie se soit retirée de l'école. Ce n'est qu'après un long intervalle que, gagnés à la méthode plus simple et plus saine de nos paysagistes modernes, les peintres flamands contemporains reviendront à l'étude de la nature et ne demanderont plus qu'à elle seule les enseignements que seule elle pouvait leur fournir.

P. RUBENS. — ÉTUDE D'ARBRE RENVERSÉ.
Dessin du Musée du Louvre. (Phot. Giraudon.)

ALBERT DÜRER. — CONTRÉE SABLONNEUSE.
Cabinet de Berlin.

CHAPITRE III

LE PAYSAGE DANS L'ÉCOLE ALLEMANDE

SA TARDIVE ÉCLOSION. — ALBERT DÜRER. — SES VOYAGES EN ITALIE; EXCELLENCE
ET SINCÉRITÉ DE SES ÉTUDES D'APRÈS NATURE. — ADAM ELSHEIMER.

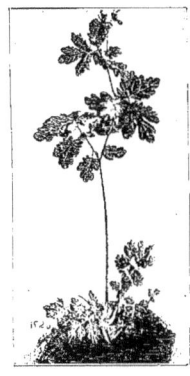

ALBERT DÜRER.
GÉRANIUM SAUVAGE.
Collection de l'Albertina.
(Phot. Braun, Clément et Cie.)

C'est sur les bords du Rhin qu'apparut la première éclosion de l'art chrétien en Allemagne. Le cours du fleuve, en facilitant les relations de Cologne avec le Midi et avec les Flandres, avait procuré à cette ville et à la contrée avoisinante une prospérité et une culture plus précoces que celles du reste de l'Allemagne qui, déchirée par des luttes violentes, ne devait que beaucoup plus tard atteindre le même degré de civilisation. Mais, tandis que la poésie des *Minnesänger* abonde, chez nos voisins, en traits pittoresques, et que le mystère des grandes forêts, le retour du printemps, les fleurs et le chant des oiseaux y sont à chaque instant célébrés, ces détails poétiques inspirés par l'amour de la nature font complètement défaut à leurs peintres.

C'est à peine si, dans les tableaux de l'école rhénane primitive, dans ceux de Wilhelm de Herle, par exemple, quelques fleurs et quelques plantes, rendues d'une façon très sommaire, se glissent timidement sous les pieds des saints et des saintes, ou se détachent sur l'or qui sert de fond à ces figures. Plus touchant et plus personnel, Stephan Lochener[1], l'auteur de l'admirable triptyque de *l'Adoration des Mages* (le *Dombild* de la cathédrale de Cologne), manifeste dans son art ce charme de pureté, de douceur et de tendresse qu'Angélique de Fiesole et Memling avaient su, peu de temps avant lui, mettre dans leurs œuvres. A ces Vierges candides et suaves que, comme eux, il aimait à peindre, il se plaît à associer les harmonies les plus tendres et les parfums les plus délicats de la nature, comme le seul hommage digne de ces créatures d'élite. Des oiseaux chantent parmi les buissons de roses qu'il entrelace derrière elles, et des fraises mûres, à côté de violettes printanières, émaillent les gazons où elles reposent. Bientôt après, d'ailleurs, avec les luttes intestines qui désolent incessamment l'Allemagne entière, l'art, impuissant à se développer, s'alanguit peu à peu, et ses allures incohérentes répondent à la vie agitée de cette époque. Et pourtant du milieu même d'une période si troublée, un maître allait surgir dont le génie rendrait à cet art un éclat tout à fait imprévu. Très supérieur à ses devanciers et à ses contemporains par son double talent de peintre et de graveur, Albert Dürer ne se dégage pas cependant tout à fait des traditions. Il subit des influences multiples : celle de Michaël Wolgemut dont, pendant plus de trois ans, il reçoit les leçons; plus tard, celles de Jacopo de Barbary et de Mantegna. Il est bien de son temps, et, comme peintre, ainsi que ses confrères, il reste dans sa patrie un représentant attardé du moyen âge, au moment où déjà le mouvement de la Renaissance s'est accusé. Mais, dans ses dessins de paysage, dans le choix des motifs qui l'attirent de préférence, aussi bien que dans sa manière d'interpréter la nature, il est absolument original et se révèle un novateur.

Sans expliquer son génie, il semble que la ville où il est né, où il a vécu et où il est mort, en ait singulièrement favorisé l'éclosion. Le nom de Dürer rayonne, en effet, sur cette ville de Nuremberg où, aujourd'hui encore, l'évocation du plus glorieux de ses enfants se présente, comme d'elle-même, à l'esprit. Ainsi qu'à Bruges et à Venise, la physionomie, restée intacte, de la vieille cité parle à notre imagination, et par

---

[1]. Fixé à Cologne vers 1440, Lochener y mourut avant le 24 décembre 1452.

bien des traits de son esprit et de son talent, ainsi que par l'amour qu'il
ne cessa de lui porter, le souvenir de Dürer demeure pour nous étroitement associé à celui de sa ville natale. Sa famille cependant n'était pas
originaire de Nuremberg; mais son père, venu de la Hongrie, s'y était
établi, en 1455, pour y exercer la profession d'orfèvre. Marié à la fille
d'un bourgeois, il n'en avait pas eu moins de dix-huit enfants, « qu'il
élevait avec grand soin, dans l'amour de Dieu et du prochain ». Albert,
le troisième de ces enfants, était né le 21 mai 1471, et, comme beaucoup
d'artistes italiens de cette époque, c'est dans l'atelier paternel qu'il avait
fait son apprentissage et acquis cette habileté de main et cette précision
un peu sèche qu'il devait conserver dans ses tableaux et ses eaux-fortes.
Son goût très marqué et très précoce pour le dessin avait décidé ses
parents à lui laisser suivre sa vocation. Le 30 novembre 1486, il était
entré dans l'atelier d'un peintre qui jouissait alors à Nuremberg d'une
grande réputation, Michaël Volgemut, artiste raide et compassé, qui
doit surtout à son illustre élève la place qu'il a gardée dans l'histoire de
l'art. Dürer apprit chez lui honnêtement son métier, parmi des compagnons dont la rudesse et la grossièreté mirent plus d'une fois sa
patience à l'épreuve. Mais, en dehors de l'atelier, le jeune artiste, livré à
lui-même, tirait de l'étude de la nature des enseignements plus directs
et plus profitables. Faisant tour à tour son portrait ou celui de ses proches, dessinant ou peignant à l'aquarelle l'horizon qu'il aperçoit de sa
fenêtre, les plantes et les fleurs qu'il a rapportées de ses promenades,
les animaux morts ou vivants qu'il fait poser devant lui, il apprend
ainsi à voir par ses propres yeux et à rendre ce qu'il voit, sans autre
souci que de se contenter lui-même. Tout lui est bon, et, pour lui, les
moindres objets valent qu'on les observe. Il s'ingénie à copier de son
mieux la diversité infinie de leurs formes, de leurs proportions, de leurs
substances. Ses progrès incessants ne font que le rendre plus exigeant
pour lui-même, et, à force de perfection, il arrive à faire passer en nous
l'admiration que la réalité lui inspire. Déjà en possession d'une sûreté
et d'une décision magistrales, il conserve cette naïveté respectueuse qui
est le charme suprême d'un grand talent. Bientôt, cependant, son intelligence ouverte à toutes les curiosités ne se contente plus des perspectives restreintes qui s'offrent à lui. Jeune, ardent, il a soif de voir du
nouveau, de s'instruire, de connaître les grandes œuvres du passé et les

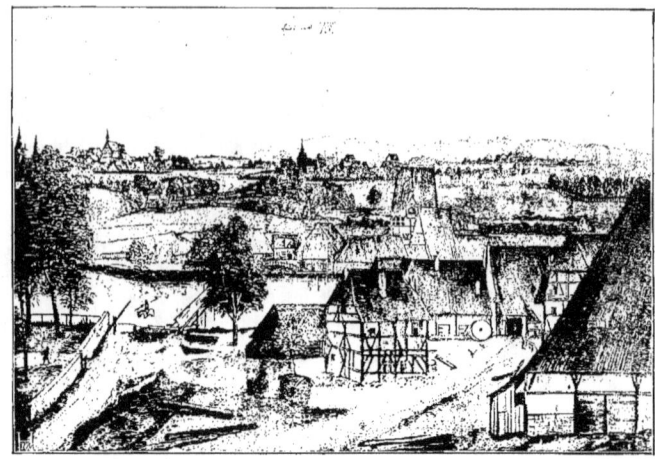

ALBERT DÜRER. — LA TRÉFILERIE.
Cabinet de Berlin.

beautés pittoresques des contrées voisines. L'Italie, dont il entend célébrer les monuments et les œuvres d'art, l'attire, et, âgé de dix-neuf ans, il part, vers la fin de 1489, léger d'argent, mais riche d'aspirations et confiant dans son étoile. Passant par l'Alsace et par Bâle, il gagne Augsbourg, le Tyrol et franchit les Alpes pour descendre à Venise. On a beaucoup cherché à établir d'une manière précise son itinéraire et à fixer la chronologie des dessins qu'il fit d'après nature sur son chemin. L'absence de dates inscrites sur ces dessins autant que la précocité de talent du jeune artiste ne permettent guère de décider si c'est à l'aller ou au retour de ce premier voyage, — longtemps contesté, mais aujourd'hui prouvé, — qu'il les fit, ou même s'il ne faudrait pas en reporter l'exécution à l'époque de son second voyage en Vénétie 1505 à 1507)[1]. M. Haendcke croit que Dürer, pour arriver en Italie, avait pris non la route du Saint-Gothard, mais celle du Brenner, et, dans l'aquarelle du Louvre, qui porte l'inscription *Fenedier Klausen*, il a pu reconnaître la

---

1. M. Gabriel von Terey, dans une étude publiée en 1892 (*Dürer's Venetianischer Aufenthalt*; Heitz, 1892), a démontré la réalité de ce premier voyage à Venise dont il fixe la date en 1494-1495, et de son côté, M. Berthol Haendcke (*Chronologie der Landschaften Albrecht's Dürers*) s'est appliqué à en fixer les étapes successives, en cherchant à identifier les sites dessinés par l'artiste.

ALBERT DÜRER. — PLANTES AU BORD DE L'EAU.
Collection de l'Albertina. (Phot. Braün, Clément et Cie.)

localité de Klausen, située au sud du Tyrol, entre Brixen et Botzen, dans l'étroite vallée de l'Adige, dont le jeune artiste suivit ensuite le cours jusqu'à Trente[1]. Séduit par la beauté du paysage, il devait s'arrêter quelque temps dans cette dernière ville et y faire plusieurs dessins. D'abord, la vue d'ensemble, également à l'aquarelle Kunst-Halle de Brême, où il nous montre la situation pittoresque de Trente, assise sur les bords du fleuve, avec ses tours, ses palais, sa cathédrale et l'amphithéâtre de montagnes qui ferment l'horizon ; puis un autre dessin, exécuté à la plume et rehaussé de légères teintes d'aquarelle, autrefois dans la collection Malcolm Lippmann, n° 90, et qui représente le château de Trente Trient avec ses hautes murailles et une des portes de la ville.

Rentré à Nuremberg, Dürer y épousait, deux mois après son retour, « le lundi avant la Sainte Marguerite » de 1494, une jeune fille nommée Agnès Frey, qui lui apportait 200 florins de dot, et dont il nous a laissé, à diverses époques de sa vie, plusieurs portraits fidèles. Bien qu'il n'eût encore que vingt-trois ans, la maturité était venue pour lui. Menant une vie frugale et simple, il se contentait des gains les plus modestes que lui assurait un travail assidu. A côté des quelques tableaux qui lui étaient commandés, il gravait des eaux-fortes qui commençaient à être recherchées. Les études de paysage dessinées par lui étaient utilisées dans les fonds de ses compositions; mais, tout en subordonnant de son mieux ces études au caractère des sujets traités par lui, il faut bien reconnaître qu'il ne parvenait que difficilement à donner à l'ensemble une cohésion parfaite. Excepté dans ses portraits, dans le sien surtout, où sa maîtrise apparaît avec éclat, sa peinture est froide, mince, un peu sèche et rarement harmonieuse. Il s'y montre respectueux de la tradition et travaillé par les souvenirs des chefs-d'œuvre qu'il a vus en Italie. L'étude directe de la nature lui rend, au contraire, avec le sentiment de sa valeur, les satisfactions qu'elle lui a toujours procurées. Mis en sa présence, il n'est l'esclave ni le continuateur d'aucune école, et il reprend toute sa liberté. Ainsi qu'il l'a dit lui-même : « Les ressources de l'homme sont bien bornées en regard des créations de Dieu », et comme s'il avait

---

[1]. Il est bon de rappeler que Jacopo de Barbary, dont on connaît les relations avec Dürer, à Venise et à Nuremberg, a dû travailler à peu près vers cette époque dans cette contrée, car le fond du paysage de *la Vierge avec l'Enfant Jésus et des Saints*, qui appartient au Musée de Berlin, représente également la vallée supérieure de l'Adige.

ALBERT DÜRER. — LE VILLAGE.
(Collection de M. Léon Bonnat.)

conscience que les admirations qu'il a si profondément ressenties pour les œuvres du passé ne peuvent que paralyser sa verve créatrice, il revient et insiste sur ce sujet : « Pour faire un bon tableau, il n'y a pas à espérer qu'on puisse rien prendre à un ouvrage humain, car il n'y a pas d'homme sur la terre qui ait en lui toute la beauté.... En vérité, l'art est enfermé dans la nature : celui qui peut l'en extraire, celui-là est un maître. »

C'est pour lui-même et pour sa propre satisfaction que, de sa fenêtre et bien à l'aise, Dürer dessine ce qu'il voit, les toits des maisons qui forment son horizon familier (Lippmann, n° 438), ou bien, près de sa demeure, un des aspects pittoresques de la ville, comme dans ce dessin de l'Albertina où il a reproduit, avec une scrupuleuse exactitude et une entente accomplie de la perspective aérienne, les murailles de l'ancienne enceinte de Nuremberg jusqu'à la Thiergartner-Thor, et au fond, une échappée sur des quartiers plus éloignés. Un des premiers, le maître a compris la beauté propre des grands arbres et, avec une patience amoureuse, il s'est appliqué à rendre leur silhouette imposante, leurs ramures

ÉTUDES D'ARBRES ET DE PLANTES.

ALBERT DÜRER. — LES MOULINS.
Cabinet des Estampes à la Bibliothèque Nationale.

compliquées et les masses superposées de leur feuillage, comme dans la consciencieuse étude d'un *Sapin* Lippm. 221, dans l'étude au bistre des *Trois Ormes* Kunst-Halle de Brême et mieux encore dans ce *Vieux Tilleul* planté à l'angle d'un rempart de Nuremberg Lippm. 162 qui plus d'une fois, sans doute, a dû prêter son ombrage complaisant aux rêveries ou aux contemplations de l'artiste.

Les plus humbles végétations elles-mêmes ont pour Dürer un charme qu'il sait nous communiquer. Voici, dans un lavis très minutieusement étudié de l'Albertina, un fouillis de quelques plantes au bord d'une eau tranquille — des oseilles, des pissenlits défleuris, des roseaux avec leurs légers panaches qui semblent mollement balancés par la brise, — toutes enchevêtrées dans un de ces désordres piquants auxquels se complaît la nature, tiges et feuilles emmêlées en tous sens, les unes droites et rigides, les autres flexibles et ployantes. Dans ce chaos, qui paraîtrait à un autre inextricable, Dürer excelle à se débrouiller. Sans insister, avec une aisance et une dextérité merveilleuses, il donne à chacune de ces plantes sa physionomie particulière, son tissu lisse ou mat, ses fines nervures, ses capricieuses inflexions. Très compliquée, quand on l'analyse, la silhouette semble, au premier abord, d'une simplicité extrême; partout la lumière et les ombres circulent et jouent librement, mettent des plans, accusent des saillies; partout la sève court frémissante, montant des radicelles enfoncées dans l'eau transparente, jusqu'à la cime des tiges aiguës. C'est la nature elle-même, avec sa vie et sa jeunesse éternelles dont un art merveilleux vous révèle ici la richesse infinie, et cette image d'une humble touffe d'herbes près de laquelle vous seriez passé indifférent, vous retient, vous captive par la sûreté et la grâce que le maitre y a mises.

Ces qualités, cette poésie intime vous les retrouvez dans un autre lavis de l'Albertina où Dürer a pris plaisir à tracer le simple portrait d'un géranium des champs avec sa tige pileuse et son feuillage découpé; dans cette petite aquarelle qui appartient à M. Léon Bonnat et où sont juxtaposées quelques plantes, des lychnis, des campanules, un chardon, des orties, etc., et même dans cette seule fleur de lys épanouie, qui fait aussi partie de la collection de M. Bonnat, et dont le tissu délicat est exprimé avec une telle perfection que, suivant le mot de l'Évangile qui revient à l'esprit, les plus magnifiques vêtements « d'un Salomon dans toute sa gloire n'en sauraient égaler la splendeur ». Si, comme Léonard, Dürer excelle à donner un intérêt à ces petites choses et nous oblige à nous arrêter devant elles, mieux que lui encore il sait dans ses études de paysage se hausser à la représentation des ensembles et il les traite à la fois avec la finesse et l'ampleur qu'il convient d'y mettre. En dégageant d'une façon très nette le caractère dominant des motifs qui l'ont tenté, il fait de chacun d'eux comme autant de types qui parlent à notre imagination et dont le souvenir demeure gravé dans notre mémoire. Voici, dans une pauvre contrée (*Steinbrück*, Lippm. 106), des terrains rocheux parmi lesquels a poussé une végétation rude et rabougrie. Les racines cramponnées à ce sol ingrat y cherchent une maigre nourriture et il semble, au choix des traits significatifs et à la justesse avec laquelle ils sont rendus, que l'artiste ait voulu indiquer ici la lutte sourde et continue de la plante contre le rocher. A côté, au contraire (Cabinet de Berlin), Dürer nous montre, dans un pays aimable et doucement ondulé, plusieurs hameaux dispersés, avec leurs maisons groupées autour de l'église paroissiale; parmi leurs vergers et leurs riches cultures, une rivière paresseuse promène en de nombreux détours ses eaux lentes et bleuâtres; sur les bords est établie une tréfilerie, avec ses meules, ses hangars, son outillage primitif. Dans une autre aquarelle (Cabinet des Estampes de la Bibliothèque Nationale), des moulins déjetés et ruineux sont échelonnés le long d'un cours d'eau aux flots rapides, mal protégés contre lui par des chevalets garnis de planches branlantes, et l'on songe involontairement aux crues subites, aux menaces incessantes de cette eau indisciplinée. Un dessin à la plume, très sobrement rehaussé de quelques colorations discrètes (Cabinet de Berlin, Lippm. 14) nous conduit dans une région sèche, sablonneuse que borde une succession de dunes couvertes de broussailles. Dürer a su rendre avec un art merveilleux la décroissance progressive des formes et des colorations de cette suite de monticules qui passent insensiblement d'un vert olivâtre à un bleu neutre. L'artiste aimait apparemment cette contrée sauvage, d'une poésie mélancolique et toute moderne, car il y a encore dessiné au moins deux autres études (Lippm. 105 et 392) dont la première porte inscrit de sa main le nom de *Kalkreuth*, la localité où elle a été faite. Un autre croquis à la plume (Lippm. 440) nous conduit dans une forêt de pins dont les troncs droits et élancés semblent les colonnes d'une majestueuse cathédrale, et comme pour préciser la pensée de l'artiste, au premier plan de ce lieu solitaire, deux ermites conversent pieusement auprès d'une source. La feuille portant le titre *Altes Schloss* est peut-être plus expressive encore, parce que l'exécution en a été poussée plus loin et que tous les détails y concourent à l'impression : un vieux château perdu au fond des bois et perché sur un pic tout hérissé de noirs sapins dont les silhouettes se détachent fortement sur un ciel clair. On ne saurait concevoir d'image plus saisissante, ni qui parle mieux à l'imagination que celle de ce *Burg* féodal, isolé du reste du monde et dont les hautes murailles ont abrité tant de vies mystérieuses.

Tels qu'ils sont, les dessins de paysage de Dürer constituent une révélation : ils défient toute comparaison avec les œuvres de ses prédécesseurs ou de ses contemporains. Pour les apprécier à leur valeur, il convient de les comparer avec les interprétations qui jusque-là avaient été données de la nature, et il faut aller jusqu'à Rembrandt pour admirer, avec un talent pareil, une pareille sincérité.

ALBERT DÜRER. — LES REMPARTS DE NUREMBERG.
Collection de l'Albertina.

On aimerait à trouver dans les tableaux et les eaux-fortes du maître le sentiment de la nature qui apparait si franchement dans ses dessins; il ne s'y manifeste cependant qu'avec une extrême réserve. Il est complètement absent de plusieurs de ses peintures et c'est presque le même paysage, assez insignifiant d'ailleurs, que nous retrouvons dans deux de ses compositions les plus importantes : le *Couronnement de la Vierge*, de 1509 et *la Fête de tous les Saints*, de 1511. Le rôle de la nature est un peu moins effacé dans ses eaux-fortes et il est facile de reconnaître que, dans le *Saint Hubert* (Bartsch 57) et dans *le Chevalier de la Mort* (Bartsch 98), les fonds sont empruntés à la contrée rocheuse et austère qui, nous l'avons vu, lui a fourni le motif de plusieurs de ses études. C'est l'étude même de Nuremberg avec ses hautes murailles et le cours de la Pegnitz que Dürer a introduite à côté de la *Vierge assise*, de 1514 (B. 40); le vieux Burg se dresse en haut d'une colline derrière le *Saint Antoine*, de 1519, et le paysage de *Canon*, de 1518 (B. 99), nous paraît également pris aux environs de Nuremberg.

Peu à peu, la réputation de l'artiste avait grandi et son caractère aussi bien que son intelligence lui assuraient les relations les plus honorables avec les hommes les plus distingués de son temps. De plus en plus, son art était l'objet de ses préoccupations. Cependant, au retour du second voyage de Dürer à Venise, à partir de 1507, sans qu'on puisse en comprendre la raison, ses études de paysage deviennent plus rares. Absorbé peut-être par l'exécution des nombreuses commandes qui lui étaient faites, c'est à peine s'il trouve le temps de gagner la campagne des envi-

ALBERT DÜRER. — LE VIEUX CHATEAU.
Cabinet de Berlin.

rons de Nuremberg pour y dessiner. Il met du moins tout son talent et toute sa sincérité dans l'étude des motifs qui le séduisent. C'est tantôt un site montagneux (Lippm. 441) avec une modeste chute d'eau utilisée pour quelque industrie, et à côté, un paysan assis sur un tronc d'arbre; ou bien, au coucher du soleil, c'est un étang avec une petite maison de pêche (Lippm. 220) et tout autour, des joncs, des roseaux, des plantes aquatiques.

La vie de Dürer devait jusqu'au bout être remplie par le travail. Mais quoiqu'il eût à peu près renoncé à ces dessins de paysage qui lui avaient d'abord procuré de si vives jouissances, il se proposait bien d'y revenir, et à la fin de son *Traité des Proportions*, publié un an avant sa mort (1527), il annonce l'intention « si Dieu lui prête vie, de s'occuper avant tout d'une Étude sur l'Art de la peinture de paysage ». Il faut regretter qu'il n'ait pu donner suite à ce projet, car il eût été intéressant de connaître à cet égard les idées du grand artiste qui, en dehors de toute convention, avait appris seul à voir par ses yeux la nature, à en comprendre et à en exprimer le charme souverain.

Les dessins de paysages faits d'après nature par Dürer constituent donc une exception, non seulement dans son œuvre, mais dans l'histoire de l'école allemande tout entière. Il n'y a d'ailleurs à s'étonner qu'ils n'aient exercé aucune influence sur le développement de cette école. Outre qu'ils étaient restés ignorés dans ses cartons ou épars dans diverses collections, on peut penser que, même connus, ils n'auraient pas été appréciés à leur valeur. A une époque où le paysage était encore traité d'une façon tout à fait conventionnelle, une sincérité aussi absolue jointe à cette science impeccable auraient été choses trop nouvelles. Comme paysagiste, Dürer demeure isolé dans l'art allemand. Pour bien apprécier ce qu'il vaut, il n'y a qu'à voir ce qu'ont fait, en ce genre, ses contemporains et ses élèves.

Après Dürer et ses successeurs immédiats, il faut franchir près d'un siècle pour trouver en Allemagne dans Adam Elsheimer (1578-1620), un paysagiste de quelque valeur. Encore s'est-il formé surtout à Rome, où il arrivait dès l'âge de vingt-deux ans. Curieux et en quête de voies nouvelles, Elsheimer recherchait dans la campagne romaine les coins les plus solitaires et les plus pittoresques, ceux où la nature respectée s'épanouit librement. Des plantes au large feuillage s'étalent d'habitude au premier plan de ses tableaux; des houblons, des lierres et des vignes sauvages garnissent et escaladent les troncs des grands arbres, d'où ils retombent lourdement, en épaisses guirlandes. La bonté et l'obligeance de l'artiste envers ses confrères lui avaient conquis parmi les peintres de la colonie étrangère, alors très nombreux à Rome, une grande réputation et un ascendant qui explique, en partie, la place importante que ses compatriotes continuent à lui assigner dans l'histoire de l'Art, et que son talent ne suffirait pas à lui mériter. C'est, du reste, le seul nom de paysagiste qu'on puisse citer dans l'école allemande jusqu'à notre époque, cette école elle-même ayant sombré dans la période des guerres religieuses et des divisions intestines qui devaient pendant si longtemps et si profondément troubler l'Allemagne tout entière.

ALBERT DURER. — FLEUR DE LYS.
(Collection de M. Léon Bonnat.)

CLAUDE LORRAIN. — DESSIN D'APRÈS NATURE.
(Collection de M. J.-P. Heseltine.)

CHAPITRE IV

LES MAITRES DU PAYSAGE EN FRANCE AU XVIIᵉ SIÈCLE

I. DÉBUTS DE L'ÉCOLE FRANÇAISE. — JEAN FOUQUET. — LES LENAIN. — NICOLAS POUSSIN PAYSAGISTE. — SA VIE ET SES ŒUVRES. — CARACTÈRE BIEN FRANÇAIS DE SON TALENT. — GASPARD DUGHET. — II. CLAUDE LORRAIN. — SA VOCATION. — SES DESSINS, SES EAUX-FORTES ET SES TABLEAUX. — PRINCIPALES ŒUVRES.

I

CLAUDE LORRAIN. — ARBRES ET PLANTES.
(Collection de M. L. Bonnat.)

Par ses architectes et ses sculpteurs, la France avait été, au moyen âge, à la tête du mouvement artistique, et l'on sait le rôle important que la nature avait joué dans la décoration de nos cathédrales, inspirée le plus souvent par la flore des pays où celles-ci ont été construites. Quant à la peinture, d'abord très rudimentaire, elle s'était elle-même peu à peu développée chez nous, et le renom dont nos maîtres jouissaient dans l'Europe entière atteste assez leur mérite. Si intéressante qu'elle fût, l'Exposition récente de nos *Primitifs* n'a pu remettre en lumière qu'un très petit nombre de leurs œuvres. Trop longtemps négligées, en effet, la plupart ont tout à fait disparu, et celles qui nous ont été conservées ne se montrent à nous que compromises par les injures du temps, ou gravement altérées par les restaurations qu'elles ont subies.

C'est à l'influence des miniaturistes, leurs prédécesseurs, qu'était dû le brillant et fugitif épanouissement de notre peinture nationale. Mais en dépit des savantes recherches faites à cet égard, il est encore bien difficile pour ces anciennes époques, d'arriver, à la détermination d'écoles distinctes et plus encore de marquer une séparation précise entre les miniaturistes et les peintres proprement dits, la plupart des artistes ayant, à ce moment, pratiqué également les deux arts. Le tourangeau Jean Fouquet en serait, au besoin, la meilleure preuve, et si, comme portraitiste, il a laissé quelques ouvrages importants et très remarquables, c'est comme miniaturiste qu'il mérite une place à part dans l'histoire du Paysage. Bien qu'il eût voyagé en Italie, où il avait même acquis une grande réputation, il en était revenu bien français et, tout en pratiquant avec succès la peinture à l'huile, il était resté fidèle aux procédés de l'aquarelle gouachée dont la finesse répondait mieux à son tempérament et à ses goûts.

La précieuse collection des pages du *Livre d'Heures* exécuté vers 1452 pour Étienne Chevalier, — acquise presque en entier par le duc d'Aumale, elle appartient aujourd'hui au musée Condé, et le Louvre possède deux des quatre autres feuillets qui nous en ont été conservés, — nous permet d'apprécier la souplesse et l'universalité du talent de Fouquet. Avec des dons merveilleux, il a conservé toute sa vie un amour de la nature qui le poussait à la consulter sans cesse. Les informations qu'il nous a laissées sur son époque sont donc aussi sûres que variées. Pour exigus que soient les cadres qu'il a à remplir, il a l'ambition d'y enfermer la totalité des choses : architecture, paysages, animaux, gens de tous les âges, de toutes les conditions, même les plus hautes, et de tous les métiers, même les plus humbles. L'œuvre de l'artiste est donc une encyclopédie, la plus complète et la plus sincère qui se puisse rêver, bien autrement instructive que tous les documents écrits, puisqu'au lieu de nous raconter les faits, il nous les montre.

Observateur singulièrement avisé, Fouquet possède une acuité de vision et une adresse de main prodigieuses, et, dans leurs dimensions restreintes, quelques-unes de ses compositions ont une telle ampleur, que, transportées sur de vastes toiles, elles deviendraient de véritables tableaux d'histoire. Mais, épanoui au milieu des tourmentes, le talent de l'artiste devait rester presque isolé. Aux longues et sanglantes guerres contre l'Anglais, allaient malheureusement succéder des troubles intérieurs, bientôt envenimés par les luttes religieuses. Dans les rares intervalles d'un calme relatif, les rois de France, Charles VIII, Louis XII et François Ier, attirés vers l'Italie par l'attrait d'une civilisation alors plus raffinée, commandent ou achètent au delà des monts quelques-uns des chefs-d'œuvre qui sont aujourd'hui la parure du Louvre, et ils essaient d'attirer à leur cour les artistes étrangers qui décoreront leurs palais. A côté de la colonie italienne implantée à Fontainebleau avec le Rosso et le Primatice, une colonie de Flamands s'y établit, sans compter les visiteurs de passage, comme Paul Bril qui, durant le court séjour qu'il fait près de ses compatriotes, brosse rapidement, dans une chambre de l'appartement de la Reine, quelques petits paysages dans lesquels, avant d'avoir vu l'Italie où il se rend, il essaie d'exprimer l'idée qu'il s'en fait.

Ainsi tiraillés entre l'art emphatique et maniéré des Italiens de Fontainebleau et le naturalisme un peu terre à terre des Flamands, ne trouvant autour d'eux ni les enseignements, ni les encouragements dont ils avaient besoin, nos peintres eux-mêmes regardaient de plus en plus vers l'Italie qui, toute dégénérée qu'elle fût, les attirait par son éclatant renom. Comme en Flandre, comme en Hollande, le mouvement d'émigration au delà des Alpes allait donc en s'accentuant, et successivement la plupart des artistes de quelque valeur, tels que Callot, Valentin, Vouet, Jacques Courtois et Sébastien Bourdon devaient céder à ce courant. Des portraitistes comme les Clouet et Corneille de Lyon, ou des dessinateurs comme Lagneau et Dumonstier trouvaient à grand'peine l'emploi de leur talent, et seuls les Lenain, formés à l'étude de la nature, montraient une véritable originalité en représentant, tels qu'ils s'offraient à eux, les sujets les plus simples, des *Joueurs de cartes*, un *Repas de paysans*, une *Procession*, un *Maréchal dans sa forge*, et ce *Retour de la fenaison*, où de pauvres gens de nos campagnes, hâves et besogneux, s'apprêtent à rentrer dans leur masure délabrée la maigre récolte qu'ils viennent de faucher.

Si intéressantes que soient pour nous ces tentatives, elles ont trop peu de cohésion pour constituer une école : c'est avec le nom de Poussin que commence à vrai dire l'histoire de la peinture française. Comme l'a dit, avec son goût délicat et sûr, un profond admirateur de Poussin, M. Ph. de Chennevières[1] : « Toutes les vertus de l'art particulier au génie de la France, la simplicité, la sobriété dans la force, la noblesse dans la grâce, la clarté dans la conception, et comme il le disait lui-même : *le jugement partout*, ces vertus, Poussin les possédait dans leur plénitude et il les a poussées à leur plus haut, il les a comme incarnées en lui. » Quoique la plus grande et la meilleure partie de sa carrière se soit passée à Rome, le maître est bien Français. Né en pleine Normandie, à quelques lieues de la patrie de Corneille et

JEAN FOUQUET. — SAINTE MARGUERITE.
Livre d'heures d'Étienne Chevalier. (Musée du Louvre.)
(Phot. Giraudon.)

quelques années avant notre grand poète, il nous appartient comme lui, moins encore par sa naissance que par le caractère de son mâle génie.

Sans être d'extraction bien relevée, la famille de Poussin ne manquait pas d'une certaine culture. Originaire de Picardie, son père avait été au service du roi de Navarre, dans le régiment de Tavannes où l'un de ses oncles était capitaine, et il affichait des prétentions nobiliaires. Après avoir couru le monde, il s'était fixé au hameau de Villers, dépendant de la commune des Andelys, où il épousait Marie Delaisement, veuve d'un procureur de cette petite ville. C'est là qu'en 1594, celle-ci donnait le jour à un fils qui recevait le prénom de Nicolas. L'enfant avait reçu quelque instruction, à en juger par la fermeté de son écriture et la netteté de son style. Il se défendait cependant, plus tard, de pouvoir

---

1. *Essai sur l'Histoire de la Peinture Française*, 1 vol. in-8°, 1894, p. 79.

POUSSIN. — DESSIN D'APRÈS NATURE.
Musée du Louvre. (Phot. Giraudon.)

exprimer ses pensées autrement que dans son art et « il avait eu, disait-il, le bonheur de vivre avec des personnes qui ont su l'entendre par ses ouvrages, n'étant pas son métier de savoir bien écrire. » Les lettres de sa maturité sont cependant d'un tour personnel dont la simplicité familière ne manque ni de saveur, ni de charme. Comme beaucoup de grands artistes, d'ailleurs, c'est à son tact naturel, à son esprit observateur et réfléchi, bien plus qu'à ses lectures, qu'il devait l'éducation qu'il se donna lui-même.

De bonne heure, sa vocation s'était manifestée, ardente et impérieuse. Peut-être la beauté du pays où il passa son enfance et sa jeunesse avait-elle eu quelque influence sur cette précoce révélation de ses goûts. Le hameau de Villers est, en effet, situé dans une étroite vallée dont les prairies, qu'arrose un modeste ruisseau, sont bordées par des collines alors ombragées d'une forêt séculaire. La Seine, qui coule près de là, au pied de falaises blanchâtres, décrit, à l'ouest du Petit-Andely, une courbe gracieuse, tandis qu'au sud son cours est dominé par les ruines imposantes du Château-Gaillard, campé fièrement au sommet de rochers escarpés. Toute cette partie de la Normandie présente des aspects pittoresques et variés, qui plus d'une fois ont inspiré les paysagistes de notre temps. Dans ce coin tranquille et d'une importance médiocre, les arts n'étaient pas tout à fait méconnus. Outre les nombreuses verrières, de valeur, il est vrai, fort inégales, et les peintures murales, aujourd'hui presque effacées, qui décorent ses baies et ses parois, la vieille église du Grand-Andely contient, en effet, deux tableaux intéressants, une *Vierge glorieuse* et un *Martyre de saint Laurent* de Quintin Varin, un de ces peintres provinciaux qui, trouvant difficilement à vivre de leur travail, étaient condamnés à chercher autour d'eux les occasions de gagner quelque argent. A la date de 1612 que portent les deux tableaux des Andelys, — celui de la *Vierge* est même daté du mois de juillet de cette année, — Poussin avait dix-huit ans. Livré jusque-là à lui-même, on comprend avec quelle émotion il avait accueilli la venue du peintre et quel profit il dut tirer des enseignements que lui valait sa présence. Varin, de son côté, frappé de l'intelligence et des dispositions de cet élève de hasard, l'aidait de ses conseils et non seulement faisait de lui son collaborateur, mais lui prodiguait ses encouragements, l'assurant même « de la plus heureuse existence dans le monde des artistes », ainsi que Poussin se plaisait à le rappeler vers la fin de sa carrière. Ces exemples et ces éloges enflammaient le jeune homme; ils avaient, sans doute, moins de prise sur ses parents qui, inquiets de son avenir, ne pouvaient consentir à se séparer de lui.

Varin parti, Poussin avait senti avec encore plus de vivacité son isolement et l'impossibilité où il serait désormais de se perfectionner dans son art. Renonçant à convaincre sa famille, il se décidait, comme nous l'apprennent Félibien et Bellori, à quitter en secret la maison paternelle et, avant la fin de 1612, il s'enfuyait à Paris. Les plus dures épreuves l'y attendaient, bien faites pour triompher des résolutions d'une âme moins vaillante. A peine avait-il trouvé, par hasard, les leçons de deux maîtres fort inférieurs à Varin, le flamand Ferdinand Elle et George Lallemand, de Nancy. D'après ce que nous dit de Piles, il n'avait d'ailleurs fait auprès d'eux que des stages de courte durée : trois mois chez le premier et un mois à peine chez le second. Poussin connut alors des années difficiles, durant lesquelles, exposé aux privations les plus pénibles, il dut accepter toutes les besognes, même les plus ingrates.

Cependant rien ne pouvait triompher de son courage, et au plus fort de sa détresse, il ne négligeait aucune occasion de s'instruire.

Peut-être ses parents, connaissant sa misère, lui avaient-ils pardonné son départ et témoigné quelque pitié. Mais le jeune homme avait sa fierté; il entendait se tirer lui-même d'affaire et ne devoir qu'à son travail ses moyens d'existence. On voudrait connaître quelques-uns des ouvrages qu'il produisit alors, avec cette *furia di diavolo* qui lui permettait de brosser en huit jours six grands tableaux avec des épisodes de la vie de saint François-Xavier et de saint Ignace de Loyola exécutés pour les Jésuites, au moment de la canonisation de ces deux saints. Ces grandes toiles ne nous ont pas plus été conservées que les sujets religieux que Poussin peignit pour les capucins de Tours ou les *Bacchanales* dont il décorait le château de Chiverny, au retour d'un voyage en Poitou auquel le décidait un jeune gentilhomme qui lui en avait promis merveilles et dont il ne rapportait aucun profit. Il avait fallu revenir à pied à Paris, plus misérable que jamais. A la fin, épuisé de fatigue, le malheureux jeune homme avait contracté une maladie dont il devait se ressentir toute sa vie, et c'est à grand'peine qu'il avait pu regagner Villers, où il était recueilli au foyer de famille. Il y restait une année entière, essayant toujours de trouver autour de lui quelque travail pour occuper ses loisirs et subvenir à son entretien, car il souffrait d'être ainsi à charge aux siens.

L'isolement et l'inaction dans lesquels se passa cette année de retraite à Villers ne purent qu'aviver encore son désir de trouver enfin les ressources d'étude dont il avait été privé jusque-là. C'est en vain que ses parents lui rappelaient le triste résultat de ses expériences précédentes pour essayer de le dissuader; si légitimes que fussent leurs remontrances, elles ne purent entamer sa résolution. De nouveau, il les avait quittés pour tenter la fortune. Par deux fois, il s'était mis en route afin de gagner l'Italie, et sa présence nous est signalée en 1618 dans différentes villes, à Nancy, à Dijon. C'est durant un des séjours qu'il fit à ce moment à Paris qu'il fut employé aux travaux de décoration du Palais du Luxembourg, en collaboration avec Philippe de Champaigne. Les relations amicales qu'il nouait avec lui furent durables et les affinités de caractère et de talent étaient nombreuses entre ce Flamand qui avait quitté son pays pour devenir plus que Français, puisqu'il fut de Port-

Royal, et ce Normand qui n'aspirait qu'à quitter la France pour trouver en Italie le plein épanouissement de ses qualités natives. Poussin partait enfin de Paris pour Rome, au printemps de 1624.

Ses épreuves n'étaient pas terminées. Un de ses premiers mécomptes fut l'absence du cardinal Barberini, auquel le cavalier Marini qu'il avait connu à Paris, le recommandait, et qui, chargé d'une mission, venait de prendre le chemin de la France. Dès son arrivée, Poussin, déjà âgé de trente ans, s'était remis à l'étude de son art, jugeant de peu ce qu'il avait fait jusque-là. Mais pour pouvoir se livrer à cette étude désintéressée, il lui avait fallu de nouveau accepter toutes les tâches en se contentant des plus minces salaires. Ainsi qu'il aimait plus tard à le raconter, il s'estimait heureux de peindre deux *Batailles* pour quatorze écus et un *Prophète* pour deux écus à peine. Du moins, les enseignements ne lui manquaient plus et il trouvait à Rome toutes les facilités d'instruction qu'il avait pu désirer. Les chefs-d'œuvre, épars dans les églises et dans les palais, les monuments, les ruines, la nature elle-même, se partageaient ses loisirs. Il fréquentait l'atelier du Dominiquin, où il pouvait étudier à la fois le modèle vivant, l'anatomie et la perspective. L'antiquité le passionnait. Avec les sculpteurs F. du Quesnoy et l'Algarde, devenus ses amis, non seulement il dessinait les statues exhumées au cours des fouilles entreprises par les grands seigneurs dans leurs villas, mais il les mesurait avec soin, il en modelait

N. POUSSIN. — DESSIN D'APRÈS NATURE.
Musée du Louvre. (Phot. Giraudon.)

INFLUENCE DU TITIEN.

N. POUSSIN. — LES BERGERS D'ARCADIE.
Musée du Louvre. (Phot. Giraudon.)

des réductions, acquérant ainsi peu à peu une grande habileté dans ce genre de travail. Les œuvres du Dominiquin, celles des Carrache l'attiraient tour à tour; bien vite, cependant, il leur avait préféré celles du Titien, à raison de la beauté du coloris, de la richesse des inventions, de la poésie et de la force qu'il y remarquait dans l'interprétation de la vie et de la nature. L'*Hommage à la Fécondité* notamment, qui se trouvait alors à la villa Ludovisi (ce tableau appartient aujourd'hui au Musée du Prado), et *le Triomphe de Bacchus* excitaient au plus haut point son admiration, comme ces deux chefs-d'œuvre avaient, vingt ans auparavant, mérité celle de Rubens.

L'admiration de Poussin pour le Titien se manifeste d'ailleurs avec évidence dans les fonds des premiers ouvrages qu'il peignit à Rome, car n'étant pas muni d'études suffisantes, c'est à lui qu'il emprunte ces fonds. Cette exaltation des tonalités et les contrastes, à la fois forts et délicats, qu'il établit, à son exemple, entre les bleus savoureux des lointains et les tons dorés de ses ciels et de ses végétations, nous les remarquons surtout dans les *Bacchanales* pour lesquelles il avait alors une prédilection particulière. En même temps que Poussin y laisse paraître quelque chose de la *verve endiablée* dont parlait Marini, et dont il ne s'était pas encore tout à fait corrigé, l'éclat vraiment titianesque qu'il leur donne s'accorde avec le caractère de ces sujets et leur prête un charme singulier. On est étonné qu'à la puissance et aux oppositions heureuses de la couleur qui distinguent les œuvres de cette période, succèdent, dans la période suivante, des intonations volontairement amorties et parfois même un peu éteintes. De Piles, qui constate avec raison ce changement, avait déjà exprimé pareil regret dans la judicieuse appréciation qu'il fait du coloris de Poussin à cette époque. Après avoir, comme il convient, vanté le mérite de son dessin et « de tant d'autres parties nécessaires à la peinture », il ajoute, peut-être avec un peu de sévérité : « Il est bien vrai qu'après avoir copié des ouvrages du Titien, ses tableaux en avaient quelque chose; mais ce n'en était que la superficie. Et s'il avait vraiment compris les maximes et les finesses du Titien, il en aurait profité et les aurait sans doute fait valoir.... S'il avait pénétré dans cette partie, ses derniers tableaux, qui sont les plus faibles en couleur, auraient dû être les plus forts[1]. »

Peu à peu, la réputation de Poussin avait grandi à Rome. Une petite aisance ayant succédé à la gêne, il pouvait enfin jouir de l'existence à la fois paisible et laborieuse qui convenait à ses goûts. Mais sa santé était restée fort ébranlée par les longues années de misère et de privations qu'il avait traversées. Durant une maladie survenue au début de son séjour, il avait reçu les soins empressés d'un honnête ménage de Français fixés en Italie, les Dughet, qui, émus de son isolement et de son courage, lui témoignaient la plus affectueuse sympathie. Touché lui-même de leur bonté et désormais résolu à ne plus quitter Rome, Poussin avait demandé la main de leur fille aînée, Marie-Anne Dughet, qu'il épousait le 18 octobre 1629. Pendant les trente-cinq ans qu'ils vécurent ensemble, il devait trouver en elle la compagne la plus dévouée. Discrète, attachée à tous ses devoirs, elle maintenait en bonne ménagère l'ordre dans le modeste intérieur, s'appliquant à éviter à son mari tous les ennuis matériels qui pouvaient troubler son repos et nuire par conséquent à la production de ses œuvres. Poussin, de son côté, était heureux de se sentir ainsi entouré. De plus en plus il s'attachait à sa

1. *Dialogues sur le Coloris*, Langlois, 1699, p. 49.

nouvelle famille, et ses deux beaux-frères devenaient ses amis et ses élèves. Guidés par lui, Jean Dughet s'adonnait à la gravure et interprétait les œuvres de son maître avec autant de talent que de fidélité, tandis que Gaspard acquérait bientôt une grande célébrité comme paysagiste et portait avec honneur le nom de Poussin qu'il joignait à son prénom de *Guaspre*, sous lequel il est plus connu.

Remplie par un travail assidu, la vie de Nicolas Poussin s'écoulait doucement. Dès qu'il l'avait pu, avec la petite dot de sa femme et les modestes économies qu'il avait faites, il s'était acheté une maison via del Babuino, qu'il habita jusqu'à sa mort[1].

Sa renommée allait toujours croissant et il était maintenant en pleine possession de la faveur publique. Il aurait donc pu, à son gré, hausser le prix de ses tableaux et acquérir promptement la fortune. Mais avec sa modération et ses habitudes de simplicité, il se contentait d'un gain peu élevé, ne songeant pas plus à augmenter le train de sa maison qu'à thésauriser. Ennemi de l'ostentation et se contentant du strict nécessaire, il pouvait, en toute sincérité, répondre à un grand seigneur, le cardinal Massimi, qui le plaignait de ne pas avoir un seul domestique : « Combien je vous plains davantage d'en avoir un si grand nombre ! »

Par tout ce qu'elle offrait de secrètes affinités avec ses goûts et la tournure de son esprit, la campagne romaine était bien faite pour plaire à Poussin et de plus en plus il s'attachait à elle. Il en admirait la simplicité et les justes proportions, l'assiette de ses terrains, les belles sinuosités du cours du Tibre, la richesse de ses ombrages, la grandiose mélancolie de ses plaines incultes et, sous l'azur profond du ciel, les nobles profils des montagnes qui ferment l'horizon. Dans cet ensemble imposant tout est logique, harmonieux, d'un dessin net et souple, aussi expressif qu'agréable aux regards. La ville elle-même avait ce charme souverain qu'ont goûté depuis tant d'artistes épris de beautés que Poussin, le premier, avait ressenties et révélées. Avec ses monuments de tous les âges, avec la tristesse ou l'animation de ses places, avec son

[1]. L'acte de décès de Poussin désigne comme son lieu d'habitation la via Paolina ; il ne s'agit pas ici de la via Paolina actuelle, située près de Sainte-Marie Majeure. La paroisse de San Lorenzo in Lucina où est enterré Poussin est, au contraire, dans le voisinage du Pincio. Dans cet acte, rédigé d'ailleurs sans aucun soin, le nom même de l'artiste est à peine reconnaissable sous la fausse transcription de « Peressin. »

Forum, non pas éventré, fouillé dans ses moindres recoins, tel que nous le voyons aujourd'hui, mais avec l'aspect ancien et l'abandon de ce *Campo Vaccino* où, parmi les broussailles et les fûts gisants des colonnes, venaient paître les troupeaux, Rome lui fournissait d'innombrables sujets d'études et d'inspirations. Il avait là, sous la main, comme un répertoire complet de tous les éléments pittoresques qui font la vie et la poésie de la nature. Aussi, dans ses préoccupations comme dans ses tableaux, le paysage allait prendre graduellement une place toujours plus importante. Sans méconnaître la grandeur du peintre d'histoire, c'est à ce côté de l'œuvre et du talent de Poussin que nous devons surtout nous attacher ici. On commençait d'ailleurs autour de lui à consulter la nature avec plus de suite et à l'étudier de plus près qu'on n'avait fait jusque-là. Afin d'en noter sur-le-champ les effets, les formes et les couleurs, Poussin, dans ses promenades, ne manquait jamais de se munir d'un carnet de poche sur lequel il consignait en hâte ses observations. Avait-il plus de temps et voulait-il être mieux renseigné, il dessinait, le plus souvent à la plume, les silhouettes des objets et en marquait ensuite les principales valeurs au moyen d'un lavis de bistre. Jamais il n'a peint d'après nature et d'ordinaire même, les contours et les valeurs ne sont indiqués dans ses croquis que d'une manière expéditive, presque brutale, avec des oppositions d'ombres et de lumières qui contrastent violemment. Mais la sincérité absolue et la vivacité avec lesquelles sont données ces indications, attestent le plaisir et l'entrain que goûtait l'artiste en présence de la nature. Le nombre des dessins qu'il a faits ainsi est considérable. Si sommaires qu'ils soient, ils contiennent l'essentiel des informations que Poussin prenait sur place et qu'il jugeait suffisantes. Il y suppléait à l'atelier, grâce à un esprit d'observation qui, de bonne heure très ouvert, devait de plus en plus se développer. Menées plus loin, ces études l'auraient peut-être gêné dans le travail de la composition pour lequel il entendait conserver toute sa liberté.

Un critique qui a beaucoup connu le maître et qui, à raison des rapports qu'il avait eus avec lui, lui témoignait autant d'admiration que de gratitude, Félibien[1] nous apprend « qu'il peignait avec une pro-

---

[1]. Félibien était à Rome en 1647, en qualité de secrétaire d'ambassade, et s'occupait lui-même de peinture; il reçut alors des leçons de Poussin et se lia intimement avec lui.

N. POUSSIN. — DIOGÈNE.
Musée du Louvre. (Phot. Neurdein.)

preté extrême et d'une manière toute particulière. Il arrangeait sur sa palette toutes ses teintes, si justes qu'il ne donnait pas un coup de pinceau inutilement, et jamais il ne tourmentait ses couleurs ». Avec une pratique si simple et si méthodique, il semble que les tableaux de Poussin devraient être d'une conservation excellente. Malheureusement, il n'en est rien, et trop souvent leur aspect est devenu noirâtre et terne. Si soigneux qu'il fût d'habitude pour tout ce qui touchait à la technique de son art, il ne s'est pas avisé que les préparations rougeâtres des toiles dont il se servait pousseraient au noir et détruiraient toute la fraîcheur des colorations qu'elles supportent. L'artiste, en employant ces toiles, était sans doute séduit par l'avantage que lui offrait leur ton moyen, sur lequel tranchent facilement les lumières ou les vigueurs qu'on y pose, ce qui lui permettait d'obtenir assez vite une indication sommaire de l'effet général. Un grand nombre de ses peintures ont donc souffert de cette pratique défectueuse, et les excellentes gravures qui en ont été faites du vivant même de Poussin, nous donnent mieux aujourd'hui l'idée de leur état primitif. Il n'y a pas, d'ailleurs, à faire effort pour juger ce que devait être le coloris de Poussin avant les détériorations que beaucoup de ses œuvres ont subies. Il suffit de considérer celles d'entre elles qui, peintes sur des toiles d'un apprêt différent, ont conservé leur premier aspect: celles de ses débuts, notamment, qui, inspirées par le Titien, gardent encore aujourd'hui quelque chose de l'éclat du maître vénitien, et plus tard aussi d'autres, telles que le délicieux *Paysage aux deux nymphes* de Chantilly, dans lequel la tonalité blonde, si délicate et si fine, ajoute au charme pénétrant de cette poétique composition.

Si, comme nous l'avons dit, les consultations que Poussin demandait à la nature dans ses dessins sont assez succinctes, du moins, au cours de l'exécution de ses tableaux, il restait en intime communication avec elle. Les promenades qu'il faisait chaque jour, avant et après son travail, n'étaient pas entreprises au hasard. Il les dirigeait à son gré dans la campagne afin d'étudier de plus près certains détails pittoresques qu'il devait placer dans l'œuvre dont il s'occupait. Tout en faisant à la nature ces emprunts, il était rare qu'il la copiât assez exactement pour qu'on puisse identifier les sites qui lui ont fourni des motifs. C'est à peine si l'on retrouve çà et là, dans quelques-unes de ses compositions, le lieu précis dont il s'est inspiré, ainsi qu'il l'a fait dans le *Saint Mathieu* du Musée de Berlin, où il a reproduit, presque sans aucun changement, le paysage des environs de l'*Aqua acetosa*, avec la courbe gracieuse qu'y décrit le Tibre. Mais, d'habitude, la campagne romaine n'apparaît chez lui que modifiée et accommodée à ses idées.

De même que, dans ses tableaux de figures, il a banni du costume tout ce qui serait trop spécialement ethnique, tout ce qui aurait une date trop précise et qu'il s'en tient, pour la façon de vêtir ses personnages, à ces draperies flottantes qui peuvent aussi bien convenir aux sujets sacrés qu'aux fables antiques; de même, dans les motifs pittoresques qu'il choisit, il élague les détails et les accidents trop particuliers, quand il ne les trouve pas en harmonie avec ses conceptions. Sans grand souci de la couleur locale, il adapte à son gré ses paysages à l'esprit des épisodes traités par lui, qu'ils soient grecs ou romains, qu'ils aient pour théâtre l'Égypte ou la Galilée, ou même ces contrées fabuleuses dans lesquelles il place aussi bien les divinités de la mythologie que les apôtres et le Christ. Il lui suffit que le décor où se meuvent ses figures soit noble, riant ou austère, et qu'offrant un rapport intime avec son sujet, il serve à mieux en affirmer le caractère.

C'est cependant bien la campagne romaine qu'il a peinte. Elle apparaît dans son œuvre, non comme une abstraction, mais bien vivante, exprimée dans ses traits les plus significatifs. On sent qu'il l'aime et qu'il ne cesse jamais de se retremper dans son étude. Si l'on ne saurait y indiquer les lieux qui lui ont fourni ses motifs, elle est partout présente, avec sa force et sa grâce, avec les impressions profondes qu'elle a excitées en lui, et qu'il communique à son tour à tous ceux qui, l'ayant comme lui pratiquée, conservent intact le souvenir de ses beautés. Poussin, d'ailleurs, s'il a visité d'autres parties de l'Italie, est resté insensible aux séductions qu'elles pouvaient lui offrir. Ni les splendeurs radieuses de la baie de Naples et de la Sicile, ni les aspects désolés des Apennins ne l'ont tenté. C'est aux environs de Rome qu'il a cherché et trouvé ses sujets d'étude; il est par excellence le peintre de la campagne romaine.

Grâce à la régularité d'une vie où tout était subordonné à son art, le talent du maître allait toujours grandissant et, avec lui, sa réputation.

Il avait de nombreux admirateurs et, parmi eux, le Commandeur del Pozzo, son ancien patron, devenu son ami, continuait à l'entourer des attentions les plus délicates. Quand, en 1630, lors de son premier voyage en Italie, Velazquez arrivait à Rome chargé d'acheter pour Philippe IV douze tableaux des peintres les plus célèbres de cette époque, son choix s'était porté sur *la Peste* de Poussin; des difficultés

N. POUSSIN. — ORPHÉE ET EURYDICE.
Musée du Louvre. (Phot. Giraudon.)

de paiement étant survenues, ces tableaux n'avaient pas été envoyés en Espagne, et *la Peste* avait trouvé acquéreur à Rome même.

En France, Poussin n'était pas moins apprécié, et plusieurs amateurs, comme les trois frères Féart de Chantelou, non seulement se disputaient ses œuvres, mais étaient en relations suivies avec lui. Le désir d'attirer à Paris un artiste qui faisait tant d'honneur à notre pays, devait naturellement venir à l'esprit des gouvernants. Assez d'encouragements avaient été jusque-là prodigués à des étrangers; il était temps de tirer honneur d'un Français dont on pouvait être fier. Dès le commencement de 1639, les premières ouvertures étaient faites par le conseiller d'État de Noyers, oncle des frères Chantelou, afin d'engager Poussin à quitter Rome pour se fixer à Paris. Une lettre royale datée de Fontainebleau, le 18 janvier de cette année, le pressait de venir en France, et, avec les nombreux avantages qu'on lui promettait, il y avait là aussi pour lui un témoignage de sympathie dont il sentait tout le prix. Mais, si touché qu'il en fût, il prévoyait, bientôt après avoir accepté, les ennuis de toutes sortes qui l'attendaient dans la haute situation qui lui était proposée. A l'idée d'échanger sa tranquillité et ses habitudes de travail contre les tracas et les ennuis de la vie de cour, il ne peut se décider à quitter son cher foyer. Il ne comprend pas qu'il ait pu se lier par un engagement définitif. Dans ses lettres à ses amis de France qui le pressent, il épanche ses plaintes. Il essaie de se dégager, ou tout au moins de gagner du temps. Il allègue les tableaux qui lui sont commandés, qu'il a commencés et qu'il doit finir; il objecte sa santé chancelante; « il lui faudra retomber entre les mains de ces bourreaux de chirurgiens avant que de partir; » dans ces conditions, « s'acheminer par un long voyage et fâcheux en telle maladie, ce serait aller chercher son malheur avec la chandelle ». Ses objections sont inutiles; plus il se débat, plus on insiste. On lui fait entendre combien tous ces retards sont irrévérencieux, injurieux même; on en vient presque aux menaces, en lui parlant « des mains longues du roi ». De défaite en défaite, il bataille ainsi pendant deux années entières.

A la fin, pourtant, il faut céder, se mettre en route. Dans les premiers jours de janvier 1641, il arrive sain et sauf à Fontainebleau, où il est attendu et comblé de politesses. A Paris, aussi, il est choyé et conduit le soir même de son arrivée dans « le petit Palais », destiné à lui servir d'habitation. C'est une maison spacieuse, située en plein jardin des Tuileries, confortable et garnie de provisions de toute espèce, ayant elle-même comme dépendances, ainsi qu'il l'écrit aux siens, « un beau et grand jardin rempli d'arbres à fruits, avec une grande quantité de fleurs, d'herbes et de légumes, trois petites fontaines, un puits, une belle cour dans laquelle il y a d'autres arbres fruitiers.... J'ai des points de vue de tous côtés, ajoute le paysagiste, et je crois que c'est un paradis pendant l'été ». Il est traité avec les égards les plus flatteurs; le cardinal de Richelieu, auquel il est présenté par le surintendant de Noyers, l'embrasse et l'assure « du grand plaisir qu'il a de le voir ». Trois jours après, à Saint-Germain, c'est le roi, près duquel il est introduit par M. Le Grand, et « S. M., remplie de bonté et de politesse, daigne lui dire les choses les plus aimables et l'entretenir pendant une demi-heure, en lui faisant beaucoup de questions ». Puis, pensant au dépit qu'en ressentira celui que le nouveau venu a supplanté dans sa faveur, il se tourne vers ses courtisans, en disant : « Voilà Vouet bien attrapé! » A son retour à Paris, on apporte à Poussin deux mille écus en or, dans une belle bourse de velours; viennent ensuite des commandes de tableaux, de cartons de tapisserie et d'une importante décoration pour la grande galerie du Louvre.

Malgré ces honneurs et ces avantages, les regrets viennent bien vite à l'exilé. Il pense à sa petite maison de Rome, « à sa bonne femme », à son travail, aux quelques amis qui, partageant ses goûts, égayaient sa solitude. Après les gâteries des premiers moments, il se sent bien étranger dans ce lieu si nouveau pour lui; il s'y trouve trop en vue, environné de jalousies et d'embûches. Sa venue a dérangé bien des gens, froissé bien des amours-propres. Ce n'est pas seulement Vouet qui lui en veut; avec lui, bien d'autres ne pardonnent pas à Poussin la faveur dont il est l'objet. C'est, notamment, un certain Jacques Fouquières, Flamand d'origine, qui, avec des airs de matamore, vient réclamer comme un privilège la part importante qui lui a été promise dans les travaux de la grande galerie du Louvre, où il doit peindre « quatre-vingt-seize des plus belles et renommées villes du royaume ». Ivrogne et arrogant, Fouquières, en dépit de ses prétentions nobiliaires, est un homme d'assez mauvaise compagnie. Mais, tout en se moquant des allures de spadassin du « baron Fouquières », Poussin ne se sent pas fait pour ces luttes de compétitions violentes. Sa loyauté, le sentiment de sa valeur, son humeur tranquille se révoltent contre les intrigues auxquelles il est en butte. Il souffre aussi de ces pertes de temps, des tâches, nouvelles pour lui, qui lui sont imposées. Il a hâte de retrouver son modeste intérieur, sa liberté, et aussi cette nature italienne dont, à distance, il comprend mieux tout le charme. La nostalgie le prend de tout ce qu'il a laissé là-bas; mais, tant qu'il peut, il patiente, occupant tous les instants de l'existence morcelée qui lui est faite. Un beau jour, cependant, il n'y peut plus tenir, et, pressentant bien qu'on s'opposera à son départ, il allègue l'état maladif de sa femme, le soin de quelques affaires personnelles restées en souffrance. Sous promesse de revenir à Paris, après avoir réglé toutes choses, il secoue le joug qui pèse sur lui, et, vers la fin de septembre 1642, il part pour Rome où, après un petit séjour chez ses amis Stella, à Lyon, il arrive en compagnie de Ch. Lebrun, qui l'a rejoint en route.

Le voilà désormais fixé et pour toujours. Il est heureux de reprendre le train coutumier de sa vie familiale et régulière, car il sait mieux, après en avoir été privé, les raisons qu'il a d'y tenir. Tout y est disposé pour le bon emploi du temps et subordonné à son travail. A peine est-il de retour, que les commandes abondent de nouveau. Sans se hâter jamais, il poursuit méthodiquement les tâches qu'il n'a acceptées que parce qu'elles répondaient à ses goûts.

Non seulement, en effet, il aime à choisir ses sujets, mais il faut que ceux qui désirent avoir de lui quelque ouvrage lui agréent. C'est ainsi qu'il ne se résignera qu'à grand'peine, et après force instances, à peindre un tableau pour « Monsieur Scarron » qui, peignant lui-même un peu, avait connu Poussin à Rome en 1634 et désirait vivement avoir une de ses œuvres. Croyant se faire bien venir, il lui a envoyé « un livre ridicule de ses frénésies », et le maître épanche à ce propos sa bile, en termes d'une violence et même d'une grossièreté qui ne lui sont pas habituelles. Il lui en coûte de donner satisfaction à un homme qui l'a froissé en tournant en parodie cette antiquité qui lui est chère. Ses plaisanteries inconvenantes sur ce sujet sont pour lui comme une injure personnelle. « Il voudrait bien que l'envie qui lui est venue lui fût passée » et il le remet de mois en mois, comptant bien le lasser par ses défaites. A la fin pourtant, pressé par les sollicitations réitérées de Scarron, il est bien forcé de s'exécuter, et c'est à l'obstination du cul-de-jatte que nous devons la belle composition du *Ravissement de saint Paul*, aujourd'hui au Louvre. Bien qu'il continue à peindre des épisodes empruntés à la fable ou à l'histoire et des sujets religieux tels que la double suite des *Sacrements*, il se sent de plus en plus attiré vers le paysage. Privé pendant deux ans de cette campagne romaine à laquelle il est si attaché, il reprend avec bonheur ses promenades dans Rome et les villas voisines, sur les bords du Tibre ou sous les allées couvertes d'Albano dont il a souvent dessiné les vieux arbres tout enguirlandés de lierre. « C'est dans ces retraites et ces promenades solitaires, nous dit Félibien, qu'il faisait de légères esquisses des choses qu'il rencontrait, comme des terrasses, des arbres ou quelques beaux accidents de lumière. »

N. POUSSIN. — ÉTUDE D'APRÈS NATURE.
Collection de l'Albertina (Phot. Braün, Clément et Cie)

L'accord intime de tous les éléments pittoresques qui doivent entrer dans un tableau paraissait avant tout désirable à Poussin, car c'est par là qu'il voulait assurer son unité et la force de l'impression qu'il cherchait à produire. Aussi le travail de la composition était-il toujours l'objet particulier de son attention; c'est dans cette partie de son art qu'il a surtout excellé et qu'il est absolument supérieur. Vivant avec son idée, y pensant toujours, il cherche à en mettre en lumière les traits les plus saisissants. Il sait bien que de ce premier travail dépendra l'aspect de son œuvre. Si l'ensemble est bien conçu, fortement établi, harmonieux dans ses proportions, les détails y trouveront ensuite leur place naturelle. Ces détails chez Poussin font si étroitement corps avec la composition qu'on ne saurait les en distraire, ni les remplacer par d'autres. Très nombreux, ils sont subordonnés entre eux, suivant le degré d'importance ou d'effacement qu'il convient de leur attribuer. Il faut quelque effort pour s'apercevoir de leur richesse, tant ils concourent à l'impression. La légende placée au bas de l'excellente gravure du *Polyphème*, par Étienne Beaudet, témoigne, dans son naïf langage, de l'heureux agencement de tous les détails si habilement réunis dans cette belle composition. « Ce Païsage fait connaître les lieux que Polyphème habitait en Sicile. La fraîcheur des eaux, l'ombrage des bois et la vue des prés entremêlés de terres labourables et bornés par des montagnes, par des rochers et par la mer rendent l'aspect de ce pays fort agréable, quoique un peu sauvage. On y regarde avec plaisir trois jeunes nymphes de fontaines, à demi nues et couronnées de roseaux, que deux satyres veulent surprendre. Un fleuve est assis d'un autre côté. Plus loin, des paysans labourent et bêchent la terre; de jeunes nymphes se baignent dans un ruisseau; un berger garde un troupeau de moutons. Et Polyphème, assis sur une haute montagne dont il couvre tout le sommet, regarde vers la mer et croit par ses chants et par le son de ses chalumeaux rustiques pouvoir charmer la belle Galathée dont les poètes ont feint qu'il était amoureux. »

De longtemps Poussin s'était exercé au travail de la composition et il en avait compris l'importance. Afin de mieux se rendre compte de la place qu'il attribuerait à ses figures et de la façon dont elles recevraient la lumière, habile comme il l'était à pétrir l'argile, il en faisait des modèles qu'il mettait ensuite au soleil, dans les conditions requises.

N. POUSSIN. — DESSIN D'APRÈS NATURE.
Collection de l'Albertina. (Phot. Braun, Clément et Cⁱᵉ.)

pour noter exactement leurs positions respectives et leur éclairage. Peut-être cette manière de procéder offrait-elle, pour lui surtout, quelque danger, car avec ses idées arrêtées au sujet de ce qui constitue le domaine propre de la peinture et de la sculpture, il était un peu trop porté à confondre les limites de ces deux arts. Suivant Bellori, en effet, il trouvait « que la peinture et la sculpture n'étaient que le même art d'imitation, puisqu'elles dépendaient toutes deux du dessin, à cela près que la fiction de l'apparence donnait à la première quelque chose de plus artiste ». Ce n'est donc pas sans raison que Bürger a pu dire de lui « qu'il a été le peintre le plus sculpteur qui fût jamais ». Mais les paysages du peintre corrigeaient ce que ses figures pouvaient avoir de trop sculptural et, dans le jugement qu'il porte sur le talent de Poussin, Mariette remarque avec raison « qu'il suivait pour le paysage une méthode bien différente de celle qu'il tenait pour la figure. L'indispensable nécessité d'aller étudier ses motifs sur les lieux mêmes, lui a fait dessiner un grand nombre de paysages d'après nature avec un soin infini.... saisissant avec une attention extrême les effets piquants de la lumière dont il faisait une application heureuse dans ses tableaux....

N. POUSSIN. — APOLLON ET DAPHNÉ.
Dessin du Musée du Louvre. (Phot. Giraudon.)

Son génie, ajoute-t-il, était tout poétique et les sujets les plus simples et les plus stériles devenaient intéressants entre ses mains. »

La force et la richesse de ses conceptions assure à Poussin une originalité spéciale et montre ce que vaut chez un maître l'excellence d'une des parties de son art, quand, d'ailleurs, il possède les autres à un degré suffisant. Son exécution, en effet, toujours honnête, égale et précise, lui permet de représenter nettement les choses, mais elle n'a rien de rare. Dans sa fermeté et sa correction, jamais elle ne vise à la virtuosité. De même, sa couleur n'a qu'un éclat médiocre: il évite, en peignant, ces écarts extrêmes entre les lumières et les ombres, qu'on voit dans la plupart de ses dessins. Il s'en voudrait d'attirer l'attention par quelque morceau de bravoure. « Il faut toujours, disait-il, que le dessin tourne au profit de la pensée: on ne doit y sentir ni la recherche, ni l'effort, et avant tout, il faut qu'il soit conforme à la nature des sujets. » C'est une satisfaction intellectuelle qu'il se propose surtout, c'est d'elle qu'il attend « cette délectation qui est la fin de la peinture ». D'autres auront été plus peintres, dessinateurs plus pénétrants ; ils auront mis plus de mouvement dans les figures, plus d'élégance et de grâce dans leurs types. Aucun n'aura exprimé avec plus de goût, d'ordre et de clarté, la beauté des ensembles, l'heureux groupement des attitudes, l'éloquence des expressions. Énumérant lui-même les qualités qu'il estime nécessaires à l'artiste, il semble que Poussin trace son propre idéal, en insistant sur celles qui lui paraissent les plus désirables : « D'abord la disposition, puis l'ornement, la grâce, la vivacité, la vraisemblance et le jugement partout. Ces dernières parties, dit-il, sont du peintre et ne se peuvent enseigner. C'est le rameau d'or de Virgile, que nul ne peut trouver, ni cueillir, s'il n'est conduit par le destin. »

Pour acquérir ces précieuses qualités, pour progresser toujours, Poussin « n'avait rien négligé ». Avec la haute idée qu'il se faisait de son art, de plus en plus, il s'y absorbait tout entier. C'est une œuvre d'art aussi, et la plus accomplie, que cette vie si bien conduite, si exemplaire dans sa parfaite unité, et la grandeur de ce caractère si droit et si ferme commande le respect. Son désintéressement était extrême. A l'un de ses admirateurs qui, très satisfait de l'œuvre qu'il vient de recevoir, lui fait tenir plus que le prix convenu, il renvoie tout ce qui dépasse la somme primitivement arrêtée. Il n'a pas plus de goût pour les honneurs que pour l'argent, et n'aime rien tant que la simplicité d'une existence volontairement retirée. « Le repos et la tranquillité d'esprit, disait-il, sont des biens qui n'ont pas d'égal », et, au milieu des bouleversements de l'Europe, il se trouve heureux « de pouvoir se mettre à couvert dans quelque petit coin pour suivre la comédie à son aise ».

Ainsi libéré de toutes les passions, de toutes les ambitions où tant d'autres se consument et qui les poursuivent à leur travail, quand il est assis devant son chevalet, rien ne vient troubler sa pensée, ni amoindrir son effort. Il peut être tout à ce qu'il fait. Il n'a pas à forcer sa verve ; il ne songe qu'à la régler, à ne pas en abuser. Posément, sans hâte comme sans arrêt, il va d'un bout du tableau à l'autre. Chaque jour, il se fixe une tâche et méthodiquement il l'accomplit. « La lumière qui éclairait ses pensées, dit de lui Félibien, était uniforme, pure et sans fumée. »

Le portrait de Poussin que nous avons au Louvre montre très justement l'homme qu'il était. C'est un peu malgré lui qu'il l'a peint pour contenter M. de Chantelou. Quoiqu'il eût trouvé peu de plaisir à le faire et qu'il y eût consacré quelque temps, il est ennuyé que son ami veuille le lui payer, car il aurait désiré le lui donner comme un souvenir. Le voilà bien, avec sa solide charpente, sa mâle figure vue presque de face, son regard loyal et pénétrant, sa physionomie placide et modeste, « *aspetto modesto* », dit Bellori; avec cet air de force et d'autorité qu'a aussi son talent. Sous ces dehors paisibles, on sent une âme restée ardente, mais toujours maîtresse d'elle-même.

En avançant en âge, l'artiste avait conservé intactes sa vaillance et sa fécondité. Plus que jamais, il aimait la nature et vivait en commerce intime avec elle. Un Français fixé à Rome, dom Bonaventure d'Argonne, qui avait connu Poussin chez le cavalier del Pozzo, cite à ce propos un détail d'une bonhomie et d'une naïveté charmantes, quand il dit l'avoir rencontré « déjà vieux, parmi les débris de l'ancienne Rome, rapportant dans son mouchoir des cailloux, de la mousse, des fleurs et d'autres choses semblables qu'il voulait peindre exactement d'après nature. » C'est le moment, du reste, de ses meilleurs paysages, *les Effets de la peur*, *Diogène jetant son écuelle*, et *Orphée et Eurydice*, une de ses compositions les plus accomplies et qui, suivant la remarque de Delacroix, « présente si bien et d'une manière si touchante, ces contrastes éternels de la joie et de la tristesse, avec le divin chanteur assemblant autour de lui les nymphes et les bergers tout étonnés du charme de sa lyre, tandis qu'Eurydice, sur le devant du tableau, saisie d'un froid mortel par la piqûre du serpent, laisse échapper les fleurs de sa corbeille ». Comme d'ordinaire, la campagne romaine a fourni le cadre de l'épisode virgilien : le Pénée, ici, c'est le Tibre; dans la tour massive, d'où s'échappent les fumées épaisses, qu'à l'exemple du Titien, Poussin fait tourbillonner dans l'atmosphère, on reconnaît le souvenir évident du château Saint-Ange; enfin c'est le profil du Soracte, encore couvert d'un reste de neige, qui se dresse à l'horizon.

« A vivre comme il le faisait avec les anciens, a dit Reynolds, Poussin a pris l'habitude de penser comme eux. » Mais l'*Arcadie*, qu'il a représentée dans une de ses compositions les plus célèbres, est plutôt celle des poètes que des pasteurs. Avec ses belles proportions, cette nature majestueuse et un peu austère convient aux sages et aux héros : elle semble la confidente discrète de leurs pensées, l'inspiratrice de leurs actions et, dans les figurations de l'antiquité, qui, jusque-là, nous avaient été proposées, il n'en est pas qui répondit mieux à l'idée qu'on se faisait d'elle.

Quoique Poussin ait de bonne heure quitté la France et vécu loin d'elle, il est cependant resté bien Français et de son temps. « Ce jugement partout », qu'il réclame du peintre, n'est-ce pas la même chose que « ce sens commun » que, avec sa fière modestie, Corneille disait être « toute sa règle » ? Aussi, quoiqu'il ait eu à l'étranger bien des admirateurs, — et parmi eux, le Bernin dont l'art pompeux et magnifique semble en opposition avec la sobre gravité du maitre des Andelys, — c'est encore chez nous qu'il a trouvé les meilleurs juges, ceux qui pouvaient le mieux comprendre tout son génie. De son vivant, ce n'étaient pas seulement ses amis parisiens qui prônaient son talent, mais l'autorité dont il jouissait était telle que Colbert et Louis XIV ne manquaient pas de le consulter sur la plupart des questions qui avaient trait au développement de l'art dans notre pays. Après une éclipse momentanée durant le cours du xviii° siècle, qui, avec ses raffinements d'élégance un peu frivole, n'était guère en mesure de goûter Poussin, il a, d'un consentement unanime, repris sa place au premier rang de notre école. Les artistes les plus divers, ceux qui ne semblent pourtant pas avoir avec lui grande affinité, se sont accordés pour le louer. Delacroix, qui a parlé de lui avec une chaleur enthousiaste, le considère comme un des novateurs les plus hardis que présente l'histoire de l'Art, presque comme un révolutionnaire. Pour des motifs très différents, des peintres fort dissemblables. Corot, Millet, et plus près de nous encore, Puvis de Chavannes, Cazin et bien d'autres qui, comme eux, ont voulu mettre quelque signification dans les images qu'ils ont tracées de la nature, ont vécu avec ses œuvres et y ont trouvé leur profit.

On le voit, ce langage fort et sensé, cette richesse d'invention et cette haute probité ont jusqu'à notre temps rencontré chez les plus éminents de nos artistes des approbations aussi légitimes qu'imprévues. C'est donc bien à tort qu'on a essayé de déprécier cet art sous le nom d'*académique*, comme si Poussin devait être responsable de ce que, après lui des imitateurs vulgaires ont prétendu nous faire accepter comme la continuation de son style et de ses doctrines. Les enseignements qu'il demandait à la nature sincèrement consultée, transformés par ses indignes successeurs en formules abstraites, ne pouvaient produire chez eux qu'un art factice et de seconde main, aussi insignifiant que faux, réduit à des procédés conventionnels et à des recettes apprises. Un tel

GUASPRE POUSSIN. — LA VOCATION D'ABRAHAM.
National Gallery. (Phot. Hanfstaengl.)

art n'a rien à voir avec les inspirations vivantes du maître des Andelys. Si parfois, comme le remarque Delacroix, « il a peut-être donné à l'idée un peu plus que ne demande la peinture », il n'y a pas à craindre que, de notre temps, il ait sur ce point trop d'imitateurs. Les fondements de son art sont solides et ses racines plongent profondément dans la nature.

Confiant dans sa voie, Poussin restait jusqu'au bout fidèle au programme que de bonne heure il s'était tracé et il devait à son travail les seuls adoucissements que pût accepter une vieillesse assez attristée. Les épreuves ne lui avaient pas manqué. Sa santé était de plus en plus ébranlée et il avait successivement perdu quelques-uns de ses amis les plus chers. Le 16 novembre 1664, « sa bonne femme déjà alitée pendant neuf mois, » lui était enlevée, alors « qu'il avait le plus besoin de son secours, le laissant chargé et plein d'infirmités de toutes sortes. On lui prêche la patience, ce remède à tous les maux: il la prend comme une médecine qui ne coûte guère, mais qui ne guérit de rien. » Tant qu'il le peut, le vaillant artiste s'obstine à sa tâche; mais sa main lui refuse presque le service. Le tremblement dont elle est affectée se reconnaît dans les traits un peu incohérents de ses dessins et dans l'aspect même de son écriture, autrefois si ferme et si correcte. Sa touche est devenue plus lourde et plus hésitante, alors que son esprit a conservé toute sa vigueur et ses créations tout leur charme. Il souhaiterait encore pouvoir se surpasser dans l'exécution d'un tableau que lui a commandé M. de Chantelou. « On dit, lui écrit-il 24 décembre 1657, que le cygne chante le plus doucement lorsqu'il est voisin de la mort: je tâcherai, à son exemple, de faire mieux que jamais: ce peut être le dernier service que je vous rendrai. » C'est à ce moment, en effet, que, par un juste privilège de cette existence si bien conduite, il peignit la suite des *Quatre Saisons* que nous avons au Louvre et dans laquelle la diversité des sujets et la franchise des impressions attestent la souplesse et la force persistante de son génie. Quant à son dernier tableau, *Apollon et Daphné* (également au Louvre) laissé par lui inachevé, c'est assurément une de ses compositions les plus poétiques. Sous le ciel bleu, ces bouquets d'arbres entre lesquels on découvre des côtes boisées, ces sources qui s'épanchent de tous côtés, les troupeaux qui s'y abreuvent par cette tiède journée, et dans ce nid de verdure et de fraîcheur, parmi ces divinités bocagères qui y reposent, Apollon tenant à la main sa lyre et au-dessus, Daphné gracieusement étendue entre les branches d'un jeune chêne, toute cette nature riante et ces figures amoureusement groupées semblent l'œuvre de la pleine maturité et non de la vieillesse du maître. Bientôt cependant, son état s'étant aggravé, il devenait incapable de peindre. A grand effort, « il lui fallait huit jours pour écrire une méchante lettre, peu à peu, deux ou trois lignes à la fois ». Malgré tout, de sa pauvre écriture incertaine et tourmentée, il offre encore ses services à son ami et quand décidément ses forces le trahissent, il voit venir la mort tranquillement, chrétiennement. Jusqu'au bout courageux, avec cet esprit d'ordre qu'il eut toujours, il prend, dans le plus grand détail, toutes ses dispositions pour régler le partage de sa petite fortune et le soin de ses propres funérailles. Il veut être enterré « sans aucune pompe », dans son église paroissiale de San Lorenzo in Lucina, à laquelle « on donnera raisonnablement tout ce qu'on lui devra, et pas autre chose ». Après six semaines de souffrances et presque d'agonie, il meurt le 19 novembre 1665, laissant dans son art comme dans sa vie l'exemple le plus rare et l'accord le plus accompli de toutes les qualités du peintre et de toutes les vertus qui font l'honnête homme.

On pourrait s'étonner que, dans la répartition prescrite par lui de son avoir entre les héritiers qu'il désigne, Poussin n'ait pas cité le nom de Gaspard Dughet, son beau-frère ; mais, avec une bonté presque paternelle, il l'avait mis auparavant en état d'amasser quelque aisance dans l'exercice de son art. Moins âgé que lui de dix-huit ans, le Guaspre avait été initié par ses leçons à la pratique du paysage, et non content de dessiner dans la campagne comme son maître, il peignait aussi d'après nature. Mariette, qui nous renseigne à ce sujet, nous apprend, en effet, « qu'un petit âne, qui était son seul domestique, lui servait à porter tout son attirail de peinture, sa provision et une tente pour pouvoir travailler à l'ombre et à l'abri du vent. » Doué comme il l'était, le Guaspre avait fait des progrès si rapides qu'au bout de deux ans il avait lui-même des élèves, et afin d'être plus à même de profiter des ressources d'étude que pouvaient lui offrir les environs de Rome, il s'était disposé des installations à Tivoli et à Frascati. Aussi passionné pour la chasse que pour les beaux sites, il parcourait ensuite l'Italie en quête des pays à la fois les plus giboyeux et les plus pittoresques. Les musées de Florence, de Londres, de Munich, de Saint-Pétersbourg et le

Louvre possèdent de ses œuvres, mais c'est à Rome surtout que se trouvent les plus remarquables, fresques, tableaux ou peintures à la détrempe. Comme celle de Poussin, sa couleur a souvent noirci, car, à son exemple, il s'est aussi servi pour ses toiles d'une préparation faite d'une argile rougeâtre qui devait en altérer les tonalités. Sa virtuosité était telle qu'en un jour il était capable de brosser un grand tableau. En général, ses meilleurs ouvrages sont les plus simples, ceux qui nous montrent quelque promeneur solitaire dans un bois de chênes verts, une nappe d'eau tranquille avec des pâtres groupés sur ses bords, comme la *Vocation d'Abraham* de la National Gallery, ou cette *Tempête*, qu'a si largement gravée Vivarès, avec un coup de soleil blafard et des arbres déjà secoués par le vent. Toutes ces peintures témoignent, d'ailleurs, du nombre et de la variété extrême des études que le Guaspre avait amassées et dont il se plaisait à combiner entre eux les divers éléments, avec une facilité parfois excessive. Trop souvent, en effet, il s'abandonne à sa verve exubérante et accumule dans une même composition une foule d'accidents groupés sans grand choix, parfois même sans aucune vraisemblance. Il y a loin de là à l'unité puissante, aux belles proportions, à la force expressive de Poussin, et cette surcharge d'ornements inutiles et incohérents montre plus de paresse d'esprit que de richesse d'imagination. Peu à peu à l'étude sincère de la nature, l'artiste substitue ces procédés d'effet et ces repoussoirs commodes dont la banalité finit par s'accuser.

La pauvreté et l'insignifiance de ces œuvres conventionnelles éclatent de plus en plus chez les successeurs et les imitateurs du Guaspre. Elles s'accordent, du reste, avec la façon de comprendre et de traiter la nature en France, à cette époque. On en pourrait recueillir dans notre littérature des témoignages aussi nombreux que concluants. Sauf chez La Fontaine, en effet, le sentiment de la nature est à peu près absent chez les écrivains du grand siècle, fidèles interprètes sur ce point des idées de notre société polie. Les arabesques compliquées des buis qui forment la décoration des parterres, et dans les jardins les salles de verdure, les labyrinthes, les charmilles régulièrement taillées, les ifs façonnés en formes de vases ou d'ornements de toute sorte, montrent assez quel était le goût de ce temps. Malherbe, à propos des embellissements exécutés par Henri IV dans les résidences royales loue surtout le roi d'avoir « aux miracles de l'art fait céder la nature ». Dans une ancienne description de la forêt de Fontainebleau, les endroits les plus vantés sont : la *Table du Grand-Veneur*, « à laquelle conduisent des avenues plantées d'arbres en éventail », et le *Carrefour de l'Étoile*, « tout entier tapissé d'une charmille qu'un jardinier spécial a mission d'entretenir ». Lorsque Louis XIV, attiré à Fontainebleau par sa passion pour la chasse, y entraîne à sa suite les belles dames de la Cour, fort peu sensibles aux beautés de la forêt, il essaie en vain de charmer leurs ennuis en les faisant accompagner de « ses petits violons » dans leurs promenades. Enfin, c'est sans y prendre garde que Molière, qui

CLAUDE LORRAIN. — ÉTUDE D'ARBRES.
British Museum. (Phot. Braun, Clément et Cie.)

avait déjà parlé des « rochers affreux et de la grotte effroyable » qui figurent dans un des intermèdes de *Psyché*, donne, à propos du décor du prologue du *Malade imaginaire*, cette indication d'une ingénuité significative : « Le théâtre représente un lieu champêtre et *néanmoins fort agréable*. »

II

A côté de Poussin et presque du même âge que lui, un autre Français, Claude Lorrain, fixé également à Rome, devait, en se consacrant exclusivement à la peinture de paysage, mériter, comme lui, sa place parmi les premiers et, dans un sens très différent, exercer une influence profonde sur son art. Le nom de Lorrain qu'il aimait à prendre lui-même et qu'il honora par son talent aussi bien que par son caractère, Claude Gellée le doit, on le sait, au lieu de sa naissance. Né en 1600, dans le petit village de Chamagne, situé au bord de la Moselle, il était le troisième des cinq fils issus du mariage de Jean Gellée et d'Anne Padose. La condition de sa famille était des plus humbles et le peu de dispositions que l'enfant montrait pour l'étude n'était pas de nature à faire présager sa glorieuse destinée. Envoyé de bonne heure à l'école, il ne profita guère des années qu'il y passa. D'après les quelques lignes qu'on a conservées de son écriture, on peut affirmer que l'orthographe ne fut jamais son fort. Nous pouvons donc nous en rapporter entièrement sur ce point aux assertions de Sandrart : Claude était et devait rester jusqu'à la fin de sa vie fort ignorant : *Scientia valde mediocri*.

Chargés de famille comme ils l'étaient, les parents de Claude ne pouvaient pas prolonger beaucoup le temps consacré à l'instruction d'un enfant qui s'y montrait si rebelle. Ils le mirent donc en apprentissage chez un pâtissier. Mais, peu après, Claude, alors âgé de douze ans, étant devenu orphelin, fut recueilli par un de ses frères aînés, Jean Gellée, qui exerçait à Fribourg-en-Brisgau la profession de graveur sur bois et qui lui donna quelques leçons de dessin. Pour que l'on songeât à diriger dans ce sens un garçon qui, d'après le peu d'aptitude qu'il avait montré à l'école, devait sembler assez borné, il fallait évidemment qu'il eût manifesté déjà quelque signe de sa vocation.

Cette vocation, d'où avait-elle pu lui venir? Son amour de la nature, qui le lui avait inspiré? Ses biographes sont muets à cet égard. Pour nous, nous en avons la conviction, c'est à ces premières années, si stériles pour son instruction élémentaire, c'est à ce charmant pays de Chamagne où elles s'écoulèrent, qu'on en doit reporter le bénéfice et l'honneur. Ayant eu, à plusieurs reprises, l'occasion de parcourir cette aimable contrée, j'ai été frappé des ressemblances formelles que j'y rencontrais, presque à chaque pas, avec quelques-uns des motifs favoris de Claude. En associant plus tard à ses compositions italiennes ces aspects familiers de son pays natal, ces souvenirs de la Lorraine lui rappelaient sans doute les jours d'enfance où, échappé de l'école, il avait senti son âme s'ouvrir à la grâce de ces spectacles et en avait vaguement compris la beauté.

En tout cas, les enseignements que Claude trouva près de son frère aîné furent certainement bien modestes. Celui-ci se bornait, en effet, à exécuter quelques dessins de feuillages ou d'arabesques destinés probablement à la broderie qui, déjà à cette époque, formait un des principaux produits de cette partie de la Lorraine où les deux frères étaient nés. Mais les progrès de l'enfant avaient été, sans doute, assez rapides pour donner confiance à ceux qui l'entouraient et pour décider de sa carrière. Toujours est-il qu'un an après, un de ses parents, qui se livrait au commerce des dentelles, passant par Fribourg pour se rendre à Rome, où l'appelaient ses affaires, offrit de l'emmener avec lui, afin qu'il pût y trouver les ressources nécessaires à son instruction artistique.

Le moment et le lieu étaient propices. Outre les chefs-d'œuvre de l'antiquité et de la Renaissance qui, depuis longtemps, en recommandaient le séjour aux gens de goût, Rome présentait alors pour un jeune peintre aussi épris de la nature que l'était Claude, un attrait particulier. Le paysage, que bientôt il allait illustrer, y était déjà cultivé comme un genre spécial, et comptait d'assez nombreux adeptes. Mais son parent ayant quitté l'Italie, les modiques ressources dont il pouvait disposer se trouvèrent bien vite épuisées. C'est Baldinucci qui nous apprend qu'il avait dû lui-même s'éloigner de Rome à ce moment, pour faire à Naples un séjour de deux ans, travaillant sous la direction d'un médiocre peintre de paysage, originaire de Cologne, et nommé Godefroi Wals.

Dès 1619 cependant, le Lorrain était de retour à Rome, car nous l'y voyons à ce moment employé chez le cardinal Montalto à des travaux de décoration dont la direction était confiée au peintre Agostino Tassi, à qui Wals, son élève, l'avait probablement recommandé. L'honneur d'avoir été le maître de Claude préserve seul aujourd'hui le nom de Tassi d'un oubli complet. C'était cependant alors un peintre assez en vue, mais sur lequel ses contemporains ou ses biographes nous apportent les témoignages les plus contradictoires. Pour recevoir ses leçons, Claude, pressé par le besoin, avait dû se contenter auprès de lui de la plus humble situation. Outre la préparation de ses couleurs, le nettoyage de ses pinceaux et de sa palette, il lui fallait s'occuper du service de la maison qui, avec les soins à donner au maître, comprenait le pansage d'un cheval que celui-ci avait à l'écurie. Sandrart, à qui nous devons ces détails, les tenait de Claude lui-même, qui, loin de rougir de ces souvenirs, prenait plaisir à les rappeler, alors qu'il avait déjà acquis quelque célébrité. Par sa bonne volonté, par les dispositions qu'il manifestait, le jeune domestique s'élevait peu à peu au rang de collaborateur et son talent était utilisé par son patron dans la décoration de palais où les frères Bril avaient laissé eux-mêmes des ouvrages importants dont la vue et l'étude purent lui être profitables. Mais, en 1621, Tassi, ayant perdu son protecteur par la mort de Paul V, se trouva lui-même dans une situation assez difficile. La part de collaboration et, sans doute aussi, les gages alloués à son serviteur en furent naturellement très réduits. Pressé de nouveau par la misère et se voyant dans l'impossibilité de se consacrer de plus en plus à son art, ainsi qu'il l'aurait voulu, Claude conçut à ce moment l'idée de retourner dans son pays, où il espérait trouver un emploi plus honorable et plus fructueux de son talent.

La cour de Lorraine jouissait en Europe d'un renom de luxe et de goût que ses ducs s'appliquaient à mériter. Imitant leurs voisins de Bourgogne, dont ils avaient si puissamment contribué à abattre la puissance, ils inauguraient à leur tour les traditions d'élégance et d'amour des arts qui, jusqu'à Stanislas, devaient se continuer à Nancy. Ils ne cessaient pas d'attirer auprès d'eux des artistes célèbres ou d'encourager ceux qui étaient nés dans leurs États. Après avoir produit un sculpteur tel que Ligier Richier, la Lorraine comptait alors des peintres et des graveurs comme Bellange, Deruet, Henriet et Jacques Callot. Si Claude n'avait pu connaître aucun de ces artistes en Italie, il savait du moins que les arts étaient en honneur à la cour de Lorraine et qu'il avait quelque chance de s'y créer une situation. Il se décida donc à quitter Rome vers la fin d'avril 1625, et, en passant par Venise, le Tyrol, la Bavière et la Souabe, il regagna son pays natal. Un de ses parents, ami de Deruet, l'ayant mis en relations avec cet artiste qui jouissait de la faveur du duc Charles III, Claude fut employé à la décoration de la chapelle des Carmes, à Nancy, et chargé d'abord d'y peindre des figures, puis des ornements d'architecture. Mais ce genre de travail ne convenait guère à son talent et il en fut tout à fait dégoûté à la suite

CLAUDE LORRAIN. — ACIS ET GALATHÉE.
Musée de Dresde.

d'un accident qui avait failli être mortel à l'un de ses compagnons, occupé sur un échafaud voisin du sien. A distance d'ailleurs, les séductions de la nature italienne lui revenaient en foule à l'esprit, et avec elles, le charme de la liberté dont les artistes jouissaient à Rome et l'émulation qu'ils y trouvaient. Il résolut donc, vers le milieu de l'année 1627, d'abandonner de nouveau sa patrie, et ce fut, cette fois, pour ne plus y revenir.

Agé de vingt-sept ans, Claude rentrait dans Rome, deux ans après l'avoir quittée, encore inconnu, et probablement aussi misérable. N'y avait-il pas de quoi décourager une vocation à laquelle il avait déjà fait tant de sacrifices et dont il semble que des épreuves et des mécomptes si nombreux auraient dû le détourner? Pourtant, loin de se rebuter, il s'était aussitôt remis à l'étude avec une nouvelle ardeur. Ce qu'il avait appris jusque-là chez ses différents maîtres était peu de chose. Mais s'il n'avait pas tiré grand profit des enseignements d'autrui, il avait été plus heureux dans ceux qu'il demandait directement à la nature. C'est de ce moment de sa vie que datent, en effet, ces études désintéressées et opiniâtres qui, en mûrissant son talent, allaient enfin lui assurer, avec une existence moins difficile, une réputation bien méritée; c'est aussi sur cette période de son développement artistique que nous commençons à avoir des renseignements plus détaillés recueillis par un témoin qui mérite toute notre confiance.

En même temps que Claude rentrait à Rome, un jeune artiste y arrivait qui, pendant les huit années qu'il passa en Italie, devait contracter avec lui une étroite amitié. Comme Elsheimer, Joachim de Sandrart était né à Francfort. De six ans plus jeune que Claude, il avait eu une existence singulièrement plus facile. Sa famille était noble et l'aisance dont elle jouissait lui avait permis, quand il avait voulu s'adonner à la peinture, de trouver toutes les ressources d'instruction qu'il pouvait souhaiter. Aimable, inspirant bien vite sympathie et confiance à ceux qu'il approchait, Sandrart fut de bonne heure en mesure de recueillir sur un grand nombre de peintres de son époque, des informations qui font le principal intérêt du livre consacré par lui à l'histoire de son art[1].

Sans viser à devenir paysagiste, le jeune Allemand, séduit par la nature

---

1. *Academia nobilissimae artis pictoriae*, Nuremberg, 1683, in-f°.

italienne, trouvait dans la campagne romaine une foule de données pittoresques qui pouvaient servir heureusement de cadre aux scènes historiques qu'il aimait à peindre. Les environs de Tivoli lui fournissaient en abondance ces éléments d'étude dont il cherchait à remplir sa mémoire et ses cartons. C'est là qu'un beau jour, parmi les rochers, il eut l'occasion de rencontrer Claude. Entre les deux jeunes gens la connaissance fut bientôt faite et l'intimité devint étroite.

Unis par un amour pareil de la nature, ils prenaient plaisir à se retrouver pour travailler ensemble dans la campagne ou dans ces belles villas qui, aux portes mêmes de Rome, offrent aux peintres les motifs les plus pittoresques, notamment dans les jardins du prince Giustiniani, dont les grands arbres et les eaux courantes étaient justement admirés. Peu à peu leur attachement devenant de plus en plus vif, ils échangeaient entre eux leurs meilleures études, en gage d'une amitié réciproque. Sociables comme ils l'étaient tous deux, ils formaient le centre d'un groupe de paysagistes qui se joignaient à eux dans leurs excursions, surtout des Hollandais, que Sandrart avait pu connaître à Utrecht pendant qu'il y fréquentait l'atelier de Honthorst, et qui, presque tous, allaient devenir les sectateurs ou même les élèves de Claude. Mais celui-ci était désireux d'étendre son champ d'étude et de varier les données de ses paysages. Avec Tivoli, ses stations favorites étaient Ariccia, Frascati et Subiaco; ou bien, sans trop se soucier de la *malaria*, il poursuivait ses pérégrinations à travers les marais Pontins, le long de cette côte enchanteresse qu'embellissent des cours d'eau nombreux, descendus des montagnes voisines. Sans doute, plus d'une fois aussi, il voulut revoir cette baie de Naples, dont il connaissait déjà les splendeurs, mais d'où, maintenant qu'il était en pleine possession de son talent, il avait espoir de rapporter un plus riche butin.

Ces diverses stations d'étude, on peut en suivre la trace dans les dessins de Claude, dont le Louvre, le musée Teyler à Harlem et la belle collection de M. J. P. Heseltine, possèdent de remarquables spécimens. De ces dessins, les uns sont exécutés à la hâte, comme ceux de Poussin, en quelques traits d'une vivacité un peu sommaire; les autres, plus soignés, précis et pleins de charme, sont cependant toujours faits d'entrain et librement. Au début, on avait pu reprocher à l'artiste quelque lourdeur dans ses premiers plans, et aussi la végétation massive de

CLAUDE LORRAIN. — LE DÉPART.
(Collection de M. L. Bonnat.)

ses arbres, la raideur et la monotonie de leurs troncs et de leurs branchages. Avec le temps, il s'était corrigé de ces défauts. Ses premiers plans montraient désormais la même perfection que ses lointains. Il avait compris que, pour donner à ceux-ci tout leur prix, il fallait acquérir plus de souplesse et de légèreté et ne pas compromettre l'aspect de ses œuvres par la rudesse de ces repoussoirs trop peu déguisés. Grâce à son labeur persévérant, le talent du Lorrain s'était mûri. Il avait appris à se servir de tous les matériaux qu'il avait amassés, non pour des reproductions serviles auxquelles il répugna toujours, mais pour des tableaux dans lesquels il les combinait entre eux, suivant le but qu'il se proposait. Bien rarement, en effet, on trouverait dans ces tableaux des *vues*, des portraits exacts de tel ou tel lieu : il faut même, ainsi que pour ceux de Poussin, un examen assez attentif pour démêler, dans les compositions où il les a utilisées, la trace formelle de ces études par lesquelles, l'artiste avait surtout en vue d'accroitre son instruction.

Le nom de Claude, déjà bien connu de ses confrères, s'était peu à peu répandu parmi le public. Vers 1634, il était assez célèbre pour que Sébastien Bourdon, à peine débarqué à Rome, profitant de son adresse singulière à contrefaire les ouvrages des autres artistes, songeât à reproduire un paysage qu'il avait vu dans l'atelier du maître. L'ayant exposé, il surprit le jugement des connaisseurs jusqu'à ce que Claude lui-même, ému du bruit qui se faisait autour de cette œuvre, la vît et découvrit la fraude.

Les premières œuvres datées que nous connaissions du Lorrain sont ses eaux-fortes, dont il convient de parler brièvement ici. Son habileté à se servir de la plume était une préparation naturelle à ce travail de la gravure dans lequel il rencontrait, comme un encouragement, l'exemple et les succès de Callot, son compatriote. Peut-être d'ailleurs en avait-il appris les éléments à Fribourg, chez son frère, ou chez son premier maître, C. Wals, qui, suivant certains biographes, était aussi graveur. Plus tard, autour de lui, Pierre de Laar, Jean Miel, Sandrart lui-même, et bien d'autres encore avaient pu lui enseigner la pratique de ce procédé alors fort en honneur. Ses eaux-fortes, — on en compte quarante-quatre, — sont de valeur très inégale. La première en date, *la Tempête*, dénote une entente déjà complète des ressources du métier, et à ce moment, du reste (1630), Claude était déjà un artiste de grand talent. A côté de certaines planches d'une facture un peu molle et confuse, il en est d'autres, comme *le Lever du soleil* et *le Passage du gué* de 1634, comme *le Campo-Vaccino* et surtout *le Bouvier* de 1636, ou *le Troupeau en marche par un temps orageux*, et la *Danse au bord de l'eau*, qui sont des merveilles de grâce et de finesse. Claude y montre une liberté extrême. Sans se préoccuper des difficultés techniques, il s'ingénie à exprimer de son mieux sa pensée. Avec le burin, pas plus qu'avec la plume ou le pinceau, il ne vise à faire étalage de science, et son travail gagne à cette liberté un cachet très personnel d'élégance et de légèreté. C'est dans les belles épreuves du Cabinet des Estampes, qu'il faut admirer la souplesse, la transparence et la sûreté avec lesquelles sont traités les groupes d'arbres du *Bouvier*, de *Mercure et Argus* et du *Chevrier*. Il semble, en vérité, que la planche *le Pâtre et la Bergère* ait été gravée en face même de la nature, tant l'exécution en est vivante, facile et pleine de franchise.

Parmi les personnages et les animaux assez nombreux qu'on remarque dans ces eaux-fortes, et qui tous évidemment sont de la main de Claude, quelques-uns sont assez gauchement indiqués. Mais chez d'autres, la justesse des mouvements et la vérité des attitudes montrent qu'à l'occasion il valait sur ce point les collaborateurs, — d'ailleurs moins nombreux qu'on le suppose, — auxquels il a eu recours. De toute façon, ces eaux-fortes font honneur à l'artiste et il dut tirer profit pour son talent de l'obligation que lui imposait ce métier, nouveau pour lui, de résumer d'une façon plus précise les côtés significatifs de ses compositions, d'indiquer, comme il sut le faire, en quelques traits, la végétation d'un paysage, le caractère des divers terrains, le grand vol des nuages et jusqu'au mouvement de la lumière, dont il semble que, dans *le Soleil couchant* surtout, il ait exprimé d'une touche délicate les vibrations et le radieux éclat.

Claude, avant ses premières eaux-fortes datées de 1630, avait certainement peint un grand nombre de tableaux, mais il n'en est pas de lui qui portent une date antérieure à 1639. Le Louvre possède deux paysages de cette année : *la Fête villageoise*, et son pendant : un *Port de mer au soleil couchant*, peints tous deux pour le pape Urbain VIII. Dans *la Fête villageoise*, on retrouve comme un lointain souvenir de cette gracieuse vallée de Chamagne où la Moselle s'attarde en paresseux détours, et ni la végétation, ni les collines basses qui bornent l'horizon, ni même les fabriques n'ont un caractère italien. Au centre, un groupe de beaux arbres, pénétrés de lumière et peints avec amour, s'enlève vigoureusement sur le ciel clair et sur des fonds noyés dans une atmosphère dorée. Les personnages, indiqués d'une touche un peu lourde, forment des groupes bien répartis, et cette pastorale naïve, — *cose pastorali*, comme disait Claude, — est en parfait accord avec la gaieté de la journée.

Le *Port de mer* est une des données qu'avec de légères modifications, Claude a le plus souvent traitées. La mer, encadrée à gauche par une enfilade de palais, à droite par des vaisseaux et des barques, vient expirer sur le rivage, qu'animent des figures assez nombreuses de promeneurs, de matelots et de portefaix. A l'horizon, dans un ciel calme, déjà rougi par les lueurs du couchant, le soleil, sur le point de disparaître, colore de ses derniers reflets la mer où il va se plonger, et les embarcations, les édifices échelonnés à différents plans et les flots eux-mêmes, à proportion de leur éloignement, s'imprègnent de plus en plus de sa chaude lumière. Le tableau cependant n'a pas l'ampleur d'exécution que Claude montrera plus tard. D'ailleurs, des restaurations malencontreuses ont altéré cette peinture et dépouillé le coloris de sa fraîcheur habituelle.

Avant ces deux tableaux, on croit que Claude avait peint pour M. de Béthune, ambassadeur de France à Rome, deux autres petits paysages que possède également le Louvre : la *Vue d'un Port* et le *Campo Vaccino*. Dans le premier de ces tableaux, pour plaire à son noble client et bien marquer la destination de son œuvre, Claude a peint les armes de la France sur les pavillons des navires qui occupent la droite de la composition, l'un des chefs-d'œuvre du maître. La disposition en est charmante, et, dans un espace restreint, il a su déployer les attrayantes perspectives d'horizons pleins d'étendue et de lumière. Une ombre projetée par les vaisseaux sur la partie moyenne de la mer fait valoir, par sa coloration vigoureuse, la légèreté des fonds et la transparence des flots qui, avec un mince ourlet d'argent, s'étalent mollement sur la grève.

Si les années d'apprentissage et de jeunesse avaient été dures pour ce pauvre enfant de la Lorraine, qui, seul, sans appui, sans ressources, avait quitté sa patrie; si, avec son caractère naïf et confiant, il était, plus qu'un autre, exposé à ce qu'on abusât de sa bonté, cependant grâce à sa ténacité, à son esprit d'ordre et d'économie, il commençait à connaître des jours meilleurs. Quand, en 1635, Sandrart le quitta pour se rendre à Nuremberg, Claude était déjà célèbre, et une aisance relative avait succédé à la gêne des premiers temps. Le portrait que l'artiste allemand fit de son ami avant de se séparer de lui et qu'il a gravé dans son *Académie de la Peinture* nous donne l'idée d'une individualité vigoureuse et droite. Le regard semble un peu timide, mais l'expression en est honnête et franche; le visage carré est d'une charpente solide; des cheveux épais et rebelles, noirs comme étaient ses yeux, ombragent son large front. L'aspect général respire la force et la santé.

Sandrart parti, notre peintre avait senti son isolement. Résolu à rester célibataire, il avait cependant besoin d'avoir à son foyer des affections, une famille. En 1636, il se décida à faire venir à Rome un de ses neveux pour tenir sa maison. S'étant déchargé sur lui du soin

CLAUDE LORRAIN. — MERCURE ET ARGUS.
(Collection de M. J. P. Heseltine.)

de ses affaires, il pouvait se consacrer tout entier à son art. Nous trouvons une preuve de la vogue dont il jouissait dans la contrefaçon que, déjà en 1634, Bourdon avait faite d'un de ses tableaux. Il est certain que, sans même parler de cette tentative, le succès de Claude avait provoqué de nombreux imitateurs. S'il fallait en croire Baldinucci, le désir de démasquer les fraudes auxquelles il était exposé lui aurait inspiré alors l'idée de conserver le dessin de tous les tableaux sortant de son atelier, afin d'en certifier ainsi l'authenticité. Telle serait l'origine du précieux recueil de deux cents dessins, connu sous le nom de *Liber Veritatis*, sous lequel l'éditeur Boydell en fit paraître, en 1777, des reproductions assez médiocrement gravées par Earlom. Bien que très imparfaites, ces reproductions sont cependant fort intéressantes à consulter. Quant au recueil original dont la France aurait pu, au xviiie siècle, s'assurer la possession, il est maintenant, on le sait, la propriété du duc de Devonshire et se trouve dans son beau domaine de Chatsworth, en Angleterre.

Disons d'abord que rien ne confirme l'indication de Baldinucci, que nous devons y voir une sorte de registre de l'état civil destiné à attester la paternité des œuvres reproduites. Ces dessins, en effet, ne sont ni classés chronologiquement, ni même datés pour la plupart[1], et un certain nombre d'entre eux — cinquante environ — ne portent, au revers, aucune mention des destinataires des tableaux. D'un autre côté, il est positif que plusieurs des paysages de Claude, et des plus remarquables, ne sont pas représentés dans ce recueil. La présence au *Livre de Vérité* d'un dessin reproduisant un tableau donné comme étant du Lorrain ne certifierait d'ailleurs aucunement cette attribution, car rien ne prouverait si ce tableau est l'original primitif ou bien une copie postérieure.

D'une manière générale, les dessins de Chatsworth diffèrent sensiblement de ceux que Claude a faits en face de la nature. La composition s'y montre toujours franchement arrêtée dans sa structure, dans sa silhouette, dans ses valeurs surtout, car c'est là pour lui un point essentiel. Quant aux procédés qu'il emploie, ce sont ceux-là même auxquels il recourt pour ses études d'après nature. Ils comportent à la fois une grande largeur dans l'effet et aussi beaucoup de précision dans

---

1. Sur deux cents dessins, cent trente-cinq sont sans date. Les dates spécifiées pour les autres sont comprises entre 1648 et 1680.

les silhouettes et les contours principaux. A-t-il à remanier quelque partie de son esquisse, il efface, avec un peu de gouache, le travail primitif et corrige ce qui lui avait paru défectueux. Ces esquisses, du reste, sont pour Claude un soutien, jamais une servitude. Tout y a été réglé d'une manière assez formelle pour qu'il n'ait plus ni embarras, ni incertitude, et pas assez rigoureuse cependant pour qu'il se sente complètement assujetti.

D'autres renseignements encore nous sont offerts par ces esquisses. Nous y pouvons apprendre que, même lorsqu'il confiait à des collaborateurs le soin de peindre des figures ou des animaux, le Lorrain en avait préalablement marqué la place, l'importance, la silhouette des groupes, la tache sombre ou lumineuse qu'ils feraient dans son tableau. Grâce à cette précaution, l'unité de l'œuvre était respectée, et les coopérateurs n'avaient plus qu'à se conformer aux indications de l'auteur. Si gauches que soient parfois ces personnages, ils font corps avec la composition, ils y jouent même, au point de vue de l'arrangement des lignes et de l'effet, un rôle très utile. Il faut bien reconnaître aussi que, malgré leur talent, Jean Miel, Allegrini, Lauri et Courtois, qui mirent leurs pinceaux au service du maître, n'ont pas toujours eu la discrétion, ni l'à-propos qu'on leur souhaiterait, et l'on serait presque tenté d'excuser ce comte de Nocé qui, devenu propriétaire d'une des œuvres les plus charmantes de Claude, l'*Acis et Galathée*, qui appartient aujourd'hui à la Galerie de Dresde, en fit repeindre les figures par Bon Boulogne.

Avec le temps, la renommée du Lorrain s'était accrue. Les commandes affluaient et, malgré son assiduité au travail, il pouvait à peine y suffire. Sur la liste des patrons de Claude, nous trouvons des souverains, comme le roi d'Espagne ou l'électeur de Bavière, et des personnages de nationalités et de conditions très diverses : des Anglais, des Allemands, des Flamands, et, parmi les Français, des ambassadeurs, comme le duc de Béthune, le duc de Créquy et M. de Fontenay, leur successeur ; des grands seigneurs, comme le duc de Bouillon et le duc de Liancourt, et un maître des comptes, M. Passart, qui était aussi grand admirateur de Poussin.

Quant aux données des compositions exécutées pour ces divers amateurs, on peut, en parcourant le *Livre de vérité*, constater que

CLAUDE LORRAIN. — LA FUITE EN ÉGYPTE.
Musée de Dresde. (Phot. Hanfstaengl.)

c'étaient les sujets en vogue à cette époque, les uns tirés de la Bible ou de l'Évangile : des traits de la vie d'Agar ou de Joseph, de Moïse ou de Tobie; *la Fuite en Égypte, Madeleine dans le désert*, et jusqu'à une *Tentation de saint Antoine*, avec son cortège habituel de démons: d'autres, inspirés par la mythologie ou l'histoire, comme *le Parnasse, Apollon chez Admète, Mercure et Argus, l'Enlèvement d'Europe, Écho et Narcisse, Diane et Actéon*; ou bien *le Débarquement de Cléopâtre, l'Embarquement de sainte Ursule,* celui de *sainte Paule, saint Philippe baptisant le ministre du roi d'Éthiopie,* etc. D'autres enfin, mais plus rares, sont de simples épisodes de la vie pastorale: *la Fête villageoise, le Bouvier, le Gué,* etc.

A vrai dire, en traitant des sujets si variés, Claude, à l'inverse de Poussin, ne se préoccupe pas plus de leur signification que des convenances historiques. C'est au milieu des mêmes palais, antiques ou modernes, qu'il place indistinctement Cléopâtre ou la reine de Saba, Ulysse ou sainte Paule, Agar ou sainte Ursule et ses compagnes. Ce qu'il demande à un sujet, c'est tout simplement, avec le titre de son tableau, un motif qui s'encadre harmonieusement dans les lignes et l'effet du paysage. Sans trop s'embarrasser de la géographie ni de l'histoire, il cherche à en varier de son mieux les dispositions pittoresques, et, quand on passe en revue l'ensemble de son œuvre, on peut voir qu'il a trouvé une grande diversité dans ses combinaisons. Mais lorsqu'il tient un arrangement qui lui plaît, il n'éprouve aucun scrupule à le répéter. Non seulement, il en reproduit plusieurs fois la silhouette générale, mais dans ses ouvrages, on pourrait noter certains détails qui y jouent le rôle de *grandes utilités*. Tels sont, par exemple, le palais Médicis et surtout ce temple romain, dont la colonnade engagée d'ordinaire dans le cadre laisse entrevoir un bouquet de végétation vigoureuse qui, en se profilant sur le ciel, contraste heureusement avec le ton moyen des fabriques et l'éclat lumineux de l'atmosphère.

Si, laborieux comme il le fut, Claude a beaucoup produit, il s'est donc assez souvent répété, et, sans entrer dans le détail de ses ouvrages, nous essaierons de les ramener à quelques types principaux, en citant ici ceux qui, par leur importance ou leur originalité, nous paraissent marquer dans son œuvre. Les grands paysages peints pour le prince Panfili, et qui font encore aujourd'hui l'ornement du palais Doria, ne sont point datés, mais il est probable qu'ils appartiennent au début de la maturité de l'artiste. Le plus célèbre, *le Matin*, est surtout remarquable par sa large et belle ordonnance. L'exécution cependant n'est pas exempte d'une certaine sécheresse et la couleur manque un peu d'harmonie. Quoique moins vanté, *le Temple de Délos*, de la même collection, est d'une facture plus souple et les timidités dont elle présente encore la trace ont un charme d'ingénuité qui s'allie heureusement aux colorations fraîches et matinales de la campagne. Des deux tableaux de la Galerie Borghèse, l'un surtout mérite d'être cité pour sa belle conservation, pour la clarté argentine de la lumière, pour l'élégance des beaux arbres derrière lesquels apparaît une contrée fertile, avec la silhouette du cap Circé et la mer qui brille à l'horizon. Sans aucun artifice, le ciel est, dans sa pureté, d'une profondeur et d'une transparence admirables.

En Allemagne, *la Fuite en Égypte* et l'*Acis et Galathée*, de la Galerie de Dresde, comptent parmi les œuvres les plus remarquables de Claude. Dans la première, les personnages qui lui ont donné son nom sont relégués au second plan et peu visibles; mais les beaux ombrages dont quelques arbres plus légers viennent à propos rompre la masse vigoureuse, les côtes qui, en s'abaissant vers le centre, laissent découvrir des lointains d'un violet bleuâtre, les eaux courantes qui, après s'être répandues en cascades, forment, sur le devant, un bassin aux rives gazonnées et fleuries, tout cet ensemble heureux nous parait rappeler une fois de plus la vallée de la Moselle et ses gracieux aspects. C'est une inspiration très franchement italienne, au contraire, que nous trouvons dans l'*Acis et Galathée*, dont les figures, nous l'avons dit, ont été repeintes par Bon Boulogne. A demi couché au sommet d'une colline qui surplombe la mer, Polyphème joue de la flûte en gardant ses troupeaux qui paissent autour de lui, tandis que, dérobés à ses regards par une tente qui les abrite, Acis et Galathée se livrent à d'amoureux ébats. Plus loin, des montagnes escarpées, dont les profils rappellent ceux de Capri, étagent leurs cimes dans l'azur du ciel; la mer, d'un bleu plus vif, mais doux encore et limpide, occupe toute la partie moyenne de la composition et en forme la coloration dominante. La facture, d'une perfection irréprochable, atteste la pleine maturité du maître et semble confirmer la date de 1650 qu'on croit lire sur ce tableau.

Le Musée de Cassel n'était pas autrefois moins bien partagé que celui de Dresde en œuvres du Lorrain. De la Collection de la Malmaison qui s'était formée de ses dépouilles, elles ont passé dans la Galerie de l'Ermitage où elles sont aujourd'hui. Il n'y en a pas moins de douze. *Le Matin*, l'une des plus célèbres, nous montre une disposition assez rare chez Claude qui, d'habitude, réserve au ciel et aux lointains une très large place. Une végétation magnifique remplit presque toute la toile, laissant à peine entrevoir, çà et là, quelque percée. A demi cachées dans ces grands arbres, des ruines pittoresques semblent perdues dans cette contrée solitaire et complètent l'impression qui s'en dégage.

Avec la petite marine faite pour M. de Béthune, *le Débarquement de Cléopâtre*, peint probablement vers 1647 pour le cardinal Giorio, est le meilleur des seize ouvrages de Claude que nous possédions au Louvre. A part quelques taches provenant d'anciennes restaurations, dans le haut du ciel, la conservation en est excellente. La limpidité de ce ciel, qui d'un bleu pâle se dégrade insensiblement jusqu'à un jaune d'or amorti, les nuages légers qui flottent capricieusement dans l'air et tamisent la lumière, la mer surtout, cette mer d'une coloration savoureuse et profonde, indéfinissable quoique très franche, qui, depuis le bleu glauque des premiers plans, va en s'effaçant jusqu'au ton neutre de l'horizon, les reflets plus vifs des rayons du soleil qui se jouent parmi les flots, les franches intonations des personnages et des barques, l'exécution même, aussi large que délicate, tout enfin recommande à notre admiration cette belle toile comme un des chefs-d'œuvre de Claude.

Mais c'est en Angleterre surtout que le grand paysagiste nous montre ses productions les plus nombreuses et les plus remarquables. Bien qu'on n'en compte pas moins d'une dizaine à la National Gallery, ce n'est cependant pas là qu'on trouverait les meilleures. *Le Mariage d'Isaac et de Rebecca*, qui reproduit presque identiquement le motif du *Moulin* de la Galerie Doria, a subi de graves détériorations qui ne permettent guère d'apprécier ce qu'était son état primitif. *L'Embarquement de la Reine de Saba*, qui lui fait pendant, a été, comme lui, peint en 1648, pour le duc de *Buillon* — ainsi que l'écrit Claude, en tenant compte de la prononciation italienne plutôt que de l'orthographe, — mais il est de qualité bien supérieure et vaut notre *Embarquement de Cléopâtre* dont il rappelle d'ailleurs la disposition. Un peu moins monté de ton, il a le même éclat, la même puissance de rayonnement. Claude est mieux représenté encore dans certaines collections particulières, dans celle de Buckingham-Palace, par exemple, où *l'Enlèvement d'Europe* est une merveille de douceur et d'exquise conservation. Le bleu de la mer, chatoyant et velouté, y est travaillé et modulé avec un art infini, et l'on croirait entendre le faible bruissement des arbres placés au centre de la composition, dans lesquels la brise se joue amoureusement. Sans entrer dans le détail de tant d'autres ouvrages qui nous solliciteraient dans les collections anglaises, nous nous contenterons de citer, en terminant, les deux grands tableaux que possède lord Ellesmere (Bridgewater-House). Ces deux pendants, très décoratifs, nous montrent des paysages enveloppés et comme pénétrés d'une lumière éblouissante. Si, à distance, leur tenue est magnifique, de près, leur exécution n'est pas moins admirable. Dans l'un d'eux, le *Démosthène*, nous retrouvons une fois de plus cette mer azurée à laquelle Claude a su donner un aspect si doux et si charmant.

CLAUDE LORRAIN. — LES MOULINS.
(Collection de M. L. Bonnat.)

L'obligation de suffire à ses nombreuses commandes absorbait toute la vie de l'artiste. Pour varier de son mieux les données de ses paysages, il lui fallait recourir sans cesse aux études qu'il avait amassées, sans pouvoir, comme autrefois, réserver une aussi large part de son temps au travail d'après nature. L'eût-il voulu, d'ailleurs, il eût été empêché de le faire à cause de la goutte dont il souffrait depuis l'âge de quarante ans. Sans doute, ses stations réitérées dans la campagne avaient contribué à développer en lui cette maladie. Ces heures charmantes du lever et du coucher du soleil, qu'il aimait surtout à étudier, sont aussi, dans ces régions souvent fiévreuses, les plus funestes aux paysagistes. Mais, bien que son mal se fît sentir de plus en plus, il continuait vaillamment à peindre. C'est à l'âge de soixante-quatorze ans qu'il signait le *Matin* du Musée de Munich, exécuté d'une main ferme et sûre, avec une vivacité et une fraîcheur d'impression que la sage conduite de sa vie avait méritées à sa vieillesse. Si, l'année d'après, il terminait son *Livre de Vérité* par cette naïve inscription : « Ici finy ce présent Livre, cejourd'huy 25 du mois de mars 1675 ; Roma », il ne renonçait cependant pas au travail, car il existe des dessins — notamment dans la collection du roi d'Angleterre — qui sont postérieurs à cette date, et l'on connaît plusieurs tableaux de lui de 1680, entre autres *le Parnasse* peint pour le connétable Colonna.

Cette assiduité au travail était pour Claude une habitude et un besoin; il y trouvait un refuge contre les souffrances et l'isolement de sa vieillesse. Bien des vides s'étaient déjà faits autour de lui, quand Poussin mourait en 1665. Claude n'avait pas attendu cet avertissement pour prendre ses dernières dispositions et régler l'emploi de son petit avoir. Dès le 28 février 1663, pendant une maladie qu'il croyait dangereuse, il faisait son testament auquel, le 25 juin 1670 et le 13 février 1682, il ajoutait plusieurs codicilles. Malgré ses habitudes de simplicité, et bien qu'à raison du prix assez élevé qu'avaient atteint ses œuvres, il eût, par son labeur opiniâtre, gagné des sommes considérables, le grand paysagiste ne jouissait que d'une aisance fort médiocre : 10 000 écus environ, suivant Baldinucci, qui attribue la modicité de ce chiffre à la générosité du peintre et à ses libéralités répétées vis-à-vis de sa famille. C'est entre les membres de cette famille qu'il partage son bien. La plus petite part ira aux parents restés à Chamagne; mais tous recevront quelque argent. Le reste est donné à deux des neveux qui vivaient à Rome auprès de leur oncle, Jean et Joseph, ce dernier étudiant en théologie, jeune homme du meilleur monde, *giovane costumatissimo*, nous dit Baldinucci, qui tenait de lui la plupart des informations qu'il nous a transmises sur Claude.

A côté des noms de ces deux neveux, le testament porte celui d'une jeune fille dont seul il nous révèle l'existence. Qu'était cette Agnès, cette fille adoptive du peintre qui, née vers 1652, habitait aussi sa maison, y avait été élevée et l'entourait de soins, *mia zitella... cresciuta ed allevata in casa*, ainsi qu'il s'exprime lui-même à son égard? Était-ce, comme il le dit ailleurs, une pauvre enfant, « recueillie par charité », ou plutôt ne tenait-elle pas au peintre par des liens plus étroits? On serait tenté de le croire en voyant les avantages qui lui sont faits, les précautions prises pour assurer son avenir, soit qu'elle songe à se marier, soit qu'elle entre en religion. C'est à Agnès et aux deux neveux vivant à Rome qu'est distribué le meilleur de la fortune de Claude, l'argent comptant et les créances sur *les lieux de mont*, sortes de banques municipales qui constituaient alors un placement fort usité et assez avantageux.

Le testament débute par une profession de foi religieuse, et, en bon catholique, l'artiste se recommande à la miséricorde de Dieu « par l'entremise de la Vierge Marie, de son Ange gardien et de tous les Saints du Paradis ». Il laisse une somme assez ronde, mais qu'on ne devra pas dépasser, à l'église de la Trinité du Mont, pour les frais de ses funérailles. D'autres églises reçoivent aussi des marques de son souvenir, entre autres celle de Saint-Nicolas « de la nation Lorraine » et celle de Saint-Denis de Chamagne, où cinquante messes seront dites pour le repos de son âme. Personne, du reste, n'est oublié : ni les pauvres auxquels on distribuera dix écus en aumônes, le jour même de sa mort ; ni les femmes qui, à ce moment, seront à son service ; ni aucun de ceux qui auraient pu lui être de quelque utilité ou lui témoigner quelque affection. A chacune des personnes ainsi désignées, on remettra un objet choisi pour elle, des dessins, des gravures, ou l'un des rares tableaux qui se trouvent dans la maison de l'artiste, généralement des copies du Guide ou du Dominiquin. Quelques meubles, des chaînes et des médailles d'or, et deux bagues enrichies de diamants, cadeaux de papes ou de souverains, seront partagés entre Agnès et les deux neveux. Tout se trouvant ainsi réglé, Claude pouvait mourir en paix et, le 23 novembre 1682, il s'éteignait après d'assez vives souffrances. Suivant sa dernière volonté, il fut inhumé à l'église de la Trinité du Mont, qui jusqu'en 1798 garda sa sépulture. A cette époque, cette église fut dévastée par les troupes françaises, et, le monument de Claude n'ayant pas été plus respecté que les autres, ses restes furent, en 1840, sur la proposition de M. Thiers, transportés, aux frais de l'État, dans l'église Saint-Louis-des-Français.

Après Paul Bril, dont nous avons signalé l'importance au point de vue de la création du paysage comme un genre distinct et se suffisant à lui-même, il appartenait à Claude de donner à ce genre nouveau son complet développement. Sous ce rapport, il a certainement devancé Poussin, qui ne devait que tardivement se consacrer au paysage pur. Chez Claude, d'ailleurs, la part de la nature est restée plus grande, et les impressions qu'il en a reçues ont été plus naïvement ressenties. C'est elle qui avait décidé de sa vocation précoce, et c'est elle surtout qui fait le charme de ses ouvrages. La voie qu'elle lui avait tracée, il l'a suivie sans hésitation. On ne trouve pas, en effet, dans le développement de son talent, ces inquiétudes, ces arrêts ou ces différences de manières qu'on rencontre chez des artistes plus raffinés. L'unité qu'on remarque dans la vie de Claude, on la remarque aussi dans son talent. D'autres montrent un génie plus fougueux, plus puissant; lui n'a pas de ces grands coups d'ailes, ni de ces surprises; mais, sans rien livrer au hasard, sans se presser, il arrive au but. Il n'épargne pour cela ni son temps, ni sa peine, et, quand il se sépare de ses ouvrages, il y a mis tout le soin dont il est capable. Le bon Sandrart, qui se contentait à meilleur compte, s'étonne de lui voir passer quinze jours encore sur un tableau qui lui semblait terminé, sans qu'il puisse apprécier ce que ce travail y a ajouté. Mais Claude l'avait estimé nécessaire et, au lieu d'amoindrir l'œuvre, il lui a donné tout son prix. Ces mille nuances, ces rapports délicats, ces harmonies discrètes, l'accord de tant d'éléments divers, la souplesse d'une exécution toujours irréprochable, mais qui ne vise pas à se faire remarquer, tout cela ne saurait s'improviser. Loin de lasser, une étude attentive des meilleurs ouvrages de Claude ne fait qu'ajouter à l'admiration qu'ils méritent, et il faut avoir essayé de les copier, pour se douter de tout ce qu'ils renferment de perfection.

Quoique compliquée, la technique du maître est saine et méthodique. Bien qu'il revienne souvent sur son œuvre, il ne la fatigue pas, il ne l'alourdit pas, il n'en compromet pas la solidité. Aussi, généralement, sa peinture n'a pas subi les altérations qui, trop souvent, se voient dans celle de Poussin. Ceux de ses tableaux qu'ont respectés les restaurateurs, gardent intacts leur fraîcheur et leur éclat. Sur des demi-teintes transparentes, les détails sont indiqués par des rehauts d'empâtements légers qui s'harmonisent toujours heureusement avec le ton moyen qui les supporte. Jamais, même quand il rapproche l'ombre la plus intense de la lumière la plus vive, le contraste n'est dur ou exagéré; c'est avec des valeurs modérées qu'il obtient des oppositions suffisantes. Sans éparpiller son effet, sans souligner une forme, sans faire vibrer un ton pour lui-même, il se préoccupe surtout de l'ensemble, de l'unité d'aspect et de l'harmonie totale. Mais la grande simplicité à laquelle il aboutit est chez lui le résultat d'une pratique minutieuse et très complexe.

Aucune des parties de son art n'a été négligée par Claude et s'il n'a pas traité les figures avec le même talent qu'il mettait à peindre le paysage, nous savons, du moins, qu'il prenait soin de régler exactement la place et les dimensions des personnages qu'il introduisait dans ses

CLAUDE LORRAIN. — L'ÉTANG.
Collection de l'Albertina. (Phot. Braun, Clément et C⁹.)

tableaux; mais il faut bien reconnaître que la signification qu'ils peuvent avoir par eux-mêmes est à peu près nulle. Claude était complètement illettré, et ce qu'il connaissait des fables antiques, il l'avait appris dans une traduction d'Ovide par Anguillara, où il avait l'habitude de chercher les sujets mythologiques qu'il voulait représenter. Quand parfois les épisodes dont il anime ses paysages offrent avec eux un accord heureux, c'est un hasard. Dans quelques-uns, en revanche, les discordances sont choquantes et sautent aux yeux. L'artiste ne semble pas, du reste, y avoir attaché grande importance. C'est pour se conformer au goût d'alors et pour plaire à ses clients qu'il garnit ainsi son tableau de figures et, comme il le dit, « il les leur donne par-dessus le marché ». Si, dans ces tentatives, Claude montre quelque gaucherie, pour tout ce qui a trait au paysage pur il est, au contraire, à son aise et la nature est son vrai domaine. Il n'y avait pas pour lui de plaisir supérieur à celui qu'il goûtait à l'étudier. On serait même tenté, quand on parcourt la série de ses études, de regretter que quelques-unes d'entre elles n'aient pas été plus naïvement interprétées par lui, avec leur saveur originale, avec ce parfum de franche rusticité qui l'avait séduit. Ce lac silencieux perdu sous les grands arbres et les montagnes élevées qui émergent de ce nid de verdure; ces fermes de si belle apparence qui se dressent fièrement au bord du Teverone, dominées elles-mêmes par des côtes aux contours gracieux; ce torrent aux berges ravinées qui coule à travers une campagne déserte, tous ces coins intimes ou grandioses dont Claude a si bien exprimé la physionomie dans ses dessins, semblaient propres à lui fournir la matière de tableaux qu'il n'a jamais peints.

Dans les combinaisons très variées auxquelles le maître a eu recours, l'aspect général de la composition s'accuse toujours avec une grande franchise. Ce mélange de régularité voulue et de contrastes habilement ménagés lui semble dicté par un sentiment d'élégance qu'on ne s'attend guère à rencontrer chez cet homme sans culture. Les lignes s'appellent et se répondent, se mêlent ou s'opposent, nettes ou flottantes, avec de subites décisions ou des ondulations pleines de grâce. Pénétrables et mobiles, les masses de feuillage frémissent, doucement caressées par l'air. Entre leurs molles découpures brillent les clartés du ciel et des horizons ensoleillés vers lesquels l'œil est comme invité à se reporter. Tout l'y ramène : la succession des plans qui s'enfuient, les montagnes, dont les cimes vont s'inclinant peu à peu, et ces sinuosités aimables « des cours d'eau cherchant leur chemin à travers un terrain accidenté qui, ainsi que le remarque Mme Pattison, ont toujours eu un attrait particulier pour le peintre ».

La prédilection de Claude pour l'étendue et la lumière explique la place importante que, dans ses paysages, il réserve au ciel et à la mer. C'est là ce qui l'attirait le plus dans la nature, et les amateurs de son temps avaient bien compris que c'était là aussi pour lui la meilleure occasion de montrer tout son talent. Aussi, quand on lui commandait deux tableaux destinés à se faire pendants, presque toujours l'un d'eux était un de ces *Ports de mer* dont, avec des détails plus ou moins modifiés, il existe de si nombreuses répétitions. On est étonné de la perfection constante avec laquelle le peintre a traité cette donnée, de la variété qu'il y a mise sans se lasser jamais.

Pour savoir, comme il l'a fait, avec des colorations moyennes et sans contrastes violents, animer cette gamme restreinte, y moduler avec tant de finesse de si suaves harmonies, il faut le merveilleux pinceau du Lorrain. Dans la claire transparence des ombres, tous les détails nous apparaissent lisibles. Alors que, vers cette époque, Rembrandt enveloppait de voiles la lumière et n'en laissait filtrer que quelques rayons furtifs à travers les ténèbres, c'est la lumière seule qui, chez Claude, envahit l'espace et le remplit de son éclat.

D'autres paysagistes chercheront dans la nature un écho des agitations humaines, et, par ses frémissements et ses colères, s'appliqueront à traduire les cris de nos douleurs ou de nos passions, Claude nous invite au calme. Les perspectives infinies qu'il ouvre à nos regards sont riantes. Ces campagnes fertiles nous parlent de bonheur. Ici des eaux dormantes reflètent la sérénité du ciel, tandis qu'ailleurs elles s'écoulent en d'aimables détours ou s'épandent avec un bruit joyeux. Jamais vous ne trouverez sur leurs bords un de ces arbres, tels que Ruisdael les a peints, cramponnés au sol, rugueux, tordus convulsivement, courbés et mutilés par le vent. Les arbres de Claude n'ont pas connu la lutte: ils élèvent, majestueuses et respectées, leurs cimes arrondies dans une atmosphère toujours tranquille. La mer non plus n'a pas de menaces: avec un rythme harmonieux, elle rend aux rivages les caresses qu'elle reçoit de la brise. Impunément les palais peuvent se presser sur ses bords; la vague paresseuse expire au pied de leurs grands escaliers. Dans le ciel que remplit la tranquille splendeur de l'aube ou le recueillement solennel du couchant, çà et là quelques légers nuages déploient autour du soleil leur gracieuse escorte. Partout la gaieté est répandue dans cette nature clémente, et l'homme, en jouissant de sa beauté, ne trouve, dans les immensités de l'étendue qui s'ouvre devant lui, que des aspects rassurants. Presque jamais Claude n'a peint la tempête: jamais l'hiver. Dans les épisodes même les plus dramatiques, il ne se propose pas de vous émouvoir. *La Fuite en Égypte* est une agréable promenade à travers des contrées pittoresques, avec des anges pour protéger la marche; sainte Ursule s'embarque pour le martyre comme pour une fête, et vous ne sauriez vous apitoyer beaucoup sur le sort d'Ismaël dans le désert, quand vous voyez courir de tous côtés, au milieu d'un paysage verdoyant, les sources d'eaux vives auxquelles il pourrait si facilement se désaltérer. Cet art est bienfaisant et il ne se propose que votre délectation; comme dans un hymne de reconnaissance et d'amour, il chante la bonté de la vie et la beauté d'une nature toujours harmonieuse, toujours sereine.

Avec Poussin et Claude, l'Italie avait rencontré des maîtres dignes de la comprendre et d'exprimer son intime poésie. Les préoccupations purement décoratives qui dominaient chez leurs successeurs allaient bientôt contribuer à la formation de ce genre conventionnel, qui, sous le nom de *Paysage historique*, nous a valu tant de médiocres et insignifiantes compositions dont Claude, pas plus que Poussin, ne sauraient être responsables. Après eux, des peintres, peu soucieux de se retremper dans l'étude de la nature, s'immobilisent dans l'imitation de leurs glorieux devanciers, comme Jean Glauber, qui peignit l'Italie avant d'y aller, et Francisque Millet, qui la peignit sans l'avoir jamais vue. Puis, vinrent des copistes de ces copistes, Patel le jeune, Allegrain et bien d'autres encore dont les œuvres, aussi dépourvues de style que de naturel, devaient provoquer à la fin une légitime réaction contre un genre qu'ils avaient ainsi eux-mêmes peu à peu discrédité.

CLAUDE LORRAIN. — VACHES DANS LA CAMPAGNE.
(Collection de M. J.-P. Heseltine.)

PAUL POTTER. — VACHES AU REPOS.
(Collection de M. J.-P. Heseltine.)

CHAPITRE V

LES PAYSAGISTES HOLLANDAIS

I. L'ÉCOLE D'UTRECHT ET LES « ITALIANISANTS ». — II. LES PAYSAGISTES DE HARLEM. — III. LES ANIMALIERS. — IV. LES PEINTRES DE LA MER, DES PLAGES ET DES VILLES HOLLANDAISES. — V. REMBRANDT PAYSAGISTE.

I

REMBRANDT. — LE MOULIN A VENT.
(FRAGMENT D'UNE EAU-FORTE.)

Ainsi que nous l'avons vu, la première éclosion de la peinture à l'huile dans les pays du Nord avait brillé d'un incomparable éclat avec le génie des van Eyck; mais pas plus avant eux que chez leurs successeurs immédiats, on ne saurait parler d'une école hollandaise distincte de l'école flamande primitive. Avec les premières années du xvii° siècle, des différences profondes allaient s'accuser entre les visées artistiques des Flandres et celles des Pays-Bas. Le pays tout entier, il est vrai, s'était soulevé contre la tyrannie étrangère pour secouer le joug de l'Espagnol. Cependant la lutte dans les provinces du Midi n'avait été ni si vive, ni si opiniâtre que dans celles du Nord et tandis que les premières acceptaient, avec la paix, le régime de transaction auquel pendant longtemps elles devaient rester soumises, les autres, au contraire, ne se prêtaient à aucun accommodement et ne déposaient les armes qu'après avoir, au prix d'efforts et de souffrances héroïques, conquis leur entière indépendance.

En même temps que cette scission politique, s'opérait aussi le partage entre les deux écoles jusque-là réunies. Alors que, fidèle à ses anciennes traditions, l'école flamande trouvait à Anvers son principal centre d'activité et dans Rubens sa plus glorieuse incarnation, l'école hollandaise, de son côté, dans les conditions très particulières qui lui étaient faites, inaugurait un art nouveau et tout à fait original.

En dépit des différences assez tranchées qui caractérisent l'une et l'autre de ces écoles voisines, il existe entre elles, est-il besoin de le dire? bien des liens et des affinités. Ni dans l'espace, ni dans le temps, les lignes de démarcation, par lesquelles la critique essaie d'établir ces sortes de délimitations, ne se présentent jamais avec une rigueur absolue. C'est ainsi qu'entre la Flandre catholique et la Hollande protestante, la ville d'Utrecht a tenu, dans l'histoire du paysage une place intermédiaire qu'expliquent à la fois sa situation géographique et les croyances religieuses auxquelles elle était restée attachée.

De bonne heure, la peinture y avait compté des maîtres habiles. Gossart de Maubeuge, dit Mabuse (v. 1470-1541), après un séjour fait en Italie, étant entré au service de Philippe de Bourgogne, évêque d'Utrecht, avait eu pour élève dans cette ville Jan von Scorel. D'humeur aventureuse et nomade, Scorel avait voyagé à travers l'Europe et successivement séjourné à Strasbourg et à Nuremberg où il visitait Albert Dürer. De Venise, par Chypre et Candie, il gagnait la Terre-Sainte où, vers 1519, il faisait quelques études d'après nature, à Jérusalem et sur les bords du Jourdain. Il ne semble pas cependant que Scorel ait tiré parti de ces études exécutées en Orient, car les fonds des tableaux qu'il peignit au retour, notamment *le Baptême du Christ* du Musée de Harlem, sont assez insignifiants et ne témoignent pas d'une grande recherche de la couleur locale. Fixé à Utrecht et devenu chanoine de la Cathédrale, sans qu'il se crût obligé par cette situation à une vie bien exemplaire, Scorel avait, par sa grande réputation, attiré autour de lui de nombreux élèves dont le plus célèbre, le portraitiste Antonio Moro, devait, à son exemple, aller en Italie et parcourir le monde.

Utrecht, on le voit, était dès lors un centre artistique très important et, des premiers, les artistes qui y étaient nés ou qui s'y étaient fixés, cédaient au courant qui entraînait peu à peu vers l'Italie leurs confrères de tous les pays. C'est chez ces étrangers, qui affluaient à ce moment à Rome, que l'art italien dégénéré allait, après les Carrache et le Caravage, trouver des continuateurs et devenir un art cosmopolite dont, nous l'avons dit, l'Allemand Elsheimer, les frères Bril venus des Flandres, et après eux deux Français établis dans la Ville éternelle, Poussin et Claude Lorrain, furent les représentants les plus en vue. A Utrecht même, Abraham Bloemaert — bien qu'il n'y fût pas né et qu'il n'ait jamais vu l'Italie, — peut être considéré comme le chef de cette école des Hollandais *italianisants* qui, à raison de son importance historique, mérite de retenir un moment notre attention.

A leur tête, il convient de nommer Cornelis Poelenburgh qui, né à Utrecht en 1586, y reçut les leçons de Bloemaert et partit ensuite pour Rome où il fit deux séjours consécutifs, le dernier en 1617. De retour dans sa ville natale, il y devint en 1664 doyen de la Gilde de Saint-Luc et, sauf une courte excursion en Angleterre, il demeura à Utrecht jusqu'à l'époque de sa mort 1667. Frappé par la beauté de la campagne romaine, Poelenburgh devait toute sa vie utiliser les études qu'il avait amassées en Italie. Ses croquis, généralement exécutés à la sanguine, nous montrent l'aisance et la sûreté de son crayon. Mais ses premiers tableaux, secs et d'une couleur brune assez dure, se ressentent de l'influence de son maître et aussi de celle d'Elsheimer, avec lequel il était en intimes relations. On y trouve ces oppositions de valeurs fortement accusées que le Caravage avait mises en vogue. Plus tard, au contraire, ses études, faites d'après nature, assouplirent sa manière, en même temps que la vue des chefs-d'œuvre de la Renaissance lui apprit à rechercher dans ses personnages une beauté de types et d'attitudes fort étrangère jusque-là aux préoccupations des artistes du Nord. Le rythme heureux des lignes, le moelleux de l'exécution, la douceur des colorations et de la lumière, tout dans ces ouvrages délicats est disposé pour le plaisir des yeux, et le charme éternel de la nature s'y mêle aux souvenirs riants de la poésie antique. Avec ses pastorales dont il a multiplié les variantes, Poelenburgh fondait un genre spécial, celui des *Paysages arcadiens*, dont ses trop nombreux imitateurs ou élèves : Dirck van der Lisse, A. Cuylenborch, Frans Verwilt, Daniel Vertangen, les deux Bronchorst, Jan Olis, etc., devaient bientôt lasser le public, par la fadeur et l'insignifiante banalité de leurs pastiches.

A l'exemple de Poelenburgh, la plupart des peintres hollandais étaient de plus en plus attirés vers l'Italie, et tous ceux qui le pouvaient allaient grossir la colonie des étrangers qui affluaient à Rome. Ignorant le plus souvent l'italien, assez déroutés à leur arrivée dans un pays qu'ils ne connaissaient pas, ils éprouvaient le besoin d'y retrouver ceux de leurs compatriotes qui, déjà installés et au courant des ressources pittoresques de la contrée, étaient à même de leur servir de guides. Aussi, de bonne heure, entre Flamands et Hollandais émigrés, une association s'était formée qui, sous le nom de *Bande académique* (*Bent*), leur servait de centre de ralliement. Ils avaient un local affecté à leurs réunions où, suivant un cérémonial prescrit, les nouveaux venus, après avoir régalé leurs anciens, étaient admis et recevaient un surnom plaisant, — généralement emprunté à la mythologie ou motivé par leur conformation physique, — sous lequel ils étaient désormais désignés. Avec des analogies inévitables, puisqu'elles tenaient à leur commune origine et à leur éducation, les interprétations de la nature que nous ont données ces *italianisants* présentent entre elles des différences parfois assez marquées et la place qu'ils font dans leurs œuvres au paysage est aussi très variable.

Nés à Utrecht aux environs de 1610, et disciples de Bloemaert, les deux frères Both étaient partis ensemble pour l'Italie, où Andries, probablement l'aîné, mourait dans sa quarantième année, tandis que son frère, Jan, après être revenu dans sa ville natale, y demeurait jusqu'à sa mort (9 août 1652). On n'a conservé que peu de peintures qui puissent avec certitude être attribuées à Andries. Les œuvres de Jan, le plus célèbre des deux frères, sont, au contraire, assez nombreuses. Il semble s'être inspiré à la fois de Claude Lorrain et du Guaspre. D'ordinaire ce sont les contrées les plus riches en accidents qui l'attirent; il en repro-

JEAN BOTH. — PAYSAGE D'ITALIE.
Ryks-museum d'Amsterdam. (Phot. Hanfstaengl.)

duit les aspects caractéristiques, avec de belles ordonnances, faciles et élégantes. Ses arbres au feuillage léger se profilent sur des ciels purs où flottent quelques nuages dorés sur leurs bords par les derniers rayons du couchant, tandis qu'à l'horizon, de grandes ombres bleuâtres envahissent les montagnes. Both a su exprimer avec justesse, parfois même avec poésie, les contrastes saisissants qu'offrent en Italie ces rapides moments, dans lesquels à la chaleur du jour succèdent brusquement les fraîcheurs du crépuscule. Au premier plan, sur une route mal frayée, près d'un pont branlant, jeté au-dessus d'un torrent, des touristes de distinction, — seigneurs en habit de velours et belles dames empanachées, — avec leurs guides et les mules chargées de leurs bagages, se hâtent pour arriver, avant la nuit, à quelqu'un de ces gîtes de hasard, mal approvisionnés et peu confortables, qui marquaient alors les étapes d'un voyage d'agrément en Italie. Avec une impression d'ensemble assez franche, les valeurs sont exactes, le dessin correct, mais trop peu renouvelé par l'étude de la nature. On retrouve un peu partout dans son œuvre ces dispositions pareilles, ces repoussoirs complaisants, et ces arbres au feuillage grêle, dont les silhouettes mouvementées se découpent en festons uniformes. Notre grand *Paysage* du Louvre et celui du Ryksmuseum sont de bons spécimens du talent du maître, agréablement peints, avec les oppositions savoureuses de tons ardents dans les lumières et de bleus profonds et froids dans les ombres, avec ces arbres aux contours déchiquetés, sans doute des platanes, qui sont comme la signature de Both. Les meilleurs des tableaux de Both sont les moins composés, et parmi les ouvrages importants que possède de lui la National Gallery, un des plus remarquables est certainement une simple étude, faite peut-être d'après nature, dans Rome même, avec les murailles de la ville dorées par le soleil et le Tibre limoneux qui coule à leur pied.

A côté de Both, il convient de citer son contemporain, Jean Asselyn qui, né à Dieppe en 1610, avait, à peine âgé de vingt ans, émigré en Italie où il fit un long séjour. Membre de la *Bent*, il y était connu sous le surnom de *Krabeltje* (le petit crabe), à raison d'une déformation de sa main qui nécessitait pour lui l'emploi d'une palette spécialement fabriquée à son usage. En revanche, sa figure et sa prestance étaient fort avenantes, ainsi que le montre la charmante eau-forte de Rembrandt, gravée d'après lui en 1648. A son retour de Rome, en 1645, Asselyn s'était réinstallé à Amsterdam, où il mourut en 1652. Les paysages italiens qu'il a composés à l'aide de dessins faits d'après nature, pendant son séjour au delà des monts, sont le plus souvent des vues prises à Rome ou dans les environs, à Frascati et à Tivoli,

N. BERCHEM. — RUINES ROMAINES.
Ryksmuseum d'Amsterdam. (Phot. Hanfstaengl.)

d'une exécution facile, mais un peu sommaire. Les deux tableaux de lui que possède le Louvre offrent ce mélange de ruines et de végétation dont l'aspect pittoresque était, à cette époque, très goûté des amateurs.

Bien qu'il ne soit pas non plus originaire d'Utrecht, Nicolas Berchem se rattache au groupe des *italianisants*, parmi lesquels son talent lui assigne une des premières places. Fils d'un habile peintre de nature morte, nommé Pieter Claesz, il avait été baptisé à Harlem le 1er octobre 1620 et, après les premières leçons que lui donnait son père, il avait successivement reçu celles de maîtres assez nombreux : Pieter de Grebber, Cl. Moeyaert, Jan van Goyen, Jan Wils dont il épousa la fille, et J. B. Weenix dont il était le cousin. En dépit de la diversité de ces enseignements et de l'influence qu'ils ont dû exercer sur son développement, Berchem est un maître original et chez lequel une étude plus attentive de la nature aurait pu féconder plus richement encore des aptitudes très réelles. Affilié en 1642 à la Gilde de Saint-Luc de Harlem, il se fixait ensuite à Amsterdam où, après avoir eu lui-même un atelier très fréquenté, il mourut, le 18 février 1683. On ignore à quel moment il avait vu l'Italie, et ce voyage a même été con-

N. BERCHEM. — PAYSAGE AVEC ANIMAUX.
Musée du Louvre. (Phot. Neurdein.)

testé par plusieurs critiques, bien que la preuve nous en soit fournie par d'excellents dessins faits sur sa route, dans les Alpes, et aussi par les motifs de la plupart de ses tableaux, empruntés, croyons-nous, aux bords de la Méditerranée et aux environs de Gênes, plutôt qu'à la campagne de Rome.

La fécondité de Berchem était merveilleuse et il pouvait passer des journées entières à son chevalet, travaillant assidûment, avec une bonne humeur telle qu'il remplissait son atelier de ses chants. Sa femme d'ailleurs était, paraît-il, assez âpre au gain et stimulait au besoin son ardeur, car Houbraken — qui tenait ces détails de Justus van Huysum, élève de Berchem — nous apprend que si, par hasard, il lui arrivait d'interrompre par un court sommeil ses longues séances de travail, dès que celle-ci s'en apercevait, elle cognait à la cloison avec un manche à balai pour le réveiller et lui faire reprendre sa tâche. Peut-être ces sentiments d'économie étaient-ils un peu justifiés par la facilité avec laquelle son mari aurait dissipé ses gains, passionné comme il l'était pour acheter des gravures. Surveillé de près, ne pouvant disposer d'aucun argent, il en empruntait à ses élèves et, à force d'ingéniosité, il arrivait à réunir une collection dont la vente atteignit une somme assez élevée. C'est probablement chez les marchands d'objets d'art que Rembrandt avait fait la connaissance de Berchem et il s'était plu sans doute dans la société du ménage de son jeune ami, car, en 1647, il peignait les deux admirables portraits de l'artiste et de sa femme qui appartiennent au duc de Westminster.

Doué d'une souplesse remarquable, Berchem a traité tous les sujets : des pastorales, des chasses, des attaques de convois, des compositions religieuses ou mythologiques, voire même des peintures symboliques, comme l'*Allégorie de l'agrandissement d'Amsterdam* (Ryksmuseum), prétexte à ces figures gauchement caractérisées par des accessoires, véritables rébus dont alors les Hollandais appréciaient fort la prétentieuse subtilité. Ces œuvres si diverses, exécutées avec un entrain pareil, sont cependant de valeur fort inégale ; mais dans toutes Berchem montre son excessive facilité. Il a le sens de la vie et il excelle à étoffer ses compositions de personnages et d'animaux qui, bien groupés et bien éclairés, leur donnent un piquant intérêt. Aussi, plusieurs de ses confrères, et non des moindres, comme Jacob Ruisdael et A. van Everdingen ont-ils eu, à ce propos, recours à sa collaboration.

Les motifs des paysages de Berchem sont eux-mêmes très variés. On y rencontre des compositions purement académiques et des arrangements assez malheureux d'éléments pittoresques disposés sans plus de vraisemblance que de goût, comme dans le grand tableau du Louvre, catalogué à tort sous le titre : *Vue des environs de Nice*, un assemblage incohérent d'accidents réunis au hasard de l'improvisation : des tours, des clochers hollandais, des moulins à vent, des montagnes aux formes étranges avec des colorations aigres et froides, qui ne rappellent en rien la Côte d'Azur. Bien qu'on y sente aussi l'arrangement, il y a plus de vérité dans une autre toile du Louvre, *Paysage et animaux*, dont les monticules rocheux, taillés à arêtes vives, sont couronnés par des châteaux-forts et des ruines. L'impression de solitude et de tristesse produite par cette contrée un peu abandonnée, sur laquelle plane déjà le silence du soir, ne manque pas de grandeur, et Berchem a su rendre avec autant de vérité que de poésie le charme de la lumière vers la fin d'une belle journée. La nature avait-elle fourni le motif de ce paysage, ou bien était-il tout à fait imaginaire? Nous l'ignorons; mais, en tout cas, ce motif paraît à ce moment avoir joui d'une certaine vogue parmi les paysagistes hollandais, car nous en retrouvons les principales dispositions assez exactement reproduites dans la *Ruine* du Musée de Cassel, peinte vers 1650 par Rembrandt et au Louvre même, avec un effet tout différent, dans le *Coup de soleil* de Jacob Ruisdael.

Si la facilité et l'entrain de Berchem se soutiennent dans ces toiles dont les dimensions sont assez grandes (la dernière a 1 m. 12 de hauteur sur 1 m. 40 de largeur), on peut cependant regretter que le dessin y soit trop sommaire et que le bariolage des colorations nuise à l'harmonie de l'ensemble. En revanche, dans ses petits tableaux, il est quelquefois exquis, le *Gué* du Louvre (0 m. 32 sur 0 m. 40), avec son horizon de montagnes échelonnées qui se détachent doucement sur un ciel léger, est une merveille de finesse et de clarté, et certainement un de ses meilleurs ouvrages. Les plans y sont espacés très habilement, et dans le grand troupeau de bœufs qui traverse d'un pas lent un cours d'eau peu profond, les bêtes nonchalantes, bien assorties dans les nuances de leur pelage, sont groupées et posées avec une singulière vérité d'attitudes et peintes de cette touche à la fois précise et fondue, qui, chez le maître, est très caractéristique.

Ces qualités apparaissent plus évidentes encore dans les œuvres de Berchem, exécutées non plus avec ses souvenirs italiens, mais inspirées par la nature même de la Hollande, comme les deux *Effets d'hiver* du Ryksmuseum, animés de nombreux personnages patinant sur des canaux glacés; ou comme cette *Récolte de roseaux* du Musée de Stockholm, avec des femmes liant des gerbes de roseaux coupés; ou encore ce *Labourage* de la National Gallery dans lequel, au pied d'une côte basse et couverte de broussailles, un paysan retourne son champ avec une charrue primitive traînée par deux bœufs.

Laborieux et méthodique, Berchem a beaucoup produit, et presque tous les musées de l'Europe possèdent un assez grand nombre de ses œuvres qui, presque toujours, portent sa belle signature. Ses eaux-fortes, au nombre de plus de cinquante, représentent en général des animaux ; elles témoignent également de son savoir et de sa facilité. Quant à ses dessins, le plus souvent exécutés à la plume, d'un trait aussi net que spirituel, les valeurs et l'effet y sont très largement indiqués par des teintes lavées à l'encre de Chine ou à la sépia. Le Louvre et l'Albertine en possèdent d'excellents spécimens.

Berchem a eu de nombreux élèves et il se faisait aimer d'eux par l'affabilité de son caractère, par l'ardeur qu'il savait leur communiquer. Les noms de Karel du Jardin, de Vermeer de Delft, de Pieter de Hooch, de Michiel Carré attestent la valeur de ses enseignements. A peine moins âgé que son maître, du Jardin devait, comme lui, aborder tous les sujets. Né en 1622, à Amsterdam, il allait de bonne heure en Italie et, affilié à la *Bent*, il y recevait le surnom de *Barbe de Bouc* (Bokkebaard). Le Ryksmuseum possède de lui, outre son portrait et celui d'un célèbre amateur de cette époque, Gérard Reynst, un grand tableau de Corporation, *les Régents de la Maison de correction du Spinhuis* (1669), et nous avons de lui, au Louvre, une composition religieuse, *le Calvaire* (1646), œuvre du reste assez médiocre, malgré la célébrité dont elle avait joui de son temps, puisqu'elle avait été vendue 1330 florins en 1697 et 1900 florins en 1709. Il a même, comme tant d'autres de ses prédécesseurs, et sans plus de succès, peint en 1663 une *Allégorie du bonheur terrestre* (Musée de Copenhague), où la subtilité le dispute à la pauvreté de l'invention.

Mais d'ordinaire les tableaux de du Jardin ont été inspirés par l'Italie. Le plus souvent il se complait à la représentation de scènes rustiques dans lesquelles une large part est accordée au paysage. Ce sont, en général, des pâtres et des bergères, gardant des vaches ou des moutons, dans des sites pittoresques, avec des effets de plein soleil, et des oppositions d'ombre et de lumière franchement accusées. La touche de du Jardin est plus rude que celle de Berchem; ses figures, en revanche, ont plus de caractère et la physionomie de ses animaux est aussi plus finement indiquée. On sent chez lui l'influence de Paul Potter qui, vers ce moment, montrait dans l'étude des bêtes les scrupules d'exactitude qui ont illustré son nom.

De retour dans sa patrie avant 1656, du Jardin s'y faisait inscrire, vers le milieu de 1658, à la Gilde de Saint-Luc, nouvellement fondée à La Haye; puis il allait, au commencement de 1659, s'établir à Amsterdam, où il restait jusqu'en 1674. L'art hollandais avait dès lors atteint son apogée, et tandis qu'en rentrant dans leurs foyers, les *italianisants*

N. BERCHEM. — LES TROIS TROUPEAUX.
Ryksmuseum d'Amsterdam. (Phot. Hanfstoengl.)

perdaient graduellement, avec les années, la vivacité de leurs impressions et s'épuisaient en de vaines redites. Ils voyaient autour d'eux grandir une école vraiment nationale qui, trouvant à sa portée ses modèles, arrivait, à force de sincérité, à en exprimer d'une manière originale les traits vraiment significatifs. Élevé dans l'admiration et l'étude de la nature italienne, du Jardin n'était cependant pas insensible au charme du paysage hollandais. A côté de tentatives plus ambitieuses dans lesquelles il devait échouer, il sut plus d'une fois, comme l'avait fait Berchem, manifester dans les plus simples données, dans *le Pâturage* du Louvre, par exemple, des qualités très personnelles de finesse et d'observation. Ce sont souvent, d'ailleurs, des bêtes très hollandaises de race et de tournure qui animent ses paysages italiens. Ce vieux cheval déjeté, d'aplomb incertain, qui, sa tâche faite, étire au soleil ses membres fatigués; ces agneaux proprets, bien bouclés, au regard ingénu, à la mine placide, qui, après s'être repus d'herbe fraîche, dorment paresseusement étendus sur le gazon; ces petits bergers devisant entre eux ou profitant de leurs loisirs pour dresser leurs chiens à des manœuvres savantes, c'est aux environs mêmes d'Amsterdam que du Jardin les a rencontrés, et il a mis tout son talent à en retracer les fidèles images. Les réminiscences de la campagne italienne qui sert souvent de cadre à ces aimables idylles se bornent à quelque tour en ruine, à quelques vieilles murailles de briques disjointes, se détachant sur un horizon de montagnes bleuâtres.

Les eaux-fortes de l'artiste, vivement dessinées et colorées à peu de frais, représentent, d'ordinaire, des animaux, isolés ou groupés pour le repos en plein soleil, avec de grands terrains vagues, égayés au premier plan par de beaux feuillages. La précision élégante et l'entrain de la facture attestent le talent de du Jardin et le plaisir qu'il prenait à traiter ces simples sujets. Mais si, à certains jours, il goûte pleinement la franche rusticité des plaines hollandaises, d'autres fois les souvenirs radieux de l'Italie lui reviennent en foule à l'esprit. On sent qu'il éprouve la nostalgie de cette nature si riche, qu'il a tant admirée dans sa jeunesse. Sans trop y compter, il aspirait à la revoir, et quand, par hasard, l'occasion s'en présenta, il ne sut pas résister à la tentation qui s'offrait à lui. Vers 1675, Jean Reynst, propriétaire de la maison qu'il habitait à Amsterdam, l'ayant prié de l'accompagner jusqu'à Texel où il devait prendre un bateau qui le conduirait à Livourne, du Jardin l'avait suivi. Mais cédant à la violence de son désir, il se faisait envoyer le lendemain un peu de linge et s'embarquait avec son ami. Quand ce dernier, qui l'avait laissé à Rome, pendant qu'il parcourait l'Italie, vint pour l'y reprendre et retourner avec lui en Hollande, du Jardin, ne pouvant se résigner à partir avec Reynst, le chargea seulement de prévenir sa femme qu'il ne tarderait pas à la rejoindre. Celle-ci l'attendit en vain, car il mourut peu de temps après, à Venise (20 novembre 1678).

Après du Jardin le mouvement d'émigration des paysagistes hollandais vers l'Italie avait encore continué. Suivant son éducation, ses goûts et ses aptitudes personnelles, chacun de ces transfuges s'essayait à reproduire les aspects particuliers qui l'attiraient le plus au milieu de cette nature dont les côtés purement décoratifs et pittoresques les frappaient surtout. Mais cet art superficiel, sans conviction comme sans racines, ne pouvait vivre bien longtemps. Une part de plus en plus grande y était faite aux conventions, aux formules apprises. Sans nous attarder davantage aux banales productions qui marquent sa rapide décadence, il convient d'aborder, avec les purs Hollandais, la véritable école du paysage dans les Pays-Bas, celle qui a trouvé dans l'amour et l'étude constante de la nature des inspirations plus sincères et des destinées plus glorieuses.

II

Obligés de disputer à la mer le sol de leur patrie, de le protéger contre ses assauts et de l'arracher enfin par une lutte héroïque à l'étranger qui l'occupait, les Hollandais ont aimé, à proportion de ce qu'il leur coûtait, ce pays qui est leur ouvrage et qui, après avoir été pour eux une école d'endurance et d'énergie, leur rappelle partout leur histoire. Comme leur civilisation, leur art est bien à eux, art vraiment original et dont les qualités propres dérivent, de la manière la plus étroite, des conditions très particulières de leur vie elle-même.

Avec l'avènement de la Réforme, les peintres des Pays-Bas avaient perdu leur clientèle primitive. Pas plus que les sujets religieux d'ailleurs, les compositions empruntées à la mythologie et à la fable n'auraient eu chance d'intéresser beaucoup des populations restées sans grande culture littéraire et condamnées à une rude existence. C'est en regardant autour d'eux, en retraçant l'image exacte des réalités prochaines que les artistes hollandais allaient se frayer des voies absolument nouvelles. L'observation et l'étude assidues de la nature devaient pour eux remplacer les traditions dont les autres écoles avaient, dans une assez large mesure, accepté le joug. Soutenus et captivés peu à peu par cette étude de leur propre pays, ils sont arrivés à en pénétrer profondément le caractère intime et à en exprimer la beauté. Les moindres motifs leur sont bons, et à force de talent, ils suppléent à la simplicité des plus humbles. Sincères avant tout, il semble que le travail de la composition soit absent de leurs œuvres; mais pour être plus discret, il n'en est pas moins éloquent. Dédaigneux des artifices, ils se contentent de nous placer au cœur même des sites qui les ont charmés, et de nous montrer ce qui en eux les a émus.

Après avoir donné l'exemple de la résistance la plus opiniâtre contre l'Espagnol, la ville de Harlem était en quelque sorte par sa situation désignée pour devenir le berceau de la peinture nationale.

De bonne heure, Harlem avait eu ses artistes et, dès 1504, une Gilde de Saint-Luc s'y était établie, dans laquelle étaient admis tous les gens de métiers se rattachant aux arts : orfèvres, verriers, ornemanistes, fabricants de cadres, etc. Peu à peu, les peintres étant devenus assez nombreux pour se suffire, le recrutement de l'association s'était fait exclusivement parmi eux. Une académie s'était aussi fondée, dont les promoteurs : Goltzius, Cornelis de Harlem et K. van Mander avaient, il est vrai, séjourné en Italie. Mais si imbus qu'ils fussent des doctrines académiques, ils préconisaient pour leurs élèves l'étude directe de la nature et, dans les ateliers ouverts sous leur direction, des modèles vivants venaient régulièrement poser. Sans le vouloir, ces *italianisants* préparaient l'avènement d'un art nouveau. A côté de Frans Hals, qui avait reçu les

KAREL DU JARDIN. — PAYSAGE ITALIEN.
Musée de Berlin. (Phot. Hanfstaengl.)

enseignements de van Mander, et à son exemple, un groupe d'artistes, résidant comme lui à Harlem, allaient bientôt apporter dans le choix de leurs sujets, aussi bien que dans l'exécution de leurs ouvrages, les qualités qui donnèrent à cette école sa physionomie originale.

Pieter Molyn et Esaïas van de Velde, les premiers, par l'élan qu'ils imprimaient à ce mouvement et par la confiance avec laquelle ils s'avançaient dans les voies nouvelles, y entraînaient à leur suite de nombreux imitateurs. Sans plus regarder désormais du côté de l'Italie, ces deux artistes s'appliquaient à retracer tout ce qui, dans la campagne ou dans la vie de tous les jours, frappait leur attention. Ni l'un, ni l'autre pourtant n'étaient originaires de Harlem; mais de bonne heure tous deux s'y étaient fixés et l'influence exercée par eux sur leurs successeurs avait

N. BERCHEM. — LE GUÉ.
(Collection de M. J.-P. Heseltine.)

été considérable, celle de van de Velde surtout, puisqu'il contribua au développement de van Goyen, son élève, et par suite à la création de l'école hollandaise de paysage. Né à Leyde, le 13 janvier 1596, Jan van Goyen n'était guère plus jeune que van de Velde et avant de recevoir ses leçons, il avait fréquenté plusieurs autres ateliers, notamment celui d'Isaac van Swanenburch, le père du maître de Rembrandt, et celui de C. van Schilperoort, un peintre peu connu aujourd'hui, mais qui jouissait alors de la réputation d'un homme de goût et d'un lettré. Il faut croire que les enseignements qui lui avaient été donnés jusque-là ne satisfaisaient guère le jeune artiste, car, non content des cinq maîtres qu'il avait eus, il fut encore pendant un an le disciple de van de Velde. Il rencontrait cette fois la direction qui lui convenait pour achever son éducation artistique.

Par sa manière de comprendre le paysage, par sa facture même, singulièrement plus large que celle de P. Bril et de J. Brueghel, van Goyen se distingue tout à fait de ses prédécesseurs. Avec lui, les derniers liens qui rattachaient encore l'école hollandaise à l'école flamande allaient être rompus. Les données les plus modestes sont celles qu'il recherche de préférence. Bien loin de prétendre embellir la nature, il s'applique à en accuser le vrai caractère, sans s'écarter jamais de la réalité. Le ciel et l'eau lui suffisent pour exprimer la poésie propre à son pays, celle de l'espace et des jeux de la lumière qui en modifient à chaque instant les aspects. Au-dessous de ces grands ciels où se meut la troupe mobile des nuages, l'eau des fleuves ou des canaux les réfléchit sourdement et leur fait écho. Appuyées ainsi à la bordure du cadre, les valeurs les plus fortes vont en s'atténuant de part et d'autre vers le centre de la toile dont la partie moyenne reste claire et dégagée. C'est donc là que les yeux sont naturellement conduits, qu'ils sont comme invités à se reposer. Pour indiquer ces immenses étendues, il n'est pas besoin de colorations bien vives : elles attireraient inutilement le regard. En restreignant de parti pris leur éclat, l'artiste atteindra plus sûrement son but. Mais sur cet effacement voulu des colorations, quelques tons à peine plus accusés — un bleu pâle dilué dans le ciel, une voile jaunâtre penchée sur le flot, ou quelque tache d'un rouge mitigé fournie par les vêtements des personnages — vibrent et prennent une signification inattendue. A part ces accents très discrètement ménagés, l'ensemble est presque monochrome. C'est par la justesse extrême des valeurs que la composition s'établit, se tient de loin, et le tableau, irréprochablement construit dans ses lignes, nous montre, dans la diversité de ses plans, des dégradations d'une délicatesse merveilleuse.

Comme van de Velde d'ailleurs, van Goyen connaît à fond toutes les parties de son art. Sans recourir jamais au pinceau d'autrui, il sait animer ses paysages, y mettre tout ce qui peut leur donner de l'intérêt : des barques, des monuments, des personnages et des animaux. Aussi a-t-il peint des marchés, des foires, des fêtes de village avec des foules assemblées, pleines de vie et de mouvement.

Aisée et libre, la pratique de van Goyen semble d'une simplicité élémentaire. Par places, le panneau à peine couvert d'un léger frottis, laisse voir encore le trait noir de l'esquisse; mais dans cette facture expéditive, aucune incertitude, aucun repentir. Tous les coups ont porté avec une précision et une sûreté extrêmes, et la touche par sa vivacité et sa crânerie spirituelles rappelle la désinvolture de Hals. On comprend qu'avec cette facilité de travail, van Goyen ait beaucoup produit et que les musées de Hollande et d'Allemagne possèdent de nombreux tableaux de lui.

Un précieux petit album qui appartient à M. Warneck, nous renseigne sur les procédés d'étude de van Goyen et sur sa vie elle-même. C'est un carnet de poche que, dans le courant de l'année 1644, il emportait avec lui dans ses excursions. De page en page, on y peut suivre les étapes de ses pérégrinations. Installé sur quelque bateau, il partageait sans doute l'existence des mariniers et dessinait au passage ce qui s'offrait à ses regards. Les barques avec les détails de leur gréement et de leur voilure, les quais où elles abordent pour décharger les marchandises, les estacades contre lesquelles le flot vient se briser en écumant, les rives basses et les touffes d'arbres d'où émerge çà et là le clocher de quelque hameau, tout est rapidement noté par van Goyen. Ses croquis sont bien sommaires; mais l'artiste est tellement familiarisé avec les différents aspects du paysage hollandais que, rentré à l'atelier, il saura, d'après ces simples indications, reconstituer avec une entière vérité les motifs qui l'ont frappé sur sa route.

Les tableaux de van Goyen étaient recherchés de son vivant; on les voit figurer souvent dans les catalogues des loteries organisées par la Gilde de Harlem. Mais, sauf quelques commandes faites par le prince Frédéric-Henri et une grande *Vue de La Haye* exécutée au prix de 650 florins, pour la municipalité de cette ville, ses œuvres ne lui étaient guère payées : le plus souvent 20 florins chacune, quelquefois moins encore. On comprend que, dans ces conditions, il lui était difficile, par son travail seul, de subvenir à l'entretien d'un ménage. Aussi, cherchait-il à suppléer à l'insuffisance de ses revenus en se créant d'autres ressources. A côté des croquis dont nous avons parlé, on rencontre, en effet, çà et là dans le carnet qui les contient, des plans de maisons, accompagnés de devis d'appropriation ou de réparations. Ces maisons, dont il était propriétaire, van Goyen ne les avait acquises que pour les revendre ou les louer avec quelque bénéfice. L'opération, paraît-il, n'avait pas été avantageuse, car l'artiste, essayant d'un autre moyen, avait fait sans plus de profit le commerce des tableaux; enfin, cédant à un engouement, alors général en Hollande, il s'était mis à spéculer sur les tulipes et dans une seule année, en 1637, il en avait acheté pour 858 florins à un bourgmestre de La Haye, nommé Ravesteyn. Aucune de ces tentatives n'avait réussi et, comme beaucoup d'autres de ses confrères, van Goyen devait mourir insolvable; à la requête de ses créanciers, sa veuve était obligée de mettre successivement en vente les tableaux dont il n'avait pu se défaire.

Cependant, désormais, la voie était ouverte. Il appartenait à Salomon Ruisdael, le contemporain et peut-être même l'élève de van Goyen, de continuer et d'étendre l'œuvre que celui-ci avait commencée. La famille de Salomon était depuis peu établie à Harlem; elle venait des environs de Naarden où il existait encore, vers 1625, quelques maisons et un château, aujourd'hui détruits, qui portaient ce nom de Ruisdael. La filiation assez compliquée de cette famille était, jusqu'à ces derniers temps, restée fort obscure, et quand on pense que trois, et peut-être même quatre de ses membres ont été paysagistes, que deux portaient le même prénom de Jacob et qu'ils ont peint des sujets à peu près pareils, on s'explique facilement les confusions qui ont pu être faites entre eux. Après van der Willigen, qui, dans son excellent livre sur *les Artistes de Harlem*, nous avait révélé le premier l'existence de ces quatre Ruisdael, et Burger qui essayait de marquer les différences de leur talent, c'est à M. A. Bredius, le savant directeur du Musée de La Haye, que revient l'honneur d'avoir nettement établi leur individualité en nous apportant à cet égard des informations décisives.

Un document cité par van der Willigen et qui confirme l'origine de la famille, nous apprend que, le 9 mars 1642, un certain Isaac Ruisdael, veuf, natif de Naarden, contractait un nouveau mariage avec une jeune fille de Harlem, où il s'était établi. Cet Isaac qui, en cette même année, figure sur les listes de la Gilde de Saint-Luc, était fabricant de cadres, probablement aussi marchand de tableaux et admis sans doute à ce titre dans la Gilde. Mais M. Bode croit qu'il peignait aussi et lui attribue, non sans quelque vraisemblance, plusieurs paysages, assez médiocres d'ailleurs, signés des initiales J. V. R. Un frère d'Isaac, Salomon Ruisdael, fixé comme lui à Harlem, était né dans cette ville, et son talent, très goûté de ses contemporains, allait commencer la réputation de la famille. L'époque précise de sa naissance est restée inconnue; la date de 1610, qu'on lui assignait autrefois, doit évidemment être reculée de plusieurs années et reportée tout au début du xviie siècle, vers 1600, car dès 1623 nous trouvons l'artiste inscrit sur les listes de la Gilde. On ne connaît pas davantage les maîtres de Salomon, et l'on ne peut à ce propos que signaler, d'après de nombreuses analogies, l'influence qu'Esaias van de Velde et surtout van Goyen ont exercée sur son éducation artistique. Les détails qui nous ont été transmis sur sa vie sont aussi très rares. Houbraken le dit, à tort, frère de Jacob, et le cite comme un paysagiste habile qui, en dehors de l'exercice de son art, avait

KAREL DU JARDIN. — LE PATURAGE.
Musée du Louvre. (Phot. Neurdein.)

trouvé le secret de la fabrication d'une matière susceptible, en prenant toutes les formes, d'acquérir un poli et une solidité remarquables. Le talent et la sûreté du caractère de Salomon lui avaient fait confier, à diverses reprises, la gestion des intérêts de la Gilde; en 1647, il en était nommé commissaire, puis doyen en 1649, et jusqu'à sa mort il ne cessa plus de participer à son administration. Ainsi que son frère, il était affilié à la secte des Mennonites et il avait certainement acquis quelque aisance, car les frais de son enterrement, qui eut lieu le 1ᵉʳ novembre 1670, dans l'église Saint-Bavon, montèrent à 24 florins, somme considérable pour l'époque.

Salomon Ruisdael est un peintre de grand mérite. Si, au commencement de sa carrière, ses œuvres, qu'il signe tantôt de son monogramme et tantôt de sa signature entière, présentent avec celles de van Goyen des ressemblances qui les ont souvent fait confondre, elles manifestent, par la suite, une originalité croissante et justifient la faveur dont le maitre jouit aujourd'hui. Leurs dates, comprises entre 1631 et 1667, permettent de constater une véritable évolution dans le développement de son talent. Tout d'abord, en effet, dans ses premiers tableaux — Musée de Berlin (1631), Galerie de Dresde (1633), Musées de Bruxelles et de Bordeaux (1634-1635) — on a peine à le distinguer de van Goyen. Ses motifs sont pareils; sa peinture est, comme celle de son prédécesseur, fine, légère et un peu inconsistante. Le feuillé de ses arbres, qu'il indique par des touches d'un gris verdâtre, claires et empâtées, n'est pas non plus d'une exécution bien variée. Mais bientôt les deux artistes semblent suivre une marche inverse. Tandis que van Goyen, plus préoccupé de l'effet que de la couleur, va restreindre peu à peu les éléments de sa palette et, à force de simplicité, tendre de plus en plus à la monochromie, Ruisdael, au contraire, montre graduellement des colorations toujours plus riches. Avec une pâte plus généreuse, ses paysages deviennent d'un ton plus nourri, plus intense, et dans les derniers qu'il a peints il atteint une puissance extrême. Les êtres animés tiennent aussi, d'ailleurs, une place croissante dans les compositions de Salomon Ruisdael; il sait, en les multipliant, varier ses données, et bêtes ou personnages sont rendus par lui avec une vérité d'attitudes et d'allures qui suffirait à la renommée d'un peintre. Les sujets favoris de l'artiste sont ceux-là mêmes que van Goyen a le plus souvent traités : des bords de fleuves ou de canaux, avec des saules ou des ormes gracieusement penchés sur leurs rives, comme à la Pinacothèque de Munich, et dans les deux *Bords de rivière*, acquis en 1903 par le Louvre. Le peintre donne cependant à ces divers motifs une signification très personnelle, par son exécution autant que par les épisodes variés qu'il y introduit : des cavaliers ou des carrosses arrêtés devant quelque hôtellerie, un bac chargé de bestiaux qui traverse un fleuve, ou des pêcheurs jetant leurs filets.

Berlin, Munich, Rotterdam, Copenhague, Francfort, Anvers, Bruxelles, le Louvre et plusieurs collections particulières, celle de M. R. Kann notamment, possèdent des ouvrages importants de Salomon Ruisdael, et *la Halle* du Ryksmuseum (1660) nous paraît un de ses chefs-d'œuvre. Dans ce dernier tableau, on trouve comme un résumé de son talent. On dirait qu'il a voulu y accumuler les preuves de son habileté, tant la composition est riche en détails de toute sorte. Et cependant, malgré ces nombreux détails, le tableau a une grande simplicité d'aspect et une puissance de ton singulière. Ainsi que le remarque avec raison M. Bredius, c'est de 1650 à 1660 que l'artiste a peint ses meilleurs ouvrages, ceux dans lesquels avec des compositions plus riches et mieux ordonnées, on trouve une exécution plus large, et une couleur à la fois plus savoureuse et plus délicate. Plus tard, sa facture devient un peu rude et sa tonalité moins harmonieuse, parfois même assez crue.

Comme son frère Isaac, Salomon avait eu un fils peintre, et les deux cousins, paysagistes tous deux, avaient aussi reçu tous deux le même prénom de Jacob. Mais Salomon Ruisdael ne devait pas transmettre son talent à son fils et les tableaux qui portent le monogramme de ce dernier nous donnent une assez médiocre idée de son talent. Sans nous arrêter davantage, il est temps d'en venir au plus illustre des membres de cette famille, à Jacob Ruisdael, le plus grand des paysagistes hollandais. Nous ne possédons malheureusement que des informations bien incomplètes sur sa vie. Cependant, d'après un document dû aux recherches de M. A. Bredius, Jacob Ruisdael, le 9 juin 1661, se déclarait âgé de trente-deux ans, ce qui nous permet de fixer sa naissance en 1628 ou 1629, par conséquent trois ou quatre ans après la date autrefois adoptée. Nous savons d'ailleurs qu'il naquit à Harlem du premier mariage d'Isaac, le fabricant de cadres. Avancée ainsi de quelques années, la date de la naissance de Ruisdael nous fait paraître plus extraordinaire encore ce que ses biographes nous disent de sa précocité. Nous avons, en effet, de lui deux eaux-fortes de 1646, — il avait alors dix-sept ou dix-huit ans — et deux tableaux de cette même année : l'un à Londres, à Beaumont-House, avec des figures d'Adrien van Ostade, et l'autre à

J. VAN GOYEN. — LES CHAUMIÈRES.
Pinacothèque de Munich. (Phot. Hanfstaengl.)

l'Ermitage, qui possède également deux autres paysages de 1647. Nous relevons de plus le nom du jeune artiste sur les listes de la Gilde de Harlem, dès 1648.

Son oncle Salomon passe pour avoir été son maître ; mais il a bien pu recevoir aussi des leçons de son père, si, comme le pense M. Bode, celui-ci a aussi été peintre. Les premiers paysages que nous connaissions de Ruisdael — ceux de Beaumont-House et de l'Ermitage (datés de 1646 et 1647); puis ceux des Musées d'Anvers et de Nancy (1649) — nous offrent généralement des motifs très simples pris aux environs de Harlem : un pays plat, sablonneux, à peine couvert par places d'un maigre gazon, une route qui serpente à travers la campagne, quelques pauvres chaumières tapies sous des arbres rabougris et, au loin, une échappée sur un horizon boisé et bleuâtre. Les premiers plans sont d'une exécution sommaire et les détails restent noyés dans les tons roussâtres de la préparation, tandis que les fonds et les arbres surtout, très scrupuleusement étudiés, montrent une coloration âcre et froide, et une facture un peu pénible. Mais avec son extrême précision, le dessin de ces arbres dénote une application minutieuse, et la dentelure compliquée de leur feuillage se découpe nettement, non sans quelque dureté, sur le ciel. Malgré les petites dimensions de ces premiers ouvrages, la

J. VAN GOYEN. — LA RIVIÈRE.
Musée de Dresde. (Phot. Hanfstaengl.)

fermeté de la touche y est surprenante, et l'artiste, sévère pour lui-même, poursuit avec une volonté patiente l'étude de ces végétations microscopiques. Il se familiarise ainsi peu à peu avec tous les éléments du paysage, s'exerce à exprimer leur diversité, en maintenant toujours l'unité de l'ensemble.

Parmi ces tableaux de sa jeunesse, la *Dune* de la Pinacothèque de Munich est un des plus remarquables, et l'on n'imagine guère qu'une donnée aussi modeste — un chemin sablonneux serpentant à travers des terrains vagues et des broussailles — puisse être rendue aussi attachante. L'analogie du site avec celui de notre célèbre *Buisson* du Louvre m'avait frappé tout d'abord, quand je vis pour la première fois cette *Dune*; en réalité les deux tableaux, non seulement ont été inspirés par la même contrée, mais leurs deux motifs sont identiques et pris, en se retournant, à quelques pas de distance.

C'est par des études aussi exactes que Ruisdael arrivait à comprendre et à exprimer le véritable caractère du paysage hollandais. Mais ce pays où il était né, et dont il nous a laissé de si fidèles images, le maitre l'a-t-il jamais quitté? Il est avéré, du moins, qu'il n'a pas cédé au mouvement de migration qui entraînait au delà des monts la plupart de ses confrères. Rien dans son œuvre ne justifie l'hypothèse, qui eut cours autrefois, d'un voyage en Italie fait par lui, en compagnie de son ami Berchem. C'est vers les pays du Nord qu'il se sentait attiré, et ils lui ont fourni les motifs d'un grand nombre de ses tableaux. La similitude de ces motifs avec ceux qu'a souvent traités Everdingen, a sans doute accrédité la croyance que celui-ci aurait été, sinon le maître, du moins l'inspirateur de Ruisdael. Nous devons donc examiner brièvement les opinions diverses énoncées à cet égard.

Allart van Everdingen, né à Alkmar en 1621, avait reçu à Utrecht les leçons de Roelandt Savery, puis était venu à Harlem chercher celles de P. Molyn. Après s'être marié dans cette ville, le 24 février 1645, il y avait été, dans la même année, admis à la Gilde de Saint-Luc. Il est donc difficile de supposer que Jacob Ruisdael, à peine moins âgé que lui, pouvant d'ailleurs profiter des enseignements de son oncle, et peut-être même de son père, ait été son élève. Tout au plus a-t-il subi son influence, car bien que le talent d'Everdingen soit assez inégal, celui-ci fut, à ses heures, un paysagiste d'un rare mérite. Ainsi qu'on est trop disposé à le croire, il ne s'est pas borné à la seule représentation de la nature norvégienne : c'est un chercheur, et l'on peut voir de lui, dans la collection de M. Six, à Amsterdam, un excellent *Effet d'Hiver*, avec un canal glacé, des roseaux jaunis et des arbres dépouillés, couverts de givre, qui s'enlèvent sur un ciel gris. L'impression de la *Tempête dans le Zuyderzée*, du Musée Condé à Chantilly, — qui offre d'ailleurs une grande analogie avec la belle *Marine* de la collection Dutuit, et avec deux autres *Tempêtes* appartenant au Musée de l'Ermitage et au Stœdel's Institut de Francfort — est peut-être encore plus saisissante. Le tableau de Chantilly nous paraît un des chefs-d'œuvre du maître et la poésie de cette mer houleuse qui, par un jour d'hiver, déferle avec rage contre les pieux d'une estacade couverte de neige, atteint une puissance d'expression tout à fait pathétique.

Quant aux paysages que la Norvège a inspirés à Everdingen, on s'accorde généralement à placer entre 1640 et 1645 le séjour que l'artiste aurait fait dans ce pays, car, après cette époque, nous savons qu'il vint s'établir à Harlem, où l'on peut suivre sa trace au moins jusqu'en 1651.

Ses biographes parlent d'un naufrage qui l'aurait jeté sur les côtes de la Norvège; mais peut-être sa présence dans cette contrée s'y explique-t-elle d'une façon toute naturelle. Everdingen était d'humeur voyageuse et, très jeune encore, il avait parcouru le Tyrol, avec Savery, son maître. D'Alkmar, sa patrie, les relations avec la Norvège étaient fréquentes, car c'est de là que les Hollandais tiraient depuis longtemps les bois pour leurs navires et leurs constructions, ainsi que les métaux nécessaires à leur industrie. Il n'était donc pas besoin d'un naufrage pour aborder en Norvège, et un grand nombre de familles néerlandaises y étant installées, un de leurs compatriotes était sûr d'être bien accueilli par elles.

Suivant la remarque de M. A. de Wurzbach, un des derniers biographes de Ruisdael, il n'est guère plus probable qu'à ce moment, en pleine possession de son talent, celui-ci se serait avisé, comme on l'a prétendu, de faire des pastiches d'Everdingen, en se servant de ses dessins ou de ses études. Sans vouloir égaler à ses paysages hollandais les cascades et les sites norvégiens de Ruisdael, nous trouvons dans ces derniers tableaux une variété de motifs, une précision de détails et un sentiment poétique très personnels, et qui rendent ces interprétations de la nature bien supérieures à celles qu'Everdingen nous en a données. Comment, avec sa sincérité scrupuleuse, le maître aurait-il ainsi multiplié les images d'un pays qu'il n'aurait point vu? Comment serait-il parvenu à mettre dans des œuvres de seconde main plus d'originalité et de vérité qu'Everdingen lui-même n'a pu le faire, lui qui, ayant séjourné dans cette contrée, en avait rapporté de nombreuses études? Nous croyons donc, pour notre part, que Ruisdael a aussi visité la Norvège et puisé dans ses propres études les éléments de ses tableaux.

Cette tentative, en tout cas, ne devait pas mieux que les autres réussir à Ruisdael, et son espoir que des compositions inspirées par une contrée plus accidentée obtiendraient quelque succès fut tout à fait déçu. Avec les années sa situation allait devenir de plus en plus précaire. Il n'avait jamais joui de la vogue et sa vie à Harlem était restée difficile et obscure : son nom ne figure point parmi ceux des dignitaires de la Gilde, et ses œuvres ne lui étaient payées qu'un prix fort modique. Il se décida donc à quitter sa ville natale, et Amsterdam, où le nombre des artistes était relativement moins considérable et la richesse plus grande,

SALOMON RUISDAEL. — CHAUMIÈRE PRÈS DE LA MER.
Musée de Berlin. (Phot. Hanfstaengl.)

lui ayant paru offrir les conditions d'une existence moins misérable, il alla s'y fixer. En 1659, il obtenait le droit de bourgeoisie dans cette ville qu'il habita jusqu'en 1681; mais il ne semble pas qu'il parvint à s'y créer plus de ressources. Il se trouvait cependant alors dans toute la force de son talent. Grâce à un travail incessant, son exécution avait pris plus d'aisance et d'ampleur. Quant à sa couleur, tout en restant discrète et généralement grave dans les intonations, elle montrait cette finesse de nuances et d'harmonie, particulière aux pays du Nord. Son dessin plus savant, toujours d'une correction irréprochable, était mis en valeur par la précision de sa touche, fidèlement appropriée au rendu des nombreux détails qui font la variété et la vie de ses paysages. Sans jamais céder à la virtuosité, il les subordonnait à l'ensemble : tous concouraient à l'impression qu'il se proposait de produire. Aussi, les tableaux de sa maturité ont-ils une tenue superbe. Dans un musée, la simplicité, la force de leur aspect les font reconnaître entre tous, et vous attirent à eux.

Cet art, si sérieux et si nouveau, n'était pas apprécié à sa valeur par le public; mais Ruisdael trouvait un dédommagement de cette indifférence dans la sympathie de ses confrères. Les nombreux collaborateurs auxquels il eut recours pour *étoffer* ses paysages, et la durée des rela-

SALOMON RUISDAEL. — LA HALTE.
Ryksmuseum d'Amsterdam (Phot. Hanfstaengl.)

tions qu'il entretint avec plusieurs d'entre eux, témoignent de l'estime qu'ils avaient pour lui. Les noms d'Adrien van Ostade, de Berchem, qui, dès 1653, peignait les figures de ses tableaux, ceux d'Adrien van de Velde, de Lingelbach et de Philippe Wouwerman, que nous relevons parmi ces collaborateurs, nous prouvent que Ruisdael frayait avec l'élite des artistes de son temps. Ce n'est pas que leur coopération ajoute beaucoup au mérite de ses ouvrages. Si les plus distingués de ces artistes, Adrien van de Velde, par exemple, ont su, avec autant de sobriété que d'à-propos, associer leur talent à celui du maître, d'autres comme Lingelbach et même Berchem, ne s'effacent pas assez devant lui. Les personnages ou les animaux qu'ils peignent dans ses compositions attirent trop le regard; leur couleur, parfois un peu brutale, fait tache et détonne sur l'harmonie austère de ses colorations. Mais en recourant à eux, le grand artiste espérait, sans doute, trouver meilleur accueil auprès des amateurs.

Sa gêne, en effet, allait croissant. C'est encore à M. Bredius que nous devons la découverte d'un document d'où il résulte qu'au mois de mai 1667, Ruisdael, qui habitait alors la Kalverstraat, « vis-à-vis la *Cour de*

Hollande », se trouvait dans un état très maladif. Il avait pu cependant se rendre chez un notaire pour y signer un testament par lequel il léguait tout son avoir à une demi-sœur, née du second mariage d'Isaac, à charge par elle de payer à ce dernier toutes les rentes que lui servait son fils. Les tuteurs de la légataire, Salomon Ruisdael et Jacob, le cousin du testateur, devaient veiller à l'exécution de cette clause. De quel mal souffrait le grand artiste? nous l'ignorons. Ploos van Amstel parle de douleurs rhumatismales contractées dans ses stations au bord des marécages, et il est certain que, dans ces contrées humides, l'existence du paysagiste, exposé aux intempéries, obligé de se contenter de tous les gîtes, devait être, en ces temps-là surtout, rude et périlleuse.

Pour essayer de se tirer d'affaire, Ruisdael acceptait toutes les tâches; outre ses paysages norvégiens, il peignait des vues d'Amsterdam et même de maisons de campagne appartenant à de riches Hollandais. La mélancolie et la tristesse auxquelles il était enclin s'accentuaient de plus en plus dans ses œuvres, et cette disposition d'esprit n'était pas faite pour lui ramener des acheteurs. Après la gêne, la misère était venue et sa maladie s'était probablement aggravée. Le jour arriva où il fut forcé de renoncer à ses études au dehors et même à son travail, car on ne connait pas de tableaux de lui datés de ses dernières années. Il se sentait de plus en plus délaissé. Il ne s'était pas marié: de bonne heure, il avait perdu sa mère, et son père était mort au commencement d'octobre 1677. Ruisdael, tout à fait abandonné à Amsterdam, trouva du moins un appui dans ses coreligionnaires de Harlem. Les membres de la secte des Mennonites, à laquelle, ainsi que toute sa famille, il avait appartenu, « ses Amis » comme ils s'appelaient, sollicitèrent pour lui une place à l'hospice de sa ville natale, offrant généreusement de payer sa pension. A la date du 28 octobre 1681, leur requête était appuyée par les bourgmestres de Harlem, qui, en la transmettant aux Régents de l'hospice, les engageaient, avec une naïveté un peu cynique, à « se faire bien payer, afin que le susdit pensionnaire, au lieu d'être une charge pour l'établissement, devint pour lui une source de profit ». Les *Amis* de Ruisdael n'eurent pas à fournir longtemps la cotisation qu'ils s'étaient imposée, car le 24 mars 1682, un dernier document cité par van der Willigen vient clore le lugubre dossier des informations qui concernent le grand artiste : c'est l'enregistrement d'une somme « de 4 florins, pour frais d'ouverture du tombeau de Jacob Ruisdael, en l'église de Saint-Bavon ».

Dans la plupart des musées et des collections importantes de l'Europe, les œuvres du maître sont à la fois nombreuses et universellement admirées. Avec sa renommée toujours grandissante, le prix de ses tableaux a suivi une progression, lente d'abord, mais constante. Tel d'entre eux et non des plus importants, une *Marine*, par exemple, qu'il aurait, de son vivant, cédée pour 16 ou 20 florins était vendue 200 florins à Amsterdam cent ans après, puis successivement payée au commencement du xixe siècle 9000 francs en 1824 et 14 000 en 1829. Le beau paysage, *le Moulin à vent*, un de ses chefs-d'œuvre, il est vrai, a été récemment acquis pour 50 000 francs par M. Ed. Aynard. Ruisdael a cependant beaucoup produit et, quoique grossi de quelques ouvrages douteux, le total de 344 tableaux donné par Smith dans son *Catalogue raisonné* (tome VI) serait aujourd'hui certainement dépassé. Ces tableaux, nous l'avons dit, sont rarement datés et, à part ceux de la jeunesse de l'artiste, il est, en général, difficile de leur assigner une chronologie bien précise. En essayant de les grouper ici d'après le caractère même des motifs et suivant les contrées qui les ont inspirés, nous nous bornerons à mentionner ceux qui nous paraissent les plus remarquables dans son œuvre.

Bien que cette œuvre soit très variée, Ruisdael ne s'est guère éloigné de sa ville natale. A part cette excursion en Norvège, dont nous avons parlé, mais qui, toute probable qu'elle soit, ne peut cependant être prouvée d'une manière irrécusable, il n'a jamais quitté son pays et dans son pays même, il s'est contenté de rayonner autour de quelques stations d'étude que la sincérité extrême avec laquelle il interprétait la nature permet le plus souvent de reconnaître. Les paysages norvégiens tiennent, il est vrai, une assez grande place parmi ses peintures et Smith n'en compte pas moins de 75. Tous appartiennent à la période de sa maturité. Malgré le talent qu'y montre l'artiste, ils nous laissent assez indifférents. Le caractère très spécial d'une végétation où domine le sapin, les entassements énormes des rochers, le contraste violent qu'offrent leurs colorations très intenses avec la blancheur des eaux écumantes ne fournissent pas, comme on pourrait le croire, des motifs très favorables

JACOB RUISDAEL. — CASCADE PRÈS D'UN CHATEAU.
Musée de Dresde (Phot. Hanfstaengl).

au talent de l'artiste. Leur complication, à la longue, arrive à produire une monotonie, que Ruisdael n'a pas toujours évitée.

Nous goûtons encore moins, du reste, ses tentatives de fondre dans une même œuvre des éléments empruntés à des pays très différents. La réunion de ces détails ainsi juxtaposés paraît d'autant moins vraisemblable que chacun d'eux étant rendu avec une précision extrême, trahit son origine et fait sentir plus vivement le manque d'unité de l'ensemble. Nulle part ce défaut n'apparaît avec autant de force que dans une des productions les plus célèbres de Ruisdael et qui, bien à tort suivant nous, passe pour un de ses chefs-d'œuvre. Nous voulons parler du tableau de la Galerie de Dresde, connu sous le nom de *Cimetière des Juifs*. On connaît cette composition qui très probablement appartient aux dernières années de l'artiste et dans laquelle on dirait qu'il a voulu mettre comme un écho des tristesses dont sa vie était alors accablée. Nous y relèverions facilement la trace d'une sentimentalité contre laquelle il s'est d'ordinaire mieux défendu et qui entre, sans doute, pour une grosse part dans la réputation de l'œuvre. C'est cependant pour ce tableau que Goethe, qui goûtait fort le talent de Ruisdael, avait une prédilection particulière; mais les raisons qu'il en donne sont, il faut le reconnaître, plus littéraires que vraiment artistiques et il ne faisait en cela que céder à un courant d'idées fort à la mode au xviiie siècle dans la critique d'art.

Le maître n'est guère plus heureux dans ses vues d'Amsterdam, fort

SALOMON RUYSDAEL. — LE BAC.
Collection de l'Albertina (Phot. Braun, Clément et Cie).

rares du reste et qu'il a probablement exécutées sur commande. Les deux exemplaires que possèdent le Musée de Berlin et celui de Rotterdam sont deux pendants animés de nombreuses figures, assez médiocres, peintes par Gérard van Battem. La facture en est lourde et un peu gauche : les ciels seuls ont les qualités habituelles du maître.

Laissant de côté ces productions sans grand caractère, nous avons hâte d'aborder maintenant les paysages purement hollandais, ceux dans lesquels apparaît toute l'originalité de Ruisdael. Si dans ses vues de villes, il est certainement inférieur aux peintres qui se sont fait de ce genre une spécialité, van der Heyden ou Berk-Heyde par exemple, comme peintre de la mer, en revanche, il dépasse singulièrement tous les *marinistes*. L'impression de la *Tempête* du Musée de Berlin et de celle de lord Northbrook, que nous reproduisons ici, est tout à fait pathétique. De gros nuages, amoncelés en masses compactes, s'élèvent du bas de l'horizon et envahissent lourdement le ciel. Sur la mer, les vagues soulevées se dressent et jaillissent en écume blanchâtre. Entre cette double menace de la mer et du ciel, quelques barques, courbées sous le vent, essaient de regagner le port et l'une d'elles plus violemment secouée, assaillie par un paquet de lames, penche sur le flot sa voile goudronnée. Autour, tout est sombre et livide, et la mince traînée de lumière blafarde qui raie l'horizon ajoute encore à la tristesse sinistre de l'aspect général.

Avec la *Tempête* du Musée du Louvre nous retrouvons les oppositions violentes que commandait cette donnée saisissante; mais l'artiste, cette fois, ne s'est pas borné à nous peindre la fureur de la mer et les dangers dont elle menace les embarcations éparses sur les flots. Une chaumière, à peine protégée par des pieux grossièrement reliés entre eux, est exposée aux assauts répétés de la vague qui déferle et remplit l'atmosphère d'une buée saline. Ici, la simplicité du motif fait ressortir la grandeur de la scène.

Dans ses *Plages*, Ruisdael se montre, avec un sens un peu différent, le digne émule d'Adrien van de Velde. La *Plage* du Musée de la Haye et celle du Musée Condé, à Chantilly, peuvent être comptées parmi ses meilleures productions. Les nuages rapides qu'un air frais et vif chasse devant lui en légers flocons, les vagues courtes et pressées, couronnées d'écume, le sable où percent çà et là quelques maigres touffes d'une herbe sèche et rude, tout cet ensemble, en un mot, est d'une justesse et d'une poésie saisissantes. Ces aspects mélancoliques ou terribles de la mer sur les côtes de la Hollande, Ruisdael les trouvait dans le voisinage de Harlem réunis au charme de la campagne elle-même. D'autres artistes avaient essayé comme lui de retracer l'image de cette nature si attachante et Jan Wynants, un des premiers, s'y était appliqué. Né vers 1620 ou 1625, à Harlem, Wynants habitait cette ville jusqu'à ce qu'il se fixât, avant 1660, à Amsterdam où il mourait vers la fin de l'année 1682. C'est avec une sincérité et un talent remarquables qu'il reproduisait les aspects des bois et de la dune qui avoisinent Harlem; mais comme s'il trouvait un peu trop austère la nudité de la contrée, il ne manquait pas d'introduire, sur le devant de ses tableaux, des troncs de hêtres morts ou des amas de plantes qui sont de purs hors-d'œuvre. Ces artifices de composition trop apparents ne sauraient être reprochés à un autre paysagiste, son concitoyen Jan Vermeer de Harlem (1628-1691), qui semble, au contraire, ne s'être guère préoccupé du choix de ses motifs. Dans ses panoramas, un peu vagues et comme pris à vol d'oiseau, les formes n'ont pas grand relief et les couleurs, claires mais inconsistantes, ne fixent pas l'attention du spectateur.

Il appartenait à Ruisdael de nous donner de cette nature si pittoresque des impressions à la fois plus exactes et plus pénétrantes. A chaque instant, lorsqu'on parcourt les environs de Harlem, son nom revient à l'esprit avec le souvenir de quelqu'une de ses œuvres. Vous y pouvez suivre sa trace, retrouver la place même où il s'est assis. Cette ruine de Bréderode avec son enceinte, ses fossés et le lierre accroché à ses briques, après plus de deux cents ans, elle est encore telle que le maître l'a peinte. Ces horizons immenses que l'on découvre du haut de la dune, ces sentiers perdus dans le sable, les voilà bien comme il les a représentés. Que de fois, errant dans ces solitudes, il s'est arrêté à mi-hauteur du versant qui regarde Harlem, pour dessiner de là sa ville natale avec ses monuments, et les tours de ses églises ! Les blanchisseries d'Overveen, que souvent aussi il nous a montrées avec les pièces de toiles étalées devant elles, ont aujourd'hui disparu; mais la silhouette de Harlem, dominée par le clocher de Saint-Bavon, se déploie, comme autrefois, au dessus du Bois séculaire qui fait à la vieille cité une verte

ALLAERT V. EVERDINGEN. — PAYSAGE NORVÉGIEN.
Collection de l'Albertina (Phot. Braun, Clément et Cie).

ceinture. Sans se lasser jamais et en les modifiant toujours, Ruisdael a multiplié les exemplaires de ces *Dunes d'Overveen* dont nous trouvons des répétitions dans les Musées d'Amsterdam, de la Haye, chez M. Holford, à Dorchester-House, à Paris chez MM. Rodolphe et Maurice Kann, chez Mme Édouard André et à la Galerie de Berlin qui en possède deux remarquables variantes.

Peut-être l'originalité du peintre apparaît-elle mieux encore dans des motifs plus simples dont, à force de talent, il a tiré un si merveilleux parti. Vous imagineriez difficilement qu'il pût trouver le sujet d'un tableau dans ce *Champ de Blé* dont il existe aussi plusieurs répétitions, plus ou moins modifiées. C'est en insistant sur l'humilité même du sujet que Ruisdael a su le rendre expressif. Au lieu de ces moissons abondantes et dorées que dans les contrées méridionales un sol généreux fournit à l'homme, presque sans culture, ici des épis grêles et chétifs, à peine jaunissants, ondulent sous un ciel pâle, menacés par le sable qui les enserre de toutes parts. Cette même impression de lutte et de tristesse, nous la retrouvons plus éloquente encore dans *le Buisson* du Louvre, une des toiles les plus célèbres du maître et dont notre grand paysagiste Daubigny a donné, dans une eau-forte que nous reproduisons ici, une si fidèle traduction. Si Ruisdael n'a jamais cessé de s'inspirer de cette nature mélancolique, il a cependant cherché dans d'autres parties de la Hollande des sujets d'étude. Rarement, il est vrai, il a peint — ainsi que l'avaient fait son oncle Salomon et van Goyen — le cours des grands fleuves, et avec le beau tableau de M. Aynard, on ne peut guère citer, en ce genre, que le *Moulin à vent* de la collection van der Hoop, dont il a trouvé le motif sur les bords du vieux Rhin, aux environs de la petite ville de Wyck-by-Dursteede, encore facilement reconnaissable à sa tour tronquée. L'œuvre est de prix et, dans l'interprétation de ce motif qu'avaient souvent traité ses prédécesseurs, Ruisdael s'est montré à la fois très puissant et très original. On sait la belle description que Fromentin a faite de ce « grand tableau, carré, *grave* (il ne faut pas craindre d'abuser du mot avec l'artiste), d'une extrême sonorité dans le registre le plus bas... et dont la tache est singulièrement imposante, à la considérer comme un simple décor »[1].

Poussant un peu plus loin ses excursions, Ruisdael, comme quelques-uns de ses confrères, a peint plusieurs fois le château de Bentheim — notamment dans les tableaux du Ryksmuseum et de la galerie de Dresde et surtout dans l'admirable chef-d'œuvre de la collection de M. A. Beit — avec la fière silhouette de ce château campé au sommet d'un monticule. Au milieu des vastes plaines de la Hollande, la moindre éminence prend un relief extrême et domine tout le pays : on comprend donc que les paysagistes fussent attirés de ce côté. Non loin de là, d'ailleurs, à en juger par la configuration des terrains et le caractère de la végétation, il nous semble que Ruisdael avait trouvé, sur les confins du Hanovre, dans la Gueldre ou l'Over-Yssel, des solitudes bien faites pour lui plaire. C'est de cette contrée écartée qu'il rapportait, sans doute, les études de ce *Monastère* de la Galerie de Dresde, dans lequel Goethe, fidèle à sa poétique, prend plaisir à relever les contrastes de ce pont écroulé, de ce cloître autrefois peuplé de religieux, maintenant abandonné, et des vieux arbres qui survivent à ces constructions, prétexte nouveau à des rapprochements qui lui sont chers et à ces comparaisons inévitables entre les fragiles créations de l'homme et l'éternelle

---

1. *Les Maîtres d'autrefois*, p. 254.

jeunesse de la nature. A l'aspect un peu rude du *Monastère*, nous préférons celui du *Chêne*, ce beau paysage du Musée de Brunswick, inspiré par la même contrée et dans lequel le maître a rendu avec un charme si pénétrant la douceur d'une après-midi d'été, demi-voilée, pleine de silence et de molles langueurs.

Mais les forêts de cette région pittoresque devaient inspirer à l'artiste des œuvres encore plus originales. Comme ces œuvres sont également très nombreuses, nous ne pouvons mentionner ici que les plus importantes. Citons d'abord *la Forêt* du Louvre, cette composition d'une si belle ordonnance, dans laquelle au milieu d'un massif de grands arbres qui bordent un étang, une percée pratiquée parmi les hêtres et les chênes laisse entrevoir des coteaux bleuâtres. L'ampleur de l'exécution est ici proportionnée aux dimensions de la toile 1^m.71, H. - 1^m.94. L. Les intonations ont aussi plus d'éclat que d'ordinaire et le bleu franc du ciel s'accorde harmonieusement avec les feuillages dorés par l'automne. Malheureusement les personnages que Berchem a peints au premier plan, — un paysan italien rougeaud qui, la main sur son cœur, déclare ses feux à une bergère rebondie juchée sur un âne, — semblent ici d'autant plus déplacés que la brutalité de la touche et la crudité des rouges font ressortir encore le peu d'à-propos d'un pareil épisode. *La Chasse*, de Dresde, ne tire pas non plus une grande valeur des personnages et des animaux que van de Velde y a introduits et qui ont donné son nom au tableau. Mais, par la douceur de l'aspect et l'ampleur de la facture, ce tableau se distingue des autres ouvrages de Ruisdael réunis dans la Galerie de Dresde qui, tout remarquables qu'ils sont, nous paraissent, en général, avoir beaucoup noirci. La découpure des silhouettes et l'intensité des verdures vont même, pour plusieurs d'entre eux, jusqu'à la dureté, et ce défaut, que probablement il convient d'attribuer à leur mauvaise conservation, est encore accentué par le luisant des glaces dont ils sont recouverts. Dans cette même Galerie de Dresde, nous préférons à cette *Chasse* un paysage de dimensions restreintes que Ruisdael a également reproduit dans une de ses meilleures eaux-fortes. Comme en un sombre miroir, l'eau de l'*Étang dans les Bois* reflète avec une fidélité absolue les vieux chênes qui, déjà découronnés par le temps, tordent leurs nerveuses ramures ou allongent leurs grands bras et leurs puissantes racines en quête d'un peu d'air et de nourriture.

L'*Entrée de Forêt* du Musée de Vienne, dont le Musée de Rotterdam possède une répétition moins importante, doit être également citée pour la beauté sévère de la composition. L'aspect grandiose de cette forêt, dans laquelle s'engage un chemin traversé par un ruisseau, recommande à notre admiration cette toile, une des plus grandes que Ruisdael ait peintes (1^m,80 sur 1^m,40). A côté de cette œuvre remarquable qui, par malheur, a aussi un peu foncé, prennent place les deux intérieurs de forêt du Musée de l'Ermitage, le *Bois* et surtout le *Marais*, certainement un des chefs-d'œuvre du peintre : jamais mieux que dans ce dernier paysage, il n'a exprimé le charme auguste de la nature abandonnée à elle-même.

« Ruisdael dessinait-il ou peignait-il d'après nature ? S'inspirait-il ou copiait-il directement ? » Telles sont les questions que se posait Fromentin dans les pages charmantes consacrées par lui au grand paysagiste, questions auxquelles il aurait pu facilement répondre, car Ruisdael a pris soin de nous renseigner lui-même de la manière la plus formelle. Les dessins du Louvre, ceux du British Museum, de l'Albertina ou du Musée Teyler et ceux d'autres collections encore nous fournissent, en effet, de précieuses informations sur la conscience avec laquelle il consultait la nature. Les aspects divers de la dune, les bords des canaux, les intérieurs des forêts, des groupes d'arbres battus par le vent, des chaumières, des ruines ou des moulins dessinés dans la campagne de Harlem ou le long de la côte y sont retracés avec une entière sincérité. Un important lavis à la sépia, appartenant à la collection de l'Albertina et que nous reproduisons ici, nous permet d'apprécier dans tout leur mérite les meilleures qualités du maître. Ce motif charmant, dont Ruisdael s'est inspiré dans le *Paysage par un temps couvert* de la National Gallery, nous montre au bord d'une eau calme, une tour en ruine et l'enceinte d'un ancien château avec des habitations de paysans pratiquées dans ses vieilles murailles qu'envahit une luxuriante végétation.

L'excellence que manifeste ici le dessinateur, nous la retrouvons à un degré pareil dans la suite des eaux-fortes gravées par Ruisdael. On en compte à peine une douzaine et encore l'attribution de trois d'entre elles, bien qu'elles soient signées, nous semble-t-elle assez douteuse. Si elles sont du maître, elles ne lui font certainement pas grand honneur.

JACOB RUISDAEL ET ADRIEN VAN DE VELDE. — DANS LA DUNE.
Collection de M. Warneck. (Phot. Braun, Clément et Cie.)

Était-ce d'Everdingen qu'il avait appris les procédés de ce genre de gravure? On l'ignore; mais en tout cas son apprentissage n'a pas dû nécessiter une bien longue durée, car sa pratique est des plus simples et se borne à l'emploi de la pointe pour dessiner sur le cuivre. Mais peut-être ce travail peu chargé met-il mieux en évidence la savante concision de son burin. Ses deux premières planches connues, datées toutes deux de 1646, dénotent encore, il est vrai, une assez grande inexpérience; mais dans *les Deux paysans et leur chien*, la *Chaumière au sommet de la colline* et *les Voyageurs* (Bartsch, n°˙ 2, 3, 4), Ruisdael atteint à la perfection. Dans la dernière de ces eaux-fortes, le fouillis des arbres, et surtout le chêne mutilé, dont les racines à demi submergées plongent dans le marais, sont indiqués avec une largeur tout à fait magistrale.

Pour ces eaux-fortes comme pour ses tableaux, l'artiste n'a pas cessé de consulter scrupuleusement la nature. Quant à peindre et à reproduire sur le terrain même les colorations réelles du paysage, nous ne croyons pas qu'il l'ait jamais fait. Tout au plus, à l'exemple d'Everdingen, lui est-il arrivé parfois de rehausser par quelques touches d'aquarelle ses dessins exécutés sur place. Il existe, en effet, plusieurs de ces études — le Musée Condé en possède une — très minutieusement travaillées à la plume et simplement rehaussées de quelques teintes légères et transparentes. Mais là se bornèrent, sans doute, ses tentatives en ce genre et c'est probablement à cette absence d'études peintes qu'il faut attribuer le parti pris évident que — suivant en cela les habitudes de la plupart de ses confrères — Ruisdael a constamment adopté dans la tonalité de ses paysages. On est frappé, en effet, du contraste qu'on relève chez lui entre la vérité absolue du dessin ou des valeurs et la couleur systématiquement conventionnelle de ses végétations. Seulement, dans cette gamme de bruns où il se maintient, il arrive à des harmonies moins monotones et moins sommaires que celles dont s'étaient contentés ses devanciers. Il aime par-dessus tout, d'ailleurs, ces temps gris, clairs ou sombres, qui laissent aux formes comme aux tons locaux toute leur netteté. Mais, ni les grâces fugitives du printemps, ni les magnificences de l'automne, ni les splendeurs du soleil à son déclin, ni les vapeurs matinales de la campagne, ni ces brouillards lumineux qui souvent enveloppent les paysages hollandais, ne l'ont tenté. Parfois, il est vrai, il a peint l'hiver avec toutes ses tristesses : des arbres dépouillés, des roseaux jaunis sur les rives d'un canal glacé; ou bien les abords d'un pauvre village, couverts d'une neige sale et détrempée, et quelques misérables chaumières dont les modestes fumées montent dans un ciel zébré de nuages et déjà assombri par la nuit. D'autres fois encore, mais plus rarement, c'est la nuit elle-même qu'il nous montre avec son silence, ses mystères, et sous les clartés douteuses de la lune qui s'élève au-dessus d'une colline, l'étang où tremble son image et un hameau endormi dont on entrevoit confusément les maisons à travers les grands arbres.

Mais ce sont là des exceptions dans son œuvre; d'ordinaire, c'est la même saison, la même heure du jour que nous retrouvons dans ses tableaux : une après-midi du commencement de l'automne et des végétations déjà mûries, avec ces teintes discrètement dorées qui lui plaisaient et qu'il excellait à rendre. Dans ces conditions, sous un jour égal, avec une lumière presque toujours pareille, Ruisdael semble se renouveler sans cesse, tant ses compositions sont variées. Et pourtant son exécution n'a jamais rien de bien rare, rien de cet entrain, ni de cette virtuosité qui sollicitent le regard et attirent l'attention. A vrai dire, on ne pense guère à sa facture et l'on a peine à discerner tous ses mérites, tant elle est peu apparente, toujours serrée et soutenue; rien cependant n'égale sa sûreté et vous y chercheriez en vain quelque trace d'hésitation ou de défaillance.

Mais peut-être le mérite de la composition est-il chez lui supérieur à celui de l'exécution. Certes, le pays qui l'a inspiré est plein de caractère. Tandis qu'en d'autres contrées il semble que le hasard règne en maître, qu'on y cherche vainement un plan et un ordre suivis, ce pays par lui-même est déjà une œuvre d'art. Tout y paraît logique et l'on dirait que tout y répond à un dessein nettement marqué. Mais bien d'autres que Ruisdael, parmi ses prédécesseurs ou ses contemporains, ont été sensibles à ses beautés et ont trouvé dans ces campagnes des motifs analogues à ceux qu'il a traités. A côté de van Goyen, de Salomon Ruisdael et de Wynants, d'autres paysagistes qui, par leur naissance ou leur éducation, se rattachent également à Harlem, comme Frans de Hulst, Roelof de Vries, Cornelis Decker, H. Verboom, J. van Kessel et G. Dubois, sans parler d'Hobbema, présentent avec Ruisdael bien des affinités. C'est en les comparant à lui qu'on peut le mieux apprécier sa constante perfection. Toutes les qualités que chez eux il faut chercher éparses, avec quelle

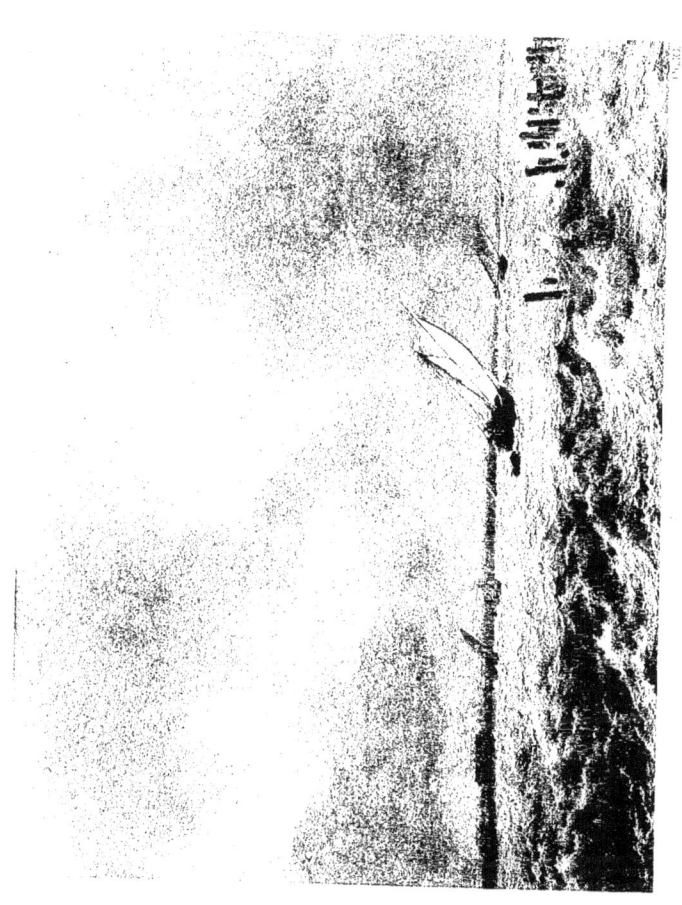

JACOB RUISDAEL. — LE MONASTÈRE.
Musée de Dresde. (Phot. Hanfstaengl.)

supériorité il nous les montre réunies! Alors que trop souvent les tableaux de ses confrères sont comme découpés au hasard dans la nature, chacun des siens est un tout, arrêté d'une manière précise dans sa silhouette, solidement construit par l'effet et par la franche répartition des masses. Comptez, pour vous en convaincre, tout ce qu'il a laissé d'œuvres inoubliables, où il a comme résumé la poésie du paysage hollandais et entre lesquelles il serait difficile de choisir : le *Buisson* et la *Tempête* du Louvre ; les *Marines* de Berlin et de Bruxelles ; la *Vue d'une rivière* du Ryksmuseum, et le *Moulin* de M. Ed. Aynard ; les différentes *Vues d'Overveen* ; la délicieuse petite *Dune* de M. Warneck, étoffée par van de Velde et le *Champ de blé* qui a fait partie de la collection Rothan ; la *Chaumière sous les arbres* et la *Cabane en ruines* qui appartiennent à M. R. Kann ; la *Chasse* de Dresde, le *Chêne* de Brunswick, la *Forêt* de Vienne, le *Marais* de l'Ermitage, le *Château de Bentheim* de M. A. Beit et tant d'autres compositions qu'a consacrées l'admiration publique et dont nous pourrions aisément grossir cette liste.

Pour comprendre aussi profondément le caractère d'un pays, pour l'exprimer avec cette force, il faut le bien connaître et l'aimer. Ruisdael y était né, il y avait vécu et ne s'en était jamais beaucoup écarté. En parcourant cette campagne de Harlem, où il a trouvé ses sujets d'étude les plus habituels, il lui arrivait souvent de se rasseoir aux mêmes places pour y recommencer les mêmes tâches. La fièvre de nouveauté qui avait emporté tant d'autres de ses confrères vers l'Italie ne l'avait jamais pris. A tant courir et à se disperser ainsi, on ne peut guère approfondir. Pour lui, il était resté dans sa contrée natale; il en connaissait tous les aspects, à toutes les heures. Loin d'en être lassé, il y découvrait chaque jour des beautés nouvelles. S'il la quittait un moment, c'était pour y revenir plus épris.

Peu à peu, qu'il le sût ou non, il avait consacré dans le paysage une poétique nouvelle. Ce n'était plus seulement le plaisir des yeux qu'à son exemple, ses successeurs allaient désormais y chercher. Suivant l'idéal que, plus d'un siècle après, Goethe devait se proposer, il leur fallait désormais dégager des entrailles mêmes de la réalité tout ce qu'elle contient d'intime poésie. On avait pu impunément jusque-là, dans des contrées réputées plus pittoresques, rapprocher les uns des autres les accidents variés qui y abondent et, en les groupant sans grande vraisemblance, viser surtout à des aspects décoratifs. Claude mieux qu'aucun autre y avait excellé. Avec une perfection désespérante pour ses imitateurs, il avait exprimé, sous les splendeurs de la lumière du Midi, la grâce de cette mer paresseuse qui vient caresser le pied des grands palais, la noble élégance de ces beaux arbres qui s'épanouissent dans une atmosphère toujours sereine. Ruisdael vivait au milieu d'une nature plus humble et moins clémente. La mer, dans les pays du Nord, en Hollande surtout, a des sauvageries terribles. Derrière les misérables défenses qu'on oppose à ses fureurs, dans ces chaumières basses et mal protégées, on passe parfois des nuits anxieuses à veiller contre un ennemi toujours menaçant. Cette eau épaisse des rivières ou des fleuves hollandais, c'est le sol même du pays qu'elle délaie et qu'elle charrie, tandis que poussé par le vent, le sable des rivages se disperse et porte devant lui la destruction. Ce n'est point sous ce rude climat que vous rencontreriez les silhouettes molles et arrondies de l'arbre italien, tel qu'après Claude l'école académique allait nous le montrer, arbre banal,

11. — JACOB RUISDAEL. — LE MOULIN A VENT
(COLLECTION DE M. R. VAN MARNES, DE LA HAYE).
TOG. DE LA GESELLSCHAFT FÜR VERVIELFÄLTIGENDE KUNST,
A VIENNE).

aux contours prévus, qu'on dispose ou qu'on remplace à volonté et qu'on accommode aux besoins de la composition. Non seulement, chez le paysagiste hollandais, les essences sont nettement spécifiées, mais chaque individu a sa physionomie propre, résultant des conditions mêmes de sa croissance, du sol où il est attaché. Comme les arbres, les terrains, les herbes et les moindres éléments pittoresques ont été façonnés par ce milieu très particulier où les forces de la nature toujours agissantes règlent et modifient les formes, les couleurs et les harmonies. Qui songerait à faire intervenir les héros de l'histoire ou de la fable dans un pareil milieu? Les seuls êtres humains qui puissent y figurer, des pâtres, des paysans, des matelots ou des promeneurs y semblent bien chétifs, bien petits. Dans les meilleurs ouvrages de Ruisdael ils sont à peine visibles, souvent même, ils sont absents.

C'est ainsi que par une série de transformations successives, le paysage était arrivé au terme de son développement. L'homme, qui seul autrefois remplissait l'art, en avait été graduellement évincé par la nature. Au début, celle-ci n'apparaissait que timidement, le plus souvent symbolisée dans ses grâces ou ses énergies par des types convenus. Mais peu à peu son importance avait grandi, et de plus en plus sa représentation avait gagné en réalité et en précision. Avec Ruisdael, le jour était venu où, se suffisant à elle-même, elle s'était complètement substituée à l'homme et celui-ci avait disparu.

Mais un tel art était trop en dehors des traditions reçues pour être goûté à cette époque. Bien avant que J.-J. Rousseau donnât, chez nous, dans les lettres, le branle au sentiment de la nature, Ruisdael en avait montré dans sa peinture la plus éloquente expression. Devançant ainsi l'éducation du public de son pays, il devait rester ignoré et, comme Rembrandt, mourir dans le dénûment le plus complet. Cet amoureux de la campagne et de la vie au grand air allait s'éteindre dans la tristesse et la réclusion d'une chambre d'hôpital. Mais peut-être les rigueurs de sa destinée et cette obscurité, d'où il ne sortit guère, ont-elles contribué à développer son talent. Pour certains artistes plus profondément épris de leur art et qui se sont donnés à lui sans partage, il semble, en vérité, que le génie soit fait de souffrance et qu'il doive payer sa rançon. Les amertumes ne furent pas épargnées à Ruisdael, et cette nature du Nord, dont il nous a montré la mélancolie et les rudesses, s'accorde de tout point avec son existence tourmentée. Doux et modeste comme il l'était, il ne paraissait pas fait pour les grands succès ; ce n'était cependant pas un misanthrope, et ses amitiés, sa générosité pour les siens témoignent de la bonté de son cœur. Mais si, avec sa réserve et sa pauvreté, il ne se sentait pas toujours à l'aise au milieu des hommes, il reprenait en face de la nature la pleine possession de lui-même. Avec quel intime contentement, il retrouvait cette amie éprouvée! Quel accueil elle réservait à ses disgrâces! Dans ses longues séances d'étude et de contemplation, que de pensées échangées avec elle! Parfois trop vagues pour être dites, elles se seraient mal accommodées du langage ; mais son art leur prêtait une voix touchante et des nuances d'une délicatesse infinie. Aussi ce grand méconnu s'absorbait-il de plus en plus dans cet art et il lui demandait les consolations que lui refusait sa destinée. Sans céder au découragement, il continuait, tant qu'il le put, à peindre ces paysages austères qui ont rendu son nom immortel. Il y mettait, avec son talent, son âme tout entière. Cette âme vit encore dans ces œuvres qu'il faisait pour lui-même et dont notre époque seule devait apprécier toute la valeur. Avec une poésie communicative, elles nous associent aux douloureuses confidences de celui qui, après Rembrandt et misérable comme lui, fut certainement le plus grand artiste de la Hollande.

·

Quand on parcourt les biographies des peintres hollandais de la grande époque, on est frappé du contraste douloureux que trop souvent leur talent présente avec leur destinée. Combien parmi les meilleurs ont vécu misérables et presque ignorés! Avec Ruisdael, Hobbema peut grossir la liste de ces méconnus et il n'est guère d'exemple plus mémorable des vicissitudes du goût que la diversité extrême des appréciations dont ses œuvres ont été l'objet. Houbraken, qui nous a pourtant laissé des informations assez complètes sur les artistes de cette époque, ne parle même pas de lui. Pendant plus d'un siècle après sa mort, à part une courte citation donnée en passant par Van Gol dans sa *Nieuwe-Schowbourg* (1751), son nom ne se rencontre jamais sous la plume des historiens, et pour être vendues, ses œuvres doivent être présentées au public sous des noms supposés. Des marchands ou des amateurs peu

JACOB RUISDAEL. — LE BUISSON.
Eau-forte de Daubigny. (D'après le tableau du Musée du Louvre.)

scrupuleux effacent sa signature pour y substituer celle de Ruisdael ou de quelque autre de ses contemporains, et jusqu'au commencement du xix° siècle un silence absolu se fait autour de lui.

Tout à coup, il y a une soixantaine d'années, à la suite de quelques ventes qui avaient mis en lumière son talent, Hobbema devient en vogue et ses tableaux sont recherchés, au moins autant à raison de leur rareté que de leur mérite. Une *Entrée de bois*, provenant de la collection du cardinal Fesch (c'est le tableau de la collection Dutuit) est payée 44 000 francs et à la vente du roi de Hollande, le *Moulin à eau* atteint 55 000 francs. Enfin, un grand paysage, exposé en 1861 à Manchester, est acquis pour 75 000 francs par lord Hatherton, qui, au dire de Burger, en refuse peu de temps après 130 000 francs. En présence de ces chiffres et de cette faveur croissante, certains trafiquants se livrent de nouveau à leurs frauduleuses opérations, et les signatures d'Hobbema réapparaissent, plus nombreuses que jamais, sur des ouvrages auparavant déjà signés de son nom, et même sur d'autres qui portaient autrefois celui de Jacob Ruisdael, à ce moment prisé moins haut que lui.

Il fallait cependant trouver une histoire à un artiste devenu si brusquement à la mode. Mais les obscurités accumulées autour d'Hobbema rendaient singulièrement difficile l'établissement de sa biographie. Les découvertes faites sur lui sont à la fois récentes et peu nombreuses et la plus grande incertitude règne encore aujourd'hui au sujet de sa famille. Le premier document positif concernant le paysagiste nous a été fourni par M. Scheltema, l'ancien archiviste d'Amsterdam, qui, dans une brochure parue en 1864, a publié un acte, daté du 2 novembre 1668 et relatif au mariage du peintre Myndert Hobbema, d'Amsterdam, alors âgé de trente ans, avec Eltje Vinck de Gorcum, âgée de trente-quatre ans. L'artiste n'a plus ses parents, mais il est assisté par un certain Jacob van Ruisdael, demeurant sur le Harlemmer-Dyk, qui signe comme témoin. De la teneur de cet acte, il résulterait qu'Hobbema est né à Amsterdam en 1638, et l'on est naturellement conduit à penser que le Ruisdael en question était le grand paysagiste qui, en effet, habitait Amsterdam à ce moment. Une découverte plus récente, faite par M. A. Bredius dans les Archives, nous vaut d'ailleurs un argument décisif en faveur de cette hypothèse.

Il n'était pas rare alors de voir figurer des artistes dans les expertises

JACOB RUISDAEL. — CHATEAU DE BENTHEIM.
Musée de Dresde. (Phot. Bruckmann.)

ayant pour objet d'estimer les tableaux faisant partie de successions ou acquis par des amateurs. Convoqués, à cet effet, en présence d'un notaire, ils donnaient leur avis sur la valeur des peintures comprises dans les inventaires, et sur le bien fondé de leurs attributions. C'est ainsi qu'à la date du 9 juin 1661, à la requête d'un sieur Laurent Mauritsz Doney, plusieurs peintres d'Amsterdam sont cités pour examiner une *Marine* qui avait été vendue au requérant, comme étant l'œuvre de J. Porcellis, par un marchand d'objets d'art de Delft. Barent Cornelisz, Willem Kalff, Allart van Everdingen (ces deux derniers se disant âgés chacun de trente-neuf ans) et Jacob van Ruisdael, âgé de trente-deux ans, assignés comme experts, ne pensent pas que l'œuvre soumise à leur examen soit digne de Porcellis et donnent brièvement les motifs de leur appréciation. Or, à la suite de leurs signatures, nous relevons celle d'Hobbema, l'un des deux témoins qui assistent les comparants. Bien jeune encore (il n'avait à ce moment que vingt-trois ans), le peintre n'a pas été appelé comme expert; mais sa griffe apposée au bas de cet acte, au-dessous même de celle de Ruisdael, est une preuve des relations que, dès cette époque, il avait avec ce dernier. Ces relations et la différence même des âges nous sembleraient déjà une présomption suffisante en faveur de l'hypothèse, assez généralement admise, qu'Hobbema a été

JACOB RUISDAEL. — LE MARAIS.
Musée de l'Ermitage. (Phot. Braun, Clément et Cⁱᵉ.)

l'élève de Ruisdael. Le caractère de ses œuvres s'accorde d'ailleurs, nous le verrons, avec les faits que nous venons de citer pour justifier cette filiation de son talent.

Un autre document, non moins intéressant, dû aux recherches de M. N. de Roever, jette un jour assez piquant sur les mœurs administratives de cette époque. Le livre des Comptes des Bourgmestres d'Amsterdam nous apprend qu'en 1668, l'année même où il se mariait, Hobbema était nommé jaugeur-juré de la ville, pour les liquides de provenance étrangère : vins, eaux-de-vie, huiles, etc., qui, à leur arrivée, devaient être évalués suivant les mesures de capacité alors usitées en Hollande. La coïncidence des dates n'était point fortuite. Dans le mois même où s'était conclu son mariage, par un acte du 25 novembre, passé devant le notaire F. Meerhout d'Amsterdam, Hobbema attestait que cet emploi, qui lui était échu, il le devait à l'intervention d'une compagne de sa femme, nommée Saertgen Sarah Valentyn, comme elle domestique du bourgmestre Lambert Reynst. En reconnaissance de ce service, il s'engageait à payer, tant qu'il garderait sa place, une rente de 250 florins à cette fille, à moins que celle-ci, venant à se marier, ne fit aussi pourvoir son mari d'un emploi quelconque. Ce prélèvement de 250 florins sur ses gains annuels était, on le comprend, une assez lourde charge pour Hobbema, et son mariage avec une servante, plus âgée que lui de quatre ans, ne prouve pas non plus que sa situation fût alors bien brillante.

La détermination prise par l'artiste de chercher dans un emploi municipal des moyens d'existence montre clairement aussi le peu de profit que devait lui valoir la pratique de son art. Suivant toute apparence, ses œuvres se vendaient encore moins bien que celles de J. Ruisdael. Et pourtant, à en juger par la quantité des tableaux qui garnissaient les intérieurs et qui figurent dans les inventaires de cette époque, on serait tenté de croire que les peintres trouvaient alors un emploi fructueux de leur talent. Mais, en réalité, ces tableaux ne leur étaient souvent payés qu'un prix minime, les paysages surtout. Pour quelques florins, on pouvait se procurer des ouvrages signés des noms aujourd'hui les plus illustres. Il ne faut donc pas s'étonner si un grand nombre des maîtres hollandais ont dû recourir à quelque industrie ou exercer un emploi pour subvenir à leur existence. Plusieurs, et non des moindres, joignaient, en effet, à leur art une autre profession. Nous avons dit que l'oncle même de Ruisdael, Salomon, avait trouvé le secret de la fabrication d'une substance ayant l'apparence et la dureté du marbre, et que van Goyen essayait, sans grand succès, de spéculer sur les maisons, les tableaux et les tulipes. Jan Steen, son gendre, après avoir loué à Delft la brasserie de l'*Étrille* et celle du *Serpent*, devait à la fin de sa vie tenir une auberge à Leyde; Pieter de Hooch était, en 1653, à la solde d'un sieur Justus de la Grange, en qualité de valet de chambre et de peintre, et dans la vente de la collection de son maître, en 1655, il n'y avait pas moins de dix tableaux de lui, estimés de 6 à 20 florins chacun. Un autre peintre d'intérieurs, J. Vermeer de Delft, s'acquittait de dettes criardes en cédant à très bas prix quelques-unes de ses œuvres, et Abraham van Beyeren essayait en vain d'apaiser de la même manière les réclamations de son tailleur, de son boulanger et de ses autres fournisseurs.

La charge de jaugeur-juré, qu'Hobbema conserva jusqu'à sa mort, absorbait sans doute une notable partie de son temps, car, à partir du moment où il en fut pourvu, ses tableaux deviennent de plus en plus rares. Grevée, comme elle l'était, de la redevance qu'il payait à la

« demoiselle âgée », cette place était cependant bien précaire et l'artiste avait grand'peine à soutenir son ménage. Des enfants lui étaient venus : d'abord un fils baptisé le 9 septembre 1669, à la Nieuwe-Kerk, sous le nom d'Édouard; puis deux filles baptisées successivement le 11 décembre 1671 et le 6 décembre 1673. Avec les années, la gêne s'accusait de plus en plus dans la maison d'Hobbema, et quand sa femme mourut en 1704, le ménage était dans l'indigence. Cinq ans après, le peintre, qui demeurait alors sur le Rozengraacht, près du Doolhof, presque en face de la maison que Rembrandt avait occupée, s'éteignait, misérable comme lui, le 7 décembre 1709. Il était enterré le 14 décembre suivant à la Wester-Kerk. En regard de l'inscription de chacun des deux époux sur les registres mortuaires figure la sèche et trop significative mention : *Classe des Pauvres*.

L'étude des œuvres d'Hobbema ne présente guère moins d'obscurité que celle de sa vie, les signatures et les dates de ces œuvres ayant été, nous l'avons dit, l'objet de remaniements successifs. Le chiffre total de cent quarante-cinq tableaux auquel Smith est arrivé dans son *Catalogue raisonné* ne saurait être, non plus, accepté sans réserves. Au moment où ce catalogue était dressé, Hobbema commençait à être à la mode, et les prétentions des amateurs désireux de profiter de sa vogue tendaient nécessairement à grossir cette liste outre mesure. Le chiffre donné par Smith est donc exagéré et les erreurs qu'il a pu commettre sont d'autant plus excusables que non seulement il existe d'assez grandes analogies entre le talent d'Hobbema et celui de plusieurs de ses contemporains, mais qu'on peut constater des inégalités assez marquées entre ses propres ouvrages.

Il est cependant permis d'affirmer que le développement d'Hobbema, comme celui de Ruisdael, son maître, fut très précoce. Les dates portées anciennement sur des tableaux qui sont depuis longtemps restés dans des collections connues nous en fournissent la preuve. Le *Moulin à eau* de Bridgewater-House, daté de 1657, œuvre, par conséquent, d'un jeune homme de dix-sept ans, est déjà d'une facture très habile. Mais le nombre et la qualité des œuvres comprises entre 1663 et 1669 attestent que ce fut là pour lui la période de pleine production. On serait donc d'autant plus étonné de lui voir accepter, à ce moment, une charge qui allait le détourner de la pratique de son art, alors qu'il était en possession complète de son talent, si les difficultés matérielles de son existence n'expliquaient un peu cette détermination.

On a longuement discuté sur la contrée qui a le plus souvent fourni à Hobbema les données de ses paysages. A vrai dire, tout charmants que soient les aspects de cette contrée qu'il s'est plu à retracer, ils ne laissent pas, à la longue, de paraître un peu monotones. Quand on visite les collections anglaises dans lesquelles se trouve maintenant réunie la plus grande partie de son œuvre, on finit par être un peu lassé de ces répétitions presque pareilles et dont la qualité d'ailleurs est aussi fort inégale. Dans les meilleures acceptions qu'il en faut signaler — le grand *Paysage* de lord Hatherton, signé et daté de 1663, le *Moulin à eau* et l'*Entrée de forêt*, de la collection de sir Richard Wallace, le *Moulin* de lord Overstone, un des deux *Paysages* de Buckingham Palace, le *Village* et le *Paysage boisé* de la National Gallery; et à Paris : le *Village* de M. R. Kann, le *Moulin* de M. le baron Alphonse de Rothschild et, bien qu'il ait été un peu trop récuré, celui de la collection Dutuit — on trouve une couleur claire, une lumière vive et gaie, et une sûreté d'exécution qui font valoir la grâce et la rustique intimité de ces simples motifs. Mais, à côté de ces exemplaires de choix, combien d'autres œuvres nous pourrions citer soit en Angleterre, soit dans les collections du continent, où l'exécution rude et morcelée manque complètement de souplesse!

JACOB RUISDAEL. — LA CAMPAGNE EN HIVER.
Pinacothèque de Munich. (Phot. Hanfstaengl.)

Pauvre et menue dans les premiers plans, la touche reste dure et heurtée dans les lointains qui, au lieu de présenter un repos pour le

JACOB RUISDAEL. — LA RUINE.
Collection de l'Albertina. (Phot. Braun, Clément et Cⁱᵉ.)

regard, l'attirent et l'arrêtent par des détails trop fortement accusés, comme ces arbres ronds et grêles qu'Hobbema surcharge d'empâtements aussi saillants que s'ils occupaient les devants du tableau. Les dispositions ne brillent pas non plus par la simplicité ; la silhouette trop déchiquetée des arbres se découpe durement sur le ciel, et avec leur ramure dégingandée et leurs panaches de verdure, ces arbres demeurent indécis et mous dans leur structure. Cette uniformité de facture, cette abondance excessive de détails, et cette trop fréquente insignifiance de motifs que nous relevons dans certains tableaux d'Hobbema suffiraient, avec ce que nous savons de sa vie elle-même, pour nous montrer que, dans la réhabilitation d'ailleurs légitime de son talent, on a quelque peu dépassé la mesure, en l'égalant à Ruisdael, en voulant même, ainsi qu'on l'a tenté, le mettre au-dessus de lui. Osons le dire, dans la plupart de ses œuvres, il reste fort inférieur à son maître. Il n'a ni sa fécondité, ni son grand art de composition, ni cette force de sentiment et ce souci constant de perfection qui assurent à Ruisdael le premier rang parmi les paysagistes hollandais.

Il n'est que juste de remarquer cependant que quelques-unes de ses productions, à raison de leur rare mérite, se détachent de l'ensemble de son œuvre, et nous paraissent seules dignes de l'admiration dans laquelle on est trop souvent porté à les confondre toutes. L'*Entrée de forêt* de sir Richard Wallace et celle de la collection Dutuit, le *Village sous des chênes*, paysage en hauteur appartenant à S. M. le roi des Belges, pendant de notre *Moulin* du Louvre, et presque de valeur égale, enfin ce *Moulin* lui-même et l'*Avenue de Middelharnis* de la National Gallery doivent, à notre avis, être tirés hors de pair. C'est à ces deux derniers tableaux surtout que nous voulons nous arrêter, parce qu'ils nous offrent comme un résumé des meilleures qualités de l'artiste.

Il est difficile cependant de ne pas être un peu choqué par la composition de l'*Avenue de Middelharnis*. Cette route venant de face et qui coupe assez gauchement la toile par le milieu, ces arbres plantés symétriquement, grêles, ébranchés et qui n'ont conservé à leur sommet qu'un mince plumet de feuillage ; ces fossés parallèles qui s'allongent de chaque côté de l'avenue ; enfin cette pépinière de rosiers et d'arbustes rangés en files droites, tout cela, il faut en convenir, n'est pas d'une ordonnance bien

JACOB RUISDAEL. — LA FORÊT.
National Gallery. (Phot. Braün, Clément et Cie.)

pittoresque. Et pourtant, à force de talent, Hobbema parvient à nous intéresser à un motif aussi médiocre. La conservation du tableau, qui a fait partie de la collection de sir R. Peel, est d'ailleurs parfaite et sa couleur franche, blonde et claire, est restée d'une limpidité remarquable.

Le *Moulin* du Louvre, s'il n'est pas de qualité plus haute, est du moins mieux composé et nous paraît, de tout point, le chef-d'œuvre d'Hobbema. Le motif est emprunté à la contrée qui l'a le plus souvent inspiré; mais la disposition en hauteur qu'il a adoptée ici, présente la donnée sous un aspect original. Le groupe des arbres du premier plan se détache vigoureusement sur le ciel, et leur silhouette découpée avec une fermeté extrême, mais sans dureté, encadre très heureusement l'horizon qu'éclaire un soleil radieux. Sous cette vive lumière, les moindres détails sont précisés d'une touche incisive et nerveuse, souple cependant et appropriée aux objets que l'artiste veut représenter. Hobbema a su conserver la diversité des formes et des nuances dans ces nombreux détails; noter avec la qualité propre des colorations, les dégradations insensibles que l'espace y apporte dans les divers plans; il a multiplié

JACOB RUISDAEL. — LES VOYAGEURS.
Eau-forte du maître. (Bibliothèque Nationale.)

ces plans et fait jouer gaiement la lumière entre les trouées des arbres. Tout cela est librement exécuté, en pleine pâte, avec entrain, sans trace de reprise, sans hésitation, comme sans fatigue. Le ciel surtout est d'un parti merveilleux; soutenu vers le haut, il vient, dans sa partie moyenne, opposer aux plus fortes vigueurs du tableau l'éclat d'un beau nuage dont les blancheurs nacrées s'arrondissent dans un pâle azur. Les personnages aussi sont excellents, et si discrètement espacés qu'il faut chercher aux divers plans ces petits pêcheurs assis sur la berge, ces paysans, ces ouvriers qui devisent entre eux ou vaquent à leurs occupations, ce gentilhomme qui se promène à l'écart, une longue canne à la main, et avec eux, tous ces animaux saisis sur le vif, surpris dans leurs attitudes... les plus familières. Nous y reconnaîtrions volontiers le goût et la main d'Adrien van de Velde. De qui soient-ils, ils achèvent ce pur chef-d'œuvre dont Fromentin, dans une page exquise, n'a pas trop vanté les séduisantes qualités : « Ce *Moulin* est une œuvre si charmante, il est si précis, si ferme dans sa construction, si voulu d'un bout à l'autre dans son métier, d'une coloration si forte et si belle, le ciel est d'une qualité si rare, tout y paraît si finement gravé avant d'être peint, et si bien peint par-dessus cette âpre gravure; enfin, pour me servir d'une expression qui sera comprise dans les ateliers, il s'encadre d'une façon si piquante et *fait si bien dans l'or*, que quelquefois, apercevant à deux pas de là le petit *Buisson* de Ruisdael, et le trouvant jaunâtre, cotonneux, un peu rond de pratique, j'ai failli conclure en faveur d'Hobbema et commettre une erreur qui n'eût pas duré, mais qui serait impardonnable, n'eût-elle été que d'un instant[1]. » On ne saurait mieux dire, en vérité, et il convient en présence du *Moulin*, de ressentir l'admiration si délicatement exprimée par Fromentin, sans être tenté pour cela de lui sacrifier le *Buisson* de Ruisdael et de le trouver « jaunâtre, cotonneux, et un peu rond de pratique ».

Pourquoi l'artiste capable de peindre l'*Avenue de Middelharnis* et le *Moulin* a-t-il produit tant d'œuvres, non pas seulement inférieures — les plus grands eux-mêmes ne retrouvent pas à leur gré pareilles réussites, — mais plus que médiocres et tout à fait insignifiantes? On ne

---

[1] Eugène Fromentin, *les Maîtres d'autrefois*, p. 244.

saurait le dire, et l'on reste confondu de l'inégalité de ces œuvres quand on compare au *Moulin*, l'autre paysage du Louvre, cette *Entrée de Forêt*, qui, sans être un de ses pires ouvrages, nous montre une telle lourdeur, une telle monotonie de touche, des tons opaques et ternes, des formes gauches et molles.

Les dessins d'Hobbema, assez rares d'ailleurs, sont loin d'offrir aussi la variété et l'intérêt de ceux de Ruisdael. Le Louvre n'en possède qu'un seul, un lavis à l'encre de Chine représentant un moulin; encore est-il attribué à Ruisdael, mais le motif et surtout la facture démentent cette attribution. Au cabinet de Berlin, au British Museum et au Musée Teyler, nous trouvons quelques simples croquis, le plus souvent d'après ces *Moulins à eau*, que le peintre ne s'est pas lassé de reproduire, croquis esquissés à la pierre noire et parfois rehaussés d'un peu de lavis.

Si, comparé à Ruisdael, Hobbema, nous l'avons dit, est moins fécond, moins varié, s'il n'a ni sa force poétique, ni sa concision éloquente, il a su, du moins reproduire avec un talent incontestable certains côtés de la nature hollandaise qu'avait négligés son maître. Plus accessible aux impressions aimables, il ne se sentait pas attiré comme lui par les aspects sauvages de la dune, ni par les tristesses ou les fureurs de la mer. Parmi les beaux ombrages et les eaux vives, il a pris plaisir à nous montrer, sous un clair soleil, des maisons agréablement dispersées dans la plaine et dont les toits rouges émergent de la verdure. C'est le mérite et le charme de quelques-unes de ses meilleures œuvres qui l'ont tiré de la foule de ses rivaux; c'est par elles qu'il s'est signalé comme un artiste de race et qu'il a mérité à côté, un peu au-dessous de son maître, une place d'élite dans l'école hollandaise.

Après Hobbema, on ne trouvera plus ni ce talent, ni cette vérité et cette franchise d'impressions. La monotonie qu'on peut reprocher à quelques-uns de ses ouvrages va devenir le défaut de la plupart de ses successeurs. Dans les fades compromis où ils essaient en vain de marier le style et la nature, ils se borneront désormais à l'exploitation routinière des sujets qui ont chance de plaire aux amateurs. La sève est épuisée, et avec ces finisseurs à outrance et ces imitateurs qui se copient incessamment les uns les autres, l'école hollandaise,

M. HOBBEMA. — AVENUE DE MIDDELHARNIS.
National Gallery. (Phot. Hanfstaengl.)

ayant perdu sa force et son originalité, est sur le point de disparaître. Venu à son déclin, Hobbema est un des derniers de ses grands paysagistes.

III

Parmi les villes de la Hollande, il n'en est guère qui aient une physionomie aussi originale que Dordrecht, et nous n'en connaissons pas dont les abords soient plus pittoresques. Au sortir des landes monotones et désolées que le voyageur rencontre après Anvers, la contrée prend peu à peu un aspect moins triste et plus vivant. Des prairies d'une verdure éclatante s'étendent autour de l'immense nappe d'eau du Hollandsch-Diep, égayées çà et là par des troupeaux ou par des fermes qu'ombragent de beaux bouquets d'arbres à la tournure élégante. A mesure qu'on approche de Dordrecht, la campagne devient de plus en plus riante et animée. De nombreuses embarcations aux voiles colorées sillonnent le cours de la Meuse, que domine au loin le clocher imposant de la Grande Église. C'est une succession ininterrompue de motifs tout composés que les paysagistes hollandais nous ont rendus familiers et l'on salue à chaque instant, au passage, quelques-uns de leurs tableaux.

Au milieu même des controverses religieuses dont elle fut le théâtre et qui devaient bientôt dégénérer en luttes sanglantes, Dordrecht ne cessa jamais de tirer parti de sa situation exceptionnelle qui, grâce à l'intelligence de ses habitants, avait fait d'elle l'entrepôt du commerce des bois, des grains et des vins venus d'Allemagne; aussi sa prospérité était extrême. Une Gilde de Saint-Luc s'y était établie très anciennement, et ses archives forment, presque sans lacune, une suite continue de 1580 à 1649, mais sur ses listes où figurent pêle-mêle les noms de gens des professions les plus diverses, on chercherait en vain ceux de maîtres tant soit peu connus, comme en possédaient alors les villes du voisinage. La peinture qui, d'ailleurs, n'apparut que tardivement à Dordrecht, n'y a jamais eu d'école, comme à Utrecht, à Harlem, à Amsterdam, à La Haye ou à Leyde. Cependant à côté des nombreux élèves de Rembrandt qui, pour la plupart, la quittèrent dès leur jeunesse, pour venir se fixer à Amsterdam, nous rencontrons, du moins, à Dordrecht une dynastie de peintres, qui, après s'y être fixés, y ont toujours vécu, celle des Cuyp, dont le dernier et le plus illustre représentant devait rendre sa célébrité inséparable du nom de sa ville natale.

La famille des Cuyp était originaire de Venlo et le premier de ses membres qui nous soit connu, Gerrit Gerritsz, était appelé à devenir le père d'une nombreuse lignée. Nous le trouvons établi à Dordrecht dès le 19 janvier 1585, et membre de la Gilde de Saint-Luc où il est inscrit comme peintre verrier. Il avait, paraît-il, quelque talent dans sa profession, car à diverses reprises il fut chargé de travaux par la municipalité. C'était d'ailleurs un homme d'ordre et, après avoir élevé la nombreuse famille que lui avaient donnée ses cinq femmes, il laissait encore à sa mort (mai 1644) une modeste aisance. Le cinquième des enfants de sa première femme, Jacob Gerritsz, devait être peintre, et si la date de sa naissance, en décembre 1594, nous empêche de le considérer comme un précurseur, elle nous permet, du moins, de voir en lui un de ces vaillants artistes qui, en affermissant l'école dans sa vraie direction, devaient montrer leur solide mérite. Son père, reconnaissant que la ville qu'il habitait n'offrait pas des ressources suffisantes pour son instruction, l'avait confié à Abraham Bloemaert, qui bien qu'établi à Utrecht, avait probablement conservé des relations avec Dordrecht d'où son père était originaire.

A peine âgé de vingt-trois ans, le jeune homme était de retour à Dordrecht où, dès le 18 juillet 1617, nous le trouvons inscrit sur les listes de la Gilde de Saint-Luc et, peu de temps après, il peignait pour le Doelen des Couleuvriniers de Saint-Georges un grand tableau, qui malheureusement a disparu. Comme la plupart des artistes de cette époque, Jacob Gerritsz avait des aptitudes très variées. Si dans les sujets religieux et dans les scènes militaires, alors fort en vogue, il montre une mollesse et une médiocrité qui n'auraient pas suffi à faire vivre son nom, en revanche, c'est un portraitiste de grand talent et la rareté de ses œuvres, parfois confondues avec celles de Th. de Keyser, explique seule qu'il ne soit pas plus connu.

Cet habile peintre n'avait eu qu'un seul enfant, un fils nommé Albert, mais c'est à lui surtout qu'est due la célébrité de la famille. Grâce aux heureuses recherches de M. Veth dans les archives paroissiales de Dordrecht, nous savons aujourd'hui que, contrairement à l'assertion de Houbraken, la date de 1605 donnée comme celle de la naissance d'Albert Cuyp, doit être reculée de 15 ans, jusqu'au mois d'octobre 1620. Il est probable que, dès son enfance, il reçut les enseignements de son père; mais, à part quelques-uns de ses portraits, il n'a jamais daté ses tableaux. Cependant l'inexpérience et les analogies qu'on y remarque avec la manière de Jacob Gerritsz, permettent de distinguer ses premiers ouvrages. D'ordinaire, le trait de l'esquisse y est resté visible; l'aspect est presque monochrome et les colorations se réduisent à quelques frottis légers de couleurs transparentes, rehaussées çà et là, dans les lumières, par des touches un peu empâtées. Le Musée de Berlin possède deux de ces paysages primitifs, des *Vues de dunes*, de tonalité assez pâle, et dans lesquelles le feuillé des arbres est exprimé par un gribouillage timide et uniforme. Les personnages sont assez gauchement posés; mais déjà les ciels grisâtres montrent une souplesse de ton et une délicatesse de modelé qui sont de bon augure. Un *Paysage montagneux*, du Ryksmuseum, nous paraît aussi une œuvre de jeunesse, mais un peu postérieure, avec son ciel bleu pâle dans lequel apparaissent ces nuages dorés et noyés avec les fonds que le peintre s'est plu à reproduire si souvent par la suite.

A l'exemple de son père, et plus que lui encore, Albert Cuyp s'est appliqué à peindre tout ce qui l'intéressait dans la nature. Plusieurs études que possède le Musée de Rotterdam nous renseignent sur la façon dont il la consultait. Avec une *Tête de vache*, largement traitée, d'une couleur très puissante et d'une facture à la fois expéditive et sûre, nous y admirons plus encore une *Étude de chevaux dans une écurie*. Ces deux chevaux, vus l'un de profil, l'autre de croupe, gris pommelés tous deux, sont exécutés avec une conscience scrupuleuse. A Dulwich-College, dans la collection de sir Richard Wallace, dans celle de M. R. Kann et au Musée de Bruxelles, nous trouvons aussi quelques-unes de ces études d'animaux qui remplissaient Géricault d'admiration. Les vaches, les chevaux et les poules, les hérons, les canards, les oies et les pigeons que l'on peut voir dans d'autres tableaux du maître montrent assez avec quelle finesse d'observation et de dessin il savait reproduire toutes les bêtes, dans les attitudes les plus variées. Au Ryksmuseum, le *Combat d'un Coq et d'un Dindon* par Cuyp permet également de constater l'incontestable supériorité avec laquelle il sait agrandir à sa façon le domaine d'un genre un peu secondaire, et cette lutte des deux volatiles, telle qu'il l'a conçue, a vraiment une tournure épique.

Comme son père, Cuyp devait aussi peindre des portraits, mais, en général, il n'a jamais su leur donner le caractère profondément individuel que Jacob Gerritsz mettait dans les siens. En revanche, Albert s'est montré créateur dans un autre genre de peintures bien faites pour plaire aux riches amateurs de son époque. Nous voulons parler de ces portraits équestres dans lesquels il a représenté les membres de la plupart des familles patriciennes de sa ville natale. *Promenades à cheval*, *Haltes devant une auberge*, *Départs pour la chasse*, *Parties de pêche*, tels sont les motifs familiers dans lesquels il introduisait ses modèles paradant sur leurs montures. Les turbans, les toques, les bonnets à plumes dont Cuyp les affuble, leurs vestes de velours chamarrées d'or ou bordées de fourrures, les cimeterres et les yatagans passés à leur ceinture, toute cette défroque de carnaval ne nous donne qu'une médiocre idée du goût du peintre et de ses concitoyens. Cuyp se prêtait à tous leurs caprices sans parvenir à donner plus d'élégance à ses cavaliers qu'à leurs montures. Ces sortes de portraits étaient cependant très recherchés et les personnages les plus considérables de la contrée tenaient à

ROBIE... — LE VILLAGE.
(Collection de M. R. Kann.)

être ainsi peints par Cuyp. Aussi, avec l'aisance que peu à peu il avait acquise par son travail, il jouissait dans sa ville natale d'une grande considération, et son mariage avec la veuve d'un certain Johann van de Corput, décédé conseiller de l'amirauté, vint encore lui faciliter l'accès de la haute société. En 1659, il quittait la maison paternelle, qu'il avait habitée jusque-là, pour occuper, dans la Wynstraat, une installation plus spacieuse dans laquelle, au mois de décembre de cette même année, sa femme accouchait d'une fille, nommée Arendina, la seule enfant qu'il dût avoir.

C'est dans la nature au milieu de laquelle il vivait que Cuyp a trouvé ses meilleures inspirations, et la campagne des environs de Dordrecht les lui fournissait avec une variété inépuisable. Dans ces plaines immenses, coupées par d'innombrables cours d'eau, la vue s'étend au loin sans être arrêtée par aucun accident de terrain. Çà et là, un bouquet d'arbres, quelques chaumières et les troupeaux disséminés dans les prairies se détachent nettement sur l'horizon. Ainsi espacés parmi les vastes étendues des *polders*, ces animaux mettent seuls un peu de vie dans la campagne. C'est vers eux qu'est attiré le regard, autour d'eux que se concentre l'intérêt d'un paysage avec lequel s'harmonisent si bien leurs franches colorations et leurs tranquilles allures. A toute heure du jour, libres et nonchalantes, les vaches hollandaises errent à leur gré dans leurs plantureux pâturages. Dispersées pour brouter, elles se réunissent, au moment du repos, sur le bord des fossés et près des barrières où viennent les joindre les bêtes des clos voisins, poussées comme elles par un secret besoin de société. Tandis que s'écoulent, lentes et monotones, les heures de ces journées toujours pareilles, elles demeurent là, accroupies ou debout, sommeillant près de leurs compagnes, ou plongées silencieusement dans une extase béate.

Attentifs comme ils l'étaient à reproduire avec une entière sincérité les aspects les plus saillants de leur patrie, les peintres hollandais ne devaient pas négliger les pâturages et le bétail qui tiennent dans la richesse de ce pays une place si considérable. Mais les interprétations qu'ils en traçaient au début étaient restées un peu superficielles. Pour van Goyen, pour Salomon Ruisdael lui-même, ces animaux, représentés dans leurs allures générales, ne sont guère qu'un élément pittoresque destiné à meubler leurs compositions, une tache jetée avec avec plus ou moins d'à-propos dans le paysage. Après eux, quelques artistes avaient commencé à rendre avec un peu plus de vérité la physionomie des bêtes domestiques et Cuyp, un des premiers, devait en donner des images plus exactes. Il n'a jamais atteint cependant la précision, ni l'extrême fidélité de P. Potter; ni même cette facile et élégante correction qu'Adrien van de Velde allait apporter dans de pareilles études. Les formes de ses animaux sont un peu rondes, leur relief assez mou; comme ses chevaux, ses vaches ont d'habitude la tête trop petite; leurs expressions aussi sont peu variées. En revanche, il excelle à les grouper avec goût, à marier leurs robes, à les mettre dans leur vrai milieu. Il ne semble pas d'ailleurs se préoccuper outre mesure de modifier l'arrangement de ses compositions et il s'en tient presque toujours à celles qui lui ont réussi. On connait cet arrangement qu'il a maintes fois adopté dans ses tableaux : les bêtes placées au bord de l'eau, près d'un tertre peu élevé, qui en s'abaissant vers le centre, laisse apercevoir l'horizon bas, noyé dans une lumière chaude et colorée. Pas plus que les expressions individuelles des animaux, d'ailleurs, les détails du paysage ne sont rendus par Cuyp avec une exactitude bien scrupuleuse. Ses arbres, d'un dessin vague, manquent de masse, et leur feuillé est uniforme; les premiers plans, dans ses grands tableaux — ceux du Louvre et de la National Gallery, par exemple, — sont presque invariablement enveloppés d'une ombre servant de repoussoir et garnis, presque toujours aussi, d'amas de tussilages d'où s'échappent quelques buissons de ronces, indiqués d'une touche un peu rude. Auprès des troupeaux, leurs petits pâtres, joufflus et trapus, coiffés d'énormes chapeaux, n'ont pas, non plus, une tournure bien élégante, et quant aux chiens qui les accompagnent, avec leurs têtes bombées et leurs formes épaisses, ils sont d'un type lourd, assez déplaisant. Mais ces légers défauts disparaissent devant l'impression qui se dégage de toutes ces toiles; ils sont, du reste, complètement absents dans quelques-unes d'entre elles qui peuvent être considérées comme des chefs-d'œuvre. Parmi celles de petites dimensions nous nous contenterons de citer, comme les plus remarquables en ce genre, les tableaux de la National Gallery, de Dulwich-College, du Ryksmuseum, du Musée d'Anvers et de la collection de M. R. Kann. Pour les plus importantes, notre *Paysage* du Louvre et celui de M. M. Kann; *la Laitière* et les *Vaches à l'abreuvoir*, de l'Ermi-

ALBERT CUYP. — VUE DE DORDRECHT.
Ryksmuseum d'Amsterdam. (Phot. Hanfstaengl.)

tage et, à la National Gallery, les deux tableaux connus sous le nom du « *Grand* » et du « *Petit Dordrecht* », nous semblent devoir être surtout mentionnés. Dans le dernier d'entre eux, dont la conservation est parfaite, la couleur atteint une intensité et un éclat extraordinaires. Recevant en plein les rayons du soleil et opposés au ton soutenu d'un ciel bleuâtre, les vaches y paraissent éclatantes de lumière, et les parties restées dans l'ombre sont modelées en transparence, avec une finesse extrême. Ces bonnes bêtes qui ruminent paisiblement sous la garde d'un pâtre, ces vastes prairies au bout desquelles apparaît la silhouette de Dordrecht noyée dans une vapeur dorée, la simplicité des lignes, la douceur harmonieuse des colorations, la profondeur infinie de ce grand pays pénétré de silence et de lumière, tout cela forme un ensemble très franchement hollandais et de l'intime accord de ces simples éléments, le génie du peintre a su dégager une impression de rustique poésie.

Comme van Goyen, Cuyp était attiré par les immenses nappes d'eau qui entourent Dordrecht. Les motifs les plus divers y tentaient ses pinceaux. C'étaient d'abord des Marines, comme *l'Orage* du Louvre, avec des barques secouées par les flots et la foudre qui sillonne la nue. Dans une autre *Marine* de la collection de sir Richard Wallace, la donnée est moins dramatique, mais les vagues profondément remuées sont d'une exécution un peu uniforme. Bien que très célèbres : la *Revue de la flotte hollandaise passée par le prince Maurice* que possède le comte Ellesmere et son pendant : l'*Arrivée de Maurice de Nassau à Scheveningue* qui appartenait à M. Six, ne nous paraissent pas non plus compter parmi ses meilleurs ouvrages et nous ne goûtons que médiocrement la bigarrure de ces bateaux pavoisés, chargés d'innombrables personnages aux costumes diaprés. A ces toiles purement décoratives nous préférons, et de beaucoup, le bel *Effet de Nuit* qui fait encore partie de la collection de M. Six et dont Fromentin a si bien rendu l'impression : « Une nuit sereine, des eaux toutes calmes, la lune pleine à mi-hauteur du tableau, absolument nette dans une large trouée de ciel pur; le tout incomparablement vrai et beau, de couleur, de force, de transparence, de limpidité. Un Claude Lorrain de nuit, plus grave, plus simple, plus plein, plus naturellement exécuté d'après une sensation juste; un véritable trompe-l'œil, avec l'art le plus savant. » D'une impression presque pareille, la *Mer calme* de l'Ermitage, peut-être parce que la donnée en est plus simple, nous paraît plus poétique encore. Un pays plat, dénudé, et sous un ciel couvert, trois barques sur l'eau endormie : c'est là tout le tableau. Mais ces bateaux échelonnés, qui rayent d'un mince sillage la nappe tranquille où tremble leur reflet, ce doux rayonnement de la lune qui monte éclatante dans l'air immobile, entr'ouvrant dans sa course les nuages frangés d'argent qui semblent lui faire cortège, ces formes flottantes et ces couleurs indécises, tout ce vague mélange d'ombres et de clartés se grave, inoubliable, dans votre souvenir.

Deux autres *Clairs de Lune*, presque de valeur pareille, font partie des collections de M. A. von Carstanjen, à Berlin, et du duc de Bedford, à Londres. Dans cette dernière collection, un *Effet d'Hiver* nous fournit une nouvelle preuve de la souplesse du talent du Cuyp. Le groupe assez nombreux des patineurs et le traîneau, placés de part et d'autre de cette composition, y forment deux masses vigoureuses, entre lesquelles, dans cette limpidité de l'air qui est propre aux jours de froid, on découvre une vaste étendue de pays. Mais, si excellent que soit ce tableau, le comte de Yarborough en possède un du même genre, plus important et encore supérieur. Nous voulons parler de la belle peinture qui, exposée par lui à la *Winter-Exhibition* de 1890, y causa une si vive admiration : Un grand espace d'eau glacée, bordé par des arbres dépouillés et, vers la droite, une construction en ruines assez élevée, se détachant sur un horizon bas, noyé dans la brume d'une après-midi d'hiver touchant à sa fin. Déjà, en effet, les contours des nuages dispersés dans le ciel se colorent de reflets dorés. Sur la glace, une foule de promeneurs, de gens en traîneaux et de patineurs, se croisent dans tous les sens, tandis que d'autres s'empressent autour d'une tente où l'on vend des rafraîchissements. La douceur de l'atmosphère attiédie par le soleil et la sérénité du grand ciel lumineux sont ici rendues avec un charme exquis et le succès de ce tableau fut tel que son heureux possesseur dut résister aux offres pressantes dont il fut assailli. Bien décidé à garder son chef-d'œuvre, il répondait à un acheteur qui lui en avait proposé 40 000 livres (un million!) qu'il donnerait volontiers lui-même pareille somme, pour acquérir un pendant de qualité égale.

C'est le long de la Meuse, aux environs de sa ville natale, que Cuyp, nous l'avons dit, a le plus souvent cherché ses inspirations. Mais tandis que Simon de Vlieger, Salomon Ruisdael et surtout van Goyen, qui a souvent reproduit les abords de la vieille *Dort*, la peignent constamment sous un ciel gris, avec des eaux limoneuses, des barques brunes, dans l'austérité voulue d'une harmonie bistrée et presque monochrome, Cuyp, au contraire, ne craint pas d'animer ses paysages par une tonalité plus gaie et des lumières plus vives. La National Gallery et le Ryksmuseum possèdent de bons spécimens de ces *Vues de Dordrecht*, dont la collection de M. Holford nous paraît offrir le meilleur exemplaire. La ville s'y étale en pleine lumière, sous les chaudes colorations du soleil déjà abaissé vers l'horizon. Des barques aux voiles goudronnées et des vaisseaux de guerre amarrés aux rives du fleuve se reflètent dans ses eaux. C'est avec une poésie exquise que le maître a su exprimer le charme touchant d'une belle journée qui va finir.

Dans ces œuvres de la pleine maturité du maître, il y a comme le rayonnement et l'écho d'une vie heureuse. Avec les années, Cuyp avait vu croître son aisance et la considération dont il était entouré. Les témoignages de l'estime publique ne lui avaient pas manqué et ses

ALBERT CUYP. — MOULIN A VENT.
(Collection de M. J.-P. Heseltine.)

convictions religieuses elles-mêmes étaient faites pour les lui assurer dans cette ville un peu austère. Membre et président de plusieurs Sociétés d'édification ou de charité, il était, de 1680 à 1682, promu à l'une des plus hautes dignités de la contrée : le Stathouder le nommait, en effet, membre de la Cour et du Tribunal de la Hollande méridionale, tribunal recruté parmi la noblesse et la haute bourgeoisie. Cuyp passait ses étés dans une campagne voisine de Dordrecht, à Dordwyck, dont il était seigneur. Au cœur de ce beau pays qu'il aimait, il était bien posé pour se livrer à ses chères études. Dans un tableau de la galerie du duc de Bedford, — dont on voyait une répétition à la collection Secrétan, — l'artiste s'est peint lui-même occupé à dessiner dans une campagne riante, traversée par un cours d'eau et agréablement coupée de prairies, de champs et de bois. A droite, au premier plan, un domestique tient par la bride deux jolis chevaux qui ont amené son maître et lui dans ce joli coin. On le voit, Cuyp était devenu un personnage et ce n'est pas en pareil équipage que nous sommes habitués à rencontrer les paysagistes de ce temps-là, des maîtres tels que van der Neer,

ALBERT CUYP. — L'HÔTELLERIE.
(Collection de M. R. Kann.)

Ruisdael, Hobbema et bien d'autres encore, restés besogneux pendant toute leur vie. Cuyp ne connut jamais la gêne. Sur ses dernières années, les informations nous manquent: nous savons seulement qu'après avoir perdu sa femme au mois de novembre 1689, et marié sa fille un an après, il mourait le 10 ou le 11 novembre 1691.

Il existe un assez grand nombre de dessins de Cuyp; ce sont, en général, des études faites d'après nature, à la pierre noire ou à la plume, et rehaussées de lavis à l'encre de Chine, parfois même de légères touches à l'aquarelle. Les principaux appartiennent au British Museum, au Musée Teyler, au Cabinet de Berlin et au Louvre. Dans ceux de ces dessins qui sont faits d'après nature, Cuyp montre une aisance et une largeur remarquables; mais les informations ne sont jamais poussées très loin et ne manifestent qu'une connaissance médiocre de l'anatomie des animaux représentés. Les eaux-fortes de l'artiste, au nombre de huit sont gravées d'un trait un peu gros: on sent qu'il ne s'accommode guère d'un instrument aussi incisif que la pointe et qu'il est plus à son aise quand il tient le pinceau.

Les œuvres de Cuyp sont assez nombreuses et le total de celles que

Smith a mentionnées s'élève à 281. Malgré la considération qu'avaient pour lui ses contemporains, ses tableaux ne lui étaient pas payés bien cher de son vivant. Jusque vers 1750, leur prix demeura peu élevé; mais à partir de cette époque, ainsi que nous l'apprend Gerard Hoët, il commença à hausser peu à peu. Une collection formée, à Dordrecht même, par M. van der Linden van Slingelandt, et vendue dans cette ville en 1735, ne renfermait pas moins de trente-huit ouvrages de Cuyp et, parmi eux, quelques-unes de ses productions capitales. L'une d'elles atteignit le prix, estimé alors comme exceptionnel, de 1650 florins; l'ensemble cependant ne monta qu'à la somme de 23414 florins. C'est de cette collection, appelée par Burger le « Nid des Cuyp », que proviennent le *Départ pour la Promenade* et *la Promenade* du Louvre. Un grand nombre des toiles ainsi vendues devaient passer en Angleterre. De bonne heure, en effet, nos voisins manifestèrent une vive prédilection pour le maître, et les tableaux du *Claude hollandais* sont allés rejoindre dans leurs collections ceux de notre Claude que, depuis longtemps, ils avaient accaparés. Avec les cinq toiles que possède le Louvre, le maître est bien représenté en France, et les collections de MM. de Rothschild, celle de M. le baron Alphonse, en particulier, ainsi que celles de MM. Kann, renferment plusieurs de ses meilleurs ouvrages. Les *Cavaliers devant la porte d'une Hôtellerie*, acquis par M. Rodolphe Kann à la vente du duc de Marlborough, à Blenheim, méritent même d'être tirés hors de pair à cause de la bonne conservation et de la tonalité délicate et forte de cette belle peinture.

Quand on compare Cuyp aux grands artistes de la Hollande, on sent toute la justesse du jugement que Fromentin a porté sur lui. Son originalité est incontestable et, après s'être formé seul, dans son coin, sans se mêler jamais au grand mouvement dont Harlem et Amsterdam étaient devenus les centres principaux, il est resté lui-même. Mais si, « dans ce juste classement où Rembrandt trône à l'écart et où Ruisdael est le premier », on ne saurait disputer la place à ces deux maîtres, il ne nous paraît pas qu'il y ait grand intérêt à poursuivre plus loin cette sorte de concours, sous peine d'éveiller de vaines contestations. Il suffit, comme l'a dit Fromentin, que Cuyp « vienne à un très haut rang ». Après Rembrandt, en tout cas, il aura été dans l'école hollandaise le peintre le plus universel, celui qui a pu aborder, avec un succès presque pareil, les genres les plus différents.

.*.

S'il n'eut pas toutes les aptitudes de Cuyp, Paul Potter, en se consacrant exclusivement à la peinture des animaux, a sur lui, en ce genre, une supériorité incontestable. Par son amour de la nature et l'originalité de son talent, aussi bien que par la douceur aimable de son caractère, il mérite une place à part, et sa mort en pleine jeunesse — il avait à peine vingt-neuf ans — prête à cette figure d'artiste un charme singulièrement touchant.

Comme Cuyp, Potter a dû ses premiers enseignements à son père, Pieter Simonsz Potter, un de ces ouvriers de la première heure qui, ainsi que la plupart de ses contemporains, possédait toutes les parties de son art. Né à Enkhuyzen en 1597, Pieter Potter appartenait à une bonne famille : Houbraken le dit fils d'un trésorier et secrétaire de la Haute et Basse Weluwe et, en épousant la fille de Paul Bartius, pensionnaire et conseiller de la ville d'Enkhuyzen, il s'était allié à l'illustre maison des Egmont. Malheureusement ces nobles parentés ne lui apportaient pas la fortune et, après une vie nomade et toujours gênée, Pieter Potter devait mourir insolvable. Installé d'abord à Leyde, puis en 1631 à Amsterdam, la pratique de son art ne lui permettant pas de subvenir à l'entretien de sa petite famille — il avait alors trois enfants : deux fils et une fille — il s'associait à une fabrique de cuirs dorés, qui ne fit pas non plus de brillantes affaires. En 1647 nous le trouvons établi à la Haye; sa situation ne s'y étant pas améliorée, il retourne à Amsterdam et meurt dans la misère. C'est à la piété de son fils Paul qu'il doit de ne pas être enterré dans « la classe des indigents », car l'inventaire dressé quelques jours après, à la requête de ses créanciers, donne l'idée d'un très pauvre mobilier d'artiste : quelques faïences, un petit nombre de tableaux inachevés, un vieux clavecin, une vieille guitare, etc. Pieter Potter était cependant un peintre de talent. Sa facture dénote la préoccupation manifeste de Frans Hals et son œuvre très variée comprend des épisodes militaires, des embuscades, des escarmouches, des corps de garde, plusieurs de ces natures mortes alors fort en vogue, connues sous le nom de *Vanitas* et aussi des scènes empruntées à la Bible et conçues à la façon des *italianisants*, notamment de N. Moeyaert. Ces dernières offrent même pour nous un intérêt particulier, car elles contiennent un assez grand nombre d'animaux et attestent clairement l'influence qu'il a exercée sur son célèbre fils.

Né également à Enkhuyzen, où il fut baptisé le 20 novembre 1625, Paul Potter devait rester toute sa vie d'une complexion débile qui rend plus méritoire encore l'ardeur passionnée qu'il apportait au travail et qui, certainement, abrégea son existence. Élevé dans une famille distinguée, il conserva toujours cette timidité un peu fière qu'il avait contractée dans le milieu où s'était passée son enfance. La ville d'Enkhuyzen, florissante alors, avec son port très fréquenté, n'avait pas, il est vrai, l'aspect de tristesse et d'abandon que sa complète déchéance donne aujourd'hui à ses rues désertes. Mais de tout temps la vue de la mer grisâtre qui s'étend à l'horizon et la nudité des plaines immenses qu'il faut traverser quand on se dirige vers la pointe extrême du Zuyderzée, ont dû produire sur le voyageur une impression d'invincible mélancolie. Dans ces campagnes plates, mal protégées contre la fureur des flots, à peine quelques fermes s'élèvent-elles çà et là, avec leurs avenues aux troncs d'arbres bizarrement peints de blanc ou de bleu pâle, pour être mieux aperçus dans les temps de brouillard, si fréquents en ces parages. Seules les vaches, qui font la richesse de cette région, donnent quelque animation au paysage; c'est à les observer et à les peindre que Paul Potter consacra toute son existence.

Sa vocation avait été très précoce. A l'école de son père, puis en 1642 à Harlem, chez Jacob de Wet qui notait sur un de ses carnets l'entrée en apprentissage de son élève « à raison de 8 livres par an » et probablement aussi dans l'atelier de N. Moeyaert, à Amsterdam, il avait appris de bonne heure les éléments de son art. Mais son éducation de peintre, il la dut surtout à l'étude directe de la nature. D'humeur solitaire, il aimait les bêtes et se plaisait dans leur société. Pour Paul Potter, comme pour le berger d'un troupeau, chacune d'elles a son caractère propre, ses allures, ses traits particuliers. Chaque vache rumine à sa façon; chaque mouton a sa physionomie individuelle. L'homme a beau réclamer pour lui le privilège des sentiments, ces bêtes ont, comme lui, leurs amitiés, leurs haines, leurs passions. Tout cela,

PAUL POTTER. — LE TAUREAU.
Buckingham-Palace. (Phot. Hanfstaengl.)

chez elles, est rudimentaire, à l'état d'ébauche; mais tout cela existe et il est intéressant de les comprendre, de pénétrer dans leur vie, dans leurs mœurs.

La conscience que Paul Potter mettait à étudier les animaux était extrême et les dessins qu'il a faits d'après eux ont été, dès ses débuts, des modèles de vérité patiente et de fine observation. Leurs formes, leurs allures, leurs façons de se tenir, de regarder, de rêver sont exprimées par lui avec des scrupules inouïs d'exactitude, avec une clarté et une évidence qui rendent intelligibles pour tous les intentions de l'artiste. Ainsi que l'a remarqué Cherbuliez, « en regardant tel de ses tableaux, vous vous convaincrez facilement que ses vaches lui étaient plus chères que leur vacher »[1]. Il a été, en effet, leur portraitiste, bien plus que celui de leurs gardiens. Cependant, avec le temps, son amour pour son art et son désir ardent de perfection le poussaient à mettre une conscience pareille non seulement dans l'étude des figures, mais dans celle du paysage où s'encadre leur vie. Les chaumes, les hangars aux toits branlants, les barrières, les arbres avec leurs écorces et leurs feuillages variés, les plantes qui s'étalent aux premiers plans, avec leurs moindres nervures, les fleurs des prairies et les brins d'herbe eux-mêmes sont rendus dans ses œuvres avec leur véritable et intime physionomie. Pour lui, rien de ce qui entre dans un tableau n'est indifférent; tout ce qui peut ajouter à sa signification doit y trouver place.

La précocité de Potter fut extrême et ses eaux-fortes montrent quelle habileté, quelle sûreté il avait déjà acquises à l'âge où d'autres tâtonnent et balbutient. On sent que c'était bien là un métier fait pour lui. La pointe, en effet, n'admet ni hasards, ni repentirs; elle ne dit que ce qu'on lui fait dire; elle convenait d'autant mieux aux besoins de précision de Potter et à cette probité entière qui fut toujours la règle de son talent. A son gré, jamais un contour n'est assez correct, une forme assez nettement définie. *Le Vacher* (Bartsch, n° 14) est daté de 1643 — l'artiste avait alors dix-huit ans — et *le Berger* (B. n° 15) de l'année suivante. La suite des *Bœufs et Vaches* (B. n°ˢ 1 à 8) qui vient après, nous le montre tournant et retournant autour de ces bons ruminants pour apprendre à les représenter sous toutes les lumières, dans toutes les positions.

Ainsi que l'a judicieusement remarqué Fromentin, la célèbre toile du Musée de la Haye, datée de 1647, et certainement trop admirée autrefois, *le Taureau*, « n'est pas un tableau, mais une grande étude, trop grande au point de vue du bon sens, pas trop pour les recherches dont elle fut l'objet, et pour l'enseignement que le peintre en tira ». Il avait déjà beaucoup peint auparavant, et bien des tableaux meilleurs; mais il voulait se rendre un compte plus sévère des exigences et des difficultés de son art, en abordant ces dimensions (2 m. 38 sur 3 m. 45),

---

1. *L'Art et la Nature*, p. 265.

excessives pour un pareil sujet, et qui ne comportaient ni tricheries, ni subterfuges. Certes la composition est mal agencée; la suture entre les premiers plans et les lointains est trop brusque, trop peu déguisée; les bêtes sont inertes, la facture sèche est minutieuse et appuyée à l'excès. Mais si, avec l'effort resté visible, le résultat est médiocre pour le spectateur, il fut considérable pour l'artiste. Deux ans après, en reprenant la même donnée dans des dimensions mieux appropriées à son talent, la *Prairie avec un Taureau rugissant*, de Buckingham-Palace, il peindra plus largement des bêtes bien vivantes, et de ce jeune taureau tout frémissant sous les menaces de l'orage, au lieu d'une étude, il fera un tableau et du même coup un petit chef-d'œuvre.

Comme son père, Paul Potter, avant de s'établir définitivement à Amsterdam, devait mener une vie assez nomade. Éprouvait-il quelque difficulté à s'assurer des moyens d'existence, ou plutôt n'avait-il pas en vue, dans ses déplacements successifs, de se mettre à portée d'études plus intéressantes que pourrait lui offrir un pays plus pittoresque? Nous l'ignorons; mais en se fixant d'abord à Delft, où, le 6 août 1646, il est inscrit sur les listes de la Gilde de Saint-Luc, puis à la Haye, où il fait également partie de la Gilde en 1649, il se plaçait au centre même de contrées bien faites pour lui plaire. Les ressources et le charme qu'il y trouva se révèlent à nous dans les œuvres qu'elles lui ont inspirées. C'est, entre autres, le tableau du duc de Westminster : *Bétail auprès d'une ferme*, daté de 1647, pour lequel le beau dessin de la collection de M. J.-P. Heseltine, que nous reproduisons ci-après, lui a servi d'étude. On est étonné de tout ce qu'il a pu faire tenir sur un panneau aussi exigu o m. 39 sur o m. 47 et de la perfection avec laquelle les bêtes, les figures et le paysage y sont peints.

Avec une pareille impression de quiétude, *la Vache qui se mire*, datée de l'année suivante Musée de la Haye, n'est pas moins riche en détails. Sous les ardeurs d'un jour d'été, sollicités par la fraîcheur de l'eau, des animaux s'y abreuvent lentement et des baigneurs s'y ébattent. Dans les prairies voisines une femme trait une vache; d'autres vaches et des moutons sont accroupis près d'une chaumière; à gauche, une campagne riante s'étend à perte de vue; sur une route on aperçoit un carrosse à six chevaux précédé de deux coureurs, et, dans le lointain,

PAUL POTTER. — LA VACHE QUI SE MIRE.
Musée de La Haye. (Phot. Hanfstaengl.)

le château de Binkhorst, le village de Ryswyk et la silhouette de la ville de Delft. Tout cela, sous une lumière claire et limpide, est rendu avec une précision merveilleuse, d'une touche encore un peu sèche, mais déjà singulièrement sûre et savante.

A ces nombreux détails, à l'affectueuse complaisance avec laquelle ils sont reproduits, on sent toutes les satisfactions que l'artiste goûtait dans ce commerce assidu avec la nature. Les menus incidents dont il était le témoin prenaient à ses yeux un piquant intérêt et la liste des scènes naïves qui ont tenté ses pinceaux serait longue. Dès 1646, voici, au clair soleil d'avril, *les Premiers Pas* (Pinacothèque de Munich) : un couple de paysans qui, dans la campagne reverdie, assistent épanouis aux essais incertains de la marche de leur enfant, un affreux marmot, encore bien empêtré et titubant. Ou bien, c'est un *Gamin emportant le petit d'une lice* (Buckingham-Palace), et poursuivi par une chienne qui le mord au mollet. Potter a certainement assisté à cette autre *Idylle rustique* (Musée de Schwerin) dans laquelle une fille de basse-cour, serrée de trop près par un galant, lui lance en plein visage le lait du pis de la vache qu'elle est occupée à traire, pour la plus grande joie d'un passant qui s'en tient

PAUL POTTER. — PATURAGE.
Musée de Dresde. (Phot. Bruckmann.)

les côtes. Mais les plaisanteries auxquelles il assiste, et dont il se fait le trop fidèle narrateur, sont parfois plus grasses et plus épicées. Tel est, également, au Musée de Schwerin, ce tableau où, sans vergogne, il a représenté, près de deux cochons vautrés dans la fange, et de deux chevaux la tête enfoncée dans leur mangeoire, un valet de ferme qui, ayant mis culotte bas, se soulage, au grand scandale d'un chien qui aboie après lui et d'un coq pudibond, qui, s'égosillant de son mieux, voudrait épargner à ses poules un spectacle aussi inconvenant.

Vivant avec les paysans, Paul Potter, on le voit, est devenu lui-même un paysan et ne s'effarouche plus de grand'chose. Il n'a jamais visé au style noble, et la Hollande qu'il a peinte n'a rien de commun avec l'Arcadie. Bien rarement, du reste, sentant qu'il n'était pas fait pour eux, il s'est attaqué aux épisodes de la Fable, alors si en vogue parmi ses confrères. La seule fois qu'il l'ait fait, dans l'*Orphée charmant les animaux*, de 1650 (Ryksmuseum), les divers animaux réunis autour du chantre divin, — un lion, un éléphant, un chameau, un ours, probablement étudiés dans quelque ménagerie de passage, — sont rendus avec une vérité suffisante d'allures et de physionomie ; mais Orphée lui-même est absolument grotesque. Les grandes dimensions, d'ailleurs, ne lui réussissent pas plus que la mythologie, et le *Portrait équestre de Dirck Tulp*, le fils du célèbre docteur qui figure dans *la Leçon d'anatomie* (collection Six), aussi bien que la *Chasse à l'Ours* du Ryksmuseum, — il est vrai qu'elle a été presque complètement repeinte par J.-W. Pieneman, — sont de grosses erreurs, d'une couleur dure et criarde, d'une exécution lourde et heurtée, dans lesquelles on a peine à reconnaître sa main. La *Vie du chasseur* de l'Ermitage, — un assemblage de quatorze petits compartiments assez disparates, — bien que peinte dans les dernières années de sa vie, ne lui fait pas non plus beaucoup d'honneur. Si dans quelques-uns des épisodes on retrouve sa finesse d'observation et de dessin, d'autres sont d'un goût plus que douteux, comme ce *Jugement du chasseur*, par un tribunal que préside le lion, assisté d'un éléphant, d'un taureau, d'un sanglier, etc. Ces plaisanteries laborieuses et ces pauvres inventions ne conviennent guère au talent de Potter, et il donne mieux sa mesure dans les sujets les plus simples. Les *Chevaux à la porte d'une Auberge* (Musée du Louvre), datés de l'année même où il peignit *le Taureau* de la Haye, sont une merveille de vérité et de poésie, et manifestent pleinement la maîtrise de l'artiste. Comme le dit Fromentin : « C'est unique par le sentiment, par le dessin, par le mystère de l'effet, par la beauté du ton, par la délicieuse et spirituelle intimité du travail ».

Le nom de Potter commençait à être connu et les amateurs recherchaient ses œuvres. La princesse Amélie de Solms, veuve du prince Frédéric-Henri, à laquelle on avait vanté l'artiste, lui ayant demandé un tableau important, qu'elle voulait placer au-dessus d'une cheminée, il s'était appliqué de son mieux à la contenter. Par tout ce qu'elle suppose d'études et de savoir, *la Ferme* qu'il peignit pour elle en 1649 — après avoir fait partie des Galeries de Cassel et de la Malmaison, elle se trouve aujourd'hui à l'Ermitage — est un de ses ouvrages les plus remarquables. La composition, bien que remplie de très nombreux détails, paraît simple et facile, et la silhouette en est charmante. Peut-être le premier plan gagnerait-il à être un peu moins encombré, mais le paysage baigné dans la lumière est d'une simplicité ravissante. Les bêtes y sont bien chez elles, en bonne et familière intelligence avec les paysans, et

ces abords d'une exploitation rurale, avec le personnel et le nombreux bétail qui l'animent, donnent l'idée d'une vie facile, active et heureuse. A côté de femmes qui lavent ou qui ravaudent, d'un garçon qui vaque à ses occupations et d'un gamin qui se défend contre les agressions d'un chien, des chèvres, des moutons, un bourriquet, des poules, des pigeons, des chevaux et des vaches y grouillent dans un amusant pêle-mêle. Confondue parmi ces dernières, on remarque à peine celle qui a donné au tableau son appellation populaire, *la Vache qui pisse*, sous laquelle il est généralement connu. Plus en évidence, sa pose, en attirant le regard, eût semblé peu convenable : l'artiste n'y avait vu que l'occasion de montrer avec quel naturel, quelle vérité d'attitude, quel abandon de tous ses membres, la bête s'acquitte de l'accomplissement d'une fonction... nécessaire. Mais, suivant ce que rapporte Houbraken, une personne de l'entourage d'Amélie de Solms lui ayant fait observer qu'il ne serait guère séant d'avoir toujours sous les yeux un tel spectacle, la princesse ne voulut plus voir cette peinture et la fit reprendre par l'artiste, qui fut aussi affligé que surpris d'une mesure aussi offensante.

Potter trouvait bientôt un dédommagement à ce mécompte dans les sympathies dont il était entouré. La maison qu'il habitait à la Haye, dans la Nieuwe-Bierkade, appartenait à van Goyen, qui lui-même logeait dans la maison voisine dont il était également propriétaire. Tout près de la demeurait aussi un entrepreneur, maître charpentier de la ville, Claes Balckeneynde, soi-disant architecte, bourgeois assez à l'aise et qui se croyait un personnage. Paul Potter s'était épris de sa fille aînée, Adriana, et la lui avait demandée en mariage. Le père avait d'abord repoussé la proposition, considérant comme une mésalliance cette union avec un peintre d'animaux : « Encore s'il peignait des hommes! mais des bêtes! » répondait-il aux amis qui le pressaient. Cependant les succès croissants de Potter et les commandes importantes qu'il recevait de riches amateurs, notamment du prince Maurice de Nassau qui venait souvent le visiter dans son atelier, avaient à la fin triomphé des résistances de Balckeneynde et, le 3 juillet 1650, le mariage des deux jeunes gens avait été célébré.

Aussitôt après, Potter avait repris sa vie laborieuse, et ce fut là pour lui la période de production la plus féconde de toute sa carrière. De plus en plus il inclinait vers la simplicité dans le choix de ses motifs,

PAUL POTTER. — BESTIAUX EN PATURE.
(Collection de M. J.-P. Heseltine.)

en même temps que sa facture devenait à la fois plus large et plus facile. Autrefois, il multipliait les accidents pittoresques et croyait qu'il n'en préciserait jamais assez toutes les menues particularités; on pouvait alors compter les feuilles de ses arbres, les nervures de ses plantes, les poils de ses vaches. Plus tard il avait mieux compris l'utilité des sacrifices intelligents qui laissent à l'exécution plus d'ampleur et de vivacité. Au lieu de disperser l'attention du spectateur sur des détails indifférents, il la ramenait, la concentrait sur ceux qui lui semblaient essentiels. Il s'attachait surtout à l'aspect de l'ensemble et à la franchise de l'impression. Deux ou trois vaches dans un pré, à côté d'une barrière, lui paraissaient une donnée suffisante pour faire un tableau intéressant. Ses intonations étaient plus pleines, ses formes plus expressives, sa touche plus libre, l'accord entre toutes les parties du tableau plus complet et plus significatif. Loin de se fatiguer de thèmes aussi élémentaires, l'artiste savait les varier et les renouveler avec une conscience qui ne se démentait jamais. Les exemplaires de ces *Prairies avec animaux*, exécutés de 1650 à 1653, abondent dans les collections de l'Europe, au Louvre, à la Galerie de Dresde, au Ryksmuseum, à la National Gallery, chez sir Richard Wallace, chez le comte de Moltke à Copenhague, etc.

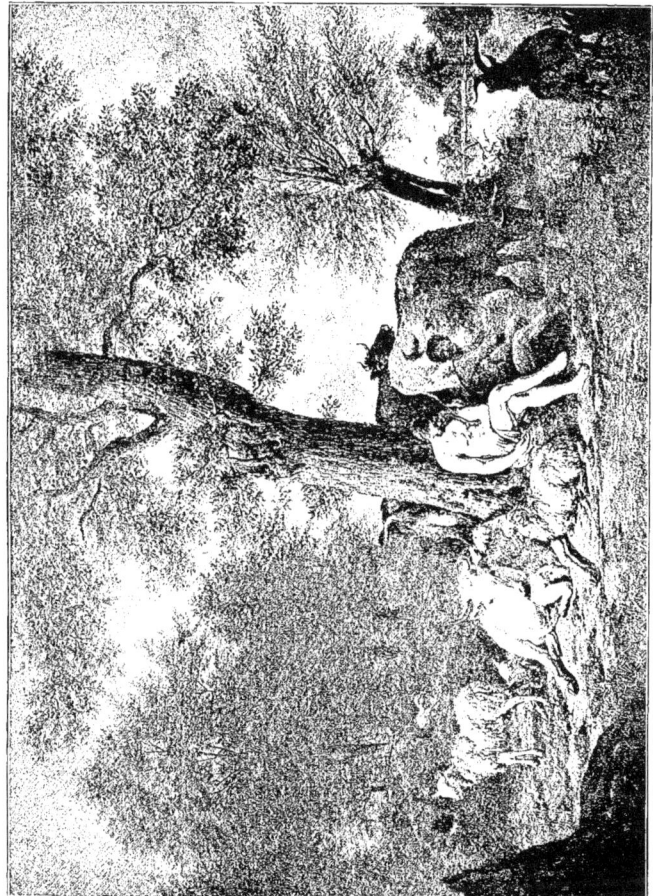

AD. V. DE VELDE. — MERCURE ET ARGUS.
(Collection Dutuit.)

Comme pour se donner une diversion passagère, le maître prenait parfois plaisir à peindre des tableaux où les figures et les bêtes n'ont plus qu'une importance secondaire et s'effacent devant le paysage. Tel est ce *Bois de la Haye* (Musée du Louvre) avec ses personnages et ses animaux minuscules entrevus à travers les grands arbres, dans l'atmosphère moite et un peu étouffée de ce Bois où partout l'eau est à fleur de terre et l'air saturé d'humidité.

La renommée de Paul Potter allait toujours grandissant et il comptait à Amsterdam de nombreux admirateurs. C'est sur les instances de l'un d'eux, le docteur Tulp, qui lui avait déjà donné mainte preuve de son attachement, que le maître se décidait, en 1652, à venir y demeurer, à l'extrémité de la Kalverstraat, sur la petite place du Marché-aux-Brebis (Schapenmarkt). Peut-être aussi y était-il attiré par son père dont la vie toujours difficile réclamait son aide. En bon fils, il l'avait assisté dans ses derniers jours et il pourvoyait lui-même, nous l'avons dit, aux frais de ses funérailles, à la Oude-Kerk. Jusque-là, il n'avait eu qu'un enfant, Pieter, qui, né à la Haye, avait été baptisé le 9 août 1651 et mourait un mois après. A peine installé à Amsterdam, sa femme était devenue grosse et sa propre santé avait beaucoup décliné. Dans ces conditions, les deux époux, en présence des incertitudes de l'avenir, avaient fait, le 2 janvier 1653, un testament par lequel ils se léguaient mutuellement, au dernier survivant, leur petit avoir. Ils avaient acquis une modeste aisance, car les vêtements d'Adriana y étaient estimés 600 florins, somme considérable pour l'époque. Quelques jours après, une fille leur était née, qui fut baptisée également à la Oude-Kerk, le 23 janvier. C'est cette même année — si la date portée sur le tableau est exacte — que Paul Potter aurait peint un de ses chefs-d'œuvre les plus accomplis, *le Repos près de la Grange*, cette perle de la Galerie d'Arenberg. Reprenant quelques-uns des traits pittoresques déjà utilisés par lui dans d'autres compositions, il les fondait dans un ensemble plus harmonieux, plus expressif. Autour du groupe charmant formé par la paysanne qui trait une vache et la femme qui soutient avec une lisière la marche encore chancelante de son enfant, tout est riant dans la campagne, où resplendit la blonde lumière d'une après-midi ensoleillée; un chardonneret chante, perché sur un tronc d'arbre voisin et, au premier plan, une vanesse voltige au-dessus des herbes fleuries. Cette œuvre exquise

AD. VAN DE VELDE. — BERGÈRE ET TROUPEAU.
Ryksmuseum d'Amsterdam. (Phot. Hanfstaengl.)

serait, à ce qu'on croit, une des dernières que l'artiste aurait peintes[1]. Dès le début de l'année suivante le maître s'éteignait et il était enterré le 17 janvier 1654.

Le beau portrait de Potter exécuté par van der Helst et daté également de 1654 (Musée de La Haye), ne fut donc, suivant toute apparence, terminé qu'après sa mort. Il y est représenté à mi-corps, assis devant son chevalet, sur lequel est posée une toile qui devait rester blanche. De longs cheveux bouclés, d'un blond ardent, encadrent son aimable visage, à demi tourné vers le spectateur. Quiconque a vu cette figure pâle, au teint mat, avec son regard éteint, l'expression de douceur et de tristesse résignée de ses traits, ne saurait l'oublier. Comme l'a remarqué M. Bredius, « van der Helst a peint des portraits plus importants, il n'en a jamais peint de plus touchant. » Peut-être les intempéries et les fièvres si funestes aux paysagistes avaient-elles épuisé le tempérament, à la fois ardent et débile, du vaillant artiste. Mais il avait travaillé jusqu'au bout, et Houbraken, bien renseigné à cet égard, nous apprend, sur le témoignage même de ses proches, que jamais il ne restait inactif. Avait-il un moment de loisir, il emportait avec lui, dans sa promenade, un album de poche, sur lequel il notait tout ce qui lui semblait intéressant. Ses soirées elles-mêmes étaient employées à graver à l'eau-forte, afin de ne pas empiéter sur les heures de la journée

---

1. Nous ferons cependant remarquer que le sujet, le paysage, le type des deux paysans et du marmot placé près d'eux, et la facture elle-même sont presque de tout point semblables dans le tableau de Munich : *les Premiers Pas*, certainement daté de 1646.

AD. V. DE VELDE. — MATINÉE D'ÉTÉ.
Musée de Berlin. (Phot. Hanfstaengl.)

qu'il réservait à la peinture. Il avait toujours suivi sa voie sans aucune hésitation. Épris de la nature, il l'avait étudiée toute sa vie, avec un amour ingénu, et, sans se douter qu'il fût un inventeur, il avait créé dans l'art un domaine nouveau.

**

Paul Potter finissait prématurément sa vie quand Adrien van de Velde venait de débuter dans sa carrière artistique, et il appartenait, lui aussi, à l'une de ces dynasties de peintres comme on en rencontre tant dans l'histoire de l'art et qui abondent surtout en Hollande. Le chef de cette famille, un simple cloutier, originaire d'Anvers, avait quitté cette ville pour échapper aux persécutions religieuses et il s'était établi à Rotterdam avec son fils, Jan van de Velde le Vieux, qui trouvait à y remplir les modestes fonctions de maître d'école. Ce dernier, né en 1569, était un calligraphe renommé, et grâce à l'élégance de son écriture, il avait bientôt su se créer une situation assez convenable, la calligraphie étant alors considérée comme un art et servant même parfois d'apprentissage à la peinture. Après avoir acquis quelque aisance, Jan était allé en 1620 se fixer à Harlem, où il mourait au mois de septembre 1623, laissant trois fils qu'il avait élevés honorablement et qui tous devaient être artistes. Nous avons vu quelle place Esaïas, l'aîné, occupe parmi les précurseurs et l'influence qu'il a exercée sur ses contemporains.

Le second fils du calligraphe portait comme lui le prénom de Jan et il s'était adonné à la gravure sous la direction de Jacques Matham, à Harlem. Outre un assez grand nombre de dessins à la plume, fort recherchés de son temps, on a de lui plusieurs suites de planches dans lesquelles il a traité tous les sujets, et notamment la série des *Saisons*, *les Mois*, *les Quatre Points du Jour*, *les Éléments*, etc., qui nous intéressent plus particulièrement. Tantôt ce sont de simples traits, sans aucune ombre; tantôt, au contraire, comme dans *le Feu* et *la Nuit*, les planches très chargées de travail présentent des oppositions vigoureuses, destinées à faire ressortir les jeux de la lumière. On retrouve dans ces *Paysages* quelque trace des défauts des primitifs, la complication des plans, l'accumulation des accidents. Mais la facilité et l'entrain avec lesquels ils sont enlevés rachètent ces imperfections de détail. On y sent circuler une sève nouvelle et l'expression de certaines beautés de la nature, jusque-là méconnues, qui s'en dégage, justifie le titre ingénu de *Regiunculæ amœnissimæ* donné à la suite de ces naïves images. Les nombreuses éditions qui en ont été publiées attestent d'ailleurs le succès qui les avait accueillies. Malgré tout, l'existence de l'artiste était des plus précaires et, sans qu'on sache pour quel motif, en juillet 1641, il quittait Harlem pour se retirer à Enkhuyzen, où l'on a perdu sa trace.

Le dernier des fils de Jan van de Velde le Vieux, Willem, était né à Leyde, probablement d'un second mariage de son père, car un assez long intervalle sépare sa naissance, en 1611 ou 1612, de celles de ses deux frères. Il avait eu deux fils dont l'aîné, nommé comme lui Willem, devait ainsi que lui être peintre de marines. Adrien, le plus jeune, était né à Amsterdam en 1635 ou 1636. Dans la maison de son père, il ne voyait autour de lui que des peintres, et il semble qu'avec les aptitudes d'une vocation héréditaire il ait réuni en lui les plus précieuses qualités de la longue lignée d'artistes que comptait sa famille. Son frère et ses oncles encouragèrent ses premiers essais et sa précocité fut extrême. A l'école, ses livres et ses cahiers étaient couverts de ses croquis et l'on rapporte que, bien jeune encore, il avait peint sur les panneaux de son lit, avec les couleurs de son frère Willem, une *Laitière* que l'on conserva assez longtemps.

Son père, retiré en Angleterre et absorbé par les devoirs de la charge que lui avait confiée l'amirauté, ne pouvait pas plus s'occuper de lui qu'il ne l'avait fait de son frère et il le mit en apprentissage à Harlem, chez Jan Wynants qui jouissait alors d'une grande célébrité. Adrien avait cependant, suivant toute probabilité, profité déjà des leçons paternelles, car il était assez habile dans son art pour que, à la vue des études qu'il avait apportées avec lui, la femme de Wynants prédit à son mari « que ce disciple aurait bientôt dépassé son maître ». Loin de concevoir aucune jalousie, ce dernier se montra toujours heureux des progrès de son élève et ne cessa pas d'entretenir avec lui des relations qui devaient durer jusqu'à la mort d'Adrien, lequel devint même son collaborateur le plus fidèle. Le jeune homme était à bonne école chez Wynants. Il rencontrait d'ailleurs dans son atelier Philips Wouwerman, plus âgé que lui de seize ou dix-sept ans, mais avec lequel il s'était étroitement lié. Comme van de Velde, et plus encore que lui, Wouwerman devait tenir de leur maître commun cette touche moelleuse et fondue, qui, malgré tout son talent, ne laisse pas de donner quelque monotonie à l'ensemble de son œuvre. L'âge et la supériorité déjà acquise par Wouwerman lui assuraient un ascendant légitime sur son jeune compagnon, qui devint en quelque sorte aussi son élève. À son exemple, au lieu de se borner comme Wynants à la seule pratique du paysage, Adrien, curieux de s'instruire, étendit le champ de ses études. Dans les belles campagnes des environs de Harlem bien des sujets le sollicitaient et l'on serait en droit de penser qu'épris, comme il l'était, de cette nature pittoresque, sa carrière fût, dès ses débuts, nettement tracée. Il semble cependant qu'il ait pendant quelque temps cherché sa voie. Houbraken nous apprend qu'il avait commencé par peindre des tableaux religieux : une *Déposition de la Croix* pour l'église romaine d'Amsterdam, un tableau du même genre pour l'église de l'Appelmarkt et plusieurs autres épisodes tirés des livres saints, entre autres une *Annonciation de la Vierge*. Le choix et le nombre de ces sujets indiquent chez l'artiste des préoccupations d'un ordre particulier et confirment un fait qui nous est révélé par des documents irrécusables. Nous voyons, en effet, dans les notes biographiques qui le concernent et qui se trouvent consignées dans le répertoire de M. de Vries[1], que le baptême des enfants d'Adrien van de Velde, ainsi que l'inhumation de ceux qu'il perdit et même la sienne propre, ont eu lieu dans des églises ou des cimetières consacrés au culte catholique.

Plusieurs ouvrages d'Adrien et l'aspect de certains édifices introduits par lui dans quelques-unes de ses peintures ou de ses eaux-fortes pourraient faire croire qu'il était allé en Italie. Mais aucun de ses biographes ne parle de ce voyage et il nous paraît que ces motifs empruntés à la nature italienne restent toujours chez lui assez vagues pour qu'on n'y voie, en somme, qu'un tribut payé à la mode de cette époque. C'est dans ce même courant d'idées que l'on peut également constater chez lui la trace de certaines préoccupations académiques; par exemple, le goût qu'il partage avec la plupart de ses contemporains pour les ruines et pour les sujets bibliques, comme dans le grand tableau qui fait aujourd'hui partie de la collection de sir Richard Wallace, l'*Émigration de Jacob* où l'on ne compte pas moins de vingt-cinq figures et d'innombrables animaux; ou pour les sujets mythologiques, comme dans le *Mercure et Argus* de la collection Dutuit que nous reproduisons ici.

Mais si prisées que fussent alors ces compositions, si cher qu'elles soient encore payées, ce n'est pas là, à notre avis, le meilleur du talent d'Adrien. Si avec la souplesse de son tempérament et la facilité de son pinceau, il s'en tire toujours à son honneur, nous leur préférons de beaucoup les sujets plus simples dans lesquels il s'inspire directement de ce qu'il voit et trouve autour de lui ses modèles. C'est alors qu'il montre le mieux tout ce qu'il vaut et si, jusque dans ces simples sujets, il lui arrive de mêler quelque idylle, ce n'est point par affectation, ni maniérisme. En peignant les côtés aimables de la vie pastorale, il ne fait que suivre la pente de son talent et de ses goûts. C'est avec la poésie sans effort, mais non sans grâce, d'un Théocrite hollandais qu'il nous représente, sous d'épais ombrages, des bergers et des bergères devisant au bord des sources et des ruisseaux, ou se récréant à quelque musique champêtre, pendant qu'à côté d'eux leurs troupeaux broutent ou s'abreuvent aux eaux vives.

Au surplus, dans ces pastorales, les personnages ne sont qu'acces-

---

1. *Biografische Anteekeningen*; Amsterdam, 1886.

AD. V. DE VELDE. — DIVERTISSEMENTS DE L'HIVER.
Musée de Dresde. (Phot. Hanfstaengl.)

soires; ils s'effacent devant les animaux. L'artiste connaissait bien leur structure et il ne négligeait aucun moyen pour se renseigner à cet égard. Il y a quelques années, dans un dossier du Cabinet des estampes de la Bibliothèque Nationale, renfermant des gravures par ou d'après Adrien, j'avais trouvé trois photographies représentant, sous des aspects divers, la statuette d'une vache couchée, dans une attitude très simple et rendue avec une vérité parfaite. Le socle rectangulaire sur lequel elle repose, porte, sur deux de ses faces, l'inscription en caractères hollandais de cette époque : *Adriaan van de Velde fecit* 1659. Malgré mon désir de retrouver la trace de cette statuette, je n'avais pu y parvenir, quand récemment l'original fut proposé au Louvre pour être acheté et grâce à l'initiative vigilante du conservateur de la sculpture moderne, M. André Michel, elle figure maintenant dans nos collections. On comprend de quel secours devaient être ces petits modèles non seulement pour le peintre lui-même, mais pour ses confrères qui pouvaient en les disposant et les éclairant à leur gré, s'en servir dans leurs compositions.

Si dans le dessin de ses animaux, van de Velde n'atteint pas la précision savante de Paul Potter, peut-être a-t-il plus d'aisance et d'abandon, un sentiment de la vie plus vif et plus varié. C'est un don chez lui que cette facilité à saisir les allures caractéristiques de la bête agissant ou au repos; mais il a singulièrement développé ce don par l'étude et il n'a jamais cessé d'entretenir et de renouveler ainsi son talent. Les nombreux croquis faits par lui à la pierre noire ou à la sanguine en face de la nature, sont pleins de justesse et charmants d'élégance.

Ce charme de grâce et de maîtrise, nous le retrouvons dans les eaux-fortes d'Adrien. Bartsch en compte environ 22, exécutées de 1653 à 1670 et comme il le dit : « On ne voit rien à mettre au-dessus pour la correction du dessin, la vérité des caractères des animaux, leurs attitudes, la justesse des muscles et la perfection soignée des plus petits détails.... Le dessin y est admirable les terrains et les herbes sont faits d'une pointe nourrie, à peu de frais et d'un goût excellent. » Qui avait appris à Adrien le métier de graveur? En tout cas, l'apprentissage avait dû être facile, car le travail chez lui n'est jamais compliqué, et seule la science accomplie du dessinateur en fait les frais. Dans ses eaux-fortes tout est net, lisible; les silhouettes sont indiquées avec une justesse parfaite et l'effet s'accuse très franchement, en quelques traits.

Les études peintes à l'huile par van de Velde sont peut-être supérieures encore à ses eaux-fortes. Dans le *Paysage et Animaux* (Musée de Rotterdam) daté de 1658, le petit bœuf gris jaunâtre est, comme souplesse de facture et finesse d'intonations, une véritable merveille et, avec sa tête intelligente, le cheval gris pommelé du *Maréchal ferrant*, qui dans ce musée porte la même date, n'est pas moins remarquable. L'année 1658 compte d'ailleurs parmi les plus fécondes de l'artiste et marque sa précoce maturité, car à la National Gallery c'est encore celle que nous relevons sur deux autres de ses tableaux, excellents tous deux; l'un, *la Ferme*, qui nous offre comme un résumé de la vie rurale, avec des vaches, une femme occupée à les traire, des cochons vautrés voluptueusement dans la fange, un coq et des poules picorant alentour. Près de là, une *Clairière* nous montre un coin de prairie où, sous le ciel bleu, des moutons admirablement dessinés broutent ou se reposent dans l'herbe, tandis que le petit pâtre qui les garde dort, étendu à l'ombre sur le gazon. Enfin, toujours à cette même date, nous mentionnerons

15. — AD. VAN DE VELDE. — LA FERME. (MUSÉE DE SENLIS, PHOT. KANESTAENE.)

au Stœdel's Institut de Francfort, un motif d'un aspect plus solitaire et plus sauvage : un *Intérieur de forêt*, avec une harde de cerfs suivant un sentier qui les conduit à une mare.

En pleine possession de ses moyens, Adrien peut désormais aborder des tableaux de plus grandes dimensions, dans lesquels, mettant à profit ses études, il saura grouper animaux et personnages au milieu de la campagne, avec une extrême facilité de composition. Parmi ces sujets purement champêtres nous signalerons comme les plus importants : les *Vaches dans un bois*, chez lord Overstone, le *Troupeau retournant au Village* de la Pinacothèque de Munich daté de 1660 et la *Matinée d'été* du Musée de Berlin. En ce genre, le chef-d'œuvre d'Adrien et certainement une des productions les plus accomplies de l'école hollandaise est l'admirable paysage *la Ferme*, signé et daté de 1666 (il provient de la collection Hope et a été récemment acheté aussi par le Musée de Berlin) dont nous sommes heureux de mettre sous les yeux de nos lecteurs une fidèle reproduction. La franchise de l'effet, la correction et la grâce du dessin, dans les arbres comme dans les figures et les animaux, l'harmonie délicieuse de la couleur, en un mot toutes les perfections de l'art de peindre s'ajoutent ici à la beauté du motif. On ne saurait concevoir d'image plus vraie, plus poétique que celle de ce coin agreste dans lequel l'artiste a su exprimer, avec un charme exquis et un sens tout moderne, le calme et la douceur d'une matinée d'été.

La souplesse du talent d'Adrien lui permet de traiter avec la même aisance tous les sujets; observateur pénétrant de la nature, il en traduit fidèlement tous les aspects. On rencontre bien, il est vrai, chez lui, quelques effets un peu risqués: dans le tableau du Ryksmuseum, *la Chaumière*, daté de 1671, nous serions en droit de relever des intonations suspectes, qui sortent de l'harmonie générale et le *Soleil levant*, du Louvre, nous offre, dans une moitié du ciel, une coloration jaunâtre qui jure avec le bleu trop vif de l'autre moitié. Mais ces taches légères sont chez lui très rares et le plus souvent, au contraire, il reste vrai, plein de naturel et d'entrain. Parfois même, il a des trouvailles, aussi heureuses qu'originales. La *Chasse au cerf*, signée et datée de 1666, qui après avoir figuré à la vente de la Galerie Koucheleff, en 1869, a reparu en 1883 à celle de la collection Narishkine, en est un des meilleurs exemples. Nous y pouvons admirer une fois de plus la multiplicité des aptitudes de van de Velde, le talent et le brio avec lesquels il nous représente tout ce monde de piqueurs, de belles dames et de cavaliers qu'on entrevoit, à divers plans, à travers les arbres d'une forêt, poursuivant à toute vitesse la bête qui fuit devant eux. A tous ses mérites habituels, l'artiste ajoute ici une hardiesse bien singulière à cette époque dans l'école hollandaise : la forêt peinte par lui est franchement verte! Alors que les paysagistes ses contemporains semblent obéir à un mot d'ordre pour éliminer le vert de leurs palettes, dans la naïve audace de son entière sincérité, Adrien rompt avec la tradition pour n'accepter que les seuls enseignements de la nature. C'est avec une véracité qui ne devait pas trouver d'imitateurs qu'il nous montre dans leur délicatesse et leur riche diversité, les verdures printanières de cette forêt éclairée par le soleil, les roseaux, les fougères, les prêles, toutes les plantes aquatiques qui se pressent autour d'une mare, et le feuillage découpé des chênes détachant sur l'azur du ciel sa capricieuse dentelure. Non content de dessiner, comme le font ses confrères, Adrien cette fois a peint d'après nature. Il a cherché le ton juste et il a su, en le trouvant, rester à la fois très vrai et très harmonieux.

Attentif aux incessantes transformations que le cours des saisons apporte dans les aspects de la campagne, van de Velde s'est appliqué assez souvent à représenter l'hiver et les distractions qu'il ramène en Hollande, alors que sous la vive lumière d'un ciel clair, une foule empressée s'ébat gaiement sur les canaux glacés. Si, dans ces sortes de sujets, l'artiste avait été devancé par plusieurs de ses compatriotes — notamment par son oncle Esaïas, par A. van de Venne, par Avercamp, van Goyen et Aart van der Neer — il l'emporte de beaucoup sur eux par la justesse de l'effet et le charme de l'exécution. Ses figures ne sont pas simplement, comme les leurs, des taches plus ou moins heureuses semées çà et là, avec des indications de mouvements très sommaires. Ces personnages de tout âge et de toute condition sont, au contraire, peints par lui avec un art accompli. Soit qu'ils patinent ou qu'ils glissent sur la glace portés par de légers traineaux, soit qu'ils pêchent ou qu'ils s'amusent à une sorte de jeu de boules fort à la mode en Hollande, leurs attitudes et leurs gestes sont saisis avec une vérité étonnante. Quoique nombreux, ils n'encombrent pas le tableau et laissent bien l'idée des vastes espaces qui s'étendent autour d'eux. Ils concourent même très utilement

AD. V. DE VELDE. — PARTIE DE CAMPAGNE.
Ryksmuseum d'Amsterdam. (Phot. Hanfstaengl.)

à rendre plus saisissante cette impression de l'étendue, car, tout en conservant, sous la clarté du jour, une grande netteté jusqu'aux plans les plus reculés, ils offrent dans le dessin et la couleur ces atténuations progressives qu'amène l'éloignement. Nous pouvons admirer, au Musée d'Anvers, à la National Gallery et à la Galerie de Dresde, les œuvres les plus saillantes qu'Adrien ait produites en ce genre — elles sont datées de 1668 et 1669 — et, sans avoir leur importance, le petit *Canal glacé* du Louvre, également daté de 1668, est un vrai bijou.

Peut-être les *Marines* et les *Plages* de van de Velde sont-elles plus remarquables encore et, c'est là qu'il a le plus complètement donné sa mesure. De bonne heure, il avait été attiré par la mer. Dès son séjour à Harlem, il avait pu recueillir, parmi les dunes qui avoisinent cette ville, de nombreuses études. Mais les environs de Scheveningue devaient surtout lui fournir des motifs à son goût, qu'il a reproduits dans quelques-unes de ses œuvres les plus célèbres. Le tableau du Musée de

Cassel daté de 1658 est le premier, croyons-nous, où il ait traité cette donnée. On reste confondu d'admiration quand on songe que l'artiste avait à peine vingt-trois ans lorsqu'il peignit cet ouvrage accompli, où la maturité du talent égale la fraîcheur de l'impression. Adrien devait, par la suite, revenir plus d'une fois à cette donnée : dans un tableau qui fait partie de la collection de Buckingham-Palace ; dans le chef-d'œuvre bien connu, la *Plage de Schereningue* du Louvre, où il a représenté le prince d'Orange se promenant en carrosse avec sa suite (1660); dans la *Plage hollandaise* du Musée de La Haye (1665), animée de matelots, de femmes et d'enfants qui se reposent ou jouent dans le sable ; enfin dans le délicieux petit panneau signé des initiales A. V. V., que possède M. Six. Jamais l'artiste n'a mieux manifesté la spontanéité, l'entrain et la sûreté de son exécution que dans cette dernière peinture qui semble prestement enlevée, en face même de la nature. On y sent comme le souffle de la brise qui courbe les herbes pâles, agite les flots et soulève les vêtements des personnages qui, du haut de la dune, contemplent ce spectacle. La conservation parfaite de ces divers ouvrages, peints comme du premier coup, atteste l'excellence de la pratique, d'ailleurs très simple, d'Adrien.

La variété et le nombre même des tableaux exécutés par lui durant sa vie, si courte cependant, attestent sa fécondité. Smith, dans le catalogue de son œuvre, arrive à un total de 170 à 180 peintures, sans parler des dessins et des eaux-fortes. Mais ce n'est pas seulement à cet ensemble déjà fort respectable de travaux que s'est bornée son activité ; ses collaborations multiples avec les principaux paysagistes de son temps lui font une place unique dans l'école hollandaise. De nombreux artistes, en effet, ont profité du talent d'Adrien et, pour apprécier à sa valeur cette collaboration, il suffit de la comparer à celle d'autres peintres d'un talent cependant très réel. Nous avons dit l'effet malencontreux que produisent dans *la Grande Forêt* de Ruisdael, au Louvre, les figures si peu justifiées que Berchem y a introduites ; ce sont là des fautes dont le goût de van de Velde l'a toujours préservé. Avec un tact exquis il sait quels personnages et quels animaux conviennent à un motif déterminé, la dimension qu'ils doivent avoir, la place où il faut les mettre, les colorations par lesquelles il faut les accommoder à l'harmonie générale ou les faire contraster avec elle. Sur ce point, son talent et son sentiment de l'à-propos sont irréprochables. Parmi les paysagistes qui ont profité de la collaboration de van de Velde, il convient de citer : J. Ruisdael, Hobbema, Ph. de Koninck, J. van der Hagen, Verboom, G. Dubois, J. Hackaert et F. Moucheron. Mais plus encore que tous ceux que nous venons d'énumérer, Wynants et van der Heyden ont trouvé en van de Velde un concours actif et efficace. Durant toute la vie de son élève, Wynants a largement profité de son aide. Plusieurs de ses tableaux, encore plus richement *étoffés* que les autres, nous montrent même leurs deux signatures fraternellement associées : le *Paysage* du Louvre et celui de l'Ermitage, par exemple, et nous ne comptons pas moins de 150 ouvrages de Wynants auxquels Adrien a collaboré. Pour van der Heyden, le total monte à plus de 100, et jamais coopération ne fut plus heureuse que celle de ces deux artistes. On connaît la correction impeccable de van der Heyden, son exécution d'une finesse extrême, mais parfois un peu froide et sèche dans sa précision. Ses *Intérieurs de villes* n'auraient assurément pas tout leur prix sans les délicieuses figures d'Adrien. C'est van de Velde qui a donné la vie aux quais, aux rues, aux places d'Amsterdam que peignait son ami, en les animant de ses nombreux personnages. Dans un petit tableau de van der Heyden, véritable chef-d'œuvre appartenant à M. le baron Edmond de Rothschild et qui représente le portique d'une riche habitation, Adrien a même su, avec une habileté accomplie, réveiller la tonalité effacée de ces architectures un peu froides, en plaçant à gauche, accoudés à une balustrade, deux petits pages vêtus de rouge, d'une désinvolture et d'une grâce tout à fait charmantes.

Aucun document ne nous renseigne sur les conditions dans lesquelles Adrien mettait ainsi son pinceau au service d'autres artistes; mais il est permis de croire que ce concours ne devait pas être gratuit. On ne s'expliquerait guère sans cela que ceux-ci lui eussent pris, sans l'indemniser, une si grande part de son temps. Il eût été curieux de connaître le tarif des redevances que pouvaient valoir à van de Velde des travaux de ce genre. Ses prix n'étaient probablement pas très élevés et ceux qui recouraient ainsi à lui trouvaient un avantage évident à le faire, puisqu'ils réclamaient si souvent son concours, certains que leurs œuvres en recueilleraient une plus-value bien supérieure à leurs débours.

Houbraken, qui tient d'une des filles d'Adrien la plupart des renseignements qu'il nous a transmis sur lui, nous le représente comme un homme de mœurs très régulières, bien élevé, extrêmement actif et toujours préoccupé de son art. De bonne heure, il avait voulu fixer sa vie et se créer un intérieur. Le 22 février 1657, assisté de son père, chez lequel il avait demeuré jusque-là, il faisait dresser par un notaire d'Amsterdam son contrat de mariage avec une jeune fille de dix-neuf ans, qu'il épousait le 5 avril suivant. Il n'était âgé lui-même que de vingt et un ans et ne possédait à ce moment aucun argent, mais seulement quelques objets d'art, dont la liste ne nous a malheureusement pas été conservée. Les deux jeunes gens avaient d'ailleurs grande affection l'un pour l'autre, car deux ans après, le 16 mai 1659, ils se faisaient mutuellement donation de ce qu'ils possédaient, par un testament dans lequel il est parlé de huit volumes de « papiers artistiques », probablement des gravures et des dessins qui appartenaient à Adrien. Le 18 octobre 1669, les deux époux avaient renouvelé les dispositions de ce testament : ils habitaient alors sur le Schapenmarkt, où avait également demeuré Paul Potter. Le ménage avait eu cinq enfants et en avait successivement perdu trois en bas âge.

WILLEM V. DE VELDE. — LE COUP DE CANON.
Ryksmuseum d'Amsterdam. (Ph ot. Hanfstaengl.)

Grâce à sa vie correcte et laborieuse, Adrien, dont la collaboration et les œuvres étaient de plus en plus recherchées, devait jouir de quelque aisance ; cependant van Gool et van Eynden nous apprennent que, malgré son travail, il avait peine à suffire à l'entretien de sa famille et que, pour l'aider à y pourvoir, sa femme avait été obligée d'entreprendre un

WILLEM V. DE VELDE. — MARINE.
Musée du Louvre. (Phot. Lévy.)

commerce de bas. Il nous semble qu'un des ouvrages les plus importants et les plus remarquables de l'artiste nous fournit sur sa situation des informations plus rassurantes. Nous voulons parler de l'intéressant tableau du Ryksmuseum daté de 1667, où l'on croit qu'il s'est représenté lui-même avec sa femme au milieu de la campagne, tous deux vêtus avec une élégante simplicité. A gauche, une servante assise sur un tronc d'arbre renversé, porte dans ses bras leur dernière fille, et le petit Pierre, alors âgé d'environ neuf ans, tient en laisse un épagneul blanc : près de là, au second plan, un domestique habillé de gris arrange les harnais de deux beaux chevaux gris pommelés attelés à un char à bancs qui a conduit nos promeneurs dans le joli coin où ils ont mis pied à terre. Cet équipage, ces serviteurs, leur tenue et celle de leurs maîtres, tout, dans le tableau du Ryksmuseum, nous paraît indiquer un état de maison assez large. A cette date de 1667, Adrien, très estimé de ses confrères et dans sa pleine maturité, voyait ses œuvres fort appréciées du public. L'extrême souplesse de son talent lui permettait de se tirer avec honneur des tâches très variées qui lui étaient confiées par les princes ou les riches amateurs de cette époque. Mais cette vie, qui s'annonçait heureuse et facile, ne devait plus être longue. Cinq ans après qu'il eut peint le tableau du Ryksmuseum, l'artiste mourait prématurément; il n'avait pas encore trente-sept ans. Il était inhumé dans la Nouvelle Église le 21 janvier 1672, et ses œuvres, datées de 1670 et de 1671 au Musée d'Amsterdam, nous prouvent que jusqu'à sa mort il n'avait pas cessé de peindre.

La plupart des grandes collections de l'Europe possèdent des tableaux de van de Velde. Déjà recherchés de son vivant, leurs prix a toujours été en augmentant, sans qu'ils aient jamais été l'objet des engouements ou des dépréciations de la mode. Quant à ses dessins, ils avaient, même de son temps, une telle vogue, qu'au lieu de se borner à en faire des études pour ses compositions, il cherchait à en tirer parti et les cédait à des amateurs. Ceux qu'il destinait ainsi à la vente sont, en général, exécutés à la plume, avec quelques teintes lavées à l'encre de Chine ou au bistre, pour indiquer largement les valeurs et l'effet. Leur légèreté, l'aisance et la sûreté avec lesquelles ils sont faits expliquent assez la faveur dont ils n'ont pas cessé de jouir. Cependant nous préférons de beaucoup à ces compositions destinées au public les croquis exécutés simplement par van de Velde, en face de la nature : des personnages, pâtres ou bergères, pris sur le vif, ou des animaux saisis dans leurs poses familières, en pleine campagne. Le Musée Fodor est particulièrement riche à cet égard et les nombreux spécimens qu'il possède de ces études donnent bien l'idée des rares qualités du maître.

Sans affectation, sans manière, au moment où déjà les subtilités et les mièvreries commençaient à prévaloir dans l'école, Adrien van de Velde a dit simplement ce qu'il voulait, et il l'a dit en perfection. Bon camarade, modeste, avenant, d'humeur facile et serviable, il n'est guère de physionomie plus attachante que la sienne. Sa fin prématurée prête à cette honnête existence, remplie par l'amour de son art et de la nature, je ne sais quel charme touchant; elle ajoute encore à la sympathie que son talent est si bien fait pour inspirer.

**

IV

Si longue que soit la liste des paysagistes hollandais dont nous avons déjà parlé, elle est pourtant fort incomplète, et avant d'en venir a Rembrandt, qui doit également avoir ici sa place, il nous faut signaler brièvement quelques-uns des artistes les plus éminents qui, en nous montrant d'autres aspects de leur pays, en ont ainsi complété pour nous la fidèle image. Les peintres de marines sont de ce nombre.

Dès les commencements de l'école hollandaise, la mer a tenu, dans les œuvres de ses peintres, une place considérable, bien en rapport, d'ailleurs, avec l'importance qu'elle a dans la vie même de la nation. C'est, en effet, un ennemi qu'il faut contenir et vaincre tous les jours, mais qui, dompté par la ténacité vigilante d'un peuple courageux, est devenu pour lui, au moment de la lutte contre l'étranger, la sauvegarde de son indépendance et, après la paix, le principal élément de sa prospérité. En s'attachant exclusivement à la peinture de la mer, les maîtres hollandais créaient un genre nouveau et vraiment national. Retracées par eux, les actions d'éclat des intrépides marins de cette époque rappelaient la gloire dont ils s'étaient couverts en combattant pour le salut commun.

C'est à un Flamand, Julius Porcellis, originaire de Gand, vers la fin du xvie siècle — mais devenu Hollandais en se fixant d'abord à Rotterdam, puis à Harlem (1622-1628) et enfin près de Leyde, à Soeterwoude, où il mourut en 1632 — que sont dues les premières tentatives de représenter la mer pour elle-même, sans y figurer les épisodes pittoresques ou dramatiques dont elle avait été le théâtre : combats, naufrages, débarquements de grands personnages, etc. Dans les deux tableaux du Musée de Stockholm, *Bateaux de pêche par une forte brise* et *Barques en pleine mer*, aussi bien que dans *le Calme* du Musée d'Oldenbourg, la mer grisâtre et tranquille, ou menaçante et noirâtre sous les nuages épais amoncelés dans le ciel, fait le sujet principal de la composition. Si les oppositions y sont encore un peu trop tranchées, du moins les eaux sont-elles indiquées avec plus de souplesse et de transparence.

J. VAN DE CAPPELLE. — LA RÉGATE.
Ryksmuseum d'Amsterdam. (Phot. Hanfstaengl.)

Simon de Vlieger, qui fut probablement l'élève de Porcellis, marque un progrès décisif. C'est d'ailleurs un maître tout à fait hollandais, par son talent comme par sa naissance à Rotterdam, en 1601, et par sa vie tout entière passée en Hollande. Nous le trouvons, en effet, inscrit en 1634, à Delft à la Gilde de Saint-Luc, puis, dès le commencement de 1638, à Amsterdam, où il acquiert, le 5 janvier 1643, le droit de bourgeoisie et enfin à Weesp où il meurt vers 1653. Les aptitudes de Vlieger étaient très diverses. Il a peint des tableaux de genre et des portraits, fait des cartons pour des tapisseries et des vitraux, et exécuté des dessins destinés à être gravés par Pieter Nolpe; mais il fut surtout peintre de marines et c'est par lui que ce genre spécial doit être considéré comme définitivement constitué. Ainsi que ses devanciers, il put, à l'occasion, s'acquitter des commandes officielles qui lui étaient faites. Cependant il montre mieux tout son mérite dans des sujets plus simples et des toiles de dimensions restreintes, comme, à l'Ermitage, une *Mer houleuse* datée de 1624; au Musée d'Anvers, une *Marine* d'un ton léger, avec de petites barques très bien dessinées; à la collection Wesselhoeft à Hambourg, une *Jetée au bord d'un fleuve*; à Stockholm, des *Bateaux de pêche près du rivage*; au Musée de La Haye, une *Plage* datée de 1643,

AERT V. DER NEER. — CLAIR DE LUNE.
Musée de Dresde. (Phot. Hanfstaengl.)

et au Louvre, la *Vue d'Anvers*, presque monochrome, avec un ciel gris mais profond et lumineux, et la silhouette basse de la ville, dominée par la flèche de Notre-Dame qui émerge au-dessus des eaux troubles de l'Escaut. Dans ce dernier tableau, comme dans plusieurs œuvres de Cuyp et de van Goyen, le trait de l'esquisse, soigneusement établie, est resté apparent. Vlieger est un dessinateur accompli. Il avait été à bonne école chez Willem Ier van de Velde, qui, bien que plus jeune d'une dizaine d'années, lui avait donné quelques leçons. Ce dernier, qui n'a laissé qu'un très petit nombre de peintures, d'ailleurs assez médiocres, avait acquis une telle habileté à dessiner les vaisseaux et les embarcations de toute sorte, et son talent à cet égard était si apprécié de ses contemporains, qu'il avait été chargé par l'amirauté hollandaise d'exécuter à la plume sur des panneaux à fond blanc un grand nombre de dessins représentant des combats sur mer. La supériorité de van de Velde en ce genre avait même attiré l'attention de Charles II qui, en lui offrant le titre de peintre du roi, avec des appointements assez élevés, le décidait à se fixer en Angleterre. Jacques II lui ayant conservé sa charge, l'artiste était demeuré à Londres où il mourut âgé de plus de quatre-vingts ans. Son fils aîné, Willem II, le frère d'Adrien, après avoir appris de son père les éléments de son art, était entré ensuite dans l'atelier de Simon de Vlieger. Nous sommes peu renseignés sur ses premiers travaux ; mais nous savons que sa précocité fut extrême, car nous trouvons à l'Ermitage et au Musée de Cassel deux de ses tableaux datés de 1653, dans lesquels apparait déjà la perfection un peu sèche qu'il devait mettre dans ses œuvres. Né à Amsterdam en 1633, il n'avait alors que vingt ans.

L'année d'avant, le 23 mars 1652, il épousait une jeune fille de Weesp, nommée Pieternelle Lemaire, et peut-être Vlieger, son maître, retiré dès lors dans cette ville, avait-il servi d'intermédiaire pour cette union. Le mariage ne fut pas des plus heureux et, si nous en croyons la chronique, la légèreté de la femme de Willem avait provoqué maint scandale; mais il ne devait pas durer bien longtemps. Les notes biographiques recueillies par M. de Vries nous apprennent, en effet, que, le 23 décembre 1656, l'artiste prenait pour seconde femme Magdaleentje Walrafens d'Amsterdam, âgée de vingt et un ans, et que son père assistait à ce second mariage.

La vérité scrupuleuse que Willem apportait à ses études était fort goûtée de ses compatriotes, et ce n'est pas seulement parmi les peintres qu'il rencontrait des admirateurs de son talent. Mieux qu'eux encore, les marins pouvaient attester au point de vue technique la justesse absolue de ses représentations. Amis de l'exactitude en toutes choses et familiers avec tout ce qui a trait à la mer, les Hollandais n'auraient pas admis d'erreurs ou d'à-peu-près en pareille matière, et le savoir acquis par Willem lui permettait de satisfaire les plus exigeants. Dans un de ses premiers ouvrages, cette *Marine* du Musée de Cassel, datée de 1653, que nous venons de mentionner, il a su exprimer avec un rare bonheur l'impression de ce calme complet qu'on n'a pas souvent occasion d'observer sur la mer du Nord. Des barques habilement groupées élèvent dans l'air tranquille leurs voiles qu'aucun souffle ne gonfle et que l'eau immobile reflète avec une netteté parfaite. La douceur du coloris, la tiède moiteur de l'atmosphère, le charme pénétrant de cette lumière caressante qui adoucit tous les contours, tout dans cette œuvre exquise témoigne d'une étude attentive et intelligente de la nature.

C'est là, du reste, une des données qu'affectionnait van de Velde et que bien souvent il a reproduites avec un pareil succès, notamment dans les *Marines* de la National Gallery, dans une autre *Marine* de la Pinacothèque de Munich, dans l'*Eau calme* du Musée de la Haye et dans plusieurs tableaux du Ryksmuseum. Mais il n'excellait pas moins dans ces aspects mouvementés de la mer, dont la Hollande offre plus fréquemment l'exemple, et nous possédons au Louvre un bon spécimen de ces *Brises* qui sont presque aussi nombreuses dans l'œuvre du peintre. L'exécution précise, un peu froide, est d'une grande justesse et il semble qu'on sente la pureté de cet air frais qui souffle librement à travers l'espace, penchant les barques sur le flot grisâtre, soulevant les vagues courtes et pressées, chassant devant lui la troupe légère des nuages qui fuient ou se dissipent dans le pâle azur du ciel. L'ensemble, il convient de le dire, n'a pas grand éclat, et vous pourriez passer à côté de cette petite toile sans songer à la regarder; mais elle retient ceux qui se sont arrêtés devant elle et leur donne bien l'idée de ce talent correct et discret. Quoiqu'il ait rarement peint des tempêtes et que le caractère de son tempérament posé et consciencieux paraisse moins fait pour les sujets pathétiques, Willem a parfois montré, en les traitant, des qualités pareilles de vérité et d'observation, par exemple dans le *Gros Temps* de la Pinacothèque de Munich et dans la *Tempête* de la National Gallery.

Outre ces aspects purement pittoresques de la mer que van de Velde avait à peindre pour des amateurs, il fut plus d'une fois aussi chargé de représenter quelques-uns des faits de guerre les plus glorieux de la marine hollandaise. Associé à la mission officielle que l'amirauté avait confiée à son père, il put, en l'accompagnant dans ses expéditions nautiques, profiter des facilités qu'elles lui accordaient pour ses études. On raconte même que pour lui permettre d'observer plus exactement les effets qu'il voudrait rendre, de Ruyter, qui l'avait en haute estime, faisait quelquefois tirer exprès pour lui les canons du vaisseau amiral. C'est là, du moins, le sujet du *Coup de Canon* de la collection van der Hoop, dans lequel van de Velde a représenté, au milieu d'un calme plat, un grand vaisseau de guerre dont les voiles, éclairées en plein par le soleil, se détachent éclatantes sur les fumées épaisses produites par les décharges de l'artillerie de ce bâtiment.

Après le départ de Willem le Vieux pour l'Angleterre, son fils était resté en relations suivies avec lui, et le roi Charles II, ayant vu quelques-unes des œuvres qu'il avait envoyées à son père, fut si frappé de leur mérite qu'il voulut également l'attacher à son service. Par une ordonnance rendue le 16 février 1675, il accorda aux deux artistes le même traitement annuel de 100 livres sterling. A partir de ce moment, Willem II résida aussi en Angleterre, où son succès à la cour et près des membres de l'aristocratie alla toujours croissant. Ses œuvres, très recherchées, étaient payées un prix fort élevé, et les châteaux de Saint-James et d'Hampton-Court, ainsi que les collections privées en possèdent un grand nombre. La *Marine* de lord Lindsay et celle de la collection de sir Richard Wallace nous paraissent devoir être signalées parmi les plus importantes et les plus remarquables. Les dimensions de cette dernière sont assez grandes pour que le peintre ait pu y figurer, avec la plus minutieuse exactitude, les moindres détails de la construction et du gréement des nombreux bâtiments qui s'y trouvent réunis.

Bien que fixé en Angleterre, Willem revint plusieurs fois dans sa patrie. Il y fit même, en 1686, un assez long séjour pendant lequel il peignit, pour la corporation des bateliers, une *Vue d'Amsterdam prise de l'Y*, exposée aujourd'hui au Ryksmuseum. Dans cette toile, la plus grande que nous connaissions de lui (1^m,76 sur 3^m,11) il a représenté le panorama de la ville, avec son port, ses chantiers et ses principaux édifices. Au centre, est placé le vaisseau marchand le *Holland*, à son retour d'un des premiers voyages aux Indes Orientales, accueilli par les saluts des navires à l'ancre, avec le yacht de la ville, richement paré, qui vient à sa rencontre. Les colorations plus vives de ce tableau, sa facture plus large et plus animée sont en parfait accord avec les dimensions et le caractère du sujet qu'il avait à traiter. Cependant van de Velde devait bientôt regagner l'Angleterre où Jacques II, à son avènement, lui continuait la pension que lui avait allouée son prédécesseur. Le peintre avait donc repris ses fonctions auprès de l'amirauté et, logé à Greenwich, il s'y trouvait à portée de ses études. C'est là qu'il mourut à l'âge de soixante-quatorze ans, le 6 avril 1707, et qu'il fut enterré.

Bien que la plupart des œuvres de van de Velde appartiennent à l'Angleterre, les musées du continent en possèdent un assez grand nombre. Nous avons dit les qualités d'exécution qui les distinguent d'ordinaire; il faut bien le reconnaître, cependant, on rencontre dans plusieurs d'entre elles quelques tons un peu criards qui détonnent sur l'harmonie générale. Dans *le Calme* du Musée de Rotterdam, les

AERT V. DER NEER. — LE MATIN.
Gravure de Ch. Jacque, d'après le dessin du Musée du Louvre.

bateaux, l'horizon et la mer sont charmants; mais les nuages d'un rose trop accusé forment avec l'outremer du haut du ciel un contraste tout à fait choquant. Parfois aussi la précision extrême de la touche de van de Velde ne va pas sans quelque sécheresse. Il serait d'ailleurs tout à fait injuste de lui imputer la dureté et la froideur de quelques-uns des tableaux qui lui sont attribués et qu'il convient de restituer à l'un de ses fils qui, portant le même prénom que lui, a souvent copié ses œuvres et prête par conséquent à des confusions fâcheuses pour son père.

Les dessins de Willem van de Velde ont été de tout temps recherchés et payés assez cher par les amateurs. A côté de ces dessins pittoresques qui forment le meilleur de son œuvre, il faut aussi mentionner ceux qu'il a faits pour s'acquitter des devoirs de sa charge. Leur nombre, en tout cas, prouve que cette charge n'était pas une sinécure et la collection qu'en possède le Musée de Rotterdam ne comprend pas moins de 624 feuilles dont quelques-unes ont une longueur de plus de trois mètres. Ce sont pour la plupart des croquis de batailles navales pris d'après nature, ou des portraits de vaisseaux. Parmi ces derniers nous en trouvons un qui porte l'inscription : « *Myn gallyott* » (ma galiote) et qui représente l'embarcation mise par l'amirauté au service de l'artiste pour le conduire sur les points d'où il était le mieux posé pour voir les épisodes qu'il se proposait de reproduire.

Moins en vue que Willem van de Velde, un autre peintre de marines, probablement élève de Simon de Vlieger, Hendrik Dubbels, naquit à Amsterdam en 1620 ou 1621 et y mourut en 1696. Plus colorés que ceux de van de Velde, ses tableaux ont la même finesse et un sens plus dramatique. Son *Naufrage* du Musée de Stockholm, où il a peut-être un peu abusé des épisodes larmoyants, nous donne un avant-goût des *Tempêtes* de Joseph Vernet. Sans avoir des visées aussi pathétiques, *la Brise* du Musée de Copenhague, avec ses vagues moutonnantes, ses barques et ses personnages disposés très heureusement, est, croyons-nous, une des meilleures œuvres du maître, lumineuse, vivante, pleine d'effet, d'une tonalité claire et argentine, très délicate. *La Plage* de la collection du comte de Moltke, également à Copenhague, nous offre les mêmes qualités.

A côté de ces *Marines* peintes par des professionnels, voués exclusivement à ce genre spécial, d'autres, exécutées par des paysagistes comme van Goyen, Allart van Everdingen, Salomon et Jacob Ruisdaël, montrent parfois, nous l'avons dit, avec une facture plus ample et plus libre, un sentiment plus élevé de la nature. D'ailleurs, bien que Willem van de Velde soit généralement considéré en Angleterre comme le premier des peintres de *marines*, il n'est que juste de constater qu'il a eu tout au moins un émule dans un artiste sur la vie duquel les découvertes de M. Bredius dans les archives hollandaises nous ont valu de précieuses révélations[1]. A vrai dire, Johannes van de Cappelle n'était qu'un amateur et sa principale occupation était la surveillance de l'importante teinturerie : *A la main couronnée*, qu'avait exploitée son père, et qu'il transmettait à sa mort à ses sept enfants, en même temps que la grosse fortune qu'elle lui avait procurée. Né en 1624 ou 1625 à Amsterdam, Johannes y épousait, le 12 septembre 1653, Annetje Jansd^r, et le 10 juin 1666, cette dernière étant « malade et alitée », les deux époux, demeurant alors dans la Koestraat, avaient fait un testament par lequel ils se donnaient mutuellement la moitié disponible de leurs biens. Treize ans plus tard, le 3 septembre 1679, van de Cappelle, devenu veuf et se trouvant à ce moment aussi « malade et alité mais jouissant de toutes ses facultés, » léguait à ses enfants tout son avoir,

---

1. *Oud-Holland*, 1892; p. 26 et 133.

consistant, outre la teinturerie, en de nombreuses maisons, terres et jardins, et des valeurs dont le total, soit en argent comptant, soit en obligations souscrites s'élevait à la somme de 92 720 florins, fortune très considérable pour l'époque. Peu de temps après, le 22 décembre 1679, il était enterré à la Nieuwe-Kerk, et l'inventaire de sa succession est particulièrement instructif. La liste détaillée des tableaux, dessins et gravures laissés par le défunt atteste à la fois l'importance de la collection qu'il avait réunie et la sûreté de son goût. Mais ce qui montrait bien les préférences spéciales du possesseur, c'est la grande quantité d'œuvres exécutées par les peintres de marines les plus célèbres de ce temps : Cornelis Vroom, Willem van de Velde le Vieux, Porcellis qui figure avec 17 tableaux sur cet inventaire, et surtout Simon de Vlieger qui n'en compte pas moins de 12, avec plus de 500 dessins et plusieurs albums d'études.

Assez absorbé d'abord par la gestion de sa teinturerie, Johannes n'avait pu, sans doute, travailler lui-même d'après nature autant qu'il l'aurait désiré; mais du moins il employait ses moments de liberté à copier les œuvres de Porcellis et de Vlieger, et l'inventaire mentionne aussi un certain nombre de ces copies, faites notamment d'après Vlieger. Si donc van de Cappelle n'a pas été l'élève de ce dernier, en tout cas il a subi son influence. Avec le temps, d'ailleurs, poussé par sa passion pour la peinture, il s'était réservé plus de loisirs afin de demander à la nature elle-même les enseignements qu'elle pouvait lui donner. Ses progrès avaient été décisifs. Ce qui l'attirait, ce qu'il excelle à rendre, ce sont surtout les effets de clair-obscur par un temps calme. Au Musée de l'Ermitage, un de ses meilleurs ouvrages, daté de 1649, *Eau tranquille près d'un port*, a passé longtemps pour être de Rembrandt. Van de Cappelle était l'ami de ce maître, qui avait fait son portrait et dont il possédait, en outre, un *Ecce homo* en grisaille, un petit paysage, une tête de Christ, une étude d'après son père, des eaux-fortes, 280 dessins, parmi lesquels un assez grand nombre d'études de paysages et une série de « 135 *croquis de la vie de la femme et de l'enfant* », tout un ensemble remarquable qu'il avait probablement acquis à la vente faite en 1656, à la suite de la déconfiture du grand artiste. Mais cette préoccupation du clair-obscur, alors très fréquente dans l'école, a pris chez van de Cappelle une physionomie très personnelle : ce n'est pas, comme d'habitude chez ses confrères, par un large parti d'ombres et d'oppositions franchement accusées entre les valeurs qu'elle se manifeste chez lui : c'est, au contraire, dans la clarté elle-même qu'il cherche le mystère. A demi voilé par de légers nuages, le soleil répand partout une lumière diffuse et les moindres objets enveloppés par elle en sont comme imprégnés et transfigurés. Ces effets de brume transparente dans l'air immobile sont très particuliers à la Hollande. Ils prêtent aux aspects de la mer assoupie sous le ciel tranquille une poésie en quelque sorte immatérielle que le peintre s'est appliqué à exprimer. Sans contrastes violents et même sans grand effort pour varier ses compositions, il a su les rendre attachantes. Les plans s'y indiquent délicatement, avec une justesse impeccable, par des transitions presque insensibles, jusqu'aux lointains perdus dans un radieux mirage. Tout est calme et l'eau à peine ridée reflète complaisamment la blancheur dorée des voilures immobiles. L'impression d'immensité et de doux éclat qui se dégage de cette atmosphère tiède et sereine est la vraie caractéristique du talent de van de Cappelle, et ces qualités d'intime poésie nous les retrouvons dans ses meilleurs ouvrages : au Ryksmuseum ; à Berlin, au Musée et dans la collection du baron von Carstanjen ; en Angleterre, à la National Gallery, chez lord Lindsay, chez lord Northbrook et chez M. Ch. Creys. A côté de ces *Marines*, l'artiste a peint aussi quelques rares *Effets d'hiver*, qui, tout remarquables qu'ils soient, n'ont pas la même originalité et rappellent les œuvres similaires d'Esaïas van de Velde, d'Avercamp et d'Aert van der Neer dont van de Cappelle possédait aussi de nombreux spécimens dans ses collections.

Avec les maîtres dont nous venons de parler s'éteint la brillante période de la peinture de *Marines* considérée comme un genre spécial. Après eux, la décadence s'annonce rapide et définitive. Pour avoir joui d'une réputation au moins égale à la leur, Ludolf Bakhuyzen (1633-1708), qui fut pourtant élève d'Everdingen et de Dubbels, marque bien cette décadence. Sa main est sûre, son exécution irréprochable ; il a une connaissance complète de tous les détails techniques que comporte son métier et sa scrupuleuse exactitude était bien faite pour ravir ses contemporains. Mais à part quelques-uns de ses tableaux, toute cette science apprise n'émeut guère. Dans sa correction impeccable, Bakhuyzen est sec, froid, souvent criard dans sa couleur ; ses eaux, avec

ISAACK VAN OSTADE. — CANAL GLACÉ EN HOLLANDE.
Musée du Louvre. (Phot. Neurdein.)

l'éclat d'un métal poli, en ont aussi la rigidité. Il avait débuté par être calligraphe et commis dans un bureau; il demeura toute sa vie un virtuose du pinceau et un commerçant très ponctuel, venant régulièrement à bout de la tâche qu'il s'imposait chaque jour, sans prendre à son travail plus d'intérêt qu'il ne nous en inspire à nous-mêmes.

.·.

Les nappes d'eau douce, qui dans les plaines basses de la Hollande couvrent de si immenses étendues, ont plus d'une fois aussi tenté le pinceau des paysagistes, et nous avons vu que dans quelques-unes de leurs meilleures œuvres, van Goyen et Salomon Ruisdael, entre autres, en ont bien rendu l'aspect mélancolique. Mais un peintre d'un rare talent, Aert van der Neer, devait en faire le sujet exclusif de ses tableaux. D'habitude, l'espace occupé par le terrain y est réduit à une bande étroite qui, séparant l'infini du ciel de l'infini des eaux, va s'amincissant de plus en plus, jusqu'à disparaître à l'horizon. On comprend qu'avec cette donnée, d'une simplicité élémentaire, l'intérêt se trouve concentré dans les mouvements du ciel et dans cette eau qui les reflète. D'un motif si pauvre, van der Neer a su tirer des compositions très poétiques, variées par les effets de la lumière et par la disposition des éléments pittoresques qu'il y introduit : arbres, villages, barques, personnages ou animaux. Il semble que c'est très particulièrement à lui que peut s'appliquer cette observation si juste des *Maîtres d'autrefois* : « Toute peinture hollandaise est concave: je veux dire qu'elle se compose de courbes décrites autour d'un point déterminé par l'intérêt, d'ombres circulaires autour d'une lumière dominante. Cela se dessine, se colore, s'éclaire en orbe, avec une base forte, un plafond fuyant et des coins arrondis, convergeant au centre: d'où il suit qu'elle est profonde et qu'il y a loin de l'œil aux objets qui y sont reproduits. Nulle peinture ne mène avec plus de certitude du premier plan au dernier, du cadre aux horizons. On l'habite, on y circule, on y regarde au fond, on est tenté de relever la tête pour mesurer le ciel. Tout concourt à cette illusion : la rigueur des perspectives aériennes, le parfait rapport de la couleur et des valeurs avec le plan que l'objet occupe. » Telle est bien la donnée qu'a le plus souvent traitée van der Neer et qui fait reconnaître de loin les œuvres assez nombreuses que possèdent de lui les divers musées de l'Europe : ceux de Berlin, de Stockholm, de Brunswick, de Bruxelles, et celui de l'Ermitage qui n'en compte pas moins de neuf. Mais c'est surtout en Angleterre qu'il faut voir l'artiste pour bien apprécier tout son mérite, nos voisins ayant depuis longtemps recherché ses tableaux. L'un des plus importants, le *Coucher de Soleil*, de la National Gallery, nous paraît un de ses chefs-d'œuvre. La disposition, l'effet, la couleur, tout y est excellent, et la signature de Cuyp, inscrite sur le seau de cuivre d'une des figures que celui-ci y a peintes, indique assez le prix que van der Neer lui-même attachait à ce tableau, pour recourir, comme il l'a fait, à un si illustre collaborateur. On sent dans ce bel ouvrage la pleine maturité d'un maître chez lequel l'observation et l'étude

E. DE WITTE. — INTÉRIEUR D'UN TEMPLE.
Ryksmuseum d'Amsterdam. (Phot. Hanfstoengl.)

incessante de la nature ont développé des dons manifestes. Et cependant van der Neer n'avait commencé à peindre que très tardivement. Ses premiers tableaux datent, en effet, de 1636 à 1638; né à Amsterdam en 1603, il avait donc alors de 33 à 35 ans. Pendant sa jeunesse, ainsi qu'Houbraken nous l'apprend, il avait été au service des seigneurs d'Arckel et toute sa vie devait se passer dans la gêne. La peinture ne lui procurant pas des ressources suffisantes, il s'était fait aubergiste; mais cette profession ne lui avait pas réussi davantage et, comme tant d'autres de ses confrères hollandais, il mourait dans une extrême pauvreté, le 9 novembre 1677.

Van der Neer a peint aussi, à la manière d'Avercamp, d'assez nombreux *Effets d'hiver*, animés par une foule de petits personnages qui se

J. VAN DER HEYDE. — CANAL HOLLANDAIS.
Ryksmuseum d'Amsterdam. (Phot. Hanfstaengl.)

livrent, sur la glace, aux divertissements les plus variés. Un de ses meilleurs ouvrages en ce genre est le *Canal glacé*, de la collection de sir Richard Wallace, dans lequel ces personnages surpris par une tourmente de neige, dont les rafales leur cinglent le visage, s'efforcent de lutter contre le vent et, tout couverts de flocons, regagnent en hâte leurs logis. Mais si remarquables que soient ces peintures, l'artiste a quelque peine à s'accommoder de la lumière du plein jour. Comme les oiseaux nocturnes, il se sent dépaysé, effaré au milieu de ces clartés trop vives, et ce qu'il aime surtout, ce sont les courts instants du crépuscule dans lesquels les silhouettes très vigoureuses des terrains et des arbres se détachent avec force sur l'or du couchant, tandis que dans le reste du paysage, déjà envahi par l'ombre, les détails se confondent et s'effacent peu à peu. Seul le ciel a conservé son éclat, et les nuages amoncelés ayant fini leurs grands combats, s'entr'ouvrent et se dispersent pour former comme une auréole de gloire au disque radieux du soleil qui va disparaître à l'horizon.

Captivé par ce spectacle, dont la majesté croît avec le déclin du jour, van der Neer s'attarde parfois dans la campagne jusqu'à la nuit tombée. Les petites vitres des habitations éparses se sont éclairées, les cheminées fument pour le repas du soir et, dans le ciel pacifié, l'une après l'autre, les étoiles s'allument et scintillent, alors que le peintre est encore là, perdu dans sa contemplation. Oublieux des heures qui s'écoulent, il note dans sa mémoire les impressions fugitives dont le lendemain, dans son misérable atelier, il s'appliquera à traduire le mystère et le recueillement, en peignant un de ces *Effets de nuit*, dont le Louvre possède un beau spécimen : la *Rue de village au lever de la lune*, toute pleine d'ombres transparentes, de clartés douteuses, et de vagues profondeurs. Les dessins de van der Neer expliquent et justifient sa supériorité à cet égard. Ils montrent une admirable entente du clair-obscur, et les dégradations les plus délicates de la lumière y sont rendues avec autant de finesse que de sûreté.

**

Ces aspects si variés de la nature hollandaise, ce ne sont pas seulement les paysagistes purs qui les ont reproduits. A côté des peintres confinés dans leur spécialité, plus d'une fois déjà nous en avons vu d'autres plus curieux, plus sensibles à toutes les beautés pittoresques, qui ne résistaient pas à la tentation de sortir de leur genre habituel pour appliquer leur talent à des tâches très diverses. Les deux Ostade sont de ce nombre. Originaires de Harlem, ils devaient tous deux y vivre et y mourir. Mais tandis que l'aîné, Adrien, élève de Frans Hals et influencé plus tard par A. Brouwer, se consacrait exclusivement à la représentation des tabagies et des modestes intérieurs de paysans ou de petits bourgeois, son frère, Isaak van Ostade (1621-1649), — qui, après avoir reçu ses leçons, peignit d'abord les mêmes sujets que lui, — ne s'est pas laissé enfermer dans un cercle aussi restreint. Ses buveurs quittent volontiers leurs taudis enfumés pour respirer un air plus pur. Les voici, en effet, attablés sous quelque treille, près d'un massif de grands arbres qui abritent leur cabaret rustique, devisant, flânant, prêtant l'oreille aux accords équivoques de quelque musicien de hasard, en vue de l'horizon familier du hameau dont les pauvres chaumières s'échelonnent à demi cachées dans la verdure, sous un ciel bienveillant. Enhardi

16. — PH. WOUWERMANN. — L'HIVER. (COLLECTION DE M. R. KANN, D'APRÈS UNE PHOTOG. DE LA GESELLSCHAFT FÜR VERVIELF. KUNST, A VIENNE.)

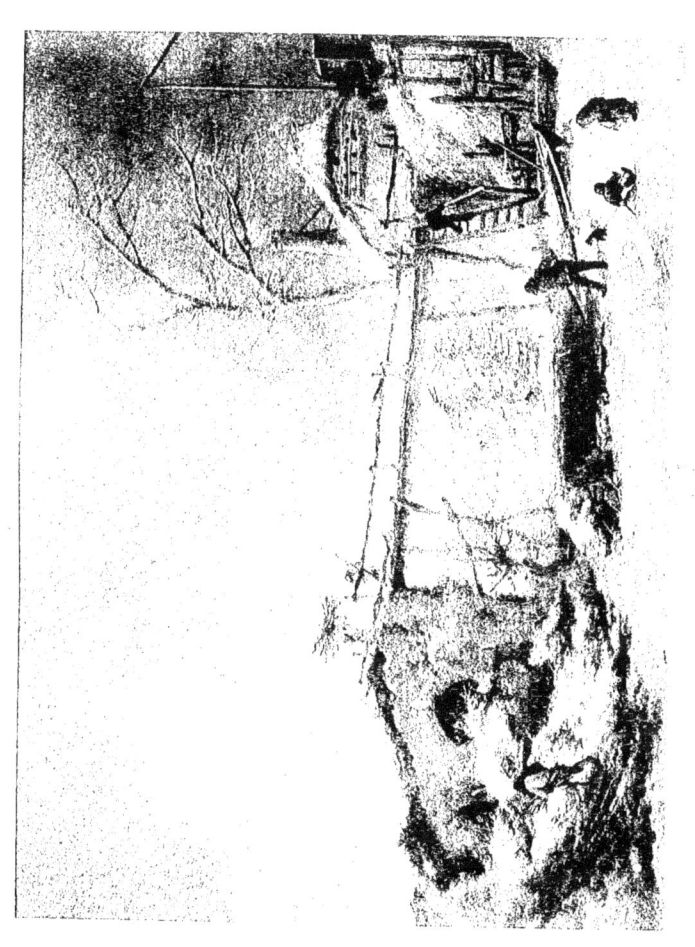

par le succès qui accueillit ces tentatives, et d'ailleurs attiré de plus en plus vers la campagne, le jeune artiste lui fit peu à peu une part plus large dans ses œuvres. Mais, parmi les saisons, c'est l'hiver surtout qui le charmait, avec ses aspects mélancoliques, ses arbres dépouillés, la neige qui, ainsi qu'un grand linceul, couvre les vastes plaines. C'est là un motif que bien souvent il a traité et qui toujours lui a réussi. Les Musées d'Anvers, de Dresde, de Munich, de Berlin et la National Gallery en possèdent des exemplaires de choix. Avec de légères variantes, ils reproduisent la même donnée que le *Canal glacé* du Louvre : la fin d'une belle journée d'hiver, avec une immense étendue de glace sur laquelle s'ébattent de nombreux personnages, et, au premier plan, la neige déjà un peu salie et détrempée par le dégel. Sans doute, la préparation roussâtre de ces premiers plans est restée trop apparente : mais le ciel, où les lueurs roses du couchant se laissent entrevoir, et les lointains noyés dans la brume ont bien cette tonalité neutre et indéfinissable que revêt la campagne en hiver, à la tombée du jour.

Un autre peintre de Harlem, Philips Wouwerman (1619-1668), connu surtout par les trop nombreux tableaux : *Batailles*, *Escarmouches*, *Parties de chasse*, *Cavalcades* et *Scènes de manège*, dans lesquels il étale sa verve un peu banale et son intempérante fécondité, est parfois sorti de sa monotonie habituelle, en peignant, quelques paysages d'un sentiment plus original et plus vrai : des *Dunes*, à la manière de Jan Wynants — qui, après Frans Hals, nous l'avons vu, fut aussi son maître, — et des *Effets d'hiver*. Celui qui fait partie de la collection de M. R. Kann nous réserve la surprise d'une œuvre très personnelle et franchement inspirée par la nature. En présence de cette campagne ensevelie sous la neige et de ces misérables cabanes dont les fumées chétives s'élèvent dans un ciel encore chargé de frimas, nous nous sentons pénétrés par une impression plus sincère : avec une émotion dont il n'est pas assez coutumier, le peintre a su nous la communiquer dans cet ouvrage d'une rare perfection et d'une conservation irréprochable.

Si, comme on l'a justement remarqué, à raison même des conditions qui préparaient sa venue, l'école hollandaise tardivement épanouie n'avait eu et ne pouvait avoir d'autre programme que « de faire le portrait de la Hollande », elle a, du moins, ce mérite de l'avoir fait à la fois fidèle et complet. A ce titre, ce n'est pas seulement de son ciel, de sa mer, de ses plaines basses et de ses dunes qu'elle nous a laissé la ressemblante image ; mais ses villes elles-mêmes avec leurs places, leurs rues étroites, leurs monuments un peu massifs et leurs maisons presque pareilles, alignées le long des canaux silencieux devaient aussi avoir leurs

REMBRANDT. — LE CHRIST ENDORMI PENDANT LA TEMPÊTE.
(Collection de Mrs Gardner.)

peintres attitrés. Ces vues loyales et un peu monotones de Harlem ou d'Amsterdam que les deux Berck-Heyde, Job (1630-1693) et Gerrit (1638-1698) nous montrent sous une pâle lumière, un artiste d'un rare talent, Jan van der Heyde (1637-1712), les a peintes vers la même époque dans des dimensions plus restreintes, et animées, nous l'avons dit, par les charmantes figures dont Adrien van de Velde, tant qu'il vécut, les a étoffées. Jamais collaboration ne fut plus efficace que celle de ces deux artistes qui, avec une perfection pareille, se sont comme fondus l'un dans l'autre.

La représentation des intérieurs de monuments, et principalement des églises, a aussi fait en Hollande l'objet d'un genre à part dans lequel se sont successivement distingués des artistes tels que Saenredam, qui avait ouvert la voie (1597-1665), puis Houckgeest, Hendrik van Vliet et surtout Emmanuel de Witte (1617-1692), pour ne citer que les plus habiles. On connaît ces *Intérieurs de temple* qui, le plus souvent, leur ont fourni les motifs de leurs tableaux, avec leurs murailles nues, leurs colonnes blanches où se jouent les rayons d'un pâle soleil, dans l'atmosphère froide et un peu moite des lieux ordinairement fermés. Quelques

REMBRANDT. — VUE D'OMVAL.
Eau-forte du Maître.

rares visiteurs passent indifférents, ne trouvant pour satisfaire leur curiosité que les écussons armoriés et les inscriptions commémoratives que portent les parois, ou bien des fossoyeurs occupés à déplacer les dalles du pavé pour l'ouverture d'une tombe. La tristesse et l'uniformité inévitables de ces sortes de tableaux, aussi bien que la similitude qu'ils offrent entre eux attestent la complète véracité de leurs auteurs.

.*.

Les peintres de société n'ont pas été moins exacts dans la représentation des milieux très variés où ils nous introduisent à la suite de leurs modèles. Avec eux nous pénétrons dans les intérieurs les plus dissemblables : échoppes des artisans, logis honnêtes ou équivoques, habitations bourgeoises ou patriciennes, avec leur pauvreté, leur modeste aisance ou leur solide richesse. La nature ne tient que peu de place dans ces tableaux de société, et c'est à peine si un coin de jardinet, une cour enfermée entre de hautes murailles, un canal entrevu par une porte ouverte, apparaissent derrière ces citadins dont Steen, Metsu, Ter-Borch et tant d'autres nous révèlent les existences familières, dérobées aux regards indiscrets. A côté de ces maîtres cependant, un artiste longtemps ignoré, sur lequel Burger, le premier, a ramené l'attention, Jan Vermeer de Delft mérite d'être cité pour les rares paysages qui nous sont restés de lui. C'est surtout comme peintre de genre qu'est connu Vermeer, dont M. Bredius, l'infatigable chercheur, nous a récemment dévoilé la vie difficile et misérable. On sait quel charme piquant, quelle puissance de couleur recommandent à notre admiration les intérieurs clairs dans lesquels il nous montre ses modèles ordinaires : de bonnes ménagères, des peintres, des musiciennes, des géographes et des dentellières, vaquant à leurs honnêtes occupations. Avec *la Coquette* du Musée de Brunswick nous abordons des personnages plus suspects et dans son grand tableau du *Tripot* (Galerie de Dresde) Vermeer nous fait descendre de quelques crans encore dans le monde de la galanterie interlope. Si remarquables que soient ces divers ouvrages, si originales que soient les harmonies très diverses de leurs colorations, le paysagiste chez Vermeer est peut-être supérieur encore au peintre de genre. Malgré l'extrême simplicité du motif, sa *Rue de Delft*, qui appartient à M. Six, est une petite merveille de justesse et de vérité. Une ruelle étroite, à côté d'une maison de briques dont la façade à pignon se détache sur un bout de ciel, c'est là tout le tableau. Mais l'accord de ces modestes éléments est si intime, si expressif, qu'avec ce portrait sans prétention, l'artiste nous donne comme un résumé typique de l'aspect tranquille des petites villes hollandaises, dans leur abandon et leur silence. La *Vue de Delft prise du canal de Rotterdam* (Musée de la Haye) est plus importante et manifeste mieux encore les rares qualités du maître. Parmi les toiles avoisinantes, elle vous attire par son éclat lumineux, par un air de force et de modernité qu'aucune autre œuvre de l'école ne possède à ce degré. En regard de cette *Vue de Delft* et de sa puissante tonalité, toutes, en effet, semblent un peu ternes et inertes. Ce ciel d'azur intense, ces nuages blancs, cette eau claire, cette grève brillante, ces murailles dorées ou noirâtres, ces toits d'ardoises bien bleues ou de tuiles bien rouges, tous ces tons sonores et vibrants, qui isolément paraîtraient d'une audace excessive, s'accordent ici entre eux et se

17. J. VERMEER DE DELFT — VUE DU CANAL DE ROTTERDAM
A DELFT (MUSÉE DE LA HAYE DÉPT. VAN STAENGEL.)

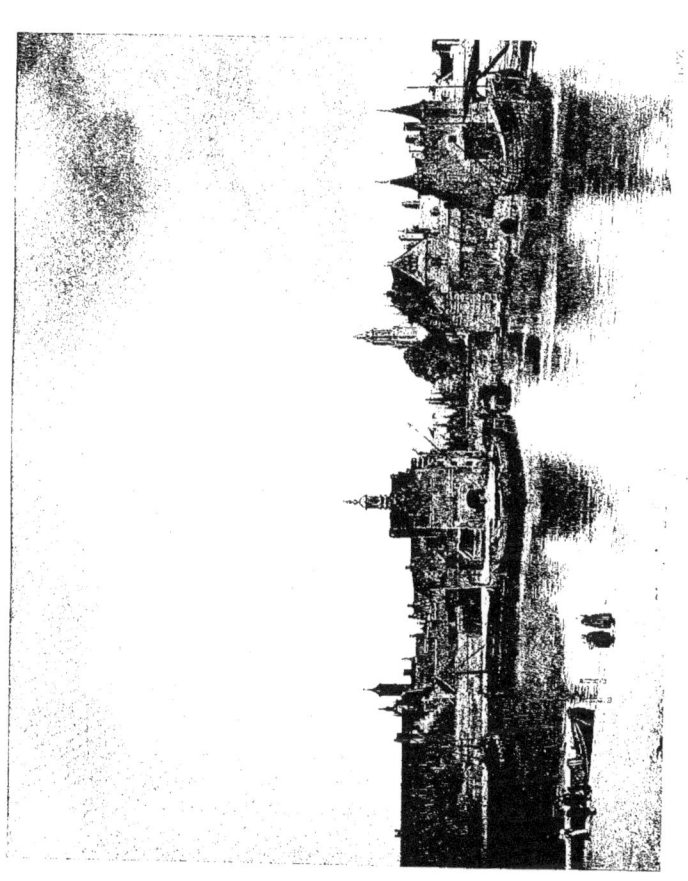

fondent à distance dans une harmonie à la fois éclatante et délicate, vrai régal pour un œil de peintre. On y revient sans cesse et, après avoir bien souvent admiré cette œuvre étonnante, chaque fois qu'on la revoit, elle cause le même émerveillement. Un tel sujet, absolument dénué de littérature, ne vaut que par la seule puissance de la peinture, et l'on se demanderait volontiers comment, sans l'ombre d'une pensée qui s'y mêle, il est capable de solliciter à ce point notre esprit, si le fait même de si bien voir et de si bien peindre ne marquait dans une pareille œuvre l'excellence de l'artiste.

En dépit de son talent, Vermeer ne vendait ses tableaux que difficilement, à très bas prix, et sa vie s'écoula misérable, au milieu des soucis constants que lui causaient ses dettes. Enfant de Delft, où il était né le 31 octobre 1632, il ne s'était presque jamais écarté de cette petite ville sur laquelle, malgré sa physionomie paisible, planent des souvenirs assez dramatiques : celui de l'assassinat de Guillaume d'Orange, et cette terrible explosion de la poudrerie, dont fut victime, le 12 octobre 1654, Carel Fabritius, le maître de Vermeer. Toujours besogneux, ce dernier n'eut pas à se louer de la destinée. Quand, le 15 décembre 1675, il mourait prématurément, sa veuve était obligée de céder, pour une somme dérisoire, plusieurs de ses tableaux afin de solder un vieux compte contracté chez le boulanger, et l'on croit que parmi eux se trouvait un de ses meilleurs ouvrages, celui où il s'est représenté lui-même peignant dans son atelier (collection du comte Czernin.) Vingt-six autres tableaux du maître étaient à ce moment déposés à Harlem, chez un marchand de curiosités, pour y être vendus au profit de ses créanciers. Le nom de Vermeer, on le voit, doit être ajouté à ce long martyrologe sur lequel figurent en si grand nombre les représentants les plus illustres de l'école hollandaise.

V

Quel que soit le talent des paysagistes dont nous venons de parler, il faut reconnaître que les genres spéciaux où ils se sont renfermés étaient assez restreints. Les aspects de la mer et ceux des villes hollandaises qu'ils ont représentés offrent certainement bien des ressources pittoresques; mais à s'y cantonner, comme ils l'ont fait, un artiste risque fort, à la longue, de ne plus y trouver un intérêt suffisant et de se fatiguer lui-même des redites inévitables auxquelles il est condamné. Avec des visées plus hautes, les maitres qui embrassent la totalité de leur art ont aussi plus de facilités pour se communiquer à nous et nous toucher davantage.

Comme la plupart des grands artistes, Rembrandt devait, en abordant le paysage, y mettre la marque de son originalité et de son génie. Sa vie est assez connue pour que nous n'ayons besoin que d'en rappeler ici les traits principaux. Né à Leyde en 1606, il est le cinquième des six enfants d'un meunier, Harmen Gerritsz, qui, jouissant d'une très modeste aisance, lui fait donner quelque instruction. Mais le jeune garçon ne montre pas grandes dispositions pour ses études, et sa vocation de peintre est si précoce et si marquée que, de bonne heure, il est mis en apprentissage, à Leyde même, chez Jacob van Swanenburch, où il reste trois ans; puis à Amsterdam chez Pieter Lastman, un des *italianisants* les plus en vue, qui, dans le peu de temps qu'il garde son élève, exerce cependant sur lui une influence dont celui-ci ne devait que tardivement se dégager. C'est de Lastman, en effet, qu'il tient cette recherche du style soi-disant académique, ce goût des accoutrements bizarres et des *turqueries* que manifestent ses premiers ouvrages. Rentré à Leyde, le jeune homme est heureux de se retrouver parmi les siens, et de travailler avec ardeur, en toute liberté. Entouré de deux ou trois camarades, qui subissent l'ascendant de sa supériorité, il apprend à la fois la pratique de la peinture et celle de l'eau-forte dans laquelle il acquiert bien vite un talent et un sens très personnels. Mais son attention n'est pas tout d'abord attirée vers le paysage, et dans les tableaux de ses débuts la nature est absente. Absorbé par l'étude de la figure, il s'y consacre tout entier. Le plus souvent les personnages de ses compositions sont placés dans des intérieurs clos où l'intervention du clair-obscur est surtout ce qui le préoccupe : c'est la prison du *Saint Paul* et le taudis du *Changeur*, tous deux de 1627; la chambre de Dalila dans le *Samson* de 1628, la grotte du *Saint Jérôme*, le temple de *la Présentation* et du *Judas*, l'oratoire de *Saint Anastase* et le pauvre logis de la *Sainte Famille*, de 1631. Quand, de hasard, la campagne sert de cadre à ces épisodes, l'artiste ne se met pas en frais d'étude pour la

REMBRANDT. — PAYSAGE AUX TROIS ARBRES.
Eau-forte du Maître.

représenter. Dans *les Filles de Loth* (1631), la scène se passe au déclin du jour, avec un ciel sombre, des formes vagues et la silhouette de Sodome se détachant sur l'incendie qui embrase la ville maudite. Pour *le Baptême de l'Eunuque* (1631), il se contente d'un buisson, d'un morceau de terrain sur lequel des courges, étudiées pour la circonstance, étalent complaisamment leur large feuillage.

Lorsque, vers le milieu de 1631, Rembrandt quitte Leyde pour se fixer à Amsterdam, les premières années qu'il y passe sont presque entièrement consacrées à l'exécution des nombreux portraits qu'on lui demande et qui assurent aussitôt sa réputation. Cependant, curieux comme il l'est et jaloux de ne pas aliéner sa liberté, il ne peut longtemps se résoudre à subir les exigences de ses modèles. Mais le paysage continue à n'avoir qu'une importance très secondaire dans ses tableaux et ses eaux-fortes. S'il a besoin de quelques détails pittoresques qu'il juge nécessaire d'y introduire, il va, pour la circonstance, les copier à la campagne. Le jeune maître est toujours plus à l'aise avec les sujets qui le ramènent à ses observations favorites du clair-obscur, pour lesquelles il trouve facilement à sa portée des éléments d'étude. Citons cependant comme une exception cette représentation si vraie et si pathétique de la tempête et des flots en courroux qui donne déjà à son interprétation de *la Barque de saint Pierre* (collection de Mrs Gardner à Boston) une grandiose éloquence.

Si rares et si restreintes qu'elles fussent dans ses œuvres, ces apparitions furtives de la nature vont pendant quelque temps disparaître. Cette période de sa vie est, en effet, remplie par la passion que lui inspire Saskia. Depuis le moment où il l'a connue jusqu'à la mort de cette gracieuse compagne, il ne se lassera pas de la prendre pour modèle, de peindre, de dessiner ou de graver son image, d'abord vêtue de ses simples costumes de jeune fille, puis, après son mariage (26 juin 1634), parée des accoutrements les plus magnifiques. Il ne bouge donc plus guère de son foyer, et c'est à ses souvenirs, ou aux gravures amassées dans ses cartons qu'il demande le cadre pittoresque de cette *Annonciation aux Bergers* (1634) dans laquelle, à la parole de l'Ange proclamant la venue du Sauveur, les cieux qui s'entr'ouvrent, les arbres qui frémissent, l'agitation des pâtres terrifiés et de leurs troupeaux fuyant pêle-mêle prêtent le plus éloquent commentaire. Rembrandt, à cette époque, consulte si peu la nature que, dans l'admirable composition du Louvre, le *Départ de l'ange Raphaël* (1637), c'est encore à un tableau de ses débuts, le *Saint Jérôme en prières*, qu'il emprunte le pied de vigne dont il enguirlande la porte de la demeure de Tobie. En revanche, c'est peut-être pendant un séjour à la campagne nécessité par l'état de santé de Saskia qu'en 1640 il peint, en s'aidant certainement de la nature, le *Ménage du Menuisier*, du Louvre, avec l'atelier où sont rangés les outils et les ustensiles du modeste ménage et, sous le ciel lumineux entrevu par la fenêtre, le paisible horizon d'un petit village enfoui dans la verdure.

La préparation et l'exécution de *la Ronde de Nuit* avaient absorbé le travail de l'artiste pendant les premiers mois de 1642. Un fils, depuis longtemps désiré, était venu, l'année d'avant, apporter aux deux époux le seul bonheur qui leur manquât. Mais bientôt la santé de Saskia s'était profondément altérée et moins d'un an après la naissance de Titus, elle mourait. La douleur de Rembrandt l'avait à ce moment attiré à la campagne, afin d'y chercher dans la retraite le calme qui lui était nécessaire, et c'est à cette époque que se rapportent ses premières études de paysage. Il avait toujours aimé la nature, et la grande quantité des œuvres des paysagistes qu'il avait réunies dans ses collections, témoigne assez de ses goûts à cet égard. Mais pendant longtemps les deux courants opposés qui se partageaient alors l'école hollandaise semblent s'être disputé ses préférences. Élevé par ses maîtres dans le respect des traditions académiques, il comprenait cependant le mérite de novateurs tels que Simon de Vlieger, Esaïas van de Velde, Pieter Molyn et van Goyen, qui venaient d'ouvrir à cette école ses véritables voies. Ce n'est pas, en tous cas, par la simplicité que brillent ses premiers paysages, et la complication des accidents qu'il y accumule témoigne, au contraire, de la longue persistance de son penchant pour ce qu'on appelait alors le grand style.

On chercherait en vain dans quelle contrée il a pu découvrir le motif de *l'Orage* du Musée de Brunswick, peint aux environs de 1640. La scène évidemment se passe en plein pays des rêves et le peintre, donnant libre carrière à son imagination, n'a vu dans un pareil sujet qu'un prétexte à ces contrastes d'ombre et de lumière que de plus en plus il affectionne. Des nuées épaisses montant vers la droite du tableau envahissent le ciel et pèsent sur l'horizon. Une lueur blafarde éclaire vaguement les murailles d'une ville, des terrains en friche et les cimes des arbres que secouent les premiers frémissements de la tempête. De toutes parts, des eaux ruissellent, se déversent le long des pentes, en torrents ou en cascades, et se heurtent furieuses et écumantes. Quant aux montagnes, elles grimpent, s'entassent et s'enchevêtrent dans cette contrée mal assise et cahoteuse. On dirait que dans ces tableaux Rembrandt se dédommage de ses habitudes casanières. C'est en peignant qu'il voyage dans les contrées fantastiques où l'entraîne sa pensée vagabonde, qu'il substitue ces montagnes amoncelées aux plaines immenses qu'il a sous les yeux, et remplace par des rousseurs jaunâtres les verdures éclatantes des prairies et des arbres hollandais. Le *Paysage montueux* de la collection de sir Richard Wallace, probablement de la même époque que *l'Orage*, n'est guère moins étrange et nous y retrouvons, avec un peu plus de sobriété dans les contrastes, cette lutte de l'ombre et de la lumière dont si souvent l'artiste s'est appliqué à rendre la mystérieuse poésie. Un *Paysage avec le bon Samaritain*, du

Musée Czartorisky à Cracovie; un autre *Paysage*, dit *à l'obélisque* qui, après avoir fait partie de la collection G. Rath à Buda-Pesth, se trouve aujourd'hui chez Mrs Gardner à Boston, datés tous deux de 1638, et d'autres, de plus petites dimensions : l'*Embouchure d'un fleuve*, au musée d'Oldenbourg, et un panneau de proportions plus minimes chez lord Northbrook, nous offrent, avec les mêmes contrastes et la même magie de clair-obscur, des accumulations pareilles d'accidents et de détails souvent disparates. A ces incohérences aussi bien qu'à cette observation déjà si exacte des jeux de la lumière, à ce mélange d'imitation précise et de fantastique, on sent les hésitations de l'artiste également impuissant à se dégager des réalités qu'il a sous les yeux et des visions qui l'obsèdent.

Cependant, vers cette époque, soit qu'il eût compris l'insuffisance de ses études d'après nature, soit qu'avec un peu plus de loisir il trouvât le moyen de s'y livrer avec plus de suite, il fut bientôt séduit par le charme qu'elles ne pouvaient manquer de lui offrir. Avec les données les plus modestes, ses dessins et ses eaux-fortes nous montrent, en effet, des impressions naïvement ressenties et qui présentent avec les paysages composés qu'il peignait à ce moment l'opposition la plus tranchée. En face de la nature il se contente des motifs les plus humbles; il est sensible à leurs beautés et c'est avec l'ingénuité d'un enfant qu'il s'attache à les rendre. Tout lui devient sujet d'étude et il a toujours sous la main quelque carnet pour noter ce qui le frappe. Dans ses promenades à travers les rues d'Amsterdam, ce sont les canaux avec les ponts qui les traversent, les maisons qui les bordent, la tour Montalban, les remparts, les abords de l'Y; et tous ces croquis sont indiqués sommairement, avec leur effet, dans leurs traits essentiels. Autour de la ville, il rencontre aussi à chaque pas des motifs qui le sollicitent : un bout de haie, un chantier, quelques chaumières entourées de grands arbres, la perspective d'un village ou les clochers lointains de la ville elle-même s'élevant au-dessus de l'horizon.

Autant l'assiette des terrains est incertaine dans ses paysages peints, autant ces croquis sont irréprochables dans leur aplomb. Les arbres pourtant témoignent encore d'une grande inexpérience; leur silhouette sur le ciel n'est d'abord qu'un gribouillage informe, toujours pareil et comme fait de recette. Mais il s'aperçoit bien vite de l'utilité que ces

18. REMBRANDT. — LA FUITE EN ÉGYPTE.
(MUSÉE DE DUBLIN.)

Pl.18.

REMBRANDT. — CHAUMIÈRE ENTOURÉE D'ARBRES.
Dessin à la Plume. (Collection de M. J.-P. Heseltine.)

détails pittoresques peuvent avoir dans ses compositions. Un dessin de la collection du duc de Devonshire, exécuté sans doute aux environs de 1635, nous montre, à côté d'arbres d'une dentelure uniforme et sans caractère, la souche d'un vieux saule que Rembrandt a introduite dans la *Vue d'Omval* (1645). Peu à peu les eaux-fortes où il a tiré parti de ses croquis et celles qu'il a gravées directement d'après nature deviennent de plus en plus nombreuses. Elles attestent à la fois le plaisir qu'il prend à ce genre de travail et les rapides progrès qu'il y fait. Deux de ces paysages purs, non datés, semblent gravés aux environs de 1640; le premier, le *Grand arbre près de la maison*, n'a pas encore grande signification; l'autre, au contraire, l'*Ancienne vue d'Amsterdam*, est déjà remarquable par la finesse du travail et par l'habileté avec laquelle l'artiste a su y exprimer l'éloignement graduel des plans et donner, sur une étroite feuille de papier, l'idée de vastes étendues en raccourci. La *Chaumière et la grange au foin* et la *Chaumière au grand arbre*, toutes deux de 1641, offrent entre elles des analogies positives dans le choix du motif et dans l'exécution. Le *Moulin de Rembrandt* qui, avec la même date, porte aussi la signature du maître, dénote une fermeté et une sûreté croissantes dans le dessin. Il est vrai que la végétation y fait complètement défaut: mais l'aspect de ces constructions branlantes et déjetées est indiqué avec une netteté extrême. Quant à ce titre de *Moulin de Rembrandt*, sous lequel est désignée cette eau-forte, est-il besoin d'ajouter qu'il ne repose sur aucun fondement et qu'il doit grossir le nombre de ces appellations arbitraires dont l'œuvre de l'artiste nous offre de si fréquents exemples. Avec la même sobriété dans le travail, la *Chaumière entourée de planches*, datée de l'année suivante, montre dès lors une étude plus attentive de la végétation et une grande justesse d'effet obtenue par des moyens très simples.

Mais c'est dans l'eau-forte célèbre, connue sous le nom des *Trois arbres* (1643) que Rembrandt manifeste toute sa maîtrise comme paysagiste. Dans cette image saisissante de la campagne hollandaise tout exprime la lutte : les lueurs furtives du soleil et les ombres épaisses qui les poursuivent et les pressent à travers l'espace, les plaines menacées par les eaux suspendues au-dessus d'elles, ces arbres aux branchages noueux, dépouillés, secoués par les assauts du vent, les nuées enfin qui se heurtent dans un ciel que commencent à rayer les premières gouttes de l'orage déchaîné à l'horizon. La verve de l'exécution et la hardiesse des contrastes s'accordent avec le caractère de cette nature tourmentée, et un détail significatif nous révèle l'ardeur passionnée avec laquelle Rembrandt a couvert sa planche. Au milieu des nuages, en effet, on peut distinguer dans le ciel de vagues indications de têtes et de corps entremêlés, restes encore apparents d'une esquisse antérieure qu'il n'avait pas pris le temps d'effacer. Profitant du premier cuivre qui lui tombait sous la main, le maître y a jeté fiévreusement l'impression qui venait de le frapper.

A partir de ce moment, ses moindres croquis portent sa griffe : avec une souplesse et une précision merveilleuses, il nous donne en quelques traits l'idée de l'inépuisable diversité de la nature, en conservant à chacune des images qu'il nous en offre sa physionomie propre. C'est ainsi que, pour l'année 1645, nous trouvons dans trois de ses eaux-fortes des motifs très dissemblables, mais exprimés avec une pareille sincérité. L'une d'elles, ainsi que l'indique son titre consacré, *le Pont de Six*, a sa légende, forgée, comme tant d'autres, de toutes pièces, probablement au XVIIIe siècle. A en croire cette légende, Rembrandt l'aurait exécutée lors d'un séjour fait à Hillegom, chez le bourgmestre Six, pendant le temps qu'aurait mis un domestique, pour chercher au village voisin, la moutarde qui manquait pour le déjeuner. La prestesse du travail a, sans doute, donné lieu à cette fable ridicule ; mais l'eau-forte, en tout cas, a été évidemment faite d'après nature, et il est impossible de rendre avec plus de fidélité, et à moins de frais, un des aspects les plus caractéristiques de la Hollande : la plaine s'étendant à perte de vue, des eaux à fleur de terre et des barques à voiles qui, de loin, semblent voguer sur les prairies, tout cela tracé vivement, avec autant de charme que de décision. Dans la *Vue d'Omval*, le maître nous paraît encore avoir utilisé un cuivre sur lequel il avait auparavant esquissé, à côté du tronc de saule, dont nous avons déjà parlé, un jeune homme couronnant de fleurs une jeune fille assise à côté de lui, sous d'épais ombrages. Recouvrant en partie ce travail primitif, il l'a relié vers la droite, avec un fond légèrement esquissé et représentant un village, — que l'on croit être Omval, — dont les maisons, les chantiers et les moulins à vent sont espacés sur l'Amstel. Les deux parties raccordées avec habileté ne laissent pas soupçonner ce rapprochement imaginé après coup et masqué par les roseaux.

ÉTUDES D'APRÈS NATURE.   285

REMBRANDT. — LE CHATEAU SUR LA MONTAGNE.
Musée de Cassel. (Phot. Hanfstaengl.)

les trèfles et les graminées de toute sorte, qui garnissent le premier plan. La troisième de ces eaux-fortes datées de 1645, l'*Abreuvoir*, nous montre également, près de l'entrée d'une grotte, une foule de plantes variées tapissant les bords d'une eau vive, et l'artiste a su exprimer, d'une pointe légère et facile, la force de la végétation de ce réduit ombreux où, jusque dans ces détails significatifs, la nature manifeste sa grâce et sa richesse.

Rembrandt, on le voit, s'était peu à peu familiarisé avec la pratique du paysage, et à partir de cette époque, nous rencontrerons de moins en moins, dans son œuvre, le contraste qu'elle nous a offert au début, entre l'incohérence de ses tableaux composés, et l'entière sincérité de ses études faites sur le terrain. Un petit panneau du Musée de Cassel, l'*Effet d'hiver*, signé et daté de 1646, nous fournit même l'exemple imprévu d'une pochade enlevée d'après nature, et reproduisant avec une vérité absolue un motif des plus simples, brossé en quelques instants. L'impression de froide clarté de cette après-midi d'hiver, pendant laquelle des patineurs s'ébattent joyeusement sur la glace d'un canal, est ici rendue avec une vivacité singulière et, pour le piquant et la justesse de l'effet, ce petit tableau égale les meilleures eaux-fortes du maitre. Plusieurs études analogues, qui ont aujourd'hui disparu, figuraient d'ailleurs dans son inventaire, et nous aurons à signaler quelques années plus tard un autre ouvrage plus important, qui, avec une inspiration plus haute, présente les mêmes scrupules de conscience. En même temps qu'il oubliait ainsi les tristesses de sa vie, Rembrandt, parvenu à la maturité de l'âge et en pleine possession des ressources de son art, trouvait dans ces attrayantes études le rajeunissement de sa verve et l'occasion de nouveaux progrès. S'il continuait à voir la nature avec les yeux d'un poète, il avait désormais pour l'interpréter le talent accompli d'un maitre.

Après la période d'accablement qu'amena la mort de Saskia, l'artiste, en se reprenant à sa vie laborieuse, devenue pour lui une nécessité, devait mieux sentir le bénéfice de ces études d'après nature et l'appoint d'intérêt qu'elles pouvaient ajouter à ses compositions. Les années qui suivirent comptent, en effet, parmi les plus fécondes de sa carrière. Sortant peu de chez lui, il n'avait jamais beaucoup fréquenté ses confrères. Mais tout solitaire qu'il fût, il aimait la société des paysagistes, et un pareil amour de la nature l'avait successivement rapproché de Berchem et d'Asselyn, dont il avait peint ou gravé les portraits. D'autres paysagistes, d'un talent plus franchement hollandais, vivaient aussi avec lui dans une étroite intimité. Houbraken nous apprend que Roelant Roghman, un artiste assez oublié aujourd'hui, était son meilleur ami. Très sincère dans ses études d'après nature, ainsi qu'en témoignent ses nombreux dessins, Roghman, avec les tonalités brunes qui lui sont familières, manifestait dans ses tableaux des recherches d'arrangement et de clair-obscur qui, plus d'une fois, les ont fait confondre avec ceux de Rembrandt. Méconnu de ses contemporains, le pauvre paysagiste se voyait, à la fin de sa vie, de plus en plus délaissé. Il remarquait, non sans amertume, que « lorsqu'on a acquis quelque expérience, on n'est plus en état d'en profiter ». Avec la vieillesse, la misère était venue, une misère telle qu'en 1686 il avait dû, presque nonagénaire, entrer à l'hospice, et quand il y mourut, peu après, son ami l'avait depuis longtemps précédé dans la tombe.

Un autre paysagiste, Hercules Segers, dont la vie fut plus malheureuse encore que celle de Roghman, n'était pas moins apprécié par Rembrandt; la différence des âges ne permet cependant pas de croire qu'ils se soient beaucoup connus. Par l'époque où il vécut — il s'était dès 1607 établi à Amsterdam — et par son talent, Segers mérite d'être compté parmi les initiateurs qui frayèrent à l'école hollandaise sa véritable voie. Mais après avoir lutté pendant toute son existence contre la misère, il était réduit, vers la fin de sa vie, à vendre à vil prix les cuivres de ses gravures ou à les couper par morceaux pour en tirer quelque parti, tandis que ses gravures elles-mêmes servaient aux épiciers et aux fruitiers pour envelopper leurs marchandises. Dans ses peintures, devenues très rares, comme dans ses estampes, le paysagiste nous montre les prototypes de ces vues panoramiques avec leurs immenses étendues d'eau et de plaines, traversées de bandes d'ombres et de lumières, dont, après lui, Rembrandt et surtout l'un de ses élèves, Philips Koninck (1619-1688) devaient, à son exemple, imiter les données pittoresques.

Les relations de Rembrandt avec ces divers paysagistes et le goût qu'il montrait pour leurs œuvres prouvent assez son amour de la nature. Mais à côté des scrupules d'exactitude dont témoignent ses études faites dans la campagne, il continuait encore à tirer, de temps à autre, de son imagination et à grouper de la façon la plus fantaisiste les éléments pittoresques qu'il accumulait dans ses tableaux. Avec *la Ruine* du Musée de Cassel, peinte vers 1650, nous le voyons revenir aux dispositions compliquées et un peu incohérentes de ses premiers paysages. Ce moulin à vent abrité de tous côtés et placé au bord d'une eau courante, cette barque pavoisée, ces cygnes, ce cavalier à manteau rouge, coiffé d'un énorme turban, ces montagnes aux profils italiens et ces masures hollandaises, ces cascades enfin et ce temple de Tivoli qui se dresse au sommet de rochers à pic, nous les connaissons pour les avoir maintes fois rencontrés, non seulement chez Rembrandt, mais chez les *italianisants* auxquels il les a empruntés. C'est dans leurs gravures ou leurs dessins qu'il les a trouvés pour les réunir pêle-mêle dans une même composition. La seule originalité qu'il nous y révèle ressort de cette entente plus magistrale de l'ensemble, d'une subordination plus étroite de toutes les valeurs à l'effet général et du contraste puissant qu'il sait établir entre la forte tonalité des terrains et l'éclatante clarté du ciel. Dans le *Paysage aux Cygnes*, qui après avoir fait partie de la collection de Mme Lacroix est devenu la propriété de M. A. Schloss et qui date de la même époque, la composition, plus simple en apparence, n'est guère moins touffue ni moins étrange.

Mais le dernier en date de tous ces paysages peints, le *Moulin à vent*, de la collection du marquis de Lansdowne, est certainement le chef-d'œuvre de cette série et comme l'aboutissement des efforts de Rembrandt pour concilier dans un même ouvrage son souci de la vérité et ses aspirations poétiques. Peut-être le motif a-t-il été composé, mais l'arrangement ne s'y fait pas sentir, et l'ensemble paraît emprunté directement à la nature. Près d'un cours d'eau et dominant un monticule, le moulin à vent entouré de quelques chaumières découpe fièrement sa silhouette vigoureuse sur un ciel d'orage. Le soleil a disparu, mais ses derniers rayons dorent encore les grandes ailes du moulin, tandis que, vers le bas, l'eau, le rivage et les fonds, déjà envahis par l'ombre, commencent à se brouiller. Rien ne bouge et il semble que, dans le silence de la nuit prochaine, on n'entende plus que le léger clapotis de l'eau contre une barque amarrée. Les détails peu nombreux, bien choisis, au lieu de distraire le regard, ne font qu'ajouter à la mélancolie pénétrante de l'impression.

On le voit, les études de Rembrandt avaient porté leurs fruits. Il osait désormais être simple et, sans recourir à des artifices compliqués, il ne demandait plus ses inspirations qu'à la nature. Ses dessins et ses eaux-fortes nous l'attestent, il n'est pas d'époque où il l'ait consultée avec plus de constance et de sincérité. Comme toujours, il continue à prendre pour sujet d'étude ce qui est à sa portée, sous ses yeux; mais où que ses pas le conduisent, les aspects de son pays parlent à son esprit. Il n'est jamais sorti de sa patrie et, en Hollande même, il semble qu'il n'ait pas beaucoup étendu, ni varié ses excursions. Les tranquilles environs d'Amsterdam, Sloten, Laren, Loenen et le château de Kronenburg, les moulins de Zaandam et, le long de la côte : Narden, Diemen, Muiderberg — où le fils de Jan Sylvius, un cousin de Saskia, était pasteur —, Elsbroek chez Jan Six, dans le Gooiland chez le receveur Uytenbogaert, le modèle du *Peseur d'or*, ou chez quelque autre ami qui l'a recueilli à la suite de ses épreuves, voilà le terme de ses voyages les plus lointains.

19. REMBRANDT. LE MOULIN A VENT.
(COLLECTION DE LORD LANSDOWNE. PHOT.
SCHELTEMA ET HOLKEMA, AMSTERDAM.)

REMBRANDT. — ENTRÉE DE VILLAGE.
Musée Teyler à Harlem.

La précieuse série de dessins qui, après avoir fait partie de la collection de G. Flinck, son élève, fut acquise de celui-ci par le duc de Devonshire, se rapporte, sans doute, à l'un de ces séjours aux champs pendant lesquels, heureux d'échapper à ses souvenirs et à ses créanciers, Rembrandt se consolait auprès de la nature, cette amie qui ne l'avait jamais abandonné. Les divers dessins qui composent cette suite sont probablement les feuilles détachées d'un album d'études faites à la même époque, et ils ont été certainement exécutés dans la même contrée. Tous les aspects de cette contrée, que nous croyons très voisine d'Amsterdam, s'y rencontrent: ses plages basses, ses immenses nappes d'eau, ses horizons plats sur lesquels tout fait saillie, les bouquets d'arbres espacés autour des habitations, les barques avec leurs voiles gonflées par la brise, les chaumières serrées les unes contre les autres, comme pour mieux résister aux assauts du vent qui souffle du large, un village qui s'étale sur la rive ou une cabane de pêcheur avec des filets qui sèchent au soleil. Les moindres accidents forment tableau, tant la silhouette est ferme, nettement découpée, consciencieusement suivie dans ses moindres inflexions. Ces indications tracées d'habitude à la plume, sont rehaussées de quelques teintes d'encre de Chine ou de bistre, qui rendent avec autant de sûreté que de justesse la diversité des valeurs et des plans. Souvent l'artiste revient aux mêmes lieux, et comme il l'avait fait pour la figure humaine en prenant à plusieurs reprises ses proches et lui-même pour modèles, il tourne autour d'un même motif, en quête de la meilleure place; il le reproduit à quelques pas de distance, cherchant ainsi à se rendre un compte plus exact des formes et des effets, s'efforçant de découvrir, sous l'infinie variété des aspects de la nature, les traits significatifs qui déterminent le caractère d'un paysage.

Les dessins de la collection de Chatsworth nous fournissent des preuves nombreuses de ces croquis réitérés faits d'après les mêmes motifs pendant un séjour d'été à la campagne. Les eaux-fortes de cette époque offrent le même caractère de décision et d'entière sincérité dans la facture. Contentons-nous de citer le *Paysage à la tour carrée* (B. n° 218), la *Grange à foin* (B. n° 224), le *Canal* (B. n° 221) bordé d'arbres dépouillés, le *Paysage aux trois chaumières* (B. 217), et l'*Obélisque* (B. 227). Deux de ces planches cependant méritent d'être particulièrement signalées à raison de la sobriété extrême du travail et de la franchise de l'effet : le *Paysage à la Tour* (B. 223), dans lequel cet effet très piquant est obtenu par les moyens les plus simples, et la *Campagne du peseur d'or*, de 1651 (B. 234), d'une facture tout aussi concise, mais peut-être plus savante encore. En quelques traits, sans hésiter, le maître établit avec une correction absolue l'assiette de son paysage; il spécifie nettement la diversité des objets et jusqu'aux essences variées des arbres et, par quelques accents mis à propos, il colore et achève son œuvre.

Cette concision éloquente dans l'interprétation de la nature, dont les dessins et les eaux-fortes de Rembrandt nous présentent des modèles accomplis, devait lui susciter de bonne heure et jusqu'à notre temps de nombreux imitateurs. Dans ces synthèses intelligentes du maître, rien de trop, rien d'inutile : tous les coups portent et l'intime accord entre la clairvoyance de l'esprit qui conçoit et la sûreté de la main qui exécute, donne à ces images sommaires un charme de spontanéité et de vie qui les distingue entre toutes. De la constante sincérité que le grand artiste mettait à ces études dérivait aussi l'impartialité absolue des jugements qu'il portait sur ses confrères. Sa seule préoccupation était de reconnaître le talent partout où il se trouvait. La liste des objets de toute sorte que comprenaient ses collections atteste chez lui une absence complète de parti pris. Sans compter, avec l'imprévoyance d'un prodigue, il achetait de toutes mains et à tout prix les œuvres des artistes les plus différents. Mais sa générosité et cette bonté « poussée jusqu'à l'extravagance », dont parle un de ses biographes, jointes à son manque d'ordre et à son incapacité à gérer ses affaires, devaient inévitablement le conduire à la ruine. Le moment vint où il fut obligé de se séparer de toutes les choses précieuses qu'il avait rassemblées dans sa demeure et qui en faisaient un véritable musée. Sur les instances de ses créanciers, il est déclaré en faillite et à leur requête, le 25 décembre 1657, commence la vente de ses collections qui, pour une somme dérisoire, 5000 florins à peine, sont dispersées au hasard des enchères.

Agé de 52 ans, Rembrandt restait sans abri, dépouillé de tous les trésors artistiques qui avaient fait le charme de sa vie. Alors commencèrent pour lui des années de détresse. Livré en proie aux hommes de loi, traqué par les usuriers, il n'a d'autre consolation que la pratique de son art. Il semblerait qu'en possession de toutes les ressources de cet art, épris, comme il l'était aussi, de la nature, il dût à ce moment faire aux études de paysage une part toujours plus grande et chercher aux champs le calme dont il avait tant besoin. Mais si quelques-unes de ses compositions religieuses et l'éclatant chef-d'œuvre des *Syndics* (1661) datent de cette époque, nous ne trouvons plus, entre 1662 et 1664, aucune production importante à signaler. Les eaux-fortes ainsi que les dessins de paysages s'arrêtent et cessent brusquement. Ainsi que dans sa jeunesse, il est réduit à chercher ses modèles parmi ses proches, à faire de lui-même ces admirables portraits, d'une exécution un peu farouche, mais singulièrement expressive, dans lesquels on peut suivre, d'année en année, les altérations profondes que des épreuves répétées ont amenées dans sa constitution autrefois si robuste. Une vieillesse prématurée, implacable, s'est abattue sur lui. L'obésité causée par des habitudes trop sédentaires l'a envahi; ses chairs amollies se sont distendues, ses traits contractés. Il est, de plus en plus, solitaire, casanier, misanthrope. Il a perdu, coup sur coup, les seuls êtres qui l'entouraient de leur affection : d'abord Hendrickje, la fidèle compagne de son infortune, puis, en septembre 1668, son fils Titus. L'année d'après, abandonné, oublié de tous, il s'éteint lui-même (8 octobre 1669), écrasé par la misère, sans que la disparition du plus grand artiste qu'ait produit la Hollande laissât d'autre trace qu'une sèche et courte mention sur les registres mortuaires de la Westerkerk.

Rembrandt avait été longtemps avant de montrer dans ses paysages l'originalité que, dès ses débuts, il manifestait dans les autres parties de son art. Ce n'est que tardivement qu'il parvenait, sur ce point, à s'affranchir de l'influence de ses maîtres et de ce respect un peu superstitieux des traditions et du style qui le portait à copier les œuvres des artistes italiens. Quand il commença lui-même à regarder la simple nature qui l'entourait, il mit à l'étudier une conscience et une sincérité absolues. Attiré alors par les plus humbles motifs, il arriva bien vite à en exprimer l'intime poésie. Comme il avait été le peintre des pauvres gens, des misérables, de ceux qui souffrent, il fut aussi, surtout dans ses dessins et ses eaux-fortes, le paysagiste du *Pays des Gueux*.

J. RUISDAEL. — LES MOULINS. (LAVIS A L'ENCRE DE CHINE.)
Musée du Louvre. (Phot. Braün, Clément et Cⁱᵉ.)

J.-B. DEL MAZO. — VUE DE SARAGOSSE.
Musée du Prado. (Phot. Lacoste.)

CHAPITRE VI

LE PAYSAGE DANS L'ÉCOLE ESPAGNOLE

ÉCLOSION TARDIVE DE L'ÉCOLE ESPAGNOLE. — DIEGO VELAZQUEZ. — SON AMOUR DE LA NATURE. — PLACE IMPORTANTE DU PAYSAGE DANS SES ŒUVRES. — J.-B. DEL MAZO. — FR. COLLANTES.

VELAZQUEZ. — JARDINS DE LA VILLA MÉDICIS.
Musée du Prado. (Photog. Lévy.)

C'est avec Rembrandt que nous avons pris congé de l'école hollandaise dont, après lui, la décadence allait bientôt s'accuser, rapide et définitive. Née avec l'indépendance de la Hollande, cette école s'était développée en même temps que la prospérité de la nation, tandis qu'au contraire, à l'autre extrémité de l'Europe, l'épanouissement de l'école espagnole coïncidait avec l'amoindrissement graduel de l'Espagne. Absorbés longtemps par leur lutte opiniâtre contre les Maures, ses souverains n'avaient guère eu le loisir d'encourager les arts, et quand Charles-Quint, à l'apogée de sa puissance, s'était proposé de rehausser l'éclat de son règne en s'entourant des chefs-d'œuvre des maîtres les plus en vue, c'est des Flandres et surtout de l'Italie qu'il avait tiré ceux qui font encore aujourd'hui l'ornement du Musée du Prado.

Les débuts de la peinture espagnole avaient donc été tardifs et ses progrès assez lents. Peu à peu cependant, à côté des imitations des œuvres des Italiens, principalement des Vénitiens, réunies dans les palais de la Couronne, apparaissent quelques essais d'art religieux, en accord intime avec les sentiments populaires. La nature n'y tient qu'une place minime. Dans les sévères compositions où Zurbaran, avec sa gravité et son impeccable correction, a si fortement exprimé, les sombres ardeurs de la vie des cloîtres, l'horizon est toujours très borné. A peine, çà et là, par quelque portique entr'ouvert, aperçoit-on un coin de ciel, la nudité d'une cour déserte et dénuée de toute végétation. Dans ces retraites accrochées aux flancs des farouches Sierras, plus d'une fois l'artiste s'était oublié lui-même. Partageant ses journées entre la pratique de son art et la prière, il retraçait, avec une éloquence inconsciente, les visages émaciés de ses compagnons, leurs pauvres vêtements, leurs regards tout pleins du feu d'une vie intérieure très puissante et très concentrée. Ne cherchez point parmi ces rudes images les tendresses charmantes d'un Angélique de Fiesole, ni la piété aimable et fleurie d'un saint François d'Assise qui voit dans la nature une amie et qui en exprime ingénument toutes les grâces. Chez Zurbaran la dévotion est âpre et sévère; la nature semble une ennemie; les distractions qu'elle donnerait sont coupables et ses pièges dangereux. L'âme doit y résister pour ne chercher que dans l'immolation et le renoncement à tout ce qui est terrestre le sujet de ses méditations et le chemin de son salut. C'est dans ces données austères qu'en dehors des pastiches italiens, la peinture espagnole avait jusque-là trouvé ses sujets habituels et produit les seules œuvres qui attestent alors chez elle quelque originalité.

Mais presque en même temps que Zurbaran, Diego Velazquez allait, avec des visées tout à fait différentes, frayer à l'art des voies nouvelles. Né à Séville, où il était baptisé le 6 juin 1599, il descendait d'une ancienne famille portugaise appauvrie au service de la couronne, mais qui possédait encore une modique aisance, puisqu'elle vivait de ses revenus. L'enfant avait reçu une bonne éducation et ses parents ne s'étaient point opposés à sa précoce vocation pour la peinture. Dès sa jeunesse, il se montrait très épris de la nature et c'est à elle seule que toute sa vie il devait demander ses enseignements. Sans tirer grand profit des leçons d'Herrera le Vieux, son premier maître, il profitait surtout d'une méthode fort usitée alors en Espagne et à laquelle il était initié par un artiste assez médiocre, Pacheco, dont il recevait ensuite les leçons. Cette méthode, qui respectait entièrement les instincts individuels des élèves, consistait à mettre immédiatement ceux-ci en présence d'objets quelconques, des fruits, des légumes, des fleurs, des poissons, etc., qu'ils devaient copier, avant d'aborder l'étude de la figure humaine. En choisissant avec goût ces objets, de manière à en composer des ensembles agréables, les débutants se familiarisaient avec les formes et les couleurs qu'ils avaient à reproduire et ils acquéraient, en même temps que le sentiment de l'harmonie, l'habileté dans le maniement de la brosse et une souplesse de touche qui leur permettait de rendre avec justesse la diversité infinie de modèles posant complaisamment devant eux.

Velazquez apprenait ainsi à voir par lui-même la nature et à dégager des réalités les plus humbles qu'il avait à rendre leurs traits vraiment significatifs. Quelques-unes de ces natures mortes, connues en Espagne sous le nom de *bodegones*, nous ont été conservées. Avec une imitation très exacte des objets qu'il reproduit, le jeune artiste y manifeste les rares qualités de son esprit et de son talent : une force singulière unie à une délicatesse exquise dans l'exécution. On conçoit les ressources que de tels moyens d'expression mettaient entre ses mains. En se livrant ensuite à l'étude de la figure, Velazquez avait autour de lui les mêmes facilités pour s'instruire. Les désœuvrés ne manquent pas en Espagne et, moyennant quelques maravédis, il trouvait à sa portée le gamin de la rue, le portefaix en disponibilité, le vieux pauvre ou la paysanne du marché voisin, et les faisait poser à son gré, dans toutes les attitudes, sous tous les éclairages. Quelques-unes des études qu'il peignit alors : un *Vendangeur*, la *Vieille au Gâteau* et surtout l'*Aguador* d'Aspley-House, ont une intensité de franchise et de vie qui ne pouvait manquer d'attirer l'attention sur leur auteur, et le brave Pacheco, pressentant les succès qui attendaient son élève, avait jeté sur lui son dévolu. Ainsi qu'il le raconte naïvement lui même, « après ces cinq années d'enseignement, je le mariai à ma fille, séduit par sa jeunesse, sa droiture, ses bons

instincts et par les espérances que m'inspirait son génie naturel. » Le
3 avril 1618, Velazquez épousait la fille unique de son maître, cette
Juana qu'il avait vue grandir à côté de lui et de laquelle il s'était, sans
doute, épris peu à peu. Le bonheur devait sourire au jeune ménage et
si Juana fut pour l'artiste une compagne très dévouée, il demeura toute
sa vie un mari excellent, très fidèlement attaché à son intérieur.

Avec son talent à la fois facile et plein d'une distinction exquise,
Velazquez était préparé pour toutes les tâches, et la mort de Philippe III
allait bientôt fournir à son activité un théâtre digne de lui. Sur les conseils de son beau-père, il s'était rendu à Madrid où, grâce aux relations de Pacheco, il obtenait de faire un portrait équestre de Philippe IV. Son royal modèle, satisfait de cette œuvre, l'attachait à son service avec le titre de peintre de la cour. Dans cet emploi qu'il occupa
trente-sept ans, le maître, grâce à la sûreté de son caractère et à la grâce
de sa personne, conserva jusqu'au bout la confiance et la faveur du roi.
Étranger aux intrigues qui s'agitaient autour de lui, il acceptait, avec
une bonne humeur constante, toutes les tâches qui lui étaient imposées,
même les plus ingrates, et de toutes il s'acquittait à son honneur. A côté
des portraits des membres de la famille royale et des grands personnages de la cour, il avait à faire ceux des fous, des nains et des avortons
de toute sorte, véritable ménagerie de caricatures humaines, qu'entretenaient autour d'eux les tristes souverains de l'Espagne. L'artiste nous
les montre les uns et les autres étudiés avec la même conscience et les
mêmes scrupules de véracité. Pour achever de donner tout leur prix à
ces loyales images, c'est à la nature qu'il demande les fonds sur lesquels
s'enlèvent franchement ses figures. Sans recourir aux contrastes forcés,
usités par ses devanciers et dont ses premières œuvres n'étaient point
exemptes, il répudie ces ciels assombris, ces draperies complaisantes,
ces architectures banales, tous ces expédients traditionnels destinés à
faire ressortir l'éclat des visages, et il aborde résolument le redoutable
problème du plein air. Bien que très modérés, les tons gris, verts, bruns
ou bleuâtres du ciel, des végétations et des terrains, soutiennent heureusement les carnations de ses modèles et en rehaussent la fraîcheur.
Les oppositions bien réparties de ces nuances maintiennent l'équilibre
et assurent le grand aspect des ensembles. Les paysages qui se déroulent
derrière ces portraits d'apparat sont à la fois très réels et très espagnols.

C'est au milieu des plateaux élevés de la Castille, près d'un cours d'eau serpentant parmi des plaines boisées, que Velazquez a représenté Philippe IV, le bâton de commandement à la main, à cheval sur une de ces grosses montures andalouses, fort à la mode à cette époque. Un autre portrait équestre, celui de l'Infant don Baltazar, exécuté vers 1635, nous le montre emporté par le galop de sa monture à travers de vastes plaines bordées à l'horizon par des montagnes couvertes de neiges. Sérieux et résolu, le gamin est bien en selle et son petit visage respire déjà un air d'autorité. Il sait que ce vaste pays sera un jour son royaume et qu'il y est maître. L'atmosphère est tiède, et le ciel d'un bleu profond, égayé par quelques nuages blancs, semble sourire au royal enfant; mais, peu de temps après, celui-ci, à peine

VELAZQUEZ. — L'INFANT DON BALTAZAR.
Musée du Prado. (Phot. Lacoste.)

âgé de 17 ans, était brusquement enlevé par une fièvre pernicieuse.

Toutes les fois qu'il le peut, Velazquez a recours à cette heureuse intervention de la nature. En même temps qu'elle répond à ses goûts, elle lui permet de renouveler la composition des vieux sujets mythologiques, restés chers aux peintres, mais qu'on pouvait croire épuisés. C'est avec une entière liberté d'esprit qu'il les traite, en dehors des formules académiques, sans s'inspirer en rien des œuvres des maîtres italiens qu'il avait sous les yeux, les *Bacchanales* du Titien notamment. La nature seule lui a fourni les éléments de ce tableau des *Borrachos* où il glorifie à sa façon Bacchus, le dieu de toutes les ivresses. La scène telle qu'il la représente, il l'a vue sans doute et c'est sous le coup de la vive impression qu'elle lui a causée qu'il l'a peinte. Ces types de Bacchus et des joyeux compagnons qui l'entourent, ces pampres aux jets désordonnés, ce ciel plombé, ces campagnes et ces coteaux où mûrit un vin généreux, tout cela, en effet, est bien espagnol et tout cela il nous le montre avec la rudesse un peu sauvage qui convient à cet épisode transposé dans un pareil milieu.

D'un talent si sincère et, dès ses débuts, si sûrement affermi dans ses voies, rien ne pouvait entamer l'originalité et quand Rubens, alors au comble de la gloire, arrivait en Espagne, Velazquez, mis par le roi à la disposition de son illustre confrère, avait bien pu lui témoigner toute la déférence que lui inspirait son génie, mais il n'avait, en aucune façon, subi son influence. On aime à se figurer les deux peintres, l'un dans toute la maturité de son génie et de sa gloire, l'autre jeune encore et déjà honoré de la faveur de Philippe IV, chevauchant tous deux, de compagnie, dans l'excursion qu'ils firent ensemble à l'Escurial. Rubens, vers la fin de sa vie, se plaisait à rappeler le souvenir resté vivace de cette excursion, en montrant le croquis qu'il avait à ce moment dessiné sur place. « C'était, comme il le disait, l'*extravagance du motif* qui l'avait séduit, bien plutôt que la beauté de cette montagne haute et farouche, fort difficile à monter et à descendre, ayant toujours quasi comme un voile au-dessus de sa tête, avec les nuées bien bas au-dessous, demeurant en haut le ciel fort clair et serein. » Si ce pays désolé n'avait frappé Rubens que par son horreur, et si les prairies opulentes et les moissons dorées des Flandres faisaient bien mieux son affaire, Velazquez, au contraire, aimait l'aspect de ces rudes sommets dont, plus d'une fois, il nous a montré, au fond de ses tableaux ou de ses portraits, les cimes neigeuses et l'âpre tristesse.

Mais si le grand artiste d'Anvers ne devait exercer aucune influence sur le talent de son jeune confrère, peut-être ses conseils et ses récits avaient-ils, du moins, éveillé chez lui un très vif désir de parcourir cette Italie dont Pacheco lui avait déjà vanté les merveilles. En tout cas, son voyage étant décidé, c'est vers Venise, qu'à peine débarqué à Gênes, le 12 août 1679, il s'était aussitôt dirigé. Il avait hâte de contempler chez eux les maîtres de cette école et, en dépit des méfiances qu'excitait son séjour, il copiait plusieurs de leurs œuvres les plus importantes, entre autres l'*Érection de la Croix* du Tintoret dont la force et la rude simplicité l'avaient complètement séduit : il trouvait qu'à côté de lui « les productions des autres ne semblent que peinture, tandis que lui seul est vérité ». A Rome, où il se rendait ensuite, les grands aspects de la ville éternelle et de ses environs l'avaient encore plus frappé que les chefs-d'œuvre du passé. L'hospitalité que, sur la demande de l'ambassadeur d'Espagne, le comte de Monterey, il recevait à la villa Médicis était bien faite pour le charmer, et le magnifique horizon qui, des jardins mêmes du palais, se déroule sur Rome et sur la campagne, le plongeait dans de profondes contemplations. Comme il n'était pas homme à demeurer longtemps inactif, un beau jour, il avait pris sa palette et deux études faites par lui d'après nature, — elles appartiennent toutes deux au musée du Prado, — nous offrent un précieux souvenir des deux mois pendant lesquels il avait habité la villa Médicis. Les motifs en sont des plus simples. L'une d'elles représente une allée du *Bosco*, avec un portique percé de trois arcades à travers lesquelles on découvre quelques maisons à demi cachées dans des ombrages d'un vert bleuâtre. Au milieu de l'arcade centrale est placée une statue antique d'Ariane étendue sur un lit de repos. Sur le terrain et sur les parois du portique, les arbres voisins projettent leurs ombres transparentes et l'artiste a exprimé avec une légèreté charmante le jeu de ces ombres mobiles qui semblent trembler sous nos yeux. L'autre motif, quoique plus simple encore, est cependant plus heureux. Au-dessus d'une bâtisse ornée de pilastres et surmontée d'une terrasse, de vieux cyprès élèvent dans le ciel clair leur sombre feuillage d'un vert olivâtre. Des planches disjointes garnissent les portes d'une espèce de hangar pratiqué dans la muraille et, au centre, une femme étend sur la balustrade quelques nippes pour les sécher. Avec cette mince donnée, Velazquez a peint un petit chef-d'œuvre. Les blancs nuancés de la muraille, discrètement égayés çà et là par les tons roses de la brique, les deux colonnes bleuâtres et les gris variés des planches et du terrain contrastent franchement avec le velours intense des cyprès et composent une harmonie exquise. La touche large et sûre, tour à tour légère ou appuyée, est d'une souplesse merveilleuse. Telle qu'elle est, cette petite toile à peine couverte et dont la trame, par places, est restée apparente, suffirait à montrer le peu qu'il faut à un grand artiste pour nous révéler ce que les réalités les plus humbles peuvent contenir de poésie.

A la suite d'un accès de fièvre, Velazquez avait dû quitter la villa Médicis pour se rapprocher du palais de l'ambassadeur d'Espagne et se trouver ainsi plus à portée des soins que réclamait son état. A peine rétabli, il reprenait ses pinceaux et peignait deux tableaux de figures : *Apollon dans la Forge de Vulcain* et *Jacob recevant la tunique ensanglantée de Joseph*; puis après un court séjour à Naples, il s'y embarquait pour rentrer à Madrid au commencement de 1631 et se remettre aussitôt à la disposition du roi.

La chasse tenait une grande place dans la vie de Philippe IV, qui fut toujours passionné pour ce genre d'exercice. Ses équipages et ses meutes passaient pour les plus magnifiques de l'Europe et, afin de satisfaire librement ses goûts, il s'était fait aménager, au milieu d'une contrée giboyeuse, le petit château de *Torre de la Parada*, qu'il avait entièrement décoré de tapisseries et de tableaux représentant des sujets cynégétiques. Entre les diverses manières de chasser alors usitées en Espagne, la Chasse à la Toile, la *Tela*, était la plus en vogue. Dans un terrain choisi à cet effet, un grand espace était entouré à l'avance d'une clôture de toiles maintenues de distance en distance par des piquets. Le gibier rabattu vers cette enceinte, s'y engageait par l'ouverture assez large qu'on lui avait ménagée. Lorsqu'on jugeait qu'il se trouvait en quantité suffisante, l'ouverture était fermée et les bêtes prisonnières étaient refoulées dans une seconde enceinte disposée à l'intérieur et garnie de plusieurs épaisseurs de toiles plus élevées. C'est dans ce réduit qu'elles étaient assaillies et mises à mort par le roi et ses invités. Velazquez, ayant reçu mission de retracer quelques-uns des épisodes auxquels cette chasse pouvait donner lieu, s'était appliqué à les retracer avec la scrupuleuse exactitude d'un historiographe. La tâche n'était point aisée et les artistes qui s'y étaient essayés avant lui avaient échoué. On conçoit, en effet, la difficulté de réunir dans une même composition les éléments très divers de pareils épisodes pour en former un ensemble. La *Chasse au sanglier* de la National Gallery — la collection Richard Wallace en possède une réduction d'une conservation meilleure, avec quelques légères variantes. — nous offre à la fois une image fidèle de la *Chasse à la toile* et comme un tableau résumé des costumes, des mœurs et des types les mieux caractérisés de toutes les classes du peuple espagnol à cette époque.

La scène s'étalant en largeur, est disposée avec autant de goût que d'habileté et le paysage y joue un rôle considérable. Cette fois l'enceinte circonscrite par les toiles a été installée dans un site d'un aspect austère :

VELAZQUEZ. — JARDINS DE LA VILLA MÉDICIS.
Musée du Prado.

une sorte de plaine inculte avec des ondulations terminées elles-mêmes par un coteau escarpé où croissent des buissons noirâtres, des genêts et quelques chênes rabougris. Une herbe courte et rare laisse, par places, à découvert la blancheur éclatante du sable. Au-dessus des toiles où plusieurs sangliers acculés dans l'enceinte sont poursuivis ou attaqués par des cavaliers, s'étend la bande étroite d'un ciel bleu foncé avec des nuages gris, rehaussés de quelques accents lumineux. La tonalité puissante de ce ciel un peu lourd et de ce paysage sombre et triste, rehausse l'éclat des colorations variées des nombreuses figures de chasseurs, de personnages de la cour et de curieux, réunis et grouillants dans un pêle-mêle très imprévu, et cependant ordonné à souhait pour le plaisir des yeux.

Dans le célèbre tableau de la *Reddition de Breda*, généralement connu sous le nom des *Lances* et qui date de la même époque, le paysage, pour être moins important, ne joue pas un rôle moins utile. Ses lignes comme ses colorations accompagnent si heureusement l'épisode principal qu'on pourrait, au premier aspect, n'y voir qu'un fond quelconque, uniquement destiné à faire valoir cet épisode. Ce n'est pas là pourtant un décor indifférent. S'il ne connaissait pas lui-même la contrée où se passe l'action, Velazquez n'avait, du moins, rien négligé pour se renseigner exactement à cet égard. En s'aidant de la vue panoramique prise sur place par Pierre Sneyers — elle se trouve aussi au Prado, — il reproduisait avec une scrupuleuse fidélité la topographie de Breda et du pays environnant. Nous n'avons pas à insister ici sur les contrastes dont il a su tirer un parti si éloquent, en nous montrant, ainsi qu'il l'a fait, le vainqueur recevant avec une bonté affectueuse la soumission du vaincu et s'honorant lui-même par la courtoisie qu'il lui témoigne. Mais, au point de vue spécial qui est le nôtre, il convient de signaler la force et la délicatesse avec lesquelles les formes plus accusées des figures et leurs tonalités plus puissantes se détachent sur les gris et les bleus mitigés du ciel, sur les fumées rousses ou blanchâtres qui flottent dans l'atmosphère, sur les verts et les jaunes amortis des terrains. Sans recourir à des recettes rebattues, Velazquez ne demande qu'à la nature elle-même son cadre et ses moyens d'action, et tout en restant très véridique, il sait donner à cette peinture magistrale, le caractère et la pleine signification d'un document historique.

De pareilles commandes permettaient à l'artiste de déployer toutes les ressources de son intelligence et de son talent; elles étaient malheureusement trop rares dans sa vie. Désireux avant tout de complaire à son maître et de lui consacrer un temps dont il aurait pu faire un si bon usage, on le voyait reprendre le chemin de l'Italie et, avec une impartialité qui dut plus d'une fois coûter à ses goûts personnels, acheter pour Philippe IV des objets d'art, des statues et des tableaux destinés à orner les palais royaux. Comme pour se distraire des corvées qui lui étaient imposées, il peignait sur son chemin le merveilleux portrait d'Innocent X, un de ses chefs-d'œuvre. Nommé un peu plus tard maréchal du palais, il acceptait les lourdes et nombreuses obligations attachées à cet office, très inexactement payé lui-même et obligé d'avancer parfois de ses propres fonds les dépenses faites pour le compte du roi.

Encore, si en exerçant son métier de peintre, il avait eu la liberté de choisir ses modèles. Mais le brillant coloriste, amoureux de l'élégance et de la vie, se voyait d'habitude astreint à répéter les tristes images de ce souverain aux traits impassibles, ou de ces malingres rejetons d'une race appauvrie, garçons blêmes et lymphatiques, petites princesses pâlottes, serrées dans les gaines rigides de leurs corsages et protégées contre tout contact indiscret par ces larges paniers qu'on appelait des *Garde-Infantes* (Garda-Infantes) et qui dérobaient leurs pieds à tous les regards. Aussi, quelle joie pour Velazquez lorsque, pendant ses rares loisirs, il pouvait se retremper quelques moments dans l'étude de la nature! Les devoirs de sa charge ne lui permettant guère de s'éloigner, il devait se contenter de motifs à portée des résidences royales où il était retenu, et là encore, dans le décor artificiel imposé au paysage, il retrouvait quelque chose des contraintes de la cour. Au lieu des rusticités de la campagne abandonnée à elle-même, ce n'étaient partout qu'arbres impitoyablement taillés et alignés, que bosquets réguliers et symétriques, parterres à compartiments, eaux emprisonnées dans des bassins de marbre ou jaillissant en cascades et en jets d'eau, parmi les statues de figures mythologiques. Du moins, se plaisait-il à égayer la solitude des grandes allées des parcs en y plaçant çà et là, comme dans la *Calle de la Reina* d'Aranjuez, des carrosses attelés de mules, avec leur escorte de cavaliers; ou aux abords de la *Fontaine des Tritons*, des promeneurs, des marchands ambulants, un jeune galant qui offre des fleurs à sa belle et des dames coquettement attifées dont les tournures dégagées et pimpantes font penser à notre Watteau. Tout cela, arbres, ciel, bêtes et personnages, est prestement enlevé d'un pinceau sûr et alerte, avec la sincérité charmante et le goût exquis de ce maître primesautier qui met en tout sa marque. Malheureusement, ces études, exposées sans doute aux brusques alternatives de température d'un climat excessif, ont beaucoup souffert, et sont loin d'égaler, pour la fraîcheur et la vivacité du ton, les deux petits paysages de la villa Médicis dont nous avons parlé plus haut.

Nous retrouvons Velazquez, avec son éclat habituel et son sens à la fois délicat et robuste de la nature, dans le grand tableau des *Ermites* peint, probablement une année avant sa mort, pour la chapelle de Saint-Antoine à Buen-Retiro. Le sujet principal choisi par lui est celui de la visite de saint Antoine à saint Paul, dans le désert où un corbeau qui, depuis soixante ans, apporte à ce dernier sa nourriture quotidienne, tient cette fois dans son bec la double ration qui doit servir au repas des deux solitaires. A la façon des maîtres primitifs, Velazquez a placé dans le lointain deux autres épisodes également tirés de la légende de saint Paul : les deux lions, ses compagnons, creusant de leurs griffes la fosse qui sera son tombeau et, plus loin, le démon, sous la forme d'un satyre, s'approchant du saint pour le tenter. Mais ces deux épisodes relégués aux derniers plans, s'effacent tout à fait devant la scène principale, et bien que l'attention soit, comme il convient, attirée sur les personnages, leurs dimensions assez restreintes laissent au paysage toute son importance et sa signification. On ne saurait, en effet, imaginer nature plus grandiose et plus farouche que cette gorge abrupte dont les défilés d'une sierra voisine de Madrid avaient probablement fourni le motif à l'artiste. Un grand orme qui élève au premier plan son tronc lisse enveloppé de lierre, les ronces, les violettes et les touffes de plantain qui en garnissent le pied, ainsi qu'un cours d'eau limpide qui serpente à travers une vallée étroite, égaient un peu l'aspect de cette contrée sauvage et ce mélange des grâces et des austérités de la nature s'accorde de la façon la plus intime avec le caractère du sujet. De tous ces éléments pittoresques si harmonieusement réunis, l'artiste a su composer un ensemble très expressif.

Après de pareilles échappées vers la nature, Velazquez devait bien vite revenir aux sujets que lui imposait sa situation officielle, et l'aisance avec laquelle il passe de l'exécution des *Meninas* à celle des *Fileuses*, témoigne de l'extrême souplesse de son talent. Quand il peignit ce

20. VELAZQUEZ. — SAINT ANTOINE VISITANT SAINT PAUL.
(MUSÉE DU PRADO. PHOT. LAURENT, A MADRID.)

VELAZQUEZ. — CHASSE A LA TOILE.
National Gallery. (Phot. Hanfstaengl.)

dernier ouvrage ses jours étaient comptés et, après l'avoir si souvent détourné de son art, sa charge, en lui imposant des fatigues excessives, allait encore abréger sa vie. Il faut lire dans le beau livre de M. Justi[1] le récit de ce terrible voyage des Pyrénées où Velazquez, en sa qualité de fourrier du palais, avait eu à pourvoir aux logements de Philippe IV et de sa cour. On sait à quelles exigences l'obligeait le cérémonial de cette entrevue de la Bidassoa, dans laquelle deux souverains amis du faste apportaient, avec des vanités pareilles, un pareil désir de magnificence. Un déplacement du roi d'Espagne, dans de telles conditions, nécessitait des soins dont il est difficile aujourd'hui de se faire une idée, à raison du nombre des grands seigneurs, des domestiques et des bagages qu'entrainait ce déplacement. Le commencement du cortège avait déjà dépassé les portes d'Alcala que l'arrière-garde quittait à peine Madrid. On cheminait lentement, vu l'état des routes, surtout dans les montagnes, et, à chaque station de nuit, il fallait improviser des installations pour tout ce monde, pourvoir à sa nourriture, en tenant compte du cérémonial et de l'étiquette, organiser les réceptions et les divertissements dans les villes placées sur le passage de la cour. Arrivé au but, dans cette Ile des Faisans où devait avoir lieu la rencontre des deux

1. *Diego Velazquez*; t. II, p. 381 et suiv.

rois, Velazquez s'était occupé de la Salle de réunion qu'il avait fait décorer de tapisseries et, pour suffire à la tâche compliquée qui lui était dévolue, il avait largement payé de sa personne.

Malgré les difficultés de sa mission, le grand artiste l'avait accomplie jusqu'au bout, admiré de tous « pour son élégance, la noblesse et la dignité de sa personne, son goût et le tact exquis qu'il mettait à toutes choses ». Mais quand, après 72 jours d'absence, il rentrait à Madrid, le 26 juin 1660, il y rapportait le germe d'une fièvre pernicieuse qui, en dépit des soins qui lui furent prodigués, l'enlevait peu de temps après, le 6 août suivant, à l'âge de 62 ans.

Pas plus qu'il n'avait eu de prédécesseurs, Velazquez ne devait laisser d'héritiers de son talent, et ses élèves ne font que mieux ressortir sa supériorité. Le plus remarquable d'entre eux, Juan Bautista del Mazo qui, dès 1634, était devenu son gendre, possédait une très réelle habileté à copier les œuvres du Titien, de Véronèse, du Tintoret et même de Rubens. Ses portraits offrent avec ceux de son maître certaines analogies de facture et quelques-uns d'entre eux ont pu prêter à des confusions d'autant plus explicables que Velazquez les a plus d'une fois retouchés. Les paysages de Mazo — le Prado en possède une dizaine — manifestent un sens plus personnel. La plupart sont des compositions animées par des épisodes mythologiques; d'autres, au contraire, représentent des vues de villes, très exactement reproduites. Telle est notamment la *Vue de Saragosse* (musée du Prado) exécutée en 1647 sur l'ordre de Philippe IV, et pour laquelle l'Infant don Baltazar avait désigné lui-même le point d'où elle devait être prise, sur la rive gauche de l'Èbre. La silhouette de la ville avec ses tours et ses principaux édifices se découpe sous un ciel d'un gris lumineux; une vraie ville espagnole, d'aspect triste et revêche, sans aucun arbre pour égayer cet amas de constructions moroses. Le moment choisi par l'artiste est celui où le cortège royal avec les carrosses de la cour vient de rentrer dans l'ancien palais des rois d'Aragon, et une foule de petits personnages de toutes conditions occupe, au premier plan, les bords du fleuve. Ces figures très vivantes, aux costumes très variés, sont si spirituellement indiquées qu'elles ont été pendant longtemps, non sans quelque vraisemblance, attribuées à Velazquez lui-même.

De paysagiste pur on ne trouverait guère à citer en Espagne qu'un contemporain de Velazquez. Francisco Collantes (1599-1656), l'auteur de paysages dramatiques comme l'*Incendie de Troie* (Musée de Grenade) ou la *Vision d'Ézéchiel* (Musée du Prado) avec des monuments en ruines et les morts sortant de leurs tombeaux pour comparaître au Jugement dernier. *Le Buisson ardent* du Louvre est certainement un de ses meilleurs ouvrages et l'âpre sauvagerie de la contrée où se passe la scène, l'épaisse végétation de ses broussailles et de ses arbres, la fraîcheur de ses eaux claires s'épandant parmi des quartiers de roches y sont exprimées avec une force singulière. La figure de Moïse, un pâtre espagnol aux traits énergiques, et les bêtes qui l'entourent — un âne et des moutons — attestent la diversité des aptitudes d'un peintre qui possédait à fond toutes les ressources de son art.

Il semble qu'avec les instincts réalistes qui, surtout au début de sa carrière, lui faisaient rechercher les sujets les plus familiers et les types populaires, le paysage aurait dû tenir une grande place dans l'œuvre de Murillo (1618-1682) ; il n'y intervient que très rarement, au contraire, et même lorsqu'il y apparaît son rôle est réduit au strict nécessaire. Tout au plus, dans le *Saint François de Paule* du Prado, aperçoit-on un bout de lointain, un coin de campagne aride et, sur le devant, quelques plantes au large feuillage, copiées d'après nature, pour la circonstance, afin de meubler les premiers plans. Ce n'est guère que dans les cinq épisodes de l'*Histoire de Jacob* destinés au palais du marquis de Villa-Manrique, qu'une part un peu plus large a été faite à la représentation de la nature. L'Ermitage possède deux des tableaux de cette série, conçus d'une façon tout à fait décorative. Dans l'un d'eux : *Isaac bénissant Jacob*, la scène se passe dans la maison du patriarche, une chaumière sordide, inhabitable, telle qu'on en rencontre encore bon nombre en Espagne. Mais dans la principale composition de cette suite — elle se trouve dans la collection du duc de Westminster, à Grosvenor-House — *Laban cherchant dans la tente de Jacob ses dieux pénates dérobés par sa fille*, les figures et le bétail qui animent la scène se détachent sur une vallée poussiéreuse dont les terrains aux lignes un peu vagues, sont d'une tonalité crayeuse et molle, assez inconsistante.

Pour en finir avec l'Espagne, nous ne voyons plus guère à mentionner, relativement au sujet qui nous occupe, que les fonds de paysage de quelques-unes des compositions de Francisco Goya y Lucientes (1746-1828), un artiste assez fantaisiste, inégal et, suivant nous, un peu surfait. Empruntés le plus souvent aux bords du Mançanarès et aux environs de Madrid, ces fonds se retrouvent dans plusieurs de ses *Fêtes de villages*, notamment dans la *Romeria de san Isidoro*, et dans les cartons de tapisseries, plus bariolés qu'harmonieux, exécutés par Goya pour la Fabrique de Santa Barbara ; mais ce sont là plutôt des pastiches de Teniers, de Tiepolo et de nos maîtres du XVIIIe siècle que des créations vraiment originales.

FR. COLLANTES. — LE BUISSON ARDENT.
Musée du Louvre. (Photo Neurdein.)

JOHN CONSTABLE. — PONT D'ABINGDON.
(Dessin d'après nature, Bibl. nat.)

CHAPITRE VII

LES PAYSAGISTES DE L'ÉCOLE ANGLAISE

I. L'ART EN ANGLETERRE. — LA NATURE CHEZ LES LITTÉRATEURS. — LES JARDINS ANGLAIS. — LES PREMIERS PAYSAGISTES. — II. JOHN CONSTABLE. — SA VOCATION. SON AMOUR DE LA NATURE ET SA SINCÉRITÉ. — SES JUGEMENTS SUR LES MAÎTRES.

I

GAINSBOROUGH. — PAYSAGE AVEC ANIMAUX.
(Collection de M. J.-P. Heseltine.)

Depuis longtemps l'Angleterre était devenue une nation puissante et prospère: elle avait donné le jour à un auteur dramatique tel que Shakespeare, à des philosophes comme Bacon et Newton; elle n'avait pas encore produit un seul artiste. Ses souverains, ses grands seigneurs sentaient, il est vrai, que l'art est la parure d'une cour, le luxe suprême de la richesse, et à diverses reprises ils cherchèrent à attirer auprès d'eux quelques-uns des maîtres du continent. Pour ne citer que les plus grands, Holbein, Antonio Moro, Rubens et van Dyck avaient fait à Londres des séjours plus ou moins prolongés, comblés des faveurs royales et patronnés par les membres de l'aristocratie. Dans les collections que ceux-ci avaient formées, les paysagistes en renom tenaient une place importante et, parmi eux, Claude Lorrain, Ruisdael, Hobbema et Cuyp, qui jouissaient surtout de la vogue, devaient nécessairement exercer une influence considérable sur la formation et le développement des premiers paysagistes anglais. Avant ceux-ci, d'ailleurs, les écrivains avaient compris et exprimé les beautés de la nature. On sait quel poétique intérêt ajoutent aux épisodes les plus pathétiques des drames de Shakespeare les paysages indiqués par lui en quelques traits saisissants : les bruyères désolées où le roi Lear, errant pendant la tempête, exhale son désespoir; le cours d'eau dans lequel Ophélie se noie entourée de fleurs; la lande où les sorcières promettent à Macbeth la royauté; les prairies enveloppées de vapeurs et baignées de rosée parmi lesquelles s'ébattent les petits génies du *Songe d'une nuit d'été*. Après Shakespeare et avec une prolixité moins expressive, les poètes lakistes n'avaient épargné aucun détail dans la description des campagnes qui servent de cadre à leurs compositions rustiques. Enfin la création des jardins anglais dans lesquels, rompant avec la symétrie et la raideur géométriques jusque-là en honneur, les décorateurs des résidences princières s'appliquaient les premiers à respecter la nature, atteste le goût croissant qu'on avait pour elle vers le milieu du xviiie siècle. Il semble donc que tout fût préparé pour l'avènement d'une école de paysage en Angleterre. Mais l'art avait longtemps tardé à profiter des ressources que la nature lui offrait avec une merveilleuse prodigalité. Les peintres restaient indifférents à ses beautés pittoresques et quand, après s'être, à ses débuts, acquis une certaine réputation comme portraitiste, Richard Wilson s'avisa, le premier, de demander à la nature les motifs de ses tableaux, c'est en Italie qu'il vint les chercher. Pendant les cinq ans qu'il passait à Rome, encouragé, aidé même par Joseph Vernet, il amassait les nombreuses études qu'à son retour à Londres, en 1755, il utilisait dans des compositions mythologiques telles que la *Mort des Niobides* qui, exposée en 1760, lui ouvrait les portes de la Royal Academy, fondée cette année même. Mais le style et l'aspect sévère de ces peintures pas plus que le caractère peu endurant de leur auteur n'étaient faits pour lui assurer la faveur des grands personnages. On raconte, en effet, que, froissé par le marchandage d'un de ses tableaux que le roi voulait acquérir, il avait répondu à l'offre d'un rabais qu'on lui proposait que « si Sa Majesté était embarrassée pour le paiement, Elle pourrait prendre des délais ». Aussi Wilson avait-il connu la gêne et, obligé pendant longtemps de se contenter des prix les plus modiques pour ses œuvres, il exécutait jusqu'à quatre ou cinq répétitions de celles qui avaient obtenu quelque succès. C'étaient, en général, des vues d'Italie ou des paysages académiques dans lesquels l'influence de Claude Lorrain était manifeste. Parvenu à une modeste aisance, grâce à un petit héritage que lui laissait son frère, Wilson avait senti lui-même l'insuffisance de ce fonds d'études sur lequel il vivait depuis trop longtemps sans avoir pu le renouveler, et il s'était installé à la campagne, au village de Llanberris, dans le comté de Denbigh. C'est là qu'il mourut en 1782 dans sa soixante-dixième année, et les derniers ouvrages qu'il y peignit — on en peut voir quelques spécimens au Musée de South-Kensington — témoignent par leurs colorations plus vives et leurs données moins conventionnelles de l'heureuse action qu'avait eue sur son talent ce commerce plus intime avec la nature.

Contemporain de Wilson, Thomas Gainsborough, avec un tempérament de peintre plus original et mieux accusé, demandait au Suffolk, son pays natal, les motifs de ses tableaux. Bien que ses paysages aient été autrefois aussi appréciés que ses portraits, c'est par ces derniers qu'il a mérité sa célébrité. Avec un sentiment personnel de grâce et d'élégance, ils ont quelque chose de la grande tournure de ceux de Rubens et surtout de van Dyck, dont Gainsborouh avait fait de nombreuses copies. Ses études peintes aux environs d'Ipswich, où il s'était établi, n'avaient eu primitivement pour lui d'autre but que de lui permettre de placer les grandes dames dont il retraçait l'image au milieu des beaux ombrages de leurs résidences et d'ajouter ainsi à ses œuvres le charme de ces colorations qui contrastent si heureusement avec les fraiches tonalités des carnations et des toilettes de ses modèles. Peu à peu, séduit lui-même par l'attrait de ces études et par la diversion qu'elles apportaient à la monotonie de ses travaux habituels, il leur avait consacré une plus large part de son temps. La nature cependant n'y semble vue qu'à travers les paysages de Rubens ou de Huysmans de Malines dont ceux de Gainsborough rappellent souvent l'ordonnance et même les colorations. On assure, du reste, que, sans jamais peindre hors de son atelier, l'artiste se contentait de prendre dans la campagne quelques croquis prestement enlevés à la plume ou au crayon, sur des papiers teintés, avec des rehauts de blanc et des couches légères de lavis à l'encre de Chine pour indiquer les principales valeurs. Si dans ses peintures ces valeurs sont, en général, bien observées, l'assiette et la succession des terrains exactement établies, les colorations, en revanche, restent le plus souvent conventionnelles. Sur les premiers plans d'un ton roussâtre, traités d'une façon expéditive, s'étalent quelques plantes au large feuillage et des arbres bruns ou jaunes découpent dans l'azur du ciel ou reflètent dans le bleu plus sombre des eaux les rondeurs un peu uniformes de leurs silhouettes. Ça et là des animaux, le plus souvent des vaches, jettent une note claire et piquante parmi ces végétations. Une large entente de l'effet assure l'unité de ces paysages; mais cette science de l'effet dérive chez Gainsborough de son instinct de peintre et d'une observation attentive de ses maîtres préférés plutôt que d'une étude directe de la réalité.

A la suite de Gainsborough, presque un demi-siècle après lui, deux peintres nés en 1769, Thomas Barker et surtout Old Crome, méritent d'être cités pour la sincérité et la justesse de leur interprétation de la nature. Du premier, outre un *Chasseur pendant l'orage*, qui eut en son temps un grand succès, la National Gallery possède une *Vue de dunes*, prise probablement dans le Sommerset, dont le motif, très simple, a de la grandeur. Si l'aspect ne laisse pas d'en être un peu noirâtre et la touche assez brutale, le ciel d'un beau mouvement est, en revanche, délicatement modelé, et des faneuses qui se reposent au premier plan font bien ressortir l'étendue d'un vaste horizon, sur lequel les rayons du soleil tamisés à travers les nuages accrochent çà et là quelques lumières. C'est par une semblable recherche de la vérité et un talent supérieur que se distingue Old Crome. A côté de tableaux inspirés par le souvenir de Cuyp, dont les collections anglaises abondent en œuvres choisies, Crome montre dans la plupart de ses productions une souplesse et une originalité remarquables. Ses *Ardoisières* de la National Gallery frappent le spectateur par l'austérité voulue des colorations, aussi bien que par la

W. TURNER. — APOLLON ET LA SIBYLLE.
National Gallery. (Phot. Braun, Clément et C⁹.)

franchise de la facture. Ce ciel vide et morne, ces terrains rocailleux, aux cassures violentes, aux tonalités grisâtres, ces côtes âpres et nues qui se dressent de part et d'autre, et sur les pentes desquelles des flocons de brume promènent leurs traînées éparses, tout dans cette robuste peinture concourt à l'impression de sauvagerie qui se dégage de cette contrée désolée. Avec des scrupules bien nouveaux jusque-là, Crome, on le voit, s'est appliqué à respecter de tout point le caractère des lieux qu'il peignait, à nous en montrer sans réticence les coins les plus farouches et les plus déshérités. Sa conscience et ses exemples lui suscitaient bientôt des imitateurs et, de concert avec son beau-frère Robert Ladbrooke, il groupait autour de Norwich une petite école provinciale d'où devaient sortir quelques artistes distingués, comme John Cotman, George Vincent et James Starke.

Si le nom de Turner avait dès lors effacé ceux de ses obscurs émules, peut-être cet exposé succinct n'était-il pas inutile, pour montrer ce qu'était avant lui la peinture de paysage en Angleterre, et comment, après les pastiches de Claude ou des maîtres flamands et hollandais qui avaient marqué ses débuts, elle s'était peu à peu affranchie par la seule étude de la nature.

Joseph Mallord William Turner, né à Londres, dans Maiden-Lane

(Covent-Garden), le 23 avril 1775, était fils d'un simple barbier-coiffeur, originaire du Comté de Devon. Il n'avait guère connu sa mère, personne d'un caractère irritable, mal équilibrée, et qui fut de bonne heure atteinte d'aliénation mentale, ce qui explique peut-être les étrangetés d'humeur qu'on devait plus tard remarquer chez son fils. Celui-ci ne reçut qu'une très médiocre instruction qu'il ne songea pas à compléter lui-même ; mais son père, qui comptait parmi ses clients d'assez nombreux artistes vivant dans le quartier, encouragé probablement par eux, ne s'opposa pas à la vocation précoce que l'enfant avait manifestée pour la peinture. Entré d'abord chez un dessinateur de fleurs, William apprit, en 1788, la perspective chez Thomas Malton, et fréquenta aussi l'atelier de l'architecte Hardwick, avant de suivre les cours de la Royal Academy où il étudia la figure humaine. Il gagnait quelque argent en coloriant des dessins ou des gravures, et plus tard en faisant des portraits. Sans montrer des qualités bien rares, celui qu'il peignit d'après lui-même vers 1802 (National Gallery), atteste une certaine habileté. Dès que le jeune homme avait un instant de loisir, il s'échappait pour aller sur les bords de la Tamise dessiner d'après nature, parfois en compagnie d'un de ses camarades, de deux ans plus âgé que lui, Th. Girtin. Celui-ci, très bien doué lui-même, serait, sans doute, devenu un paysagiste distingué s'il n'était mort prématurément, en 1802, avant d'avoir donné sa mesure. En profitant de ses conseils, Turner s'était initié aux procédés de l'aquarelle qu'il pratiqua toute sa vie avec un grand talent. Pour le moment, il s'estimait heureux de vendre, au prix de 2 ou 3 francs pièce, les petites aquarelles qu'il exposait dans la montre de son père ou qui lui étaient achetées par le docteur Munro. Gratifié de temps à autre d'un repas, il pouvait chez ce dernier voir et admirer à loisir une petite collection de tableaux anciens. Le comte de Yarborough et deux de ses amis, s'étant également intéressés au jeune débutant, lui fournirent les ressources nécessaires pour aller visiter le continent et y étudier les œuvres des maîtres. Il fut aussi chargé par plusieurs éditeurs de dessiner des vues des contrées les plus pittoresques de l'Angleterre pour une suite de publications illustrées, fort en vogue à cette époque.

Dès l'âge de quinze ans, Turner exposait à la Royal Academy, et il ne cessa pas, pendant de longues années, de prendre part aux expositions organisées sous le patronage de cette institution. Ses envois avaient été aussitôt remarqués, et le nombre croissant de ses tableaux admis à chacune d'elles atteste la bienveillance avec laquelle il y fut accueilli, malgré son extrême jeunesse. En 1799 il devenait lui-même associé, puis trois ans après membre de la Royal Academy; il était à peine âgé de vingt-sept ans.

Petit, trapu, peu sociable et négligé dans sa mise, Turner, avec sa mauvaise tournure, n'était guère soucieux de belles manières. Son incapacité à exprimer ses pensées l'avait rendu de plus en plus misanthrope. En revanche, il montrait une ardeur extrême au travail et, levé de bonne heure, il se tenait tout le jour à sa tâche, fermant impitoyablement sa porte aux visiteurs. Aussi avec sa grande facilité, sa production était-elle très active. Ses premières œuvres attestent à la fois une observation pénétrante de la nature et une vive préoccupation des maîtres flamands ou hollandais qu'il avait pu étudier dans les collections anglaises. Les effets de lumière l'attirent déjà, et dès 1797 il expose un *Clair de lune à Milbank*, sur la Tamise, — non loin de l'endroit où, par un hasard singulier, il devait, plus de cinquante ans après, finir ses jours, — et le *Lac de Buttermere*, dans le Cumberland, avec un arc-en-ciel et le soleil éclairant de ses derniers rayons les sommets des coteaux voisins. En 1798, c'est un *Matin sur la montagne de Coniston*, dans le comté de Lancastre, tableau noirâtre et assez insignifiant. Il peint aussi, et avec une grande habileté, des marines, comme celle qui figurait à l'Exposition de 1801 : *Bateaux de pêche près de la côte*, par une forte brise, toile d'un effet dramatique bien conçu. A côté de ces données dont la nature lui a fourni les motifs, il s'essaie à des compositions inspirées par la mythologie ou les livres saints, telles qu'*Énée et la Sibylle*, en 1800, puis en 1802 *les Plaies d'Égypte* et *Jason à la recherche de la Toison d'or*. Mais ce ne sont là que des épisodes introduits après coup, car ni le style, ni le caractère du paysage ne s'accordent avec ces sujets. L'artiste n'y voit qu'un prétexte à des dispositions purement décoratives, le plus souvent empruntées à Claude Lorrain qui commence à hanter son esprit.

On dirait qu'il cherche sa voie, si ces tentatives dans des directions très diverses n'affectaient déjà un air d'assurance et de crânerie. Son exécution, en effet, a pris d'année en année plus d'ampleur et de sûreté. *La Jetée de Calais par un gros temps*, qu'il expose en 1803, compte certainement parmi ses productions les plus remarquables. Sous les menaces de l'orage, quelques bateaux de pêche cherchent à gagner le large ou à rentrer dans le port, et, sur la jetée vue de biais, des femmes assistent anxieuses à cette lutte de *leurs hommes* aux prises avec la mer déchaînée. Dans les barques secouées, ballottées au hasard des remous, chacun est à son poste et s'acquitte vaillamment de sa tâche avec la décision que donne l'habitude des périls quotidiens affrontés en commun. Au milieu de ce tumulte humain et de cette confusion des éléments, l'artiste, lui aussi, a conservé son sang-froid. Qu'on voie avec quelle justesse les divers plans sont établis dans son œuvre, avec quel art cette eau si profondément remuée est cependant maintenue dans un équilibre relatif! Qu'on observe, autour des barques, le mouvement varié de ces vagues qui se creusent en profonds abîmes ou se dressent écumantes et comme poussées par une force irrésistible! Le rythme éloquent des lignes et la transparence des tonalités glauques sur lesquelles éclatent quelques lumières très heureusement réparties, l'exécution partout vivante et merveilleusement appropriée à un pareil sujet, tout dans cet ensemble est à la fois logique et imprévu, très pathétique et très pictural. En dépit de la multiplicité des détails, aucun n'est de trop; tous concourent à l'unité de l'œuvre et assurent sa perfection.

C'était là, on le conçoit un art bien fait pour plaire à une nation maritime, puisqu'il donnait une expression émouvante à la représentation de spectacles qu'elle avait journellement sous les yeux et dont elle pouvait vérifier l'exactitude. Aussi les productions de Turner étaient-elles très goûtées par ses compatriotes. Il semble donc qu'il n'eût qu'à persévérer dans une voie où non seulement il n'y avait pour lui que légitimes succès, mais où il trouvait à sa portée toutes les facilités pour renouveler son talent. En assouplissant un peu sa main et surtout en éliminant de sa palette les tons bitumineux qui y tenaient encore une trop large place, il pouvait facilement réaliser des progrès décisifs. La veine était riche et les motifs ne lui auraient pas manqué. Sans renoncer tout à fait à de pareils épisodes, l'artiste ne devait plus cependant leur faire qu'une part très restreinte dans son œuvre. Au lieu de pénétrer plus avant dans l'intimité de la nature par une étude plus suivie, il allait désormais viser à des aspects purement décoratifs

Peut-être le voyage que Turner fit, en 1802, en France et en Suisse

21. — W. TURNER. — LE PORT DE CALAIS. NATIONAL GALLERY.
(PHOT. BRAUN, CLÉMENT ET Cⁱᵉ.)

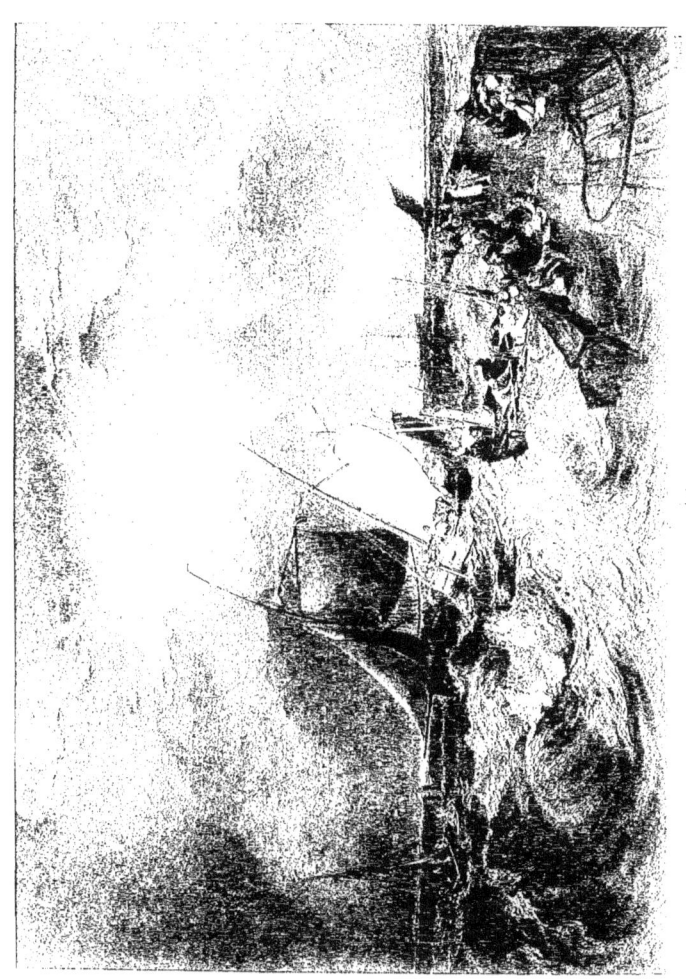

W. TURNER. — TRAVAUX RUSTIQUES.
(Lavis à l'encre de Chine. — Phot. Downes et Cⁱᵉ.)

ne fut-il pas étranger à cette transformation de son talent. Sans doute, avec sa curiosité toujours en éveil, pendant cette excursion qui lui faisait parcourir des pays si différents du sien, il n'était pas resté inactif. Travailleur infatigable, il rapportait de son séjour sur le continent une moisson d'études aussi abondantes que variées. Mais ce n'étaient-là, à le bien prendre, que des notations expéditives, trop superficielles pour qu'il pût en tirer des œuvres sérieuses, égales à celles qu'il avait produites jusque-là. Une succession si rapide d'impressions très diverses ne pouvait lui laisser des souvenirs bien nets, ni bien durables. Elle l'obligeait à se contenter d'informations sommaires, à recourir à des procédés factices pour masquer leur insuffisance et à retomber dans les mêmes formes apprises et les mêmes colorations cherchées sur la palette, au lieu de profiter des ressources d'enseignement indéfinies que lui aurait fournies la nature.

Aussi apportera-t-il désormais des exigences moins hautes et une correction moins scrupuleuse dans la pratique de son art. *Le Naufrage*, qu'il peignit en 1805, nous montre, en effet, une préoccupation excessive de moyens un peu conventionnels pour provoquer à bon compte un pathétique assez vulgaire. La noirceur opaque du ciel, la violence exagérée des flots et l'accumulation de détails dramatiques attestent un parti pris évident de forcer l'émotion par une insistance d'un goût équivoque. Il y a plus de mesure et une plus juste observation de la nature dans le *Lever de Soleil par le brouillard* que Turner exposa en 1807 et dont il était lui-même si satisfait qu'après l'avoir échangé contre son tableau du *Naufrage*, il voulut ensuite le racheter à lord Tabley qui s'en était rendu acquéreur. L'effet de cette brume matinale à travers laquelle filtrent les rayons d'un pâle soleil, effet si fréquent dans les pays du Nord, a été habilement rendu par l'artiste, et les tonalités indécises du ciel et des fonds grisâtres, noyés dans une atmosphère humide, font bien ressortir les colorations brillantes du premier plan.

Dans ces divers tableaux dont la contrée même où il vit lui a fourni les motifs, Turner est maintenu par la nature, par les indications qu'elle lui fournit et auxquelles il peut facilement recourir, s'il a besoin d'être plus complètement renseigné. Il en prend plus à son aise avec les paysages exotiques ou composés de toute pièce dans lesquels de plus en plus son imagination va se donner librement carrière. Telles sont : la *Destruction de Sodome* peinte vers 1805, la *Mort de Nelson* et *la Discorde recevant la pomme du jardin des Hespérides* exposées en 1806 et 1808 à l'Institut britannique. Dans ce dernier tableau les montagnes qui ferment l'horizon, ainsi que le remarque Ruskin — cependant grand admirateur de Turner jusque dans ses erreurs — « sont traitées comme si elles étaient simplement de grosses pierres ». L'*Apollon tuant le serpent Python*, qui figurait à l'Exposition de la Royal Academy en 1811, ne manquerait pas d'une certaine grandeur, s'il était possible de démêler et de suivre les replis de la queue du monstre qui, se déroulant à travers une immense étendue de pays, se confond avec les rochers.

Emporté par sa fougue, Turner incline déjà vers des sujets qui ne sont plus du domaine de la peinture. Il prend pour des hardiesses les gageures audacieuses qu'il est impuissant à soutenir, comme dans la *Destruction d'un cottage par une avalanche* et le *Passage des Alpes par Annibal*, une vraie débauche d'incohérence. Au milieu de la tourmente de neige déchaînée sur ces sommets, on a peine à découvrir l'armée carthaginoise et les Alpes elles-mêmes, perdues dans des nuées de formes bizarres qui s'accrochent aux flancs des montagnes. Turner, en abordant des sujets de ce genre, nous laisse indifférents. On sent, à la froideur avec laquelle il essaie de rendre ces grandes scènes de la nature, qu'il n'en est pas ému lui-même et qu'il s'efforce de suppléer à l'insuffisance de ses études par sa virtuosité.

Si ces témérités peu justifiées sont bien à lui, il se montre, au contraire, un imitateur très timide de Claude Lorrain quand il aborde, comme il l'a fait souvent, des données analogues à celles qu'a traitées notre grand paysagiste. Longtemps avant d'avoir vu l'Italie, il a la prétention de la peindre, d'en faire mieux que Claude comprendre les beautés et de dépasser son modèle par sa façon d'exprimer le charme de la lumière répandue dans les immensités de l'espace. Afin de donner plus de vraisemblance à ses rêves, il y mêle des épisodes mythologiques où il introduit d'innombrables personnages. Mais sans être plus lettré que Claude, il n'a ni sa candeur, ni cette finesse d'instinct qui permet au Lorrain de bien disposer et de placer toujours au bon endroit ses naïves figures. D'un dessin fort incorrect, celles de Turner manquent absolument de style. Seuls les titres de ses tableaux nous donnent la clef des rébus qu'il nous propose, et il est nécessaire de recourir au catalogue pour savoir ce que sont ces figures et ce qu'elles font. Déjà en 1814 il peint une *Didon partant pour la chasse*; mais comme il ne connaît en fait d'Énéide que celle de Dryden, c'est d'après un pastiche de Virgile qu'il compose ce pastiche de Claude. Il revient à l'Énéide l'année d'après, et dans un tableau plus compliqué il en tire un sujet encore plus alambiqué : *Didon construisant Carthage* ou la *Fondation de l'Empire Carthaginois*, ainsi qu'il le dénomme lui-même dans un coin de la toile, en mettant à la suite de cette inscription la date de 1815 et sa signature. L'œuvre n'est pas sans mérite, mais l'ordonnance a été absolument inspirée par Claude : une enfilade de palais et de colonnades s'étendant à perte de vue sur les bords d'une nappe d'eau tranquille qui reflète un ciel lumineux. A part quelques touches d'un jaune citron trop accusé et qui détonnent, la couleur est harmonieuse et brillante, et les dégradations de l'atmosphère sont bien rendues des premiers plans jusqu'à l'horizon; la facture, plus fine, est aussi plus posée que d'habitude. On se croirait en présence d'une copie de Claude si, à côté de cette *Didon* et lui faisant pendant sur la même paroi de la National Gallery, on n'avait sous les yeux une des plus admirables marines que le Lorrain ait peintes dans sa pleine maturité, le *Débarquement de la Reine de Saba*, daté de 1648. Le spectateur non prévenu serait tenté d'accuser l'administration du musée d'un rapprochement si malencontreux. Turner seul en est coupable, et c'est pour se conformer à sa volonté formellement exprimée que les deux peintures ont été placées ainsi face à face. L'œuvre, fût-elle meilleure encore que l'idée que s'en faisait l'artiste, dénoterait, en tout cas, chez lui une complète absence de tact et, comme le dit M. Hamerton, « ce défaut de jugement qui est la *Némésis* du Génie ».

La préoccupation de Claude était devenue pour Turner une véritable obsession. C'est elle qui, à l'exemple du *Liber Veritatis*, le poussait, dès 1807, à publier sous le titre de *Liber Studiorum*, un recueil d'eaux-fortes exécutées d'après des dessins faits par lui sur nature, mais remaniés et interprétés en vue de la gravure. Bien que dans un grand nombre de ces eaux-fortes non seulement l'influence, mais l'imitation de son illustre prédécesseur soient évidentes, l'ensemble dénote cependant une originalité positive, en même temps que de rares qualités dans le rendu des divers éléments pittoresques du paysage. A l'aide d'un simple trait plus ou moins accentué et grâce à des simplifications intelligentes, Turner excelle à exprimer à peu de frais la physionomie d'un site déterminé. La structure des terrains, le port et le feuillé des différentes essences d'arbres et l'effet général lui-même sont nettement définis, et, malgré l'extrême sobriété des moyens, l'aspect général donne une juste impression des localités ainsi représentées.

On ne comprend guère qu'un dessinateur aussi bien doué et déjà si habile, au lieu de se perfectionner dans cette voie, s'en écarte aussi complètement, à partir d'une certaine époque, pour se borner à des recherches de couleur qui iront jusqu'à l'extravagance. Peut-être les exigences d'une production sans trêve, en vue des gains rapides qu'elle pouvait lui valoir, ont-elles poussé Turner à se contenter ainsi d'études de plus en plus sommaires. Il a donné, en effet, des preuves réitérées de son amour de l'argent, et les procédés auxquels il recourait pour s'en procurer n'ont pas toujours été d'une délicatesse scrupuleuse. Malgré les conventions expresses faites avec ses graveurs — qui d'ailleurs

J.-M.-W. TURNER. — LE NAVIRE « CHARLES LE TÉMÉRAIRE » REMORQUÉ PAR UN BATEAU A VAPEUR.
National Gallery. (Phot. Braun, Clément et Cⁱᵉ.)

finissent tous par se brouiller avec lui et protestent collectivement contre ses façons d'agir — on le voit exploiter à outrance les planches qu'il s'est réservées et vendre, en dehors du chiffre fixé pour des tirages de choix, des épreuves fatiguées, dont à l'aide de retouches insignifiantes, il a dénaturé les marques de garantie, pour en majorer les prix. C'est au même sentiment d'insatiable cupidité qu'il cède quand, en 1808, il sollicite et obtient la chaire de Perspective à la Royal Academy, séduit par l'appât des modiques appointements attachés à cet emploi. Il n'a pourtant rien de ce qu'il faut pour enseigner cette science, et les connaissances théoriques lui manquent absolument; les eût-il, qu'il serait incapable de les exposer en public, car il est hors d'état d'exprimer clairement ses idées.

Turner avait cependant conquis depuis longtemps une situation indépendante et, après l'aisance, la richesse lui était venue. Dans la maison qu'il avait achetée, son père s'était installé auprès de lui. Pour ne pas rester oisif, il rendait quelques services à son fils, tendait ses toiles sur les châssis et remplissait, à l'occasion, l'office de gardien de la petite galerie où étaient exposées quelques-unes de ses œuvres. Un peu plus tard, en 1812, l'artiste se rendait acquéreur d'une habitation plus convenable dans Queen-Anne-Street, où il demeura jusqu'à sa mort, mais sans y faire jamais aucune réparation, aucun nettoyage. Il vivait au milieu de la saleté, dans une telle incurie que ses tableaux eux-mêmes, entassés les uns contre les autres le long des murailles, se détérioraient peu à peu.

Sa sauvagerie d'ailleurs était égale à sa négligence. Il ne recevait personne chez lui et cherchait à dépister les visiteurs. Sans jamais prévenir de ses nombreuses absences, il partait, en ne laissant aucune adresse. Invité à faire un séjour au château d'un riche amateur, lord Egremont, qui appréciait son talent, il s'enfermait pour peindre dans sa chambre, dont il permettait à peine l'accès à son hôte. Quinteux et d'humeur difficile, il avait cependant parfois des attentions tout à fait imprévues vis-à-vis de ses confrères et M. Hamerton raconte à ce propos qu'à l'Exposition de la Royal Academy en 1826, un de ses paysages les plus célèbres, une *Vue de Cologne*, d'une couleur très brillante, ayant été placée entre deux portraits de Lawrence, celui-ci se montrait fort ennuyé d'un pareil voisinage. Turner, pour le calmer, avait passé sur son tableau une légère couche de noir de fumée à l'aquarelle, disant à ceux de ses amis qui protestaient contre cet acte d'excessive complaisance, qu'il suffirait après l'Exposition d'un simple lavage pour rendre à son œuvre l'éclat primitif. D'autres fois encore, pris d'accès subits de générosité, il avait fait don de sommes assez importantes à des artistes qui se trouvaient dans le besoin. Mais d'ordinaire, sans plus se soucier du qu'en dira-t-on que des convenances, il vivait isolé, n'ayant d'autre société que celle de ses servantes, mais ne supportant pas qu'elles missent un peu d'ordre dans son taudis.

On a voulu classer les œuvres de Turner en trois périodes distinctes, répondant à des transformations bien caractérisées de son talent. Il ne nous paraît pas qu'une telle classification réponde à la réalité. Au lieu de ces trois manières nettement accusées et comprises entre des dates précises, il est plus juste, croyons-nous, de constater d'une façon générale la tendance du peintre à s'affranchir graduellement des scrupules de conscience qu'il avait manifestés au début de sa carrière et à renoncer à ses qualités primitives de correction dans le dessin pour viser surtout des recherches de couleur et des contrastes d'effet qui devinrent, avec le temps, sa préoccupation dominante. Encore est-il nécessaire de remarquer que cette marche progressive vers le paysage de pure imagination auquel il devait aboutir, n'a aucunement le caractère de continuité qu'on pourrait lui attribuer, car elle comporte des arrêts momentanés et même des retours en arrière motivés par des études plus attentives de la nature qui parfois le sollicitent et contiennent un instant l'audace toujours croissante de ses fantaisies. C'est ainsi que sous le coup d'impressions plus vives qui le frappent dans son propre pays, il peint en 1815 une *Plage de Sherness* avec des barques de pêche sous un ciel nuageux, composition bien équilibrée, où il convient de louer la science même du dessin et la justesse des valeurs. De la même année, un autre paysage également inspiré par l'Angleterre, le *Passage du ruisseau*, est supérieur, encore et, quoique la disposition générale en soit empruntée à Claude. Turner a su rendre avec un grand charme l'aspect de cette petite rivière, au cours sinueux, qui s'attarde dans une contrée pittoresque. Mais ce ne sont là chez lui que des accidents de plus en plus espacés. Désormais, c'est surtout de son propre fonds qu'il tirera les motifs de ses compositions, en choisissant de préférence ceux qui répondent le mieux à ce parti pris d'exagération dans les contrastes et d'extrême éclat dans le coloris qui va devenir son principal souci. Virtuose de l'aquarelle, c'est d'elle qu'il se sert pour préparer ses tableaux et, non content de laisser subsister dans une large mesure, et sans la recouvrir, cette préparation, il revient, après coup, sur les parties peintes à l'huile avec des rehauts de gouache. Les superpositions réitérées de glacis et d'empâtements appliqués au couteau auxquelles il se livre peuvent parfois produire des rencontres imprévues et des effets piquants.

Mais la volonté n'intervient guère dans ces opérations plus ou moins heureuses et qui, en tout cas, entraînent des risques certains pour la bonne conservation de la peinture. Un grand nombre des tableaux de Turner ont déjà, de ce fait, subi de graves altérations et semblent voués à une ruine prochaine.

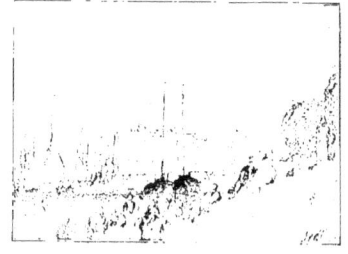

W. TURNER. — LA JETÉE.
(Collection de M. J.-P. Heseltine.)

Même quand l'artiste annonce l'intention formelle de représenter un site déterminé, comme il ne dispose que de notations insuffisantes et qu'au cours de l'exécution il se laisse entraîner par sa fantaisie, les images qu'il en donne sont de moins en moins fidèles. Qu'il s'agisse du *Sanctuaire de Loreto*, d'une *Vue d'Orvieto* ou du *Château d'Heidelberg*, ceux qui connaissent ces diverses localités auraient grand'peine à les reconnaître dans les prétendus portraits qu'il en a tracés. A plus forte raison quand il cherche à placer dans le milieu qui convient à chacune d'elles des scènes de la Fable ou de l'Histoire, ses tentatives sont-elles dénuées de toute vérité et même de toute vraisemblance. Sans le secours du livret, il serait impossible de découvrir les titres de sujets comme *Régulus quittant Rome pour retourner à Carthage*, *Phryné se rendant au bain* ou le *Débarquement d'Agrippine rapportant les cendres de Germanicus*. Telles que Turner les a représentées, les contrées où se passent ces épisodes n'ont rien à voir ni avec l'Italie, ni avec la Grèce. Dans le *Golfe de Baïa avec Apollon et la Sibylle*, exposé en 1823, par conséquent après son premier voyage d'Italie en 1819, le paysage n'est guère qu'un ramassis d'éléments hétérogènes, arbitrairement rapprochés, parmi lesquels, en cherchant bien, on retrouverait les cascatelles de Tivoli et quelques-unes des ruines du Forum romain, à côté du Môle de Naples. Bien que postérieur de huit années et exécuté en 1831, après le second voyage de Turner en Italie, le *Palais de Caligula*, situé dans ce même golfe de Baïa, paraît un motif emprunté à une contrée toute différente, par la structure des terrains aussi bien que par la végétation. Quant à l'architecture de ce palais, c'est un véritable amalgame des constructions les plus bizarres : arcades, tours, portiques et colonnades, absolument dépourvues de style et qui rappellent ces entassements d'édifices fantastiques dont, vers la même époque, un peintre assez médiocre, John Martin, sous prétexte de magnifier les civilisations de l'Orient ou de l'Italie, déployait le banal étalage autour du *Festin de Balthazar*, de la *Chute de Ninive* ou de la *Destruction de Pompéi*.

C'est surtout dans les compositions inspirées par l'antiquité qu'apparaît l'absence complète de goût et de mesure qui dépare les derniers ouvrages de Turner. *Ulysse se dérobant à la colère de Polyphème*, peint en 1829, est d'une étrangeté qui touche à la démence. Les colorations y sont aussi désordonnées que les formes, et le regard cherche en vain à se reposer parmi les voiles de ces barques pavoisées d'étendards aux tonalités criardes, au milieu de ces rochers percés de mille manières, sur ces eaux où des bleus crus se heurtent à des rouges indisciplinés, dans ce ciel où, sous prétexte d'un lever de soleil, l'artiste a tiré un véritable feu d'artifice dont les fusées multicolores éclatent un peu partout. Afin de donner encore un plus libre cours à ces dévergondages pittoresques, Turner aborde des sujets qui prêtent à des antithèses violentes et autorisent toutes les extravagances. Dans le *Vaisseau « le Téméraire » remorqué pour son dernier voyage*, c'est la fin de la navigation à voile et l'avènement des bateaux à vapeur qu'il a voulu représenter, avec le voilier tout flamboyant d'éclat et le paquebot noirâtre vomissant ses fumées sombres et opaques dans un ciel sanguinolent, zébré de rayures fauves. Ou bien c'est *la Paix* et *la Guerre*, avec leurs contrastes outrés à plaisir, combinés pour se faire complaisamment écho ; ou encore la lutte des éléments déchaînés comme dans la *Tourmente de Neige*. Deux autres pendants, *le Matin avant le Déluge* ou *Ombres et Ténèbres* et *le Soir après le Déluge* ou *Couleurs et Lumières*, lui fournissent les occasions qu'il recherche de s'abandonner à sa verve exubérante.

A la suite de son dernier voyage en Italie, en 1840, le souvenir de Venise, qui l'a vivement frappé par la diversité de ses aspects, suspend un moment le cours de ces fantaisies désordonnées. Dans plusieurs de ses tableaux, comme *la Douane de Mer* et *le Pont des Soupirs*, il reproduit avec un charme piquant la richesse savoureuse des harmonies propres à la ville des lagunes, les colorations claires et argentines de ses monuments, l'éclat de ses ciels mouvementés. Mais ce n'est là qu'un arrêt momentané dans le courant toujours plus irrésistible qui l'emporte. Les irisations nacrées, dont Venise lui avait discrètement offert le séduisant mirage, deviennent, sous sa touche lourde et épaisse, l'occasion d'incandescences et d'illuminations prismatiques, prodiguées un peu partout, sans aucun respect de la tenue du tableau. Ces palais, ces édifices de toute sorte dont le Canaletto, avec sa correction impeccable, avait peut-être un peu trop formellement accusé la structure rigide et les justes perspectives, semblent chez Turner protester contre l'immobilité et s'agitent, pêle-mêle, dans une confusion inexplicable. Et comme si ces lignes instables et ces vagues colorations ne lui suffisaient pas, l'artiste, impatient de toute règle, ne s'accommodera bientôt plus de ces sujets encore trop réels pour lui. Le fantastique est là qui le guette et l'attire; il va s'y plonger éperdument. Un de ses tableaux les plus admirés, *la Grotte de la Reine Mab*, est à proprement parler une folie. La logique et le goût ne trouvent d'ailleurs pas mieux leur compte dans cette œuvre anti-picturale et non moins célèbre : *Pluie et Vapeur* où le peintre s'est proposé de représenter un train du Great-Western lancé à toute vitesse au milieu d'un épais brouillard.

Peu à peu, on le voit, rompant avec les exigences les plus élémentaires de son art, Turner s'était abandonné à toutes les audaces de ses caprices. C'est cependant le moment que choisissait un critique anglais bien connu, Ruskin, alors âgé de 23 ans[1], pour prôner ses œuvres et proclamer Turner lui-même un rénovateur du paysage. Entre cet écrivain à ses débuts et le peintre à son déclin il y avait comme une gageure pareille de se mettre au-dessus de l'opinion et de s'imposer au au public. Si par son amour passionné pour la nature, Ruskin durant sa

---

1. La première publication des *Modern Painters* date, en effet, de 1843.

longue carrière, devait développer chez ses contemporains le sentiment de ses beautés et exercer ainsi sur eux la plus heureuse influence, il faut bien reconnaître que dans ses appréciations, souvent paradoxales et contradictoires, des maîtres de la peinture il a fait preuve d'une partialité et d'une étroitesse de vues qui donnent une médiocre idée de son sens critique. C'est avec une grossière et inintelligente outrecuidance qu'il a parlé de Claude Lorrain et il ne montre pas plus de mesure que de clairvoyance quand rappelant, très justement d'ailleurs, l'attention sur les précurseurs de la Renaissance, il ne croit pas les louer assez s'il ne leur immole les grands maîtres que celle-ci a produits et date de leurs plus nobles chefs-d'œuvre la décadence de la peinture. Les éloges excessifs que Ruskin prodiguait indistinctement aux œuvres pourtant si inégales de Turner ne pouvaient manquer de surexciter chez celui-ci une vanité déjà suffisamment éveillée et dont témoignent assez les dispositions testamentaires qu'il prit avant sa mort.

Turner, en effet, léguait à la National Gallery 19000 dessins, esquisses ou aquarelles et 362 tableaux ébauchés ou terminés. Parmi ces derniers, le choix fait des 105 toiles qui devaient être exposées aurait gagné à être considérablement réduit et épuré. Leur nombre seul, en admettant que la qualité en fût supérieure, fatiguerait l'attention la plus sympathique; mais l'inégalité flagrante de leur valeur, les rapprochements prescrits par l'artiste et les comparaisons qu'ils suggèrent, les incohérences choquantes qu'on remarque dans la plupart et la méconnaissance complète de la nature à laquelle elles aboutissent ne peuvent que nuire à l'effet produit par cet ensemble formidable et par conséquent provoquer chez tout visiteur impartial une réaction contre la trop haute idée que se font nos voisins du talent de l'auteur[1]. Le fait qu'aucun des grands musées du continent n'a encore admis Turner dans ses collections prouve assez que cet engouement n'est point partagé à l'étranger. D'ailleurs l'accaparement des œuvres du maître par l'Angleterre ne laisse guère sortir du Royaume-Uni que des tableaux d'un ordre secondaire, pour lesquels les marchands prétendent obtenir des prix très supérieurs à leur valeur.

Sauf quelques traits de générosité qu'il convient de louer chez

---

1. Dans un livre récent publié avec grand luxe sur l'artiste, il est comparé couramment à Bacon, à Shakespeare, etc.

JOHN CONSTABLE. — DEDHAM-MILL.
Musée de South Kensington.

Turner, sa ladrerie s'accusait de plus en plus avec l'âge, et comme le dit M. G. Hamerton, il faut avouer que « le vrai fond de son caractère était l'égoïsme ». Malgré l'énorme fortune qu'il avait amassée, ses habitudes étaient sordides. Il continuait à vivre dans les taudis les plus malpropres, au milieu d'un désordre honteux. Chagrin et misanthrope, il cachait de son mieux ses gîtes successifs, comme un criminel qui voudrait dépister la police. On ignorait le plus souvent où il était. « Si vous passez par Queen-Anne-Street, écrivait-il à l'un de ses confrères, veuillez dire que je suis à Rome et que je vais bien. » C'est dans un de ces logis d'occasion, à Chelsea, où il vivait retiré sous le nom de M. Booth, qu'il tomba malade. Une lettre oubliée dans un de ses vêtements permit seule de découvrir sa retraite très peu de temps avant qu'il mourût, le 19 décembre 1851.

Doué de dons remarquables, Turner, faute de se retremper dans l'étude persévérante de la nature, avait, avec le temps, compromis et perverti un talent très réel. Sans doute, c'est un chercheur et parmi ses audacieuses tentatives il en est dont on a pu, après lui, tirer quelque profit. Il a certainement contribué à éclairer, à égayer la palette de nos paysagistes; à son exemple, ils ont appris à se garer des tonalités trop sombres et à laisser au temps seul le soin de faire des vieux tableaux.

Mais trop souvent, impatient de toute contrainte, Turner s'est abandonné au libertinage effréné de ses caprices. Capable d'un dessin correct il s'est négligé de plus en plus. Les arbres, dont il avait d'abord spécifié l'essence, sont devenus quelconques dans leur tournure, dans la disposition et la silhouette de leurs feuillages. Bariolée à l'excès, sa couleur manque de consistance; les tons locaux n'y sont plus respectés. La témérité de ses effets dépasse toute vraisemblance : telle ombre n'est en rien justifiée; telle lumière s'accroche où elle peut, au hasard. Rarement les reflets de ses ciels dans l'eau sont à leur vraie place : les nuages se mirent au-dessus, au-dessous, à côté et parfois même à l'opposé de l'endroit où il faudrait. Les rapports des valeurs des principales masses sont fréquemment faussés, intervertis. Dans son langage hyperbolique, Turner vise au sublime et trop souvent il viole les règles les plus élémentaires de la grammaire. Il amplifie à outrance, rapproche sans raison et accumule hors de propos les détails les plus disparates : il n'a ni le goût qui les choisit, ni le sens de l'harmonie qui, en les réunissant, les subordonne à l'unité de l'œuvre. La facture brutale et sommaire inaugurée par lui n'a que trop prévalu depuis chez nos paysagistes. Tous ceux qui, à son exemple, croient remédier à l'insuffisance de leurs études par des coups d'audace, s'autorisent de son nom pour substituer une virtuosité toute matérielle à la recherche intelligente des qualités expressives qui font le vrai charme et la poésie du paysage.

II

Faute de chercher dans la nature les enseignements que seule elle aurait dû lui procurer, on voit à quels partis pris systématiques et à quelles aberrations Turner devait aboutir. C'est, au contraire, dans une recherche incessante de la vérité qu'un autre paysagiste anglais, John Constable, son contemporain, allait trouver, avec l'occasion de progrès constants, la saine et forte poésie qui s'exhale de ses œuvres.

Pour bien connaître cette physionomie d'artiste singulièrement intéressante, nous ne saurions avoir de meilleurs guides que les deux livres excellents consacrés à sa mémoire: l'un, déjà ancien, publié peu de temps après sa mort par C. R. Leslie et dont les lettres ou les écrits de son ami lui ont surtout fourni les matériaux; l'autre, plus récent, accompagné de nombreuses héliogravures d'après les œuvres du peintre et dans lequel M. J. C. Holmès se montre un critique aussi équitable que compétent[1].

C'est au hameau d'East-Bergholt, dans le Suffolk où Gainsborough avait déjà vu le jour, que John Constable naquit le 11 juillet 1776. Située entre deux petits cours d'eau, le Stour et l'Ouvel qui, par de gracieuses sinuosités, aboutissent à la mer, cette contrée assez retirée forme une presqu'île très pittoresque. Avec les doux horizons de ses plaines mollement ondulées, avec sa végétation luxuriante et ses vieux arbres d'élégante tournure répandus dans la campagne, ce coin de terre est un lieu d'élection pour les paysagistes. Les parents de Constable y jouissaient d'une certaine aisance. Sa mère était une femme pleine de sens et de bonté, et il tenait de son père, Golding Constable, la droiture, la fermeté de caractère, la patience et la modération de désirs dont il fit preuve pendant les longues difficultés de sa carrière. D'une complexion d'abord assez délicate, il devait plus tard devenir très robuste, grâce à la régularité d'une vie simple et passée au grand air. Envoyé à l'école à Lavenham, près de Bergholt, son instruction fut, au début, fort négligée et le pauvre enfant y subit même les mauvais traitements de son maître. A Dedham, où il suivit ensuite les cours de grammaire, il fit, au contraire, de rapides progrès, et son intelligence, sa franchise et le charme de son humeur avenante lui gagnaient bien vite l'affection du principal de cette école. Le jeune garçon commença de bonne heure à s'intéresser à la peinture et il avait toujours eu pour la nature une véritable passion. Un de ses camarades, John Dunthorne, qui se préparait à la profession de vitrier-plombier, partageait ses goûts, et les deux gamins s'étaient peu à peu unis par une amitié qui, devenue plus vive encore avec les années, ne devait jamais se démentir. Les courses qu'ils faisaient ensemble à travers la campagne étaient pour eux l'occasion de jouissances

---

[1]. *A memoir of the Life of John Constable*, composed chiefly of his Letters, by C. A. Leslie; Londres, 1842; et *Constable and his Influence on Landscape painting*, by C. J. Holmes. Westminster, A. Constable, 1902, gr. in-8° avec 77 héliogravures. Il a paru récemment une nouvelle édition du premier de ces livres, également accompagnée de nombreuses reproductions des œuvres de l'artiste.

profondes et quand tous deux, avec le matériel très primitif qu'ils avaient pu se procurer sur leurs modiques économies, s'essayaient à dessiner ou à peindre les motifs ingénus découverts dans la campagne ou les jardins environnants, ils s'exaltaient mutuellement dans leur commune admiration.

John Constable avait été d'abord destiné par sa famille à l'état religieux; puis, à raison de sa santé et de l'absence de vocation, son père avait résolu de faire de lui son successeur dans l'exploitation de deux moulins à vent qu'il possédait près de Bergholt et d'un moulin à eau dont il avait hérité d'un de ses oncles, à Flatford, également dans le voisinage. Les stations prolongées faites par le jeune homme dans les moulins à vent de son père, afin d'en apprendre et d'en surveiller le fonctionnement, n'avaient eu d'autre résultat que de développer en lui son amour de la nature. On le voyait accoudé à leur balustrade, passant de longues heures à regarder le ciel, à observer les formes et les couleurs changeantes des nuages, la lenteur ou la rapidité de leur course, afin de déduire de cette observation des pronostics sur le temps probable et par conséquent sur la mise en mouvement des grandes ailes du moulin, au gré des souffles épars dans l'atmosphère. Outre le profit personnel qu'il pouvait tirer de cette étude en vue de sa profession, il y trouvait un charme extrême. En essayant de fixer par des notes ou des croquis le souvenir des spectacles auxquels il assistait, il apprenait à se rendre compte des modifications profondes que les jeux de la lumière apportent dans le caractère d'un même paysage, dans les aspects tour à tour riants ou sévères qu'il prenait ainsi sous ses yeux. La nature lui semblait toujours plus riche, plus attrayante et il sentait plus impérieusement aussi croître en lui le désir de consacrer son existence à en rendre la beauté intime. Mais sans aucun guide, obligé de se faire seul son éducation artistique, il devait rencontrer bien des difficultés, subir bien des découragements.

Vers 1795, la présence à Dedham de sir George Beaumont, l'amateur bien connu, qui venait visiter sa mère dans le domaine qu'elle y possédait, offrit à Constable un secours inattendu. Mis au courant de la passion irrésistible qu'il avait pour la peinture, sir George s'était intéressé à lui. Il lui donnait quelques conseils et lui prêtait des dessins, des gravures et même des tableaux, entre autres un paysage de Claude

J. CONSTABLE. — NEWBURY-CANAL.
Dessin d'après nature.

Lorrain que le débutant s'était ingénié à copier de son mieux. L'intérêt et la peine qu'il prit à cette tâche, aussi bien que l'insuffisance du résultat auquel il était parvenu, lui firent comprendre la nécessité d'acquérir l'instruction qui lui manquait. Son père, obligé à la fin de constater le peu de goût qu'il manifestait pour l'état de meunier, s'était rendu à ses instances et lui avait permis de passer quelque temps à Londres, afin de voir quelles chances il aurait de s'y créer des moyens d'existence.

John était donc parti, muni d'une lettre de recommandation, probablement donnée par sir Beaumont, pour un paysagiste qui jouissait alors d'une certaine vogue, Joseph Farrington, élève de R. Wilson. Pendant deux années environ — sa biographie est restée pour cette époque assez obscure — on croit que son temps se partagea entre Bergholt et Londres où il reçut les leçons du graveur John Smith. Mais le peu de progrès qu'il faisait en ce genre ne permettait pas à Farrington de fonder grand espoir sur son avenir. Découragé, à bout de ressources, pris de la nostalgie de son cher Bergholt, John était retourné dans sa famille et il s'était remis seul à ses études d'après nature. Cependant, trop peu préparé à ce travail, ayant à se débattre, en face de l'infinie variété des aspects de la campagne, avec son métier de peintre, il déplorait une fois de plus son ignorance technique et ses parents, voyant son ardeur et son opiniâtreté, se résignèrent à de nouvelles dépenses pour lui assurer le bénéfice d'une instruction plus complète.

Admis comme élève à la Royal Academy au mois de février 1799, Constable y reçut pendant deux ans une culture générale. Il dessinait d'après le modèle vivant ou d'après l'antique et suivait avec passion, en 1802, les cours d'anatomie. En 1803, il obtenait pour la première fois la permission de prendre part à l'Exposition. Sentant tout le prix des sacrifices faits par sa famille, il vivait durement et ne mangeait pas toujours à sa faim. Désireux de se créer lui-même des ressources, il peignit alors plusieurs portraits et pendant quelque temps il fut tenté de se consacrer à la peinture d'histoire à laquelle il ne renonça qu'assez tardivement. Mais de plus en plus, il se sentait attiré vers le paysage et il était pour toujours dégoûté des études à l'atelier. C'était devenu pour lui une souffrance de n'entendre parler que de tableaux, de procédés, de recettes « par des gens qui ne songeaient jamais à la nature. Toujours opposer, disait-il, des vieilles toiles, noires, enfumées et crasseuses, aux œuvres de Dieu! Toujours des ateliers, des galeries, des musées et jamais la création! Voici deux ans que je perds à chercher la vérité de seconde main, en m'efforçant d'imiter les maîtres. Je retournerai à Bergholt: j'y chercherai une manière simple de reproduire les motifs que j'aurai sous les yeux. Il y a peut-être place pour un peintre de la nature. »

On peut juger de son bonheur quand, se retrouvant dans son cher village, il put y mener enfin une vie conforme à ses goûts. Il revoyait les lieux où s'était écoulée son enfance et dont les plus humbles coins, en évoquant les souvenirs du passé, parlaient à son cœur. Infatigable au travail, ses journées s'écoulaient remplies par les jouissances qu'il lui procurait. En 1799, il avait passé l'automne à Ipwich, et en 1800, dans le parc abandonné d'Helmingham. Comme enivré des beautés qui l'entouraient, il avait besoin d'épancher son enthousiasme en écrivant à son ami Dunthorne : « Je suis seul au milieu des chênes et des solitudes d'Helmingham. J'ai pris tranquillement possession du presbytère inhabité. Chaque jour, une femme, venue de la ferme où je dîne, fait mon lit. Le reste du temps, j'erre où il me plaît, parmi de beaux

22. — J. CONSTABLE. — CATHÉDRALE DE SALISBURY.
(MUSÉE DE SOUTH KENSINGTON.)

arbres de toute sorte. » Il était avide de s'instruire et ses études portaient successivement sur tous les éléments du paysage.

Le ciel, nous l'avons dit, avait été de bonne heure le sujet de ses observations. Il estimait que « la peinture d'un ciel est une difficulté qui passe tout le reste.... Malgré tout son éclat, un ciel ne doit pas venir en avant; il faut qu'il soit plus loin que les objets les plus éloignés.... S'il est trop en relief, ainsi que sont souvent les miens, c'est mauvais; mais s'il est escamoté, comme ne sont pas les miens, c'est encore pis. Tout imparfaits d'exécution qu'ils soient dans mes tableaux, je ne les ai jamais négligés. » Il pensait que « le ciel est une partie essentielle de la composition; qu'il gouverne toutes choses et qu'il serait difficile de citer des motifs dont il ne fût pas la clef, l'échelle et le principal organe du sentiment général. » A propos des paysages du Titien et de Claude, il aimait à rappeler le mot de Reynolds, que « leurs ciels semblent sympathiser avec les sujets de leurs tableaux ». Quant à lui, jusqu'à la fin de sa vie, il ne cessa pas d'en faire des études nombreuses. En 1822, il écrit à Leslie : « J'ai peint avec soin une cinquantaine d'études de ciels, d'une assez grande dimension pour être suffisamment terminées. » Ces études faites à l'huile, sur papier, portent toutes les indications précises de la date, de l'heure du jour où elles ont été exécutées et de l'état de l'atmosphère à ce moment.

Après le ciel, Constable attachait une importance extrême aux arbres. Aux environs de Bergholt, les plus vieux, des ormes et des frênes notamment, étaient pour lui l'objet d'une véritable passion et il avait si souvent dessiné plusieurs d'entre eux qu'il en connaissait les moindres détails. Ces dessins dont le British Museum et le Musée de Kensington possèdent une précieuse collection[1] témoignent de sa conscience et du charme qu'il trouvait à les faire. Quelques-unes de ces études, exécutées à Hampstead, à East-Bergholt et à Gillingham, sont des chefs-d'œuvre de fidélité et de maîtrise. Sauf Ruisdael, aucun artiste n'avait, jusque-là, rendu avec autant de vérité l'aspect de ces colosses végétaux, pénétré leur vie intime, exprimé leur physionomie individuelle. C'étaient pour Constable de vieux amis; il parlait d'eux avec une chaleur éloquente et

---

1. Ils leur ont été donnés par Miss Isabel Constable, sœur de l'artiste, et il en existe d'excellentes reproductions dans un recueil publié par Augustin Rischgitz, auquel nous empruntons quelques-unes des illustrations de cette étude.

déplorait leur perte comme celle d'êtres profondément chers. Du reste, il ne se lassait pas d'admirer les aimables campagnes de Bergholt, leurs prairies, leurs champs, leurs moindres buissons et leurs fleurs elles-mêmes[1]. « Tant que je vivrai, disait-il, je ne cesserai pas de les peindre. » Son ardeur au travail était merveilleuse; il s'oubliait en de longues séances, immobile et tellement absorbé qu'un jour, en rentrant au logis, il trouva dans une de ses poches un mulot qui s'y était installé.

On pourrait croire que des œuvres inspirées par un amour si sincère de la nature recevraient du public le plus favorable accueil. Quand, en 1802, Constable exposa son premier paysage, il fut à peine remarqué. Ses compatriotes étaient trop habitués aux conventions, trop peu préparés à cet art si naïvement simple pour être en état d'en goûter la forte et poétique rusticité. Loin de se rebuter, le peintre retournait à ses chères études: assuré qu'il était dans la bonne voie, il ne cessa plus d'y persévérer. Il n'aurait jamais accepté l'idée de faire un sacrifice au goût régnant et d'imiter pour plaire à ses contemporains les maîtres en vogue à cette époque.

Son ancien protecteur, sir George Beaumont, qui aurait souhaité pour lui des succès plus rapides, ne lui épargnait pas ses conseils. Tout imbu des traditions académiques et gardant encore la superstition des harmonies à la mode chez les artistes comme chez les amateurs, sir George demandait un jour avec inquiétude au peintre, en le voyant travailler à un paysage qu'il était sur le point de terminer : « où il comptait mettre son arbre brun? » « Je ne sais, répartit Constable; je ne mets jamais de ces choses-là dans mes tableaux. » Une autre fois, Beaumont, toujours épris des colorations rousses, montrait au paysagiste un vieux violon, en lui prônant sa couleur, comme celle qui domine dans le paysage. Constable, au lieu de lui répondre, se contenta de prendre le violon et de le placer dans l'herbe très franchement verte d'une pelouse attenant à son habitation.

Frappé de la richesse de la nature, l'artiste l'admirait toujours plus, à mesure qu'il la connaissait davantage. « Ses aspects sont d'une diversité infinie, disait-il; on ne voit jamais ni deux jours, ni même deux heures tout à fait pareilles et jamais, depuis la création, il ne s'est ren-

---

1. Le Musée de Kensington possède également de lui de charmantes études d'iris, de pavots, d'œillets et de viornes.

J. CONSTABLE — ÉTUDE D'ARBRES A EAST-BERGHOLT.
(Dessin d'après nature. Bibl. nat.)

contré deux feuilles d'un même arbre qui fussent absolument semblables. Les œuvres d'art doivent donc être aussi très variées, très différentes les unes des autres. » Mais en présence de la complexité des détails du paysage, il comprenait que le peintre, incapable de les rendre tous, doit choisir les plus significatifs et les subordonner à l'impression qu'il veut produire. Sous peine de fatiguer son œuvre, il faut aussi qu'il sache s'arrêter à temps. A un amateur qui aurait souhaité dans l'exécution d'un de ses tableaux un fini plus précieux, Constable répondait plaisamment : « Oui, sans doute, je pourrais pousser ma peinture beaucoup plus loin et la rendre si bonne, si bonne... qu'elle ne vaudrait plus rien du tout! »

Tendre et expansif comme il l'était, Constable avait conçu une vive passion pour une jeune fille du Dorsetshire, miss Maria Bicknell, qu'il avait connue dès l'âge de treize ans, pendant les séjours qu'elle venait faire chez son grand-père, le docteur Rhudde, recteur de Bergholt. Séduit par sa grâce et son ingénuité, il s'était peu à peu attaché à elle et de cette affection partagée une idylle était née, charmante mais contenue par leur timidité et leur droiture mutuelles. La fortune de miss Bicknell étant supérieure à la sienne, Constable osait d'autant moins s'avancer que les deux familles n'étaient pas en très bons termes. Quand il s'était décidé à une démarche formelle, les parents de Maria avaient repoussé sa demande, alléguant son obscurité et le peu de garanties que leur offrait une carrière aussi aventureuse que la peinture. L'artiste avait cherché une diversion à sa peine en se replongeant avec plus d'ardeur que jamais dans son travail. Les plus simples motifs l'attiraient de préférence. Il comprenait qu'il ne pouvait leur donner d'intérêt que par l'entière sincérité avec laquelle il les interpréterait. En essayant de retracer les coins familiers des environs de Bergholt, les souvenirs de son enfance et de sa jeunesse lui revenaient en foule à l'esprit et il mettait instinctivement quelque chose de son cœur dans les fidèles images auxquelles il s'appliquait.

Ces scrupules, et cette vaillante activité avaient peu à peu donné plus d'aisance et plus d'autorité à l'exécution de Constable. Sans viser jamais à la virtuosité, sa facture était plus libre et plus souple. Loin d'attirer sur elle l'attention, il ne cherchait qu'à bien exprimer ce qu'il voulait dire. Parfois, comme dans le *Chantier de construction* (South-Kensington) qu'il peignit vers cette époque, la touche est un peu lourde, trop appuyée, et la couleur assez opaque; mais la belle apparence n'est pas ce qu'il cherche dans de pareilles études. S'il y peine et y insiste plus qu'il ne faut, c'est qu'il veut avant tout s'instruire. Au prix d'efforts encore trop visibles, il s'exerce à serrer de près les formes, à rendre les tonalités vraies, à faire avec plus d'entrain des tableaux faciles. Le public, de son côté, commençait à apprécier l'honnêteté de ces tentatives, à sentir la force secrète d'œuvres que la nature seule avait inspirées et dont aucune convention n'altérait la franchise. Les deux paysages que Constable exposait en 1814 à la British Institution y obtinrent un grand succès et trouvèrent aussitôt des acheteurs.

Le nom de l'artiste était connu et peu à peu sa situation s'améliorait. Il n'avait pas cessé de penser à miss Bicknell, dont la famille, après une épreuve aussi prolongée, paraissait un peu mieux disposée en sa faveur. Une correspondance s'était même établie secrètement entre les deux jeunes gens, toute empreinte de la sentimentalité qui régnait à cette époque. Aux objections de son amie « qu'ils n'étaient guère faits l'un et l'autre pour la pauvreté et que la peinture était une profession trop chanceuse pour subvenir aux nécessités d'un ménage », l'artiste répondait « qu'il était certain que leur union devait nécessairement faire leur bonheur à tous deux ». La jeune fille avait besoin d'être rassurée sur ce point. « Elle voudrait bien aussi ne pas éprouver le sentiment qu'elle est coupable en lui écrivant, puisqu'elle désobéit à la volonté de ceux qu'elle aime. » Deux ans après, les préventions de sa famille s'étant graduellement dissipées, nos deux amoureux obtinrent la permission non seulement de s'écrire, mais de se voir et bientôt après, en mai 1816, Golding Constable étant mort, son fils héritait d'une somme de 4000 livres. Cette aisance qui lui survenait et plus encore l'aménité de son caractère triomphaient bientôt des dernières résistances de la famille de Maria, et l'archidiacre Fisher, ami du peintre, s'étant chargé d'une nouvelle démarche en sa faveur, parvenait à décider enfin le mariage du jeune couple, qu'il célébrait lui-même en l'église Saint-Martin, le 2 octobre 1816.

Alors commencèrent pour Constable des années de bonheur. Il était désormais à l'abri du besoin et pouvait travailler à sa guise. Préférant à tout le charme de son intérieur, il n'éprouvait aucun désir de sortir de chez lui. Les réunions mondaines ne l'avaient jamais attiré et il déplorait le temps perdu dans des sociétés frivoles. « Sa famille, la nature, son atelier, voilà ce qu'il aimait par-dessus tout. » Ses lettres de cette époque témoignent d'un enthousiasme et d'une joie intérieure qui, dans cette âme naturellement religieuse, confinent à la prière. Durant une courte absence qu'il fait en mai 1819, transporté par la beauté du printemps qui éclate autour de lui, il écrit à sa femme : « Il semble que tout fleurit et s'épanouit dans la campagne. A chaque pas, de quelque côté que je regarde, je crois entendre murmurer près de moi ces paroles sublimes de l'Écriture : « Je suis la Résurrection et la Vie! » Partout, dans la nature, il voit la main de Dieu, l'esprit de Dieu, et il ne s'approche d'elle qu'avec respect.

Dans ses dessins, Constable a recours aux procédés les plus variés et il excelle à tirer de chacun d'eux le meilleur parti. Tantôt il se sert du crayon de mine de plomb afin d'arriver, ainsi qu'il l'a fait pour ses études d'arbres, à une grande précision dans les formes ; tantôt, comme dans ses croquis du *Canal de Newbury*, et du *Pont d'Abingdon* 7 juin 1821), grâce à l'emploi combiné du crayon noir et de l'estompe, il établit largement son effet, avec autant de décision que de délicatesse. D'autres fois, sur une silhouette faite à la plume, il note les principales valeurs par de légers lavis d'encre de Chine, et même les colorations par des rehauts donnés à l'aquarelle, qu'il pratiqua toute sa vie avec une habileté magistrale. Mais qu'il manie le crayon ou le pinceau, dans les motifs les plus divers, rapidement indiqués par lui en quelques traits, le caractère du paysage est toujours rendu avec une vérité singulière.

Les études peintes par Constable ne sont pas moins sincères. En face de la nature, non seulement il oubliait qu'il eût jamais vu aucune peinture, mais il faisait bon marché de ce qu'il savait lui-même, se gardant des formules apprises, s'appliquant à retrouver, dans son dessin comme dans sa couleur, la naïveté d'un débutant. Sans parti pris, avec une candeur d'enfant, il essayait d'exprimer ce qu'il voyait, ne tirant de son expérience et de son talent qu'une vision plus nette et plus vive de ce qui, dans la réalité, lui paraissait essentiel, qu'une docilité et une souplesse de main plus grandes pour mieux traduire l'infinie diversité des formes et des harmonies qui s'offraient à lui. Le Musée de South-Kensington possède une assez grande quantité de ces études, faites pour la plupart aux environs de Bergholt, par toutes les saisons et par tous les temps.

Sans avoir d'œuvres importantes de Constable, le Louvre nous montre des acceptions variées de son talent : *le Cottage*, avec une habitation rustique enfouie dans la verdure; *la Baie de Weymouth aux approches d'une tempête*, sous un ciel lourd et cuivré; une *Vue de Hampstead* et *la Ferme*. Grâce à la libéralité de M. Ch. Sedelmeyer, qui a lui-même réuni une assez nombreuse collection d'esquisses de Constable, notre musée s'est récemment enrichi d'un *Moulin à vent*, avec des amas de nuages vivement chassés par la brise et promenant leurs ombres rapides dans une vaste plaine, petite toile d'une harmonie délicieuse, dans laquelle la pureté de l'air et l'aspect brillant de la campagne par un jour de printemps sont exprimés avec autant de justesse que de poésie.

Mais les grandes œuvres de Constable, qui, d'ailleurs, n'a peint qu'un petit nombre de tableaux, sont demeurées en Angleterre. Elles respirent la force et la vérité pénétrantes que son amour de la nature et son labeur opiniâtre avaient assurées à sa maturité. En 1819, à la suite de l'exposition où il avait envoyé un *Paysage des bords du Stour*, il était nommé associé à la Royal Academy. Lentement venu, son succès s'étendait peu à peu et, sans être encore très goûtées par la masse du public, ses œuvres lui valaient d'année en année des admirateurs plus convaincus. Sa réputation avait même franchi le détroit et, au printemps de 1824, ayant vendu à un marchand de Paris trois tableaux : un *Chariot de foin traversant un gué*, un *Canal* et une *Vue de Londres*, sur les conseils de son ami Leslie, il mettait pour condition à cette vente qu'ils seraient exposés par l'acquéreur au Salon de cette année. « J'espère, disait-il, qu'ils toucheront le cœur des jeunes peintres français. » Accueillis, en effet, avec une extrême faveur, ces tableaux furent comme une révélation pour notre école de paysagistes et un stimulant aux tentatives de rénovation qui commençaient à l'agiter. Les toiles de Constable placées d'abord dans la grande galerie, avaient été ensuite, sur l'ordre du comte de Forbin, admises aux honneurs du Salon Carré. Dans une de ses visites, le roi les remarqua et une médaille d'or leur fut décernée. Un compatriote de l'artiste était heureux de lui écrire qu'il avait entendu un amateur les signaler à un de ses amis, en disant :

23. — J. CONSTABLE. — LA FERME DE LA ALLÉE.
(NATIONAL GALLERY; PHOT. BRAUN, CLÉMENT ET Cⁱᵉ.)

« Regardez ces paysages d'un Anglais; on croirait y voir la terre couverte de la rosée du matin. » Wilkie, en ce moment aussi à Paris, témoin des succès qu'y obtenait son compatriote, manifestait en Angleterre son étonnement qu'un artiste de cette valeur ne fût pas encore membre de la Royal Academy.

C'étaient là pour Constable de précieux encouragements, et ses œuvres de cette époque portent l'empreinte de sa vigoureuse originalité et de sa maîtrise. Ce sont comme autant de types dans lesquels il a résumé les aspects les plus caractéristiques de la contrée où il vivait. Si pittoresque que soit cette contrée, elle n'a rien de grandiose; mais elle est proportionnée à l'homme et, dans la succession des occupations rustiques que ramène pour lui le cours des saisons, elle nous le montre partout présent, lui communiquant par son travail la fécondité et la vie.

La Ferme de la vallée est à la fois un témoignage significatif du talent de Constable et de son amour pour son pays natal. Cette ferme était appelée dans la région la *Maison de Willie Lott*, du nom de son propriétaire qui, pendant les quatre-vingts ans qu'il l'habita, ne s'en était jamais éloigné plus de quatre jours. Bien souvent Constable a peint cet amas de vieilles constructions dont les pieds baignent dans le Stour, avec les saules et les grands ormes penchés au-dessus du petit cours d'eau. Cette fois, il avait voulu résumer d'une manière plus complète le charme pittoresque de ce joli coin. Tout est gai, vivant, plaisant à regarder dans cet aimable tableau. Si, vue de près, avec ses empâtements très accusés, l'exécution semble un peu rude, et si quelques tons bitumineux trop apparents se mêlent encore aux brillantes colorations, à distance tout se tempère, s'harmonise, se résout en une tonalité à la fois robuste et très fraîche. En dépit de l'intensité générale des colorations, la succession des divers plans est indiquée avec une justesse parfaite et si nombreux que soient les détails, aucun n'est indifférent: tous renforcent l'impression, tous ont été reproduits avec amour par le peintre.

La Ferme de la vallée, exposée en 1835 à la Royal Academy, fut achetée par Robert Vernon qui, en 1847, léguait à la National Gallery sa belle collection. On rapporte que ce généreux amateur, se trouvant peu de temps après cette acquisition dans l'atelier de Constable et le voyant absorbé par l'exécution d'un paysage, lui demandait si ce tableau, objet de soins si attentifs, était destiné à une personne particulière. « Oui, lui avait répondu l'artiste, à une personne très particulière : c'est celle pour laquelle j'ai travaillé toute ma vie. » Sans s'inquiéter aucunement des goûts du public, il n'avait jamais, en effet, cherché qu'à se satisfaire lui-même.

C'est aussi pour lui-même qu'il avait peint, quelques années auparavant, *le Champ de blé* qui fut offert, après sa mort, à la National Gallery par un groupe d'admirateurs de son talent. Constable, avec une force singulière, a su rendre dans ce tableau l'impression d'une chaude après-midi d'été, alors que les épis dorés, qui lui ont donné son nom, mûrissent sous les rayons d'un soleil ardent. Partout une végétation drue couvre le sol, et les rustiques senteurs qui s'exhalent de la terre bonne nourricière remplissent l'air attiédi. Pour la première fois, dans le paysage moderne, apparaissent ces verts francs que déjà les primitifs flamands nous avaient montrés, mais qui, après eux, avaient disparu. Constable aborde de nouveau toute la gamme de ces verts, avec une entière sincérité. Dans *le Champ de blé* leur éclat est même exalté par le contraste voulu des quelques rouges qu'il leur oppose : les toits du village, les coquelicots dont l'herbe est émaillée et la note très vive du gilet d'un petit pâtre, qui s'accorde si bien avec les tonalités environnantes.

Au lieu de cette atmosphère un peu lourde et accablante, c'est un air pur et léger qu'on respire dans le *Moulin de Dedham* (South-Kensington). De la terre rafraîchie par la nuit s'élève une vapeur diaphane que bientôt va boire le soleil du matin. La vie commence à s'éveiller dans ce coin retiré : avec des cris joyeux, les hirondelles raient de traits d'argent la surface des eaux; des chevaux de halage s'étirent paresseusement avant de reprendre leur tâche monotone; plus loin une barque à la voile blanche semble glisser au milieu des prés. Partout des formes tranquilles, des couleurs limpides et délicatement nuancées; partout une impression de paix et d'intime sérénité. D'autres fois, comme dans *Hadleigh-Castle*, l'artiste est séduit par le vaste panorama qui se déroule du haut d'une éminence que dominent les ruines d'un vieux château, avec une immense étendue de plage à marée basse.

Bien souvent les rives du Stour ont tenté les pinceaux de Constable, et il a su, en variant les sujets qu'elles lui offraient, garder à chacun d'eux sa signification. Ici, c'est la roue d'un moulin avec l'eau écumante qui,

MOTIFS FAVORIS DE CONSTABLE.

J. CONSTABLE. — LE CHAMP DE BLÉ.
National Gallery. (Phot. Braun, Clément et Cⁱᵉ.)

tombant à grand fracas, s'épand en fine poussière sur la luxuriante végétation de ces lieux humides : des amas de tussilages lustrés tapissent les berges et des ombellifères géantes dressent leurs hautes tiges et leurs larges fleurs. Là, c'est la rivière aux capricieuses sinuosités, coulant à pleins bords, avec de grands arbres de fière tournure semés sur ses rives; ou bien encore, cette *Écluse* que l'artiste a plus d'une fois reproduite, avec toutes les variantes d'arrangement qu'il en pouvait tirer. Cette fois, comme d'habitude, les verts intenses des herbages et des arbres qui bordent le canal sont mis en valeur par la note rouge du costume de l'homme qui se dispose à lever la vanne de l'écluse dans laquelle son bateau va s'engager.

Constable a peint aussi à diverses reprises la *Cathédrale de Salisbury*. Dans l'exemplaire qui figurait à l'Exposition de Manchester en 1857 — il appartenait alors à M. Samuel Ashton — l'église est reléguée à un plan assez éloigné. Un arc-en-ciel décrit sa courbe brillante sur les nuées orageuses; une charrette attelée de trois chevaux va traverser à gué la rivière qui occupe le milieu du tableau et les pieux d'une barrière avec des plantes variées, croissant à l'aventure, garnissent le premier plan. Le même motif, conçu plus simplement dans le tableau de South-Kensington, est d'un effet plus saisissant, et l'artiste, qui l'avait gardé dans son atelier jusqu'à sa mort, le considérait comme un de ses meilleures ouvrages. De grands arbres aux troncs élancés encadrent la cathédrale dont la nef et le clocher, éclairés par le soleil à son déclin, s'enlèvent sur un ciel mouvementé. La largeur de l'aspect, l'ampleur de l'exécution, la justesse de cette lumière dorée et caressante qui s'épanouit sur les murailles du monument, le contraste heureux que celles-ci présentent avec le bleu velouté des nuages, tout ici révèle la maîtrise du peintre et justifie la préférence qu'il avait pour cette œuvre exquise.

Sans atteindre jamais l'engouement passionné que Turner excitait chez ses compatriotes, la réputation de Constable avait peu à peu grandi en Angleterre et sur le continent. Il avait ses admirateurs fidèles et il continuait à trouver ses meilleurs encouragements dans l'étude assidue de la nature. En 1826 il avait vendu un assez grand nombre de tableaux et, à la demande de plusieurs amateurs, il s'était même décidé à établir un tarif, d'ailleurs très modéré, des prix de ses œuvres, proportionnellement à leurs dimensions. Il s'installait en 1827 dans une maison spacieuse et confortable avec un atelier largement aménagé, dans la banlieue de Londres, à Hampstead, d'où il jouissait d'une vue sans pareille sur la grande ville, depuis Westminster-Abbey jusqu'à Gravesend, avec un immense horizon de bois, de cultures et de villages. A la mort de son beau-père, en 1828, il héritait de 500 000 francs; cette année même il avait son quatrième enfant et achevait un grand tableau, « trois faits importants dans sa vie », disait-il. Il pouvait donc mener l'existence indépendante et retirée qui convenait à ses goûts. Mais ce bonheur trop complet ne devait pas être de longue durée. La santé de sa femme, qui lui inspirait depuis plusieurs années d'assez sérieuses inquiétudes, avait motivé des séjours successifs de la famille au bord de la mer, à Brighton, où d'ailleurs Constable avait beaucoup travaillé. Fort éprouvée par sa dernière couche, la malade mourait de consomption le 23 novembre de cette même année 1828.

L'artiste ressentit si profondément la perte de cette compagne tendrement aimée qu'il en resta d'abord comme écrasé. Quelques mois après il écrivait à un ami : « Je m'efforce en vain de me remettre au travail pour essayer d'échapper à moi-même. » Quand, en février 1829, il fut enfin nommé membre de la Royal Academy, à laquelle il était associé depuis dix ans, il demeura presque insensible à cet honneur. Pensant à tout le plaisir que cette élection aurait causé à sa femme, il répondait tristement à ceux qui le félicitaient : « Ils ont attendu que je sois seul pour me nommer! » Le peu de considération dont jouissait encore en Angleterre la peinture de paysage était, sans doute, cause de cette tardive nomination, et comme pour faire mieux sentir à son nouveau confrère tout le prix de l'honneur qu'il avait reçu, Lawrence lui disait assez brutalement « qu'il avait quelque droit d'être fier d'avoir été nommé, alors que tant de peintres d'histoire éminents figuraient comme lui sur la liste des candidats! »

Avec le temps, le pauvre veuf avait repris ses pinceaux et cherché dans l'exercice de son art la seule diversion que pût accepter son chagrin. L'amour passionné qu'il avait conservé pour la nature l'aidait à endormir sa peine; il ne cessait pas de l'observer dans ses promenades solitaires et dans les consultations qu'il lui demandait. Avec l'infinie diversité que lui offraient ces études, l'ordre, la régularité, la grandeur de la création le frappaient de plus en plus. Il s'attachait à mettre en lumière les lois qui la régissent. Dans ses tableaux, le géologue ne trouverait pas plus à reprendre à la construction logique des terrains, que le botaniste à la flore dont ils sont parés. Tout y est à sa vraie place, sans contre-sens, ni anachronisme. Constable pensait que dans la merveilleuse richesse des éléments pittoresques offerts au paysagiste, la réalité est toujours plus expressive que les inventions de l'imagination humaine. C'est à en dégager la beauté, à l'exalter par le choix de ces éléments et par les liens qui les unissent entre eux que son art doit atteindre la poésie.

En même temps qu'une compréhension plus intime de la nature, Constable acquérait aussi une connaissance plus complète des œuvres des différents peintres qu'il avait pu étudier dans les collections anglaises. Son goût instinctif ainsi exercé était devenu très sûr. Dès que ses moyens le lui avaient permis, il avait lui-même acheté un certain nombre de tableaux anciens dont il aimait à être entouré. Les noms des maîtres qui composaient cette petite galerie : Ruisdael, Everdingen, van Goyen, Wynants, Wilson, Guardi, etc., témoignent assez de l'impartialité de son possesseur. A côté de ces originaux, figuraient des copies faites par lui d'après Claude, Rubens et Ruisdael. Sans se préoccuper des opinions reçues, il admirait le talent partout où il le rencontrait. Il avait une prédilection pour Watteau et il écrivait à son ami Leslie qui copiait une de ses œuvres : « Soyez satisfait si vous pouvez seulement atteindre la bordure de son vêtement. » Un tableau de Gainsborough qu'il avait vu à Petworth lui faisait venir les larmes aux yeux : « Qu'avait-il donc de particulier, disait-il? Rien assurément; mais l'artiste avait voulu rendre un beau sentiment et il y avait réussi. » Son prédécesseur, Wilson, le touchait par son amour de la nature et son courage à supporter les difficultés de sa vie. En 1823, à la suite d'une visite faite à la collection de sir John Leicester, il écrivait : « Je ne me rappelle rien de plus large, de plus solennel, de plus profond que le frais paysage de Wilson dont le souvenir flotte toujours dans mon esprit, comme un songe délicieux. Pauvre Wilson! Je pense à sa destinée et à son talent! » Incapable d'un mouvement de jalousie, il jugeait les œuvres de ses confrères avec une bienveillante sympathie, même celles pour lesquelles le caractère de son talent aurait pu lui inspirer quelque prévention. En 1828, à l'Exposition de la Royal Academy où Turner était déjà représenté par quelques-unes de ses productions les plus audacieuses, il savait en les appréciant faire à la fois la part de l'éloge et de la critique. « Ce ne sont que des visions, disait-il, et cependant c'est de l'art. » Sur ses propres ouvrages, il s'exprimait avec autant de modestie que de bon sens.

Les maîtres du paysage avaient été naturellement de sa part l'objet d'une étude toute spéciale, et déjà en 1833 il avait, à Hampstead, commencé sur eux une série de conférences qu'il reprit, en 1836, à la Royal Institution. Ces conférences ne furent jamais écrites, ni publiées, et elles ne nous sont connues que d'après les notes ou les souvenirs recueillis par Leslie dans ses *Mémoires* sur Constable. Ceux qui les avaient entendues s'accordaient pour constater chez l'artiste une grande facilité de parole et une remarquable justesse d'appréciations. Il souhaitait que « le goût des amateurs ne fût pas seulement formé dans les musées et les collections, mais qu'il fût soutenu chez eux par un amour profond de la nature. Ceux-là seuls qui réunissent à cet amour une culture intelligente étaient, à son avis, capables de discerner l'originalité des artistes ». Le maniérisme viciait pour lui les qualités les plus rares et il mettait la sincérité bien au-dessus de l'habileté. Il avait horreur de la virtuosité et c'est à cette disposition d'esprit qu'il convient d'attribuer la sévérité excessive avec laquelle il a parlé de paysagistes d'un talent très réel, comme Both et Wouwerman, mais dont la facilité, parfois un peu banale, lui était antipathique. Il était même tout à fait injuste pour Berchem

J. CONSTABLE. — ARBRES A HAMPSTEAD.
(Dessin d'après nature. Bibl. nat.)

qu'il trouvait absolument dépourvu de sentiment poétique, et l'on raconte qu'à la suite d'une leçon où il l'avait assez rudement malmené, un de ses auditeurs, possesseur de plusieurs tableaux de ce peintre, lui ayant demandé d'un air mélancolique s'il ne serait pas à propos de les vendre : « Non, brûlez-les plutôt, » aurait répondu Constable. Mais sauf cette boutade où, dans un accès de vivacité, il épanchait sa mauvaise humeur, d'habitude ses jugements étaient surtout laudatifs. Il plaçait le Giorgione et le Titien au nombre des plus grands paysagistes, pour l'intelligence avec laquelle ils ont mis en œuvre toutes les ressources de l'art de peindre, et trouvait que dans aucun des genres où il a excellé, Rubens ne montre un mérite supérieur à celui de ses paysages. C'est « le peintre de la santé, de la lumière franche et des saisons robustes ». L'*Arc-en-ciel* de Rubens, *le Déluge* de Poussin, *le Buisson* de Ruisdael et *le Moulin* de Rembrandt étaient ses chefs-d'œuvre préférés; mais il considérait avec raison ce dernier maître comme très personnel et par suite dangereux à suivre. Pour lui, Claude avait « atteint le plus haut degré de perfection dont l'art humain est capable, tant son talent est aimable, plein de calme et de sérénité. C'est le tranquille rayonnement du cœur ». Il revient souvent sur cette perfection de Claude, « sur la limpidité de sa peinture, transparente comme le cristal ». *L'Embarquement de sainte Ursule* de la National Gallery était, à ses yeux, « la peinture en demi-teinte la plus fine qui existe ». En général, les Hollandais, entre autres Cuyp et Pieter de Hooch, le séduisaient par la simplicité familière de leurs motifs et l'exactitude pénétrante de leur observation. Le contraste si profond qu'il signalait entre des interprétations de la nature aussi différentes que celles de Claude et de Ruisdael lui paraissait une preuve convaincante « de la multiplicité et de la diversité des voies que peut suivre le génie pour arriver à la prééminence ».

Si vive que fût l'admiration de Constable pour les maîtres du paysage, elle ne lui faisait jamais oublier celle que lui inspirait la nature. « Il me semble, disait-il, que certains critiques exaltent la peinture d'une manière ridicule. On arrive à la placer si haut qu'on croirait que la nature n'a rien de mieux à faire qu'à s'avouer vaincue et à demander des leçons aux artistes. Applaudissons les chefs-d'œuvre de l'art, mais demeurons fidèles à l'admiration de la nature qui seule en est la source. » Il était resté toute sa vie, on le voit, rempli de cet amour que dès son enfance il avait conçu pour elle. Jamais il n'avait résisté au plaisir d'aller voir, parfois à d'assez grandes distances, les beaux sites qu'on lui signalait. Ses amis, en maintes occasions, se servaient de la séduction qu'elle exerçait sur lui pour l'attirer dans leur voisinage. « Venez ici, lui écrivait l'un d'eux; j'ai compté le long de la rivière trois vieux moulins très pittoresques. »

Le 31 mars 1837, Constable fut trouvé mort dans son lit. On l'enterra dans le cimetière de Hampstead à côté de sa femme. Il laissait dans son atelier quelques-unes de ses œuvres dont il n'avait pas voulu se séparer ou qu'il ne considérait pas comme terminées et qui furent vendues avec ses tableaux de maîtres anciens. Tout en souffrant un peu de ne pas se sentir apprécié à sa valeur par le public, Constable se rendait compte des causes qui l'empêchaient d'être populaire. « Mon art, disait-il, ne flatte personne; il ne vise pas au trompe-l'œil par les minuties de l'imitation; il ne sollicite personne par sa douceur; il n'étonne personne par le charme de son fini : je ne serai jamais le peintre des gentlemen et des ladies. » Mais l'avenir devait venger l'artiste de l'accueil que lui avaient fait ses contemporains, et les prix atteints par ses œuvres depuis sa mort le montrent assez : deux de ses tableaux achetés 100 £ chacun, en 1818 et 1820, par son ami l'archidiacre Fischer, le *Leaping-Horse* et le *Moulin de Stratford*, ont été, en 1894 et 1895, poussés aux enchères en vente publique, le premier à 162 750 et le second à 223 125 francs.

Avec Constable disparaissait un des plus grands peintres qu'ait produits l'Angleterre et le véritable rénovateur du paysage moderne. Peut-être n'a-t-il pas été autant qu'on l'a dit l'initiateur de notre école; peut-être, ainsi qu'on peut assez souvent le constater dans l'histoire de l'art, un même courant d'idées s'est-il produit en même temps de chaque côté du détroit, sans qu'il soit bien facile de dire avec quelque certitude auquel des deux pays revient l'honneur de la priorité, ni quelle part d'influences réciproques il est juste d'attribuer à chacun d'eux. Quand Constable envoyait chez nous, au Salon de 1824, les trois tableaux qui devaient y faire sensation, plusieurs de nos artistes étaient déjà revenus à cette étude sincère de la nature qui faisait le mérite de ses paysages, et la faveur même avec laquelle ils accueillirent cet envoi suffirait à le prouver.

Constable n'a jamais prétendu au rôle de réformateur; mais l'excellence de sa méthode ne pouvait manquer de porter ses fruits. Tandis que l'exemple de Turner, autorisant toutes les fantaisies, toutes les aventures, même les moins picturales, substituait les hasards de l'exécution et l'emploi des procédés les plus audacieux à l'étude attentive de la nature, c'est sur cette étude exclusive que s'appuie Constable. Au lieu d'exploiter un talent acquis, au lieu de courir le monde en quête de motifs inédits, c'est son pays qui le retient et qui l'inspire, et dans ce pays l'humble et cher village où il est né, autour duquel s'écoule sa paisible et laborieuse existence. En revenant à ces coins familiers, mêlés de si près à sa propre vie, en multipliant les fidèles images qu'il nous en a laissées, il ne pensait pas en épuiser jamais les ressources pittoresques. Ils avaient toujours quelque confidence à lui faire, quelque beauté nouvelle à lui révéler. Ainsi qu'il se l'était proposé dès ses débuts, il est resté le peintre attitré de cette modeste contrée. Goûtant profondément lui-même les jouissances qu'un commerce si assidu lui avait méritées, il nous en fait admirer l'aimable poésie dans des œuvres qui, à raison de leur sincérité et de leur puissance expressive, sont assurées de vivre. Par surcroît, sans qu'il y visât, il a créé à nouveau ce genre du paysage intime qu'avant lui les Hollandais, Ruisdael surtout, avaient découvert et qu'après lui, par un même amour de la nature, par les mêmes recherches persévérantes et désintéressées, notre école moderne de paysage allait remettre en honneur.

J. CONSTABLE. — L'ÉCLUSE.
(Collection de M. J.-P. Heseltine.)

ANT. WATTEAU. — DESSIN D'APRÈS NATURE.
(Collection de M. Léon Bonnat.)

CHAPITRE VIII

LES MAITRES DU PAYSAGE MODERNE EN FRANCE

I. LES PRÉCURSEURS. — II. COROT; SA VIE ET SON ŒUVRE. — III. TH. ROUSSEAU ET LES PEINTRES DE BARBIZON. — IV. LES PAYSAGISTES NÉS AVANT 1820. — V. LES PAYSAGISTES NÉS APRÈS 1820.

I

COROT. — LA MARE.
(Phot. Giraudon.)

Dans l'art, comme dans la société française elle-même, à la pompeuse magnificence du règne de Louis XIV, allaient succéder la grâce charmante et la vive élégance des maitres de notre école, au temps de la Régence et de Louis XV. A leur tête, un de nos plus grands peintres, Jean-Antoine Watteau (1684-1721), a fait dans ses œuvres une place assez importante au paysage. Attiré instinctivement par les Vénitiens et par Rubens, il avait su, tout en s'inspirant d'eux, conserver entière son originalité. La concision nerveuse de son dessin dans les portraits qu'il a tracés d'un crayon facile et sûr.

nous la retrouvons dans les consultations, que, durant sa courte vie, il ne cessa jamais de demander à la nature.

C'est en elle, on n'y pense pas assez, qu'il puisa toujours la force et le soutien de son talent. En plein pays des rêves, ses créations les plus fantaisistes s'épanouissent au milieu des réalités pittoresques les plus propres à faire valoir leur poésie. Les fonds de ses *Fêtes galantes* ne sont pas des frottis quelconques : autour de ce *Gilles* d'une niaiserie si spirituelle, le ciel est respirable; le terrain sur lequel il repose est solide; les buissons fleuris qui l'encadrent ont leur parfum et au pied de pins parasols et de cyprès très nettement spécifiés, poussent des pampres indiscutables. A côté de ces gentils muguets et de ces jeunes femmes aux gracieux minois, aux nuques provocantes, aux allures ingénument coquettes, les ombrages épais et les eaux tranquilles des grands parcs où s'abrite leur désœuvrement nous feraient presque croire à l'existence de la *Finette*, du *Mezzetin*, de l'*Indifférent* et de tant d'autres personnages inutiles et séduisants, créés par l'imagination du peintre. Si dans *l'Embarquement pour Cythère*, le but lointain du voyage se perd dans les contours flottants et les vagues colorations des montagnes, du moins le lieu du départ et les premiers plans qu'anime la troupe chatoyante des pèlerins sont pris en pleine nature, avec de beaux arbres amoureusement entrelacés et des guirlandes de vraies roses, épanouies sous leurs feuillages frémissants. Toutes ces formes précises et ces tonalités harmonieuses ont été fidèlement copiées par le fin dessinateur et le rare coloriste en qui se personnifient les qualités exquises d'un art très original et très français.

Pour se passer dans un monde plus rustique, les *Paysanneries* de Boucher sont encore moins réelles que les *Sociétés galantes* de Pater. Mais si, dans ses tableaux lestement brossés, le dessin reste un peu gros, si les colorations trop diaprées sont souvent fausses et vulgaires, Boucher (1704-1770), montre dans ses tapisseries un sens très décoratif que d'ailleurs J.-B. Oudry (1686-1755) avait manifesté avant lui, à un degré au moins égal. Pressé par les trop nombreuses obligations de ses charges à la manufacture de Beauvais et aux Gobelins, portraitiste officiel des chiens favoris du roi et des princesses, n'arrivant pas à satisfaire les exigences des amateurs français et étrangers, Oudry trouvait cependant, pour se contenter lui-même, le loisir d'aller parfois se retremper en face de la nature. Les excellents dessins qu'il a faits dans les bois ou les jardins de la banlieue de Paris, à Meudon, à Arcueil, à Saint-Germain, attestent à la fois son talent et le plaisir qu'il goûtait à de pareilles études.

La facilité et l'abondance extrêmes, trop prisées au xviiie siècle, condamnaient les paysagistes de cette époque à une exécution un peu hâtive et par conséquent superficielle. La périodicité des expositions publiques, nouvellement introduites dans le monde des arts, contribuait aussi à ce résultat, en imposant à ceux qui voulaient entretenir et étendre leur réputation la nécessité de figurer régulièrement et avec un nombre convenable d'ouvrages aux salons officiels. C'est à la faveur de ces conditions et grâce aussi à une habileté et à une originalité indéniables, que Joseph Vernet — le premier d'une dynastie de peintres qui se continua pendant trois générations — a dû les éclatants succès de sa longue et laborieuse carrière[1]. Né à Avignon le 14 août 1714, il était le second fils d'un pauvre peintre d'armoiries pour chaises à porteur, qui ne devait pas avoir moins de vingt-deux enfants. La précoce vocation de Joseph s'était réveillée dès son plus jeune âge. Mais Avignon ne pouvant suffire à l'entretien d'une si nombreuse famille, Joseph était envoyé à Aix où il trouvait à la fois plus de facilités pour vivre et pour s'instruire. La capitale de la Provence était, en effet, le centre d'une société cultivée et quelques amateurs, frappés des dispositions du jeune homme, lui confiaient l'exécution de peintures pour dessus de portes ou trumeaux. Grâce aux modestes gains qu'il avait ainsi recueillis, Joseph, riche de sa jeunesse et de son courage, partait, à peine âgé de vingt ans, pour l'Italie dont les séductions, très vantées autour de lui, hantaient son esprit. L'arrivée en vue de la mer près de Marseille et la traversée favorisée pour lui par une violente tempête — pendant laquelle, désireux de jouir d'un si émouvant spectacle, il s'était fait attacher au mât du navire — l'avaient rempli d'admiration. Dès ce moment, sa détermination fut prise : il serait peintre de marine.

L'influence combinée de Poussin et de Claude, qu'il retrouvait encore persistante à Rome, s'y était, avec le temps, fondue en une sorte de doctrine académique, dans laquelle les conventions et les formules

---

1. Consulter à ce sujet le livre excellent et un peu trop oublié de M. Léon Lagrange : *Joseph Vernet et la peinture au XVIIIe siècle*. 2e édit. Paris, Didier, 1864.

tenaient plus de place que l'étude de la nature. Sans renoncer aux données pittoresques alors en vogue, Vernet entendait suivre sa voie. Après avoir reçu quelques leçons d'un Italien nommé Fergioni, peintre de marine très médiocre, il profitait mieux des conseils et des exemples d'un Français, Adrien Manglard (1695-1760), fixé depuis assez longtemps à Rome et qui n'était pas sans talent. A peine en possession des détails techniques du genre spécial auquel il voulait se consacrer, la nécessité de se créer des ressources, et bientôt aussi la faveur que rencontrèrent ses débuts, l'obligeaient à produire vite et beaucoup pour s'acquitter des nombreuses commandes qui lui étaient faites. Il y avait cependant chez Vernet l'étoffe d'un peintre et nous n'en voudrions pour preuve que les deux petits tableaux, le *Ponte Rotto* et la *Vue du pont Saint-Ange* que possède le Louvre. Ce ne sont, à vrai dire, que des études, peintes probablement d'après nature, à Rome, par conséquent avant 1753. Lumineuses et blondes, enlevées avec entrain, elles sont d'une vérité et d'une grâce charmantes et leur effet matinal, obtenu par les moyens les plus simples, est d'un aspect tout à fait moderne : on dirait deux Corot. Plus sévère pour lui-même, l'artiste nous aurait laissé un plus grand nombre d'œuvres de cette valeur : malheureusement, faute de se renouveler par l'étude de la nature, il allait verser de plus en plus dans ce pathétique artificiel et déclamatoire qui provoquait l'enthousiasme débordant de Diderot. Cédant aux tentations d'une popularité malsaine, Vernet, à partir d'une certaine époque, devient l'esclave de son succès. Il lui faut répéter, sans trêve, ces *Orages*, ces *Tempêtes*, ces *Naufrages* et ces *Clairs de Lune* que les amateurs ne cessent de réclamer et dans lesquels il insiste avec complaisance sur les épisodes dramatiques ou larmoyants que comportent de tels sujets.

Il y a, sinon plus d'étude, du moins une intention de vérité mieux marquée dans la *Suite des Ports de mer* commandée au maître en 1753, par le marquis de Marigny qui en traçait lui-même le programme dans un *Projet d'Itinéraire* remis au *Peintre du Roy pour les marines*. Si les vues de ces ports de mer ont été exactement reproduites par Vernet, avec l'aisance et la sûreté d'un homme qui sait son métier, si la configuration des terrains, les édifices et la végétation donnent assez fidèlement l'image des divers sites qui composent cette série, il faut cependant convenir que l'ensemble n'est pas exempt de monotonie.

ANT. WATTEAU. — SOCIÉTÉ ÉLÉGANTE DANS UN PARC.
Musée de Dresde. (Phot. Bruckmann.)

Que le moment choisi soit le milieu du jour, le lever ou le coucher du soleil, qu'il s'agisse de La Rochelle ou de Bayonne, de Bordeaux, de Marseille ou d'Antibes, Vernet conserve cette facture invariablement égale, ces tonalités froides et sèches, qui ne rendent pas plus les brumes du nord que la radieuse lumière du midi. Bien mieux que cette atmosphère toujours pareille, les petits personnages qui animent ses premiers plans et qu'il exécute avec une spirituelle désinvolture, l'aident à caractériser des contrées si différentes. Le peintre de figures nous paraît ici supérieur au paysagiste, et les informations qu'il nous fournit sur les costumes, les allures et les usages des diverses classes de notre société provinciale à cette époque constituent des documents d'une entière véracité. Mais ce ne sont pas seulement les tableaux de Vernet qui nous renseignent ainsi sur son temps; ses *Livres de Raison*, conservés à la bibliothèque d'Avignon, dépouillés et classés avec soin par M. Lagrange, forment, ainsi qu'il le remarque, « un véritable trésor autobiographique ». Au milieu de la société d'alors, dans ses rapports avec les grands comme avec les humbles, Vernet nous apparaît tel qu'il est, simple et bon, aimant tendrement sa famille et serviable à tous, avisé, plein d'ordre et faisant aussi, au cours des années, le plus généreux emploi des « 621 333 livres » qu'il avait acquises par son travail. C'est pleuré par les siens, estimé, admiré et regretté de tous, que, le 3 décembre 1789, mourait aux galeries du Louvre, à l'âge de soixante-quinze ans, cet homme constamment heureux et qui avait si bien mérité de l'être.

Appliquée à un autre genre, la facilité expéditive d'Hubert Robert (1733-1808) ne fut pas moindre que celle de Vernet. Comme ce dernier, il avait été dès sa jeunesse attiré à Rome où son talent, bien vite apprécié, le faisait presque aussitôt recevoir parmi les élèves pensionnaires de l'Académie de France et le mettait en relations avec un peintre d'architecture, son prédécesseur, G.-P. Panini (1695-1768), dont le cardinal de Polignac, notre ambassadeur, avait été le patron. Dans la littérature, comme dans les jardins, les *Ruines* étaient alors fort en vogue et, stimulée par les fouilles d'Herculanum et par les publications de Winckelmann, l'archéologie naissante trouvait des sectateurs de plus en plus fervents. Avec une ardeur extrême, Robert s'appliquait à étudier les monuments de l'antiquité, et les nombreux dessins qu'il fit alors à Rome manifestent son habileté. Les qualités acquises par l'artiste le désignaient au choix d'un amateur distingué de ce temps, l'abbé de Saint-Non, graveur lui-même, qui en 1759 l'emmenait avec lui dans son voyage au midi de l'Italie et en Sicile. Pendant les douze années qu'il passa hors de France, Robert ne cessa pas d'amasser dans ses cartons une quantité considérable d'études faites sur place d'après tous les édifices ou les sculptures antiques qu'il put voir. Rentré à Paris, où l'avait précédé sa réputation, il y fut successivement nommé membre de l'Académie, puis conservateur des peintures du Roi et dessinateur des Jardins royaux. La faveur dont il jouissait lui valait des commandes auxquelles il avait peine à suffire. Dans ses tableaux, exécutés avec verve, la couleur est claire et agréable, et le dessin à la fois correct et spirituel. Il s'est plu à rendre les contrastes piquants de la vie moderne en contact familier avec les restes augustes du passé et les étranges vicissitudes de ces temples et de ces palais devenus les refuges de vagabonds et de miséreux. Nous avons, au Louvre, quelques spécimens de ces rapprochements imprévus, comme les *Pigeonniers installés dans un temple circulaire*, le *Portique d'Octavie servant de marché aux poissons*, ou encore cet *Ancien Portique de Marc-Aurèle* dans lequel la corde soutenant des loques qui sèchent au soleil est fixée à la statue équestre de l'Empereur, tandis qu'au premier plan des manœuvres scient des bas-reliefs antiques pour en exploiter la pierre. Emprisonné pendant la Révolution, Hubert Robert conserva dans sa captivité tout son calme. Moins préoccupé de s'évader que de se procurer des couleurs et des toiles, il faisait les portraits de ses compagnons, ou retraçait les scènes dramatiques auxquelles il avait assisté. Travaillant sans trêve avec un sang-froid imperturbable, il ne dut son salut qu'à une erreur de nom. Après la tourmente, il continuait sa vie laborieuse et la mort le surprenait à son chevalet le 15 avril 1808.

Dans son excursion au midi de l'Italie avec l'abbé de Saint-Non, Robert avait eu pour compagnon un jeune peintre, Honoré Fragonard (1732-1808), du même âge que lui, et, plus que lui encore, doué d'une prodigieuse virtuosité. Mais au lieu de se cantonner dans une spécialité restreinte, Fragonard devait aborder tous les genres. Nous n'avons pas à nous inquiéter ici de l'auteur de ces sentimentalités à la mode de cette époque, ou de ces scènes galantes, confinant parfois à la polissonnerie

J.-B. OUDRY. — UN JARDIN A ARCUEIL. (1744).
Musée du Louvre. Phot. Braun, Clément et Cⁱᵉ.

et dans lesquelles, avec un sens très personnel, il s'inspire à la fois de Boucher qui fut son maître, et de Tiepolo dont il goûtait fort le talent, et nous ne parlerons pas davantage des nombreux paysages où il pastiche les Hollandais. Cependant, quand il est en face de la nature, en Provence ou en Italie, Fragonard la copie avec sincérité. Ses dessins, faits généralement à la sanguine, sont merveilleux de franchise et de sûreté. et parfois même dans quelques-uns de ses tableaux où le décor pittoresque joue un rôle important, il arrive presque à égaler Watteau. La *Scène dans un Parc*, de la collection de M. R. Kann, nous en fournirait au besoin la preuve. Cette salle de verdure, dont les colonnades enguirlandées de lierre et les ombrages épais laissent entrevoir çà et là des percées ensoleillées, ces fontaines de marbre. ces eaux qui s'en échappent et s'épandent en cascatelles, ces femmes parées, assises ou couchées parmi des buissons de roses sur des gazons fleuris, tout, dans cette nature en fête est d'une invention si charmante. d'une exécution si vive et d'une harmonie si plaisante qu'on se demande pourquoi. au lieu de gaspiller son talent à de véritables gageures d'improvisation. Fragonard n'a pas plus souvent mis sa marque à de pareilles œuvres.

Vers la même époque. des Français tels que Lantara (1729-1778 et Bruandet (v. 1750-1803), ou des nomades comme Fr. Casanova, né à Londres en 1727 d'une mère italienne et mort en 1802 à Brühl. en Autriche; Ph.-J. Loutherburg, son élève, originaire de Fulda, mort à Londres en 1813. et le Flamand J.-Louis de Marne 1754-1829 faisaient apprécier chez nous la souplesse et la facilité un peu banales de leur talent, tandis qu'avec des visées différentes, Henri Valenciennes 1750-1819 se montrait le défenseur obstiné du paysage académique. non seulement dans ses peintures aussi dépourvues de vérité que de style, mais dans son livre sur les *Éléments de perspective pratique, suivis de réflexions et conseils sur le genre du Paysage*, publié en l'an VIII de la République.

Tout en restant un peu sèches et superficielles, les *Vues* prises aux environs de Paris, que Louis Moreau (1763-1843) peignait vers la fin du XVIIIe siècle, avaient du moins le mérite d'une sincérité relative. Avec plus de force, Georges Michel (1763-1843), — un paysagiste ignoré de son vivant, mais dont la critique de notre temps a peut-être un peu surfait le mérite, — abordait des motifs plus simples, choisis le plus

J. VERNET. — LE PONT SAINT-ANGE, A ROME.
Musée du Louvre. (Phot. Neurdein.)

souvent dans le proche voisinage de la Butte Montmartre. C'était alors un coin désert et sauvage où, près des vignes et des pâturages échelonnés sur les pentes, s'étendaient des terrains incultes, pleins de ronces et de folles herbes. Des carrières abandonnées y servaient d'abri aux vagabonds et aux malandrins de la grande ville. Profitant de ses moindres instants de loisir, l'artiste trouvait là son champ d'études favorites, et associait à ses impressions personnelles les réminiscences de Rembrandt et de Ruisdaël dont les œuvres lui étaient devenues familières, par suite des travaux de restauration que lui confiait le baron Denon dans les galeries du Louvre. Malheureusement, ce paysagiste d'occasion connaissait assez mal son métier de peintre, et, manquant d'une éducation première, il ne s'était pas appliqué plus tard à l'acquérir. Sa touche est lourde et gauche, et quand il a des arbres à représenter, comme il n'est pas familiarisé avec leur structure, il s'en remet à la manœuvre plus ou moins hasardeuse du couteau à palette pour esquiver les difficultés que peut offrir leur exécution. Mais dans les données moins compliquées, lorsqu'il ne s'agit que de reproduire des formes ou des colorations assez élémentaires, il sait obtenir une grande franchise d'aspect, notamment dans ses *Environs de Montmartre* (Musée du Louvre), dont les terrains ocreux, couverts d'une herbe rare, contrastent harmonieusement avec la tonalité d'un grand ciel bleuâtre.

Vers la fin du XVIIIe siècle, en même temps que ces essais d'une étude

24. — FRAGONARD. L'ESCARPOLETTE. (COLLECTION DE M. R. KANN. D'APRÈS UNE PHOTOG. DE LA GESELLSCHAFT FÜR VERVIELF. KUNST, A VIENNE.)

HUBERT ROBERT. — LE CAPITOLE.
Dessin d'après nature. — Musée du Louvre. (Phot. Giraudon.)

plus sincère de la nature, une réaction s'était produite contre les excès de la virtuosité, et, par une rencontre singulière, c'était un parent de Boucher, le peintre Louis David (1748-1825), qui se faisait le promoteur de ce retour aux doctrines de l'art classique, dont l'architecture avait la première donné l'exemple. C'est dans ses portraits, dans le tableau du *Sacre*, qui n'est à vrai dire qu'une réunion de portraits, et dans le *Marat*, où il pousse la sincérité jusqu'au réalisme le plus impitoyable, que David a manifesté toute la force de son talent. Mais la nature pittoresque est complètement absente de son œuvre. Elle reparait avec Gros (1771-1835) dans la peinture d'histoire, et ajoute un poignant intérêt à ce *Champ de bataille d'Eylau*, dans lequel, sous le ciel morne et assombri d'un jour d'hiver, la neige recouvre de son linceul les cadavres amoncelés à perte de vue dans la plaine immense. Après Gros, l'intervention du paysage n'est pas moins éloquente chez Th. Géricault, son élève (1791-1824), et l'on sait quel effet pathétique il a su tirer, dans le *Naufrage de la Méduse*, de cette mer menaçante et de ce pauvre radeau désemparé où sont entassés pêle-mêle, réunis dans leur commune misère, les malheureux échappés au désastre.

Les doctrines encore indécises, entre lesquelles flottait notre art moderne, s'accusaient plus nettement dans les deux chefs qui devaient bientôt dominer l'école française. C'est bien au delà de David que D. Ingres (1780-1867) remonte dans le passé pour trouver chez Raphaël et chez les Grecs les modèles de beauté et de style dont il est épris. Grand par sa volonté et par la constance opiniâtre de ses convictions, son idéal est plutôt d'un sculpteur que d'un peintre, et plusieurs de ses tableaux sont, pour ainsi dire, conçus comme des bas-reliefs. Si, dans son dessin, il joint à la noblesse des aspirations les scrupules de la probité la plus haute, la recherche de la couleur lui est indifférente; elle reste le plus souvent chez lui froide, mince et un peu sèche. Comme elle, d'ailleurs, son exécution est égale, posée, sans grande diversité, ni souplesse. Cependant, à ses débuts, dans *Œdipe et le Sphinx*, le ciel et le fond de campagne qu'on aperçoit entre des rochers abrupts ajoutent un commentaire dramatique à la scène; mais c'est là une rareté dans son œuvre. D'ordinaire, la nature n'y joue aucun rôle et les sujets qu'il traite sont disposés dans des intérieurs. Nous ne croyons pas qu'il ait jamais peint un seul arbre; le ciel du plafond d'*Homère*, est une teinte plate d'un bleu uni, et si, dans la charmante figure de *la Source*, les formes délicates de la jeune fille sont d'une pureté et d'une grâce exquises, en revanche l'eau qui s'écoule de son urne, les fleurs et surtout le rocher auquel elle est adossée ne brillent pas plus par l'invention que par la facture. L'influence très légitime du maître s'est pourtant fait sentir, de son temps, dans tous les arts qui relèvent du dessin, en imposant à tous une pareille recherche de la forme et du style. L'action qu'il a même exercée sur certains paysagistes, ses contemporains ou ses élèves, se révèle chez les plus éminents d'entre eux, notamment chez Paul Flandrin (1811-1902), par un choix plus sévère des motifs, par la belle ordonnance des masses, le rythme heureux des silhouettes et l'élégante simplicité des lignes, par tout un ensemble de qualités élevées où l'on trouve comme un reflet de la noble vie de cet artiste.

Ce n'est pas la beauté abstraite, ni même la correction scrupuleuse des formes que visait Delacroix (1798-1863), mais bien la recherche passionnée du caractère. Chez lui tout est vie et mouvement, et la nature entière s'associe intimement dans son œuvre à l'expression des sentiments humains. Ses grands spectacles le transportent; il en observe

25. EUG. DELACROIX. — LE CHRIST ENDORMI PENDANT LA TEMPÊTE
(COLLECTION VAN HORNE.)

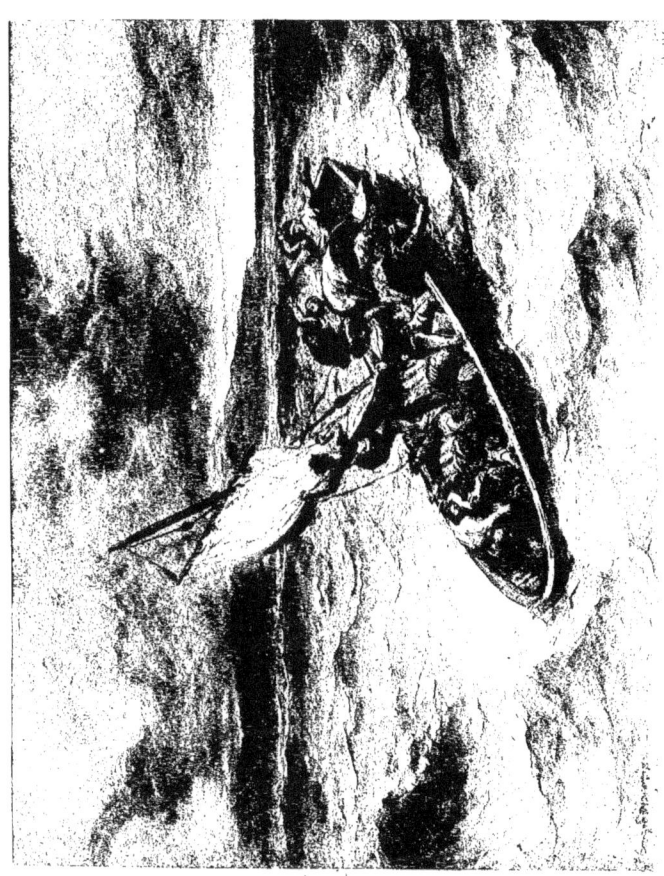

et il cherche à en rendre les aspects les plus divers : c'est parmi les brumes matinales de Vérone endormie, les premières lueurs de l'aurore surprenant Roméo dans les bras de Juliette; c'est *le Naufrage de don Juan*, ou *le Sommeil du Christ*, avec de pauvres barques ballottées au gré des flots; ou bien, sous les clartés blafardes de la lune, parmi les degrés d'une rue tortueuse, c'est le *Meurtre de Valentin*; c'est encore le ruisseau d'*Ophélie*, la lande désolée du *Roi Lear*, et au milieu de la plaine neigeuse, l'étang glacé où *Charles le Téméraire* se débat expirant. Derrière les croisés, surpris eux-mêmes de leur triomphe, Delacroix se plait à dérouler le merveilleux panorama de Constantinople étalée le long des rivages du Bosphore. Les réalités, même les plus magnifiques, ne suffisant pas à le satisfaire, il évoque dans le paysage imaginaire de l'*Apollon vainqueur du serpent Python* les grandioses péripéties de la lutte entre la lumière et les ténèbres. Toutes les contrées, toutes les histoires, toutes les littératures se disputent ses inspirations. En vue de cette production incessante qui le sollicite, il ne se lasse pas d'amasser des notes, des croquis, des documents de toute sorte et ne connait pas le repos. A Champrosay, où il se réfugie pour goûter un peu de calme, il ne peut se résigner à l'oisiveté : il peint les fleurs de son jardin, des ciels, des paysages, des effets de lumière. Tout l'intéresse, tout lui est sujet d'étude et quand, à bout de santé, il lui faut compter avec la fièvre qui le dévore, il demeure à jeun presque tout le jour, pour réserver à son travail ce qui lui reste de force, et ne dépose sa palette que pressé par la faim et terrassé par la fatigue.

Ce labeur sans trêve était à la fois pour Delacroix un besoin et une souffrance; il s'y absorbait tout entier. Il n'avait jamais cherché à devenir un chef d'école. Mais à ce foyer toujours ardent, bien des flammes se sont allumées et, sans qu'il le voulût, sa poétique a été celle de notre art moderne dans ce qu'il a produit de plus original et de plus vivant. Épris d'ailleurs comme il l'était de la nature, il s'intéressait aux premiers efforts de nos paysagistes et les encourageait dans les voies nouvelles où ils commençaient à s'engager. Pour stimuler leur timidité, il appelait leur attention sur les progrès déjà réalisés dans ce sens par nos voisins. Lié lui-même avec Bonington, il a laissé, dans une lettre adressée à Thoré 30 novembre 1861), quelques détails touchants sur ce jeune homme qui, né en Angleterre, mais venu de bonne heure en

France, devait dans sa courte vie (1801-1828) servir en quelque sorte d'intermédiaire entre les artistes de ces deux pays. Richard Parkes Bonington était le fils d'un homme léger, imprévoyant, qui, après avoir pratiqué la peinture en amateur, avait, par sa négligence, perdu le poste de directeur de la prison de Nottingham, et cherché vainement ensuite à se tirer d'affaire en fondant à Calais une fabrique de tulle. De bonne heure, Richard s'était donc vu obligé de se créer des ressources et sa précoce vocation l'amenait dès l'âge de quinze ans à Paris, pour s'y livrer à la peinture. Delacroix, le rencontrant au Louvre, avait été séduit par la bonne grâce de « ce grand adolescent en veste courte; son sang-froid britannique, qui était imperturbable, ne lui ôtant aucune des qualités qui rendent la vie aimable ». Les études à l'aquarelle que Bonington faisait alors, le plus souvent d'après des paysages de l'école hollandaise, manifestaient déjà une habileté surprenante, et personne, peut-être, avant lui « n'avait possédé en ce genre une pareille légèreté d'exécution ». Gros, dont il avait pendant quelque temps suivi l'atelier (vers 1820), lui conseillait même de s'adonner complètement à cette spécialité. Dans les tableaux de genre de ses débuts, « sans qu'on sentît jamais le pastiche, il tirait parti de toutes sortes de détails qu'il avait trouvés chez les maîtres ». Mais, dès que le jeune artiste en avait le loisir, il s'échappait, pour dessiner ou peindre d'après nature, soit à Paris et aux environs, soit sur les côtes du nord de la France, dont l'atmosphère transparente et les brumes ensoleillées l'avaient surtout séduit. Ses nombreuses lithographies, dont les motifs sont empruntés à nos villes normandes, telles que Caen, Évreux, Rouen, etc., nous montrent ce qu'étaient alors leurs rues étroites, leurs vieilles maisons encore intactes, leurs marchés où bêtes et gens grouillaient dans un pêle-mêle pittoresque. Bonington avait acquis comme lithographe, une supériorité si reconnue qu'il pouvait à peine suffire aux demandes des éditeurs. Ce sont de véritables créations que les petites merveilles exécutées par lui, d'après les dessins souvent plus que médiocres que ceux-ci lui donnaient à *traduire*, et l'on n'imaginerait guère la pauvreté des originaux de A. Pernot, quand on voit le parti que Bonington a su tirer de leur interprétation dans ses *Vues d'Écosse*, notamment celles d'Édimbourg, du lac Lomond, du château de Bothwell, etc. Mais ses propres études peintes à Calais, à Boulogne, à Saint-Valery, au Crotoy,

H. FRAGONARD. — LE LAVOIR.
Dessin d'après nature. — Musée du Louvre. (Phot. Braun, Clément et Cⁱᵉ.)

sont bien plus remarquables encore, par la largeur du parti et la finesse de leurs colorations. Avec des oppositions très modérées, les effets y sont d'une franchise extrême et les détails noyés dans des pénombres claires restent cependant très lisibles. Rien n'égale le charme de ces *Levers de brouillards*, ou de ces *Matinées* aux clartés argentines qu'il aimait surtout à rendre. A Paris même, l'atmosphère chargée de vapeurs de nos rues et de nos quais le charmait aussi, et Delacroix se plaisait à rappeler que, pour étudier à loisir ces effets délicats, il s'était le premier avisé de s'installer dans un cabriolet, afin de travailler à son aise, sans être dérangé par les passants. Ces mêmes effets, Bonington les avait retrouvés, avec des intonations plus riches et plus savoureuses encore, à Venise, dans un voyage qu'il fit, en 1824, au nord de l'Italie. Ses vues de la place Saint-Marc, de la Piazzetta, du quai des Esclavons et du Grand-Canal, avec une correction parfaite dans les lignes architecturales, rendent bien le doux éclat et les contrastes heureux des murailles blanches ou roses des églises et des palais vénitiens se détachant sur le ciel.

Nous avons quelques bons spécimens du talent de Bonington, au Louvre, sans qu'il y soit cependant aussi bien représenté que dans la collection de sir Richard Wallace qui possède de lui onze tableaux et plusieurs aquarelles où se révèle pleinement la diversité des aptitudes du peintre. Malheureusement son opiniâtreté infatigable au travail et ses longues stations dans des contrées humides avaient altéré sa santé, naturellement assez faible, et développé en lui une maladie de poitrine. Mais il conservait toute son ardeur, et déjà souffrant, dans l'été de 1828, il était parti pour faire des études en Normandie avec Paul Huet qui, sans doute par l'entremise de Delacroix, leur ami commun, s'était lié avec lui. A peine arrivé à Rouen, il avait dû rentrer à Paris, d'où il regagnait immédiatement Londres et y mourait presque aussitôt, le 23 septembre 1828; il n'avait pas encore 27 ans !

Un peu plus jeune que Bonington, Paul Huet n'a cependant pas subi son influence. Son tempérament le rapprochait plutôt de Constable, sans que, d'ailleurs, on puisse affirmer que ce dernier ait eu quelque action sur son développement. Si les dates semblent justifier chez Huet cette imitation de Constable qui lui a été imputée, il convient cependant d'observer que les œuvres du paysagiste anglais n'ont été que tardivement connues en France et qu'elles n'y furent exposées pour la première fois qu'en 1824, alors que Paul Huet avait déjà pris sa direction et manifesté, dans un sens pareil, des tendances très personnelles qui s'accusèrent de plus en plus avec le temps.

Les épreuves et les difficultés de toutes sortes ne lui furent pas épargnées. Né à Paris le 3 octobre 1804, il perdait de bonne heure sa mère, et, destiné d'abord à l'École Normale, pour laquelle il ne se sentait aucune vocation, il avait, après quelques années d'internat dans les lycées, obtenu d'entrer dans l'atelier de Gros. La ruine totale et, bientôt après, la mort de son père l'obligeaient à quitter cet atelier, puis celui de Guérin qui se fermait au bout des six mois qu'il y avait passés. Seul, sans ressources, il avait alors connu la pauvreté et même la faim. Il lui fallait accepter toutes les tâches pour vivre misérablement, en donnant des leçons de dessin, en faisant quelques portraits, des vignettes et des lithographies. Ses seules distractions étaient des flâneries sur les quais de Paris où les gravures des étalages des bouquinistes l'arrêtaient au passage Disposait-il de quelques moments de loisir, il n'avait pas à aller bien loin pour en trouver l'emploi. En descendant le cours de la Seine, les bois voisins et les rives mêmes du fleuve lui fournissaient les motifs les plus pittoresques. L'île Seguin, où s'était établi un de ses camarades, était le but préféré de ses études. C'était, à ce moment, un coin complètement abandonné, vrai fouillis d'arbres, de plantes, de lianes enchevêtrées, poussant pêle-mêle en toute liberté, et entre ces végétations livrées à elles-mêmes, des échappées sur le fleuve et sur les coteaux qui bornent l'horizon en faisaient un paradis pour les paysagistes. Une *Lisière de Bois*, peinte par Huet à cette époque, avait frappé Delacroix par sa justesse et sa sincérité; celui-ci avait encouragé le jeune peintre, et l'ayant pris en affection il cherchait toutes les occasions de lui être utile. Paul Huet exposait pour la première fois au Salon de 1827, une *Vue des Environs de la Fère*, qui, si elle ne fut pas remarquée du public, trouva parmi ses confrères le plus chaleureux accueil. A raison de tout ce que l'artiste y apportait déjà de révélations nouvelles, ce succès était bien mérité; il faut cependant convenir qu'une forte dose d'exagération dans le sens dramatique se mêlait encore à l'interprétation des sujets qu'il aimait surtout à traiter. Au Louvre, son *Inondation de la Côte normande* et ses *Brisants de Granville* nous montrent une accumulation de détails expressifs sur lesquels il insiste

P. BONINGTON. — PLAGE NORMANDE.
(Collection de M. Ross.)

avec une complaisance trop évidente. Comme des êtres humains, les vagues se cherchent, se provoquent et se heurtent; leurs volutes rigides dressées en panaches, montent à l'assaut des rochers et les escaladent; les arbres échevelés se penchent, s'étreignent ou se renversent avec des attitudes de désespoir ou de rage. Le peintre ne dispose pas encore d'études suffisantes pour se contenter de la simplicité de la nature. Il vise à l'émotion et emprunte à Victor Hugo les citations ou les légendes romanesques qui lui servent à désigner ses œuvres.

Sans cesser de donner à ses compositions un intérêt expressif, Huet allait bientôt s'affranchir de ces tendances littéraires et ne demander qu'aux seules ressources de son art l'éloquence qu'il voulait y mettre. Son talent se fortifiait peu à peu, grâce aux études consciencieuses et opiniâtres auxquelles toute sa vie il demeura fidèle. Tous les procédés lui sont bons pour ces études et de chacun d'eux il tire les enseignements spéciaux qui en dérivent. Ses croquis à la mine de plomb l'initient à la pratique de la lithographie, dans laquelle, avec plus de vigueur et moins de légèreté, il marche sur les traces de Bonington. Par le dessin à la plume, qui l'oblige à serrer de plus près les formes, il se prépare à la maîtrise de l'eau-forte que, le premier, dans notre école, il a remise en honneur. La verve qu'il y montre est d'abord un peu factice : les contrastes entre les ombres et les lumières sont excessifs, et le travail, souvent chargé à l'excès, montre plutôt l'entrain artificiel de la virtuosité que les scrupules de l'exactitude. Mais à mesure qu'il possède mieux son métier, il obtient, à moins de frais, plus de largeur et de correction. Il ose aborder des tâches plus compliquées et les mener méthodiquement à bien. Dans sa grande planche des *Sources de Royat*, datée de 1637, le fracas de ces eaux tumultueuses, qui l'ont toujours attiré, est exprimé d'une manière saisissante, dans l'infinie variété de leurs mouvements. Avec une tenue superbe dans l'ensemble, les valeurs des diverses parties sont respectées, et les noirs veloutés des rochers ainsi que la tonalité moyenne des végétations contrastent avec l'éclat des eaux et la clarté amortie d'un ciel nuageux.

Comme pour se détendre de la continuité d'efforts qu'exigeait une pareille tâche, l'aquarelle, très librement traitée par Huet, lui permettait de saisir sur le vif les aspects les plus fugitifs de la nature : un vol de nuages, un lever de brouillard, des terrains fauves brûlés par le soleil, un bout de plage avec quelques arbres chétifs, cramponnés au sol et secoués par le vent. Dans ces pochades rapides, toutes les indications ont un cachet de force et de vérité. A cet amas de renseignements ainsi recueillis un peu partout, se joignaient des études de figures et d'animaux très habilement enlevées.

Loin d'être amoindrie par ce commerce assidu avec la nature, son imagination, mieux réglée désormais, s'était développée. Lui qui, sous prétexte de poésie, s'abandonnait, dans ses premiers tableaux, à toutes les exubérances d'un romantisme échevelé, il était maintenant capable, dans des compositions inventées de toutes pièces — comme les illustrations qu'il fit en 1838 pour *Paul et Virginie* et pour *la Chaumière indienne*, — de retracer, comme s'il y avait assisté, les épisodes les plus dramatiques : *l'Ouragan*, ou le *Naufrage du Saint-Géran*. Une simple étude, exécutée probablement au Jardin des Plantes, lui servait de point de départ pour cette *Allée de Bambous* secouée par la tempête et envahie par les eaux du Gange débordé, une pure création, mais tout à fait émouvante de vérité et de pathétique.

Après ces excursions dans le domaine de la fantaisie, Huet revenait avec bonheur à ses études prochaines, en Normandie, son pays de

26. — PAUL HUET. — L'INONDATION DE SAINT-CLOUD.
(MUSÉE DU LOUVRE. PHOT. BRAUN, CLÉMENT ET Cⁱᵉ.)

prédilection, ou aux environs de Paris. L'*Inondation de Saint-Cloud* (Musée du Louvre) peut être considérée comme le résumé de ces études et la plus haute expression de son talent. On connaît cette belle composition, si fortement établie dans son ordonnance et dans son effet, avec ses grands ormes élancés qui, à demi dépouillés par l'automne, s'enlèvent sur un ciel mouvementé où courent des nuages chargés de pluie. D'une exécution robuste et magistrale et d'une harmonie très puissante, cette belle toile a grande allure et fier aspect. L'œuvre, de beaucoup la meilleure que le peintre ait produite, figurait à l'Exposition Universelle de 1855, où son succès fut unanime. Delacroix, qui l'avait vue avant l'ouverture, était heureux d'écrire à son ami : « Votre grande *Inondation* est un chef-d'œuvre; elle pulvérise la recherche des petits effets à la mode…. J'espère que vous serez content de ce que tout le monde en dira, car mon jugement est celui que j'ai entendu porter par tous ceux qui vous ont vu. » (21 avril 1855.)

Huet trouvait dans les témoignages de sympathie qui lui furent prodigués à ce moment, la récompense de toute une vie de labeur. Les consécrations officielles cependant devaient lui manquer. Désintéressé et modeste, tout en ayant conscience de sa valeur, il n'avait jamais recherché les faveurs du pouvoir et sans trop se plaindre, plus d'une fois, à ses débuts, il avait subi les injustes rigueurs des Jurys du Salon. En relations affectueuses avec les princes de la famille d'Orléans, notamment avec le duc de Montpensier, il conservait vis-à-vis d'eux sa réserve, mais il leur témoignait toute la fidélité de son attachement après la chute de Louis-Philippe. Dans ses dernières années, répondant à un ami qui s'étonnait de le voir tenu à l'écart, il écrivait avec une simplicité charmante : « Ne pouvoir plus mettre sur la toile les quelques pensées que j'ai encore vives et claires dans le cerveau, j'ai quelque peine à m'habituer à cette idée. Ne vous étonnez donc pas si quelquefois déjà, je vous ai écrit des phrases découragées…. Songez combien il y a longtemps que je lutte et si personne n'a mis plus d'obstination que moi dans cette vie de bouchon de liège, toujours renfoncé et revenant toujours à la surface. » 16 septembre 1859. Il ne continuait pas moins à travailler et jusqu'à la fin de sa vie il se faisait remarquer aux expositions par des envois très honorables. C'est à son chevalet que, le 9 janvier 1869, une attaque d'apoplexie surprenait le vaillant artiste qui,

P. BONINGTON. — L'EMBOUCHURE DE LA TOUQUE.
(Lithographie de Th. Chauvel.)

par la vigoureuse santé de son talent, avait affermi notre école dans ses voies nouvelles. Ouvrier de la première heure, il a fait plus qu'entrevoir la terre promise : il y est entré, et, à sa suite, toute la glorieuse phalange de nos paysagistes contemporains.

Si, de son vivant, Alexandre Decamps a joui d'une réputation plus grande que Paul Huet, et s'il a exercé une influence peut-être supérieure à la sienne, son nom aujourd'hui semble un peu plus effacé. Très curieux, très chercheur, il s'est essayé dans des genres bien différents; mais manquant d'une instruction suffisante, bien qu'il en ait senti les lacunes, il n'a jamais songé à la compléter. Né à Paris, le 3 mars 1803, il nous apprend lui-même[1] que « la violence et la brutalité avec lesquelles il traitait ses frères ne laissaient rien augurer de bon à son égard », et que son père l'avait envoyé « au fond d'une vallée presque déserte de la Picardie, pour lui faire connaître de bonne heure la dure

---

[1]. Note autobiographique adressée au docteur Véron et insérée par lui dans les *Mémoires d'un bourgeois de Paris*. Voir aussi : *Decamps*, par Ch. Clément (Librairie de l'Art) et Ad. Moreau : *Decamps et son œuvre*; Paris, 1869.

DECAMPS. — LE BAIN DES MUSES.
(Lithographie de L. Français.)

vie des champs ». Pendant les trois années qu'il y passa, il « mit la persistance la plus opiniâtre à faire l'école buissonnière... errant à l'aventure, parcourant les bois, barbotant dans les mares ». Rentré à Paris pour y être « livré à l'inexorable latin, sa mère parvint à l'apprivoiser et le décrasser un peu » : mais le souvenir de ses vagabondages lui revenait toujours à l'esprit et « peu à peu le goût du barbouillage s'étant emparé de lui, ne le quitta plus ». Il avait alors fréquenté l'atelier d'un peintre obscur, Étienne Buhot, puis celui d'Abel de Pujol, et, dégoûté bientôt de leur enseignement, il avait peint chez lui quelques petits tableaux qui, par malheur, lui furent achetés ; comme il le dit, « dès lors son éducation de peintre fut manquée ». Sans direction, il restait abandonné à lui-même, et les nombreuses caricatures qu'il faisait pour vivre, en développant chez lui un penchant naturel à la charge, ne devaient pas non plus être bien favorables à la formation de son talent. Après quelques études sommaires dans la banlieue de Paris, il avait voyagé, d'abord en Suisse, puis en Turquie et en Asie Mineure. L'Orient commençait à être à la mode et Decamps contribua particulièrement à accroître cette vogue ; mais, trop mal instruit comme peintre, il y avait aussi trop peu séjourné pour en rapporter autre chose que des informations superficielles. Travaillant à l'atelier sur ces renseignements incomplets, avec des souvenirs fugitifs et des impressions de plus en plus vagues, Decamps s'absorbait presque exclusivement dans la recherche de colorations éclatantes obtenues au moyen d'empâtements excessifs, de glacis, de grattages et de remaniements réitérés. Toute cette cuisine devait inévitablement aboutir à une rapide détérioration de sa peinture. Par suite de ces manipulations trop fréquentes, la plupart de ses tableaux commencent, en effet, à se désagréger et quelques-uns même, comme les *Chevaux de halage* du Louvre, ne sont plus qu'une ruine. On est un peu surpris aujourd'hui des prodigieux succès qu'obtinrent plusieurs des œuvres de l'artiste : la *Sortie de l'École*, les *Enfants turcs*, *la Patrouille*, etc. La *Défaite des Cimbres*, elle-même, que le Louvre doit à la générosité de M. Cottier, est une composition cahoteuse, manquant de centre et d'unité. Parmi cette mêlée confuse, où les lignes des fuyards, les terrains, les montagnes et les nuages s'étagent en bandes parallèles, le regard ne sait où se fixer; les ombres, où dominent uniformément des jus bitumineux, ajoutent encore à la monotonie de l'aspect.

C'est dans des sujets plus simples et de dimensions plus restreintes que Decamps donne mieux sa mesure, et ses *Vieux Chasseurs* sous la pluie, ses *Mendiants* à la porte des chaumières, ses *Cours de Ferme* et ses *Chenils*, ont une saveur piquante d'observation et de vérité relative. Dans ce genre, il convient surtout de citer ses *Chercheurs de Truffes* comme une de ses œuvres les plus fortes et les plus originales. Le legs de la collection Thomy-Thiéry a fait entrer dans notre musée dix-sept tableaux qui montrent bien les acceptions diverses du talent du maître. Il est cependant mieux représenté encore dans la collection de sir Richard Wallace, le Marquis d'Hertford, grand admirateur de Decamps, ayant acquis de son vivant un grand nombre de ses aquarelles, entre autres le *Bain des Muses*, — très bien lithographié par Français, et des tableaux tels que: la *Pêche Miraculeuse*, avec sa mer d'un bleu sombre très puissant; les *Arabes près d'une Fontaine*, et surtout la *Rade de Smyrne*, une des impressions les plus franches que l'artiste nous ait laissées de l'Orient. Vers 1853, la santé de Decamps s'étant altérée, il s'était établi dans le Midi où le tableau des *Murailles d'Aigues-Mortes* (Musée du Louvre) et quelques études qu'il peignit alors d'après nature semblaient présager un renouvellement de son talent : les ordonnances y étaient plus largement conçues, les harmonies à la fois plus vraies et plus riches. Une vente de ses œuvres, faite à ce moment, avait pleinement réussi et, à la suite de l'Exposition Universelle de 1855, où il ne comptait pas moins de 32 ouvrages, il obtenait une des cinq médailles d'honneur. Mais à l'entrain passager que lui donnèrent ces satisfactions succédait bientôt un profond découragement. Fixé à Fontainebleau, où le voisinage de la forêt l'avait attiré, il prenait chaque jour plaisir aux promenades à cheval qui lui étaient recommandées pour sa santé. C'est dans l'une d'elles que, projeté violemment contre un arbre par sa monture, il était rapporté chez lui très grièvement blessé et il mourait quelques jours après, le 22 août 1860.

Moins en vue que Decamps, un de ses contemporains, Camille Flers, doit être cependant mentionné ici pour la place qu'il a tenue parmi les paysagistes de cette époque. La vie aventureuse qu'il mena à ses débuts ne semblait guère le préparer à cet honneur. Né à Paris en 1802, il avait commencé par être décorateur, sous la direction de Cicéri ; mais, pris d'une folle passion pour le théâtre, il partait pour le Brésil, avec l'intention de s'y faire acteur. Ne pouvant payer son voyage, il s'engageait comme cuisinier à bord du bateau qui le transportait, et, à son arrivée, il était réduit à peindre des enseignes, puis à figurer comme danseur au théâtre de Rio-de-Janeiro. Ayant essuyé bien des misères, il parvenait à regagner la France où, après avoir reçu quelques leçons d'un peintre médiocre nommé Paris, il s'essayait à faire quelques études d'après nature. De très modiques économies, réalisées à grand'peine, lui avaient ensuite permis d'aller en Suisse, d'où il rapportait les éléments d'un tableau : *la Cascade*, qu'il exposait au Salon de 1831 et qui lui valut un certain succès. A partir de ce moment, Flers, renonçant à son existence de bohème, s'était consacré à la peinture de paysages d'un caractère intime, dont la Normandie, et particulièrement la vallée d'Aumale, lui a presque toujours fourni les motifs. Avec une sincérité constante, il s'est appliqué à retracer les aspects familiers de leurs cours d'eau aux berges plantureuses, les paisibles horizons de leurs prairies et de leurs vergers, sous la pâleur de ciels doux et mobiles. La grâce aimable des œuvres que Flers envoya régulièrement aux Salons parisiens, pendant plus de trente ans, lui avait mérité, quand il mourut en 1868, les sympathies du public et l'amitié de maîtres tels que Delacroix et Troyon.

A côté de lui, avant de clore cette liste des précurseurs de notre école, il convient de nous arrêter un moment à Eugène Isabey qui, né également à Paris, un an après Flers, avait été élevé au milieu de la société la plus élégante. Bien que fils de Jean-Baptiste Isabey, le miniaturiste de l'Empereur, il n'avait songé que tardivement à la peinture; mais grâce à ses dons merveilleux, il acquérait bien vite une grande habileté. Comme la plupart des paysagistes de cette époque, il s'était senti attiré vers la Normandie, et, dès ses premières études, il manifestait des qualités remarquables de lithographe et de peintre. Ses lithographies, d'un travail d'abord très léger, puis plus nourri, avec de beaux noirs veloutés, dénotent une entente accomplie de l'effet et une justesse d'observation que manifestaient également ses pochades à l'huile ou ses aquarelles faites d'après nature. *Le Pont* (Musée du Louvre), une passerelle branlante jetée sur un modeste cours d'eau, avec la clarté de sa lumière matinale, et l'*Entrée d'un Port* (également au Louvre) attestent à la fois la sincérité et la décision de ces études initiales dont la vue du *Port de Dieppe* (Musée de Nancy), une toile importante exposée au Salon de 1842, nous offre en quelque sorte la synthèse magistrale. Les premiers plans de ce motif très original, pris du haut des falaises qui dominent la ville, sont occupés par des terrains vagues dont une balustrade contourne les limites. Sous la menace d'un grain, des femmes s'empressent à ramasser les linges étalés d'une lessive et le vent qui souffle en force fait claquer et disperse ces linges, retrousse les jupes des lavandières, rabat violemment les fumées des maisons, accumule en masses sombres et compactes les nuées qui pèsent sur la mer blafarde. Au large, les bateaux de pêche regagnent en hâte le port où déjà d'autres barques ont abordé, cherchant à se garer contre la tempête prochaine. La correction parfaite des mises en place, si difficile à réaliser avec une pareille donnée, alors que dès les bords du cadre le terrain semble se dérober en un trou béant, la perspective de ces toits en raccourci, celle des différentes zones de la mer, superposées jusqu'à l'horizon, tout cela est obtenu, par des moyens si simples, avec une liberté et une sûreté si magistrales, qu'on se demande comment l'artiste qui a peint une œuvre de cette valeur en est venu ensuite aux productions hâtives et banales

A. DECAMPS. — LES MURS D'AIGUES-MORTES.
Musée du Louvre. (Phot. Neurdein.)

quiont rempli la fin de sa carrière? En dépit de la variété des sujets où s'est émiettée son excessive facilité, on ne saurait s'y intéresser plus qu'il n'a fait lui-même. On assiste indifférent à ces *Pêches*, à ces *Embarquements*, à ces *Mariages*, à ces *Cortèges*, qui, jusqu'au bout de sa longue existence, se succédèrent sur son chevalet. C'est la palette à la main qu'à l'âge de 83 ans, Isabey était surpris par la mort, dans sa maison de campagne de Lagny. Sa longue vie avait été heureuse et il s'éteignait en plein succès. Mais ces improvisations, où s'exerçait la virtuosité intempérante de sa vieillesse, ne sauraient nous faire oublier qu'à son heure, au début même de notre école, il avait tenu une place honorable à côté des premiers, et que, par ses solides qualités, un tableau comme le *Port de Dieppe* reste une des œuvres marquantes dans l'histoire du paysage en France.

II

Camille Corot était né à Paris, le 26 juillet 1796. Rien, dans son entourage, ne semblait faire présager sa future vocation. Son père était le petit-fils d'un cultivateur originaire d'un village de Bourgogne, Mussy-la-Fosse, aux environs de Semur, et, après avoir résidé à Rouen, il s'était fixé à Paris où il exerça d'abord le métier de coiffeur. Il y renonçait en 1798, afin de s'occuper des achats pour un commerce de modiste que sa femme tenait au coin de la rue du Bac et du Pont-Royal. A l'âge de onze ans, Camille avait été admis avec une demi-bourse au lycée de Rouen où il resta jusqu'au milieu de sa rhétorique, en 1812. Ce n'était pas un élève brillant et, pendant toute la durée de ses classes, il n'obtint pas une seule nomination aux distributions de prix de cet établissement, même pour le dessin. Si médiocre que fût son instruction littéraire, il avait cependant acquis un sens très personnel de la poésie et de la mythologie antiques, ainsi qu'il le montra plus tard dans ses tableaux. Peut-être tira-t-il encore plus de profit des promenades qu'il faisait avec son correspondant aux environs de Rouen, sur les rives de la Seine, dont les beautés pittoresques laissèrent en lui une vive impression. A son retour à Paris, son père, qui voulait faire de lui un commerçant, le plaça chez un marchand de drap de la rue Saint-Honoré, nommé Delalain. Mais le jeune homme n'avait aucun goût pour la profession qui lui était

ISABEY. — LA VILLE ET LE PORT DE DIEPPE.
Musée de Nancy.

ainsi imposée et son honnêteté foncière se traduisait vis-à-vis des acheteurs par des conseils d'une franchise peu compatible avec les intérêts de son patron. En dépit de ce manque absolu de dispositions pour la carrière commerciale, par respect pour son père, à qui il montra toujours une extrême déférence, Corot essaya en vain, pendant huit ans, de se plier à sa volonté. Sa vocation de peintre se manifestait de plus en plus impérieuse, à la suite de la connaissance qu'il avait faite de Michallon qui, après avoir obtenu le grand prix de Rome pour le paysage, venait de rentrer en France où l'avait déjà précédé sa précoce réputation.

Les tableaux académiques d'Achille Etna Michallon (1796-1822), comme le *Roland à Roncevaux* que possède le Louvre, ne donnent cependant pas une bien haute idée de son talent. Ce sont des compositions banales d'une couleur opaque et peu harmonieuse, auxquelles des figures conçues dans le style *troubadour* de la Restauration, donnent souvent une apparence un peu ridicule. Mais, en face de la nature, Michallon était capable de sincérité, et ses études faites en Italie, ainsi que le prouve la *Vue de Salerne* du musée Condé à Chantilly, témoignent de sa conscience, de la sûreté de sa touche et de la justesse de sa couleur. Une *Vue de Tivoli*, restée inachevée et qui appartient à M. Eugène Thirion, nous montre sa façon de procéder en présence de la

ISABEY. — MARÉE BASSE.
Musée du Louvre. (Phot. Neurdein.)

nature : poussée à fond et déjà finie dans la partie supérieure, cette étude n'est même pas couverte au bas de la toile. Mais les valeurs y sont rendues avec une scrupuleuse exactitude et, en appelant sur ce point l'attention de son jeune ami, l'artiste a certainement exercé sur lui une très heureuse influence.

Corot avait, sans doute, obtenu de Michallon la permission de l'accompagner dans ses séances de travail d'après nature. Assis à ses côtés, il profitait de ses conseils, et cette fréquentation ne pouvait qu'exciter chez lui un désir toujours plus vif de se consacrer entièrement à la pratique de la peinture. Il prélevait sur son sommeil ou sur ses rares moments de loisir les heures qu'il y employait, car avec sa probité scrupuleuse, il tenait à s'acquitter exactement de ses devoirs professionnels et sa régularité à cet égard était parfaite. Un nouveau patron chez lequel il s'était placé lui témoignait d'ailleurs beaucoup de sympathie. Frappé de la ténacité des goûts artistiques de son employé, il était intervenu auprès du père de Corot pour essayer de fléchir sa volonté. Les supplications pressantes du jeune homme finirent par triompher de ces résistances. Mais, plein de préventions contre la carrière que voulait adopter son fils, ce bourgeois endurci ne cédait que de mauvaise grâce à ses prières. « Puisque tu refuses de continuer ton état pour faire de la peinture, lui dit-il, je te préviens que de mon vivant tu n'auras aucun capital à ta disposition », et il l'informait qu'au lieu de la dot déjà constituée pour ses deux sœurs, « il devrait se contenter d'une pension de 1500 livres, avec laquelle il aurait à se tirer d'affaire, sans jamais compter sur autre chose ». Sautant au cou de son père, Camille l'avait remercié avec effusion. « C'est tout ce qu'il me faut, avait-il répondu, et vous me rendez très heureux par cet arrangement. »

Pendant trente ans, il sut, en effet, se suffire avec cette subvention qui, toute modique qu'elle fût, le mettait du moins à l'abri de la misère. Sans aucun besoin, il jouissait de son indépendance, de la permission qui lui était accordée de se livrer à l'exercice de son art. Il se rappelait avec émotion la première séance de peinture qui avait inauguré sa vie nouvelle. Tandis qu'il s'était posté sur les berges de la Seine, presque au-dessous de la boutique de sa mère, les demoiselles du magasin venaient le voir à l'ouvrage. L'une d'elles, entre autres, qu'il appelait « Mademoiselle Rose » semblait plus que ses compagnes s'intéresser au travail de « Monsieur Camille ». Elle devait rester fille et longtemps après, en 1858, Corot, ayant reçu sa visite, contait à plusieurs artistes cette ébauche d'idylle. « O mes amis! leur disait-il, quel changement et quelles réflexions il fait naître! Ma peinture n'a pas bougé; elle est toujours jeune; mais mademoiselle Rose et moi, que sommes-nous devenus! »

Michallon, séduit par l'ardeur et l'ingénuité de son élève, lui parlait avec chaleur de son art, de ses séjours en Italie et en Suisse qui l'avaient vivement impressionné. Il insistait sur la sincérité absolue avec laquelle il faut consulter la nature et s'appliquer à n'en rendre que les côtés les plus saillants. C'étaient bien là les enseignements qui convenaient à Corot. Celui-ci, tout entier à son travail, oubliait les heures et, plus d'une fois, rentrant au logis à la fin de la journée, il se contentait, pour ménager son modeste pécule, « d'un gros chiffon de pain, acheté chez le boulanger, à soleil couché ». Le lendemain matin, se regardant au miroir et « tâtant ses joues, il reconnaissait qu'elles étaient comme la veille. Ce régime n'était donc pas si dangereux », et au besoin, il le recommandait aux jeunes gens qui, n'ayant pas grandes ressources, voulaient aussi se faire artistes.

Les jours de pluie, Corot copiait avec une extrême conscience des études de Michallon, choisies parmi les plus simples. Il avait pour ce maître qui, n'étant pas plus âgé que lui, le traitait en camarade, une affection reconnaissante. Aussi sa peine fut-elle grande quand il le perdit prématurément en 1822. Sentant alors le besoin de pousser plus avant son instruction, il était entré dans l'atelier de Victor Bertin (1775-1845) avec lequel, sans doute, Michallon l'avait déjà mis en relations. Disciple fidèle de Valenciennes, Bertin était à ce moment un des représentants les plus qualifiés du paysage historique dans ce qu'il a de plus conventionnel. Il ne voyait guère dans la nature qu'un décor complaisant destiné à encadrer des épisodes mythologiques, et il en était venu à traiter des compositions qui devaient paraître au public de véritables rébus, comme dans le tableau cité par M. André Michel[1], qu'il exposait sous ce titre grotesque : *Tanaquil prédisant à Lucumon sa future élévation, au moment où un aigle lui enlève sa coiffure.*

La détermination prise par Corot d'aller compléter en Italie son instruction devait être pour lui plus utile que ces enseignements. Le séjour qu'il fit au delà des monts de 1825 à 1827 exerça, en effet, sur lui une influence décisive. Autour de Rome et dans la ville elle-même les motifs les plus variés se présentaient en foule à son choix et le nombre des études qu'il fit alors atteste sa laborieuse ardeur. Frappé surtout par la beauté des lignes et l'élégante noblesse des silhouettes, il avait beaucoup dessiné, non pas des croquis rapides et sommaires, mais des études précises, consciencieusement poussées à fond. Avec une correction absolue, on y remarque la subordination des détails à l'ensemble, la justesse des proportions, l'unité d'aspect, même dans les sites les plus compliqués. Ces dessins étaient entremêlés d'études peintes, et l'on sait la valeur de ces excellentes études, si *fameuses*, comme le disait Corot lui-même, car plus tard, après les avoir entendu vanter par les visiteurs de son atelier, il avait appris à en apprécier le mérite et il léguait deux d'entre elles au Musée du Louvre : la *Vue du Forum* et la *Vue du Colisée*, comme des témoignages de sa conscience et de sa précoce habileté. Ce sont, en effet, deux petits chefs-d'œuvre de lumière, de délicatesse et de franchise, le *Colisée* surtout, qu'il peignit

---

[1]. *Notes sur l'Art moderne* : Corot, p. 8.

dès son arrivée à Rome, en 1825. Dans le ciel d'un bleu léger, blanchissant à l'horizon, flottent quelques nuages doucement noyés dans l'atmosphère : au loin, bleuâtres et veloutées, les montagnes latines se profilent en molles ondulations. Sans effort, avec des tonalités prochaines, les plans sont exactement définis et les valeurs locales toujours respectées. Il semble, tant l'œil est exercé, la main docile, l'exécution à la fois naïve et sûre, que rien ne soit plus facile que cet art dont la poésie est faite de sincérité absolue. Les mêmes qualités, avec une singulière diversité dans les intonations, recommandent d'autres études de cette époque : la *Fontaine du Bosco* à la Villa Médicis, la *Villa d'Este* à Tivoli, les *Bords du Tibre* et le *Château Saint-Ange*, d'un dessin si ferme, d'une harmonie si grave et si limpide.

Que de bonnes heures s'écoulaient ainsi pour lui pendant ce séjour à Rome, avec la liberté dont les artistes y jouissaient alors et les relations affectueuses que des goûts pareils amenaient rapidement entre eux ! A ce moment, dans la société cosmopolite qui s'y trouvait réunie, Corot pouvait rencontrer Léopold Robert avec lequel il s'était bientôt lié, Édouard Bertin, Aligny (1798-1871) qui, par la distinction de son talent et de sa personne, s'était acquis une grande considération, Schnetz, Bodinier et bien d'autres encore. Chaque soir, après le travail de la journée, on se retrouvait dans le frugal restaurant du *Lepre*, qu'ont fréquenté depuis tant d'artistes français ou étrangers. Les prix y étaient modiques et la nourriture plus que médiocre ; mais avec ses dents solides et ses estomacs courageux, toute cette jeunesse, affamée par la vie au grand air, faisait largement honneur à ces menus équivoques. Timide, un peu gauche, au milieu de ces compagnons plus dégourdis, le nouveau venu s'était d'abord senti assez dépaysé. Il n'aimait guère à parler de lui et il travaillait à l'écart. Cependant sociable, comme il l'était aussi, sa bonhomie joviale avait fini par le mettre à l'aise avec ses commensaux. Au risque de subir leurs plaisanteries, il les égayait par des chansons dites d'une voix juste, avec un entrain spirituel. Corot était trop fin pour ne pas s'apercevoir qu'on le traitait un peu comme un brave garçon sans conséquence, et il avait trop bon caractère pour s'en offusquer. Une circonstance imprévue devait mettre un terme à ces railleries, d'ailleurs innocentes, et donner à celui qui en était victime la place que lui méritait son talent.

COROT. — VUE DE GÊNES.
(Collection de M. Ryerson.)

Aligny, traversant un jour le Forum, aperçut Corot occupé à peindre la *Vue du Colisée* qui appartient aujourd'hui au Louvre. Frappé par les qualités remarquables de cette étude, non seulement il adressait à l'artiste ses cordiales félicitations, mais le soir même, arrivant avant lui au *Lepre*, il raconta avec force éloges ce qu'il avait vu, en présence des hôtes habituels du restaurant, ajoutant, en manière de conclusion, que « ce jeune homme, resté jusque-là dans l'ombre, pourrait bien devenir leur maître à tous ». Corot, qui survint alors, étant accueilli par des compliments unanimes, crut d'abord à une nouvelle mystification de la part de ses camarades. Puis, voyant que leurs éloges étaient sincères, il fut profondément touché du procédé d'Aligny et lui voua depuis lors une reconnaissance qu'il aimait à exprimer toutes les fois qu'il en avait l'occasion. A partir de ce jour, on les voyait tous deux, et souvent aussi en compagnie d'Édouard Bertin, en quête des études que Rome et ses environs pouvaient leur offrir. Pleins d'ardeur, ils s'excitaient mutuellement au travail, et plus tard Corot, avec sa modestie habituelle, ne se lassait pas de dire tout ce qu'il avait dû à la fréquentation de ses nouveaux amis. Il se plaisait particulièrement à reconnaître combien les conseils de Bertin lui avaient été utiles : « combien sa manière de voir la nature était simple et grande! C'est à lui, disait-il, que je dois d'être resté dans la voie du beau. Quand nous allions chercher un motif dans la campagne de Rome, Édouard était toujours le premier à l'ouvrage et à la bonne place ;..... c'était de nous trois celui qui savait le mieux s'asseoir[1]. »

Grâce à ces études désintéressées, poursuivies avec amour, Corot avait peu à peu acquis une solide instruction ; mais les satisfactions qu'elles lui procuraient étaient telles qu'il ne songeait pas à en abréger le cours. Il ne fallait pas moins que le courage et l'endurance obstinée du jeune homme pour mener la dure existence dont il s'accommodait. Quoique la vie d'alors fût beaucoup moins coûteuse qu'aujourd'hui, c'est par des prodiges d'ordre et d'économie qu'il arrivait à se loger, à se nourrir, à se vêtir, à payer ses déplacements, sans autres ressources que les 1500 francs de sa pension, car il ne vendait aucune peinture.

Un jour vint cependant où les siens, réclamant son retour, il dut rentrer en France. Avec un changement profond dans ses plus chères habitudes, bien des difficultés l'attendaient à Paris. Il s'y sentait tout à fait dépaysé, aussi incapable de se frayer une place que de changer de voie et de renoncer aux convictions que déjà il s'était faites. Autour de lui, tout s'était complètement transformé. Les représentants attardés du paysage académique, encore en possession d'une autorité dès lors peu justifiée, s'opposaient avec un despotisme systématique aux doctrines nouvelles qu'une jeune phalange de talents formés à l'étude de la nature devait à la longue faire triompher. Si les sympathies de Corot allaient à ces derniers, il était resté pour eux un inconnu. Sans recourir à l'aide de personne, il entendait se suffire à lui-même. Pour cela, il fallait essayer de se faire connaître et de gagner quelque argent. A cet effet, il envoyait au Salon de 1827, le premier auquel il prit part, deux tableaux peints d'après les études rapportées d'Italie : une *Campagne de Rome* et une *Vue du Pont de Narni*. Ce dernier motif avait été déjà traité plusieurs fois par son maître Victor Bertin : un pont romain en ruines sur le cours pittoresque de la Nera, avec un massif de grands arbres et, sur le devant, à côté d'un chemin sablonneux, des bergers

---

[1]. Lettre de Corot publiée après sa mort dans le *Journal des Débats*, 28 février 1875.

gardant un troupeau de chèvres. La justesse de la dégradation des plans et l'heureuse répartition de la lumière qui, sous le ciel bleu, éclaire vivement les piles du pont et ses arches à demi écroulées, témoignent en faveur du jeune débutant. Ce n'était pourtant là, à vrai dire, qu'une étude agrandie, par suite délayée et moins vivante. Les contours en sont cernés et le peintre, en insistant trop sur certains détails, les a alourdis et isolés de l'ensemble.

Les toiles que Corot expose au Salon suivant, en 1831, ont les mêmes défauts, encore plus accentués, car, avec le temps, ses souvenirs d'Italie se sont émoussés et ont perdu leur fraîcheur. Au lieu de chercher à rendre naïvement une impression, on sent qu'il se débat contre un métier dont il ne possède pas encore bien les ressources. Le contact assidu avec la nature lui manque. Il essaie bien, il est vrai, d'y revenir; mais après les beautés que lui avait révélées l'Italie, il a quelque peine à se faire à la simplicité de nos horizons. Cependant il s'applique de son mieux, et grâce à un labeur obstiné, il commence à comprendre que les sujets les plus modestes comportent aussi leurs enseignements. Quelques-unes des études qu'il fit alors sont significatives à cet égard. C'est probablement pour être agréable à un ami qu'il peignit en 1833 cette *Vue de l'Hôpital de Beauvais* qui fut exposée en 1885 au Palais Galliera. On n'imagine pas de motif plus banal, ni plus ingrat que ces constructions massives et régulières, éclairées en plein par le soleil; et cependant le jeu de la lumière et des ombres est si juste, leurs relations sont si exactes, que le spectateur, qui passerait indifférent à côté de la réalité, est obligé d'en considérer avec intérêt cette fidèle image. En 1840, ces mêmes préoccupations de valeurs et de clair-obscur se retrouvent dans une *Vue de la Cathédrale de Chartres* qui figurait à l'Exposition centennale de 1900 et dans laquelle les moindres détails du monument sont reproduits avec une précision digne d'un architecte. Bien que la tâche fût singulièrement plus compliquée, l'exécution marque un progrès manifeste sur celle du tableau précédent. La peine que l'artiste a dû prendre est très habilement dissimulée et les deux clochers ensoleillés montent, comme une prière, radieux dans l'azur du ciel.

S'il trouvait partout, même dans les régions les plus deshéritées, des occasions de s'instruire, Corot ne se refusait pas d'ailleurs à chercher des motifs plus pittoresques. Il ne pouvait donc rester insensible aux beau-

COROT. — LE RAGEUR (FORÊT DE FONTAINEBLEAU).
(Phot. Lecadre.)

tés de la forêt de Fontainebleau, et dès 1830, puis en 1833 et 1834, il envoyait successivement au Salon des tableaux qu'elle lui avait inspirés. Il y était sans doute attiré par Édouard Bertin qui y a beaucoup travaillé et par Aligny, alors possesseur à Marlotte d'une maison de paysan qu'il habitait pendant la belle saison. La tournure grandiose des vieux chênes l'avait frappé et il avait bien saisi le caractère de lutte et de force que leur communique une lente et difficile croissance dans un sol peu clément. La conscience avec laquelle il les reproduit donne à sa peinture des intonations plus pleines, une facture plus serrée, plus incisive. C'est d'un pinceau plus ferme qu'il accuse le contraste des opulentes frondaisons et des âpres rochers au-dessus desquels elles s'étagent. Un de ses tableaux de ce temps, *le Rageur*, doit être signalé. Avec sa silhouette hargneuse et revêche, le chêne rabougri, qui lui a donné son nom, raconte son histoire et les durs assauts qu'il a subis. Une fillette aux traits rudes, assise sur un des rochers du premier plan, ajoute encore à l'impression de tristesse et d'abandon de ce coin solitaire.

COROT. — UNE MATINÉE.
Musée du Louvre. (Phot. Neurdein.)

Si remarquables que soient ces tableaux, la forêt de Fontainebleau était peu faite pour inspirer Corot. A sa grandeur un peu sévère, il préférait des régions plus aimables dans lesquelles les formes apparaissent moins rigides et plus enveloppées. Aussi Ville-d'Avray, où son père avait, dès 1817, acheté une petite propriété, l'attirait davantage. Il y retrouvait le charme de ces horizons familiers qui, dès sa jeunesse, avaient parlé à son âme. Au bord du petit étang, aujourd'hui desséché, il aimait à revoir ces végétations légères qu'il aima toujours, les saules argentés et les trembles frissonnants au moindre souffle, les roseaux et les plantes aux verdures tendres qui se pressent sur les berges aux contours indécis.

Malgré tout, la nostalgie de l'Italie le prenait : ses souvenirs embellis et transfigurés encore par l'imagination de l'artiste le hantaient sans cesse. Le désir de la revoir était, avec le temps, devenu si impérieux, que, dans l'automne de 1834, il quittait les siens pour y faire un nouveau séjour. Michallon lui ayant chaudement vanté les beautés de la Suisse, il l'avait traversée. Avec un goût très personnel et un sens très juste des données que peut aborder la peinture, il ne s'était attaché à en reproduire que les aspects les plus simples. Peu touché par ces vues étendues, sortes de panoramas géographiques qui avaient surtout séduit ses devanciers, il leur préférait certains coins plus intimes, mieux proportionnés à l'homme et par conséquent plus accessibles à l'art. C'était, par exemple, un bout de prairie avec l'auge grossièrement équarrie d'une fontaine rustique où des vaches viennent s'abreuver et, au loin, dominant ce paysage tranquille et lui donnant sa grandeur, la fière silhouette des hautes montagnes, noyées dans la brume du matin (Collection de M. Dollfus). Les grands lacs du versant italien des Alpes, le lac de Côme, le lac Majeur — une étude de l'Isola Bella est datée d'Octobre 1834, — faisaient aussi sur l'artiste une très vive impression.

A Gênes, il découvre bien vite les bonnes places — sur la terrasse du Palais Doria ou sur les hauteurs de Sainte-Marie-de-Carignan, — d'où les maisons étagées de la ville se détachent sur la mer ou sur un ciel plombé. Mais Venise surtout le ravit. Après la visite des églises et des galeries où il paie son tribut d'admiration au Titien, ses journées sont remplies par le travail. Il est particulièrement frappé par la transparence de cet air salin, par l'éclat qu'y prend la lumière, par les joyeuses colorations des palais que l'eau du Grand Canal reflète avec des intonations plus savoureuses encore. C'est à Venise qu'en pleine ivresse du travail, et alors qu'il se disposait à rejoindre à Rome son ami Victor Bertin, Corot recevait de son père une lettre où celui-ci le pressait de revenir. En bon fils, et bien qu'il lui en coûtât, il n'avait pas hésité à obéir à son appel, et il était rentré à Paris. Cette excursion, brusquement écourtée, lui avait cependant permis de connaître des contrées bien différentes de celles qu'il avait parcourues à son premier voyage, et disposant désormais d'éléments pittoresques plus variés et plus nombreux, il pouvait donner plus librement carrière à son imagination quand, à son retour en France, il essayait de renouveler le genre, alors un peu abandonné, du Paysage historique.

Sans être très heureuses, ses premières tentatives à cet égard témoignent déjà d'un sentiment très personnel. Le tableau d'*Agar dans le désert*, qu'il envoya au Salon de 1835, avait probablement été peint avant son second départ pour l'Italie. En dépit des gaucheries de

27. — C. COROT. — L'ÉTANG DE MORTEFONTAINE.
(MUSÉE DU LOUVRE).

l'ordonnance et de quelques duretés dans la couleur, il mérite d'être signalé. N'ayant pas vu l'Orient, Corot cherche dans ses cartons et dans ses souvenirs les motifs qui se rapportent le mieux à l'idée qu'il s'en fait. Mais le fond fauve des terrains et l'horizon bleuâtre ont du caractère; le ciel profond, doré à sa base, s'accorde bien avec les lointains et donne, comme eux, l'impression d'une étendue immense. Sauf quelques touches un peu âcres dans la végétation et quelques ombres d'une lourdeur opaque, l'harmonie est appropriée au sujet et l'ensemble très lumineux tranche sur la banalité des productions analogues de cette époque.

Vivant dans son coin, avec ses idées à lui, Corot gardait son entière indépendance vis-à-vis des coteries académiques ou romantiques qui se disputaient alors l'attention du public. Ses envois aux Expositions commençaient cependant à être remarqués par la critique. C'étaient tantôt des paysages exécutés d'après ses études faites en Italie ou dans la forêt de Fontainebleau, tantôt des compositions pures dont les livres saints et surtout la mythologie lui avaient fourni les sujets. Une *Diane surprise au bain* (Salon de 1836), *Silène* (Salon de 1838) et, plus encore, *Démocrite et les Abdéritains* (Salon de 1841) continuent à montrer les qualités et les défauts que nous avons signalés dans l'*Agar* de 1835. Le progrès est manifeste dans *le Pâtre* (Salon de 1847) qui appartient au Musée de Metz et pour lequel l'artiste, il me l'a dit lui-même, conservait une prédilection bien justifiée. Sauf, çà et là, quelques intonations encore acides dans les feuillages, l'ordonnance et l'harmonie sont irréprochables et l'effet très saisissant. C'est vers la fin du jour; le soleil vient de disparaître d'un ciel clair et serein, et la pâle silhouette des montagnes lointaines contraste heureusement avec l'or du couchant. Un ruisseau rapide court au premier plan; parmi les gazons, des chèvres folâtrent et broutent çà et là, pendant qu'adossé au tronc d'un arbre élancé, un pâtre jette dans le silence du soir sa rustique chanson.

Désormais, l'originalité du maître s'est pleinement dégagée. Ce ne sont plus des épisodes rares, connus des seuls érudits qu'il se propose de traiter. La mythologie pittoresque, telle qu'il la comprend, ne s'accommode ni des thèmes abstraits, ni des redites traditionnelles. Pour lui, elle est toujours vivante et c'est à sa source même, dans la nature, qu'il puise pour la renouveler. Il entend exprimer à sa manière ce qu'elle contient de poésie. Il semble que dans le *Paysage aux Nymphes* du Musée du Louvre, il ait voulu exprimer tous les ravissements qu'elle lui procure. Sous les grands arbres qui arrondissent au-dessus d'elles leurs dômes de verdure, le chœur des Nymphes s'est mêlé aux rites d'une fête de Bacchus, le dieu de la force et de l'éternelle jeunesse. De leurs pieds agiles, elles dansent entre elles, si légères qu'elles foulent à peine le gazon. Autour de ces créatures charmantes, tout parle de vie facile et heureuse; le lierre et les folles pousses de la vigne sauvage étreignent amoureusement les arbres qui élèvent et confondent dans un ciel d'opale leurs épais ombrages. Seule, la conservation de l'œuvre est défectueuse, et les craquelures, déjà très accusées, révèlent les hésitations de l'artiste qui, dans son désir du mieux, a trop souvent repris sa peinture et par ces remaniements successifs en a fatalement compromis la durée.

Instruit par cette expérience, Corot, avant d'aborder l'exécution du *Bain de Diane* (aujourd'hui au Musée de Bordeaux) en avait plus nettement arrêté la composition. Cette fois, c'est la fraîcheur et la grâce virginale de la nature qu'il a voulu peindre et mettre en quelque sorte sous l'invocation de la chaste Diane. Après s'être, avec elle, livrées à la chasse, leur plaisir favori, les jeunes filles, ses suivantes, sont venues réparer leurs forces dans le lac solitaire consacré à la déesse[1]. L'endroit est bien choisi: assez découvert pour qu'on puisse en surveiller les abords, et abrité cependant contre des regards indiscrets. Rien ne bouge et sous le ciel apaisé s'étend la nappe d'eau tranquille. Dans une petite anse, parmi des roches moussues, les jeunes filles s'ébattent joyeusement. La noble simplicité de l'ordonnance, le contraste des frondaisons sombres avec le grand ciel argenté et le lac qui le reflète, sont ici en intime accord avec le sujet.

Quoique très différente de la composition du *Paysage aux Nymphes*, celle du *Bain de Diane*, exhale comme lui une poésie très particulière et qui appartient bien à Corot. Au lieu des personnages compassés dont ses prédécesseurs étoffaient leurs œuvres banales, les figures du maître font corps avec ses paysages et l'on ne saurait les en distraire. Leurs formes en épousent les lignes; leurs silhouettes vives et imprévues se

---

1. C'est, en effet, au lac Némi que Corot a emprunté le motif de ce tableau.

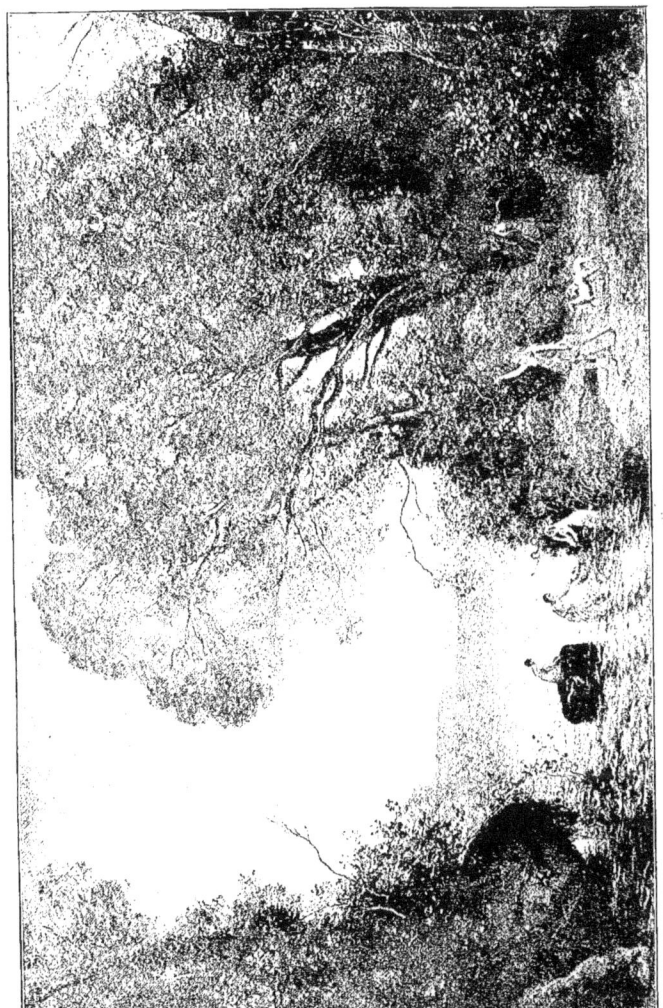

COROT. — BAIN DE DIANE.
Musée de Bordeaux. (Phot. Neurdein.)

détachent délicatement sur les fonds et les fraîches colorations de leurs chairs nues, les lilas et les roses attendris de leurs tuniques et de leurs écharpes flottantes contrastent avec les verdures variées des végétations et en avivent l'éclat. Ces nymphes et ces déesses, parfois un peu gauches, mais toujours délicieuses, sont vraiment des créations de l'artiste ; elles se sont montrées à lui aux heures propices et, dans les solitudes qui leur sont chères, il a surpris leur apparition fugitive. Mais pour leur donner ainsi la grâce dont il les pare, pour les modeler et les envelopper comme il fait dans l'atmosphère, il n'a pas épargné sa peine. De nombreuses études, peintes par lui d'après le modèle, sous le ciel ou à l'atelier, dans toutes les positions et avec tous les éclairages, l'ont familiarisé avec les formes humaines. Il a appris à choisir pour ses figures les attitudes les plus élégantes et les plus expressives et il excelle à les grouper, à les placer au bon endroit, à varier leurs mouvements, avec un sens à la fois très délicat et très juste des convenances de chaque sujet. Ces études elles-mêmes, comme la *Jeune Fille à la mandoline*, la *Nymphe couchée au bord de la mer*, la *Femme à la fontaine*, etc., sont devenues célèbres et leur influence s'est fait sentir chez nos peintres d'histoire. Enveloppées de lumière et très reflétées, elles ont obligé ces derniers à compter désormais avec un élément nouveau pour eux, le plein air dont ils s'étaient jusque-là trop peu inquiétés. A l'exemple de Corot, ils ont compris quel parti pittoresque ils en devaient tirer.

Le travail, on le voit, un travail intelligent et continu, a rempli la vie de Corot, et, grâce à son opiniâtreté, il n'a pas cessé de progresser. Peu à peu aussi, quoiqu'il vécût dans son coin, les peintres, et après eux le public, avaient goûté un art si sincère. On commençait à lui acheter ses tableaux, et sa modestie s'effarouchait des prix, très modiques pourtant, auxquels il les vendait. Il lui arrivait même parfois, pour se rassurer, de gratifier son acheteur d'une ou deux toiles en plus, afin de mieux justifier à ses yeux ces gains inespérés.

Étendant le cercle de ses lectures, Corot trouvait tour à tour dans la Bible, dans Homère, Virgile, Dante et Shakespeare des sujets de compositions ; mais, il faut le reconnaître, les épisodes les plus dramatiques que lui inspiraient ces lectures, — l'*Incendie de Sodome*, *Dante et Virgile dans la Forêt obscure*, *Macbeth et les Sorcières*, par exemple, — ne répondaient guère à la tournure de son esprit foncièrement doux et

TH. ROUSSEAU. — LE CURÉ.
(Collection de M. G. Gould.)

aimable. Les côtés tendres ou gracieux de la vie antique l'attiraient davantage et il n'avait pas à se forcer pour en exprimer les séductions familières. Il y a comme un parfum d'abondance et de tranquille bonheur répandu dans ce *Verger* où des femmes et des enfants se reposent parmi des gazons fleuris ou cueillent aux arbres voisins de beaux fruits mûris spontanément. Sauf un peu de dureté dans l'exécution, le *Concert* de la galerie Condé à Chantilly est exquis et nous montre une impression pareille d'agreste félicité. On dirait que la nature entière s'associe à la mélodie de ces deux jeunes musiciennes et au ravissement de leurs compagnes. On sent de quel amour le peintre aimait la musique. Assidu aux séances du Conservatoire, c'était là une des rares distractions qu'il s'accordait. Il comprenait le langage des maîtres de la Symphonie, de Beethoven surtout, et son âme s'ouvrait à leurs mystérieuses confidences. Les représentations de l'*Orphée* de Glück l'avaient profondément ému. Comme beaucoup d'artistes à ce moment, il les avait suivies avec un intérêt croissant, et le talent de Mme Viardot, la simplicité et l'élévation de son style, la noblesse sculpturale de ses poses et de ses gestes le remplissaient d'admiration. Pendant qu'elle était en scène, furtivement il griffonnait, au fond de son chapeau, quelques croquis rapides d'après les attitudes les plus expressives de la

ÉTUDES D'APRÈS NATURE.

COROT — VILLAGE EN PICARDIE.
(Phot. Lecadre.)

géniale interprète. En souvenir reconnaissant des pures jouissances qu'il lui devait, il essayait de traduire dans plusieurs tableaux les épisodes les plus émouvants de cet opéra : *Orphée entraînant Eurydice vers la lumière*, ou exhalant sa douleur d'avoir perdu son amie, parmi l'injurieux contraste des riantes perspectives de la nature en fête : « J'ai passé cet hiver-là aux Champs-Élysées, disait Corot, et je m'y suis senti très heureux. »

Si l'esprit de l'artiste trouvait une satisfaction bien légitime à traiter les beaux sujets que ses lectures ou ses impressions musicales lui suggéraient ainsi, les joies qu'il goûtait en face de la nature étaient plus vives encore. Il ne se lassait pas de la consulter, de vivre avec elle dans un commerce toujours plus intime. S'il ne se refusait pas à ces flâneries à travers la campagne, parfois plus efficaces que le travail lui-même, il emportait, du moins, toujours avec lui un carnet de poche pour y inscrire les observations que provoquaient ces promenades. Il s'était fait un système de notations graduées pour évaluer par des signes convenus l'éclat des lumières ou l'intensité des ombres et obtenir une échelle exacte des valeurs respectives du ciel, des eaux, des terrains et des arbres. Quand il était installé en face d'un motif de son choix, il s'absorbait dans son travail avec toute sa volonté et de toute son âme. Il se trouvait d'ailleurs plus que récompensé de l'énergie qu'exigeaient ces efforts, car il avait appris à *voir beau*, à extraire des sites les plus modestes tout ce qu'ils peuvent contenir de poésie. La réalité lui apparaissait plus belle que toutes les imaginations; il en recherchait les côtés intimes, dégageant de leur humilité même ce qu'il y a en elle de général et de permanent.

Sans imiter Claude, pour lequel il professait cependant une très vive admiration, Corot semble l'avoir continué avec un goût plus affiné et plus moderne. Comme lui, plus que lui encore, il a besoin d'ordre, de rythme dans les lignes, d'une certaine symétrie dans les arrangements; mais un abandon charmant corrige et voile ce qu'une régularité trop prévue amènerait de monotonie dans les dispositions. L'air circule librement partout et, comme la lumière traverse les mobiles feuillages, on dirait que la brise aussi les agite. L'artiste sait rompre par quelque arbre plus léger des masses trop sombres ou trop compactes : le tronc blanc d'un bouleau interposé éclaire ces masses, les fait fuir, les met à leur plan. Très nettement accusées par places, les silhouettes en d'autres endroits flottent, se perdent dans le ciel ou se mêlent avec les fonds. Çà et là une fine branche, filée nettement, et quelques feuilles indiquées avec plus de précision suffisent pour donner à peu de frais ce mélange de vague et de fermeté, de fondu et d'arrêté, qui est conforme à la réalité des choses. Ainsi que la nature elle-même, Corot ne prétend pas tout expliquer; mais à l'à-propos et à la justesse de ses brèves indications, on reconnaît l'artiste qui sait et qui, mûri par l'étude, met tout son savoir au service d'un sentiment très personnel. Pensant la chose facile, on a voulu l'imiter sur ce point et l'on ne s'est pas fait faute de le pasticher : ceux qui l'ont essayé ont cru lui prendre ses secrets; ils n'ont su que contrefaire grossièrement sa facture, sans jamais s'approprier sa poésie.

Si sincère que fût le talent du maître, il était à ce moment si nouveau, si différent de ce qu'on avait vu jusqu'alors que ceux qui, sans connaître la nature, ne jugent des interprétations qui en sont faites que d'après les œuvres contenues dans les musées, étaient déroutés par une aussi complète originalité. La photographie devait fort à propos apporter une

28. — C. COROT. — LE VILLAGE DE SIN-LE-NOBLE.
(MUSÉE DU LOUVRE, COLLECTION TOMY THIERRY;
PHOT. BRAUN, CLÉMENT ET C⁰.)

confirmation assez inattendue à la réputation grandissante de Corot et donner raison à ce qu'on appelait sa manière, en montrant sur quel fond solide de vérité il s'appuyait. Les reproductions de ses tableaux, en effet, semblent, avec une poésie qui lui appartient bien, faites d'après la nature elle-même. Il a eu d'ailleurs la chance très méritée de trouver des traducteurs dignes de lui ; les lithographies de Français et, ce qui est plus étonnant, les eaux-fortes de Chauvel rendent en perfection l'aspect de ses œuvres, non seulement dans l'entière justesse des valeurs mais avec la légèreté et le caprice intelligent de sa touche.

Avec le temps, la mythologie allait presque entièrement disparaître de l'œuvre de Corot. La simple nature l'attirait de plus en plus et il lui trouvait assez de charme pour penser qu'elle devait se suffire, sans qu'il fût besoin de la commenter par des réminiscences littéraires. Au lieu des héros de la fable et des fictions des poètes, il se contentait désormais des personnages anonymes dont sont peuplées nos campagnes : les fillettes cueillant des fleurs ou gardant des vaches, la pauvresse pliant sous sa charge de bois mort, le paysan qui passe sa houe sur l'épaule, le bûcheron abattant de sa cognée les troncs des grands arbres, le pêcheur qui retire son filet ou fait glisser sa barque parmi les roseaux. Les contrées jugées alors les moins pittoresques, l'Artois, la Picardie, lui révélaient, avec les motifs les plus humbles, leur intime beauté : c'était un pont jeté sur un petit cours d'eau ; une entrée de village avec ses chaumières basses et misérables ; une flaque d'eau ombragée par des saules ; un chemin qui monte à travers champs ; une sablière sous le ciel gris. Les années d'ailleurs passaient sur Corot sans entamer son invincible jeunesse. Dans l'été de 1873 — il avait alors 77 ans — en villégiature chez Alfred Robault, le gendre de son vieil ami Dutilleux, il peignait d'après nature l'admirable paysage de la collection Thomy-Thiéry connu sous le nom de la *Route d'Arras* et qui, en réalité, représente le village de Sin-le-Noble, près de Douai[1]. Levé dès cinq heures du matin, le vaillant artiste était aussitôt à sa tâche et pendant les cinq séances qu'il consacra à cette étude, il garda jusqu'au bout son entrain, la vive et charmante allure de son exécution. Aussi était-il joyeux comme un enfant des bonnes heures qu'il passait ainsi en face de la nature. Jamais,

1. Voir à ce propos l'intéressant article de M. E. Moreau-Nélaton, *Gazette des Beaux-Arts* du 1ᵉʳ juin 1903.

en ses meilleurs jours, il n'avait été mieux inspiré et le bonheur qu'il a trouvé à peindre cette œuvre délicieuse se communique à ceux qui la regardent. Elle vous attire de loin par son harmonie discrète, par la pureté matinale de la lumière et l'exquise douceur de ce jour un peu voilé ; c'est une délectation que de la considérer longtemps, de découvrir, en vivant avec elle, tout ce qu'elle contient de grâce et de poésie.

Tous ces coins modestes et ignorés, à côté desquels nous passerions indifférents, Corot nous oblige à les regarder, à les voir par ses yeux, à goûter le charme dont il sait les revêtir et qu'il communique à tout ce qu'il touche. Chaque année, dès la pointe du printemps, il avait hâte de s'échapper de Paris pour gagner les champs. Ému par cet éveil captivant de la végétation, il aimait à en suivre de près les progrès quotidiens. Après les longues réclusions de l'atelier, il se sentait rajeuni à humer cet air pur et vivifiant, à récréer ses regards de ces harmonies délicates et fugitives. C'étaient là pour le vieil artiste des moments privilégiés et, dans ses dernières études, on sent à la technique plus fine, aux colorations plus délicatement nuancées, je ne sais quel attendrissement qui se mêle à la joie de peindre. Quand, vers la fin de sa vie, Corot dut compter avec ses forces et ne plus s'accorder qu'à de longs intervalles ces pures jouissances, il ne pouvait regarder sans émotion les études qui les lui rappelaient. « Derrière le tronc de ce peuplier blanc, disait-il en me montrant l'une d'elles, il y avait un merle qui, de sa voix sonore, chanta pendant toute l'après-midi. Je l'entends encore et j'ai essayé de le faire entendre. Mais cette saison si délicieuse à voir est terrible à rendre. Le peintre ne peut donner l'idée ni de ces bonnes senteurs, ni de ces chants répandus dans l'air, pour annoncer la proche venue du printemps ! »

Sans dévier jamais, Corot avait paisiblement suivi sa route, avec une douceur inflexible, et l'originalité de son art lui valait, à la fin, parmi ses confrères, des admirations très ferventes. Il savourait la douceur d'être compris et se montrait touché des témoignages de sympathie qui de plus en plus lui étaient donnés. Un paysagiste fort épris de son talent, mettant un jour quelque réserve à lui exprimer ses éloges : « Allez donc, disait le maître, ne vous gênez pas ! Je n'ai pas été gâté par les louanges. Si j'en reçois un peu plus aujourd'hui, ça ne fera

TH. ROUSSEAU. — LISIÈRE DE FORÊT.
(Lithographie de L. Français.)

jamais que le compte. » « Corot est un véritable artiste, écrivait Delacroix, à la suite d'une visite faite à son atelier (14 mars 1847). Il faut voir le peintre chez lui pour avoir une idée de son mérite. J'ai revu là et apprécié tout autrement des tableaux que j'avais vus au Salon et qui ne m'avaient frappé que médiocrement. Il m'a dit d'aller devant moi, en me livrant à ce qui viendrait. C'est ainsi qu'il fait la plupart du temps et il n'admet pas qu'on puisse *faire beau* en se donnant des peines infinies. » Le vaillant artiste n'avait cependant pas ménagé ses efforts; mais, à l'encontre de ses contemporains tourmentés par des inquiétudes et des hésitations continuelles, il avait été de bonne heure fixé sur la justesse de ses aspirations.

Très accueillant envers les jeunes gens, il aimait à leur communiquer, parfois sous une forme piquante, les conseils de son expérience. Il leur recommandait « d'asseoir et de perfectionner la forme, ce qui est capital; mais surtout d'obéir en toute conscience et sincérité à leur instinct, à leur manière de voir, sans s'inquiéter du reste. C'étaient là des règles qu'il avait suivies lui-même, malgré les moqueries des camarades qui n'admettaient pas ses ouvrages, qu'on devait pourtant rechercher plus tard ». Comme il le faisait observer : « la nature n'est jamais deux minutes semblable à elle-même, mais au contraire, toujours changeante, selon la saison, le temps, l'heure et la lumière, le froid ou le chaud. Tout cela constitue sa physionomie, et c'est ce qu'il importe de bien traduire : un jour ceci, demain cela, et, une fois bien pénétré de ces divers accents, il faut en faire un ensemble qui sera ressemblant si vous avez bien vu ». C'étaient là, on le voit, exactement les idées que professait Constable.

Le caractère de Corot était bien d'accord avec son talent, et le calme, la sérénité qu'il mettait dans ses œuvres, il les avait mis dans sa vie. Avec sa robuste charpente, sa figure placide, son large front couronné de cheveux blancs, son regard fin et bienveillant, il avait, en vieillissant, pris un air vénérable. Sa physionomie était restée très ouverte et il conserva jusqu'au bout sa gaîté aimable et ses habitudes de simplicité. Il aimait à chanter en travaillant et s'interrompait de temps à autre pour « fumer pipette ». D'humeur égale, affectueux et doux, sa bonté était foncière. Il rendait justice aux talents les plus divers, mais sans trop se préoccuper de ce que faisaient les autres et sans jamais subir leur

TH. ROUSSEAU. — MARAIS DANS LES LANDES.
Musée du Louvre. (Phot. Braun, Clément et C¹⁰.)

influence. Il avait été longtemps ignoré, méconnu; il n'en avait éprouvé aucune aigreur, aucune impatience et il était incapable d'un mouvement de jalousie. Le souci de sa dignité était chez lui très vif et il n'aurait jamais songé à courir les antichambres à la poursuite des honneurs. Pour lui, il avait mieux à faire que d'assiéger de ses sollicitations les personnages officiels. Mais tout modeste qu'il fût, il avait conscience de sa valeur et il sentait bien que son jour viendrait. Dût-il ne pas venir, il se trouvait assez payé de ses peines par son amour de la nature et par les jouissances qu'elle lui procurait. Son âme, du reste, était ouverte à toutes les manifestations de la beauté, sous toutes ses formes. Un jour, en présence d'un paysage à la fois plein de simplicité et de noblesse, il s'écriait : « Quelle harmonie et quelle grandeur, c'est comme du Glück! » et une autre fois, comme les magnificences d'un coucher de soleil provoquaient l'admiration d'un de ses amis : « Oui, disait-il, c'est beau; mais Saint-Vincent-de-Paul aussi, c'est beau, c'est très beau! »

Sortant peu, heureux de travailler ou d'entr'ouvrir aux artistes la porte de cet atelier de la rue du Faubourg-Poissonnière dont ses études, qui tapissaient toutes les parois, étaient la seule parure, il demeurait dans son coin et, ainsi qu'il arrive souvent, on avait pris au mot ce modeste :

TH. ROUSSEAU. — LA FORÊT EN HIVER.
(Collection de M. P. Widener.)

il était resté à l'écart des distinctions officielles. Au salon de 1874, où il avait exposé trois tableaux excellents, on pouvait croire que la médaille d'honneur, qu'il méritait depuis si longtemps, lui serait cette fois accordée. Elle échut à un autre et, bien loin d'en être froissé, Corot ne témoigna aucune émotion. Une injustice aussi criante allait d'ailleurs lui valoir une éclatante réparation. Sur l'initiative de plusieurs de ses amis, une souscription fut ouverte, qui réunit aussitôt une somme suffisante pour offrir au maître une médaille d'or, sur laquelle, à côté de son profil, on lisait cette inscription : *A Corot, ses confrères et ses admirateurs. — Juin 1874.* Au banquet où elle lui fut offerte, le brave artiste, touché jusqu'aux larmes des marques de respectueuse affection qui lui étaient prodiguées, disait à son ami, M. Marcotte, près duquel il était assis : « On est bien heureux de se sentir aimé comme ça ! »

Avec le culte de son art, Corot s'était, du reste, assuré des satisfactions plus hautes que celles d'une ambition vulgaire. On pourrait citer des traits nombreux et d'une délicatesse exquise de son inépuisable bonté. L'argent qu'il gagnait s'écoulait entre ses doigts et il remerciait chaudement ceux qui, en lui indiquant des infortunes dignes d'intérêt, lui permettaient de les soulager. Sa bourse était toujours ouverte pour des prêts qu'il savait bien être des dons. Ayant appris que, faute d'argent pour payer la petite maison qu'il habitait à Valmondois, Daumier allait en être expulsé, Corot s'était sur-le-champ rendu acquéreur de cette propriété et lui en avait envoyé les titres avec ce simple mot : « Je défie bien maintenant qu'on te mette à la porte! » Il en usait de même à la mort de Millet et, sachant la gêne où l'artiste avait laissé sa nombreuse famille, il faisait, pendant dix ans, une pension de 1000 francs à sa veuve. Nous ne serions pas embarrassé de citer ici une foule de témoignages pareils de sa générosité toujours ingénieuse et vigilante, et combien cependant sont restés ignorés!

Au mois d'octobre 1874, la perte de la sœur de Corot, près de laquelle il avait toujours vécu, lui causait une profonde douleur. Vers cette époque aussi, sa santé commença à décliner rapidement. Il dut bientôt se refuser aux réunions intimes d'un petit cercle dont il était la joie et l'honneur, mais où il se trouvait exposé à des émotions qui pouvaient lui être nuisibles. Ses amis l'entouraient de leur mieux et il était reconnaissant des marques de leur dévouement. La mort approchait et il s'habituait courageusement à la voir venir. « Me voici presque arrivé à la résignation », disait-il à Français qu'il avait retenu auprès de lui, dans la prévision que l'adieu qu'il lui adresserait serait le dernier; « mais ce n'est pas facile et voilà longtemps que j'y travaille. Pourtant je n'ai pas à me plaindre de mon sort; bien, au contraire! J'ai eu la santé pendant soixante-dix-huit ans, l'amour de la nature, de la peinture et du travail; ma famille se composait de braves gens; j'ai eu de bons amis et crois n'avoir fait de mal à personne. Mon lot dans la vie a été excellent et loin d'adresser aucun reproche à la destinée, je ne puis que la remercier. Il faut partir, je le sais et ne veux pas y croire; malgré moi, je conserve un peu d'espérance.... » Mais le mal avait empiré. A certains moments où, sous l'action de la fièvre, sa pensée flottait sans direction, il agitait sa main droite, comme pour peindre « les admirables paysages qui lui apparaissaient ». Le jour de sa mort, refusant la nourriture qu'on lui offrait pour son repas du matin, il ajoutait avec son bon sourire : « Aujourd'hui le père Corot déjeune là-haut. » Le soir même, le 23 février 1875, à onze heures, il s'éteignait.

***

III

Né le 15 avril 1812 à Paris, seize ans après Corot, Théodore Rousseau allait manifester dans sa façon de comprendre et d'exprimer le paysage des visées bien différentes. Il était le fils d'un tailleur originaire de Salins, dans le Jura; mais sa famille n'était pas tout à fait étrangère au goût, ni même à la pratique des arts, et parmi ses ascendants, du côté de sa mère, on comptait des peintres et des sculpteurs. Après avoir reçu quelque instruction, l'enfant était envoyé chez des parents à la campagne, en Franche-Comté, pour y fortifier sa santé. Il y avait vécu une année, au grand air, au milieu des forêts, parmi les bûcherons et les charbonniers. Frappé par la beauté du pays, il essayait déjà de crayonner naïvement quelques-uns des aspects de cette contrée sauvage. A son retour à Paris, son père, préoccupé de son avenir, rêva un moment de le voir entrer à l'École polytechnique. Mais les souvenirs restés vivaces du séjour dans le Jura revenaient sans cesse à l'esprit du jeune homme et lui inspiraient le désir ardent de se faire paysagiste. Tout en continuant ses classes, il était parvenu, sans en rien dire à personne, à acheter sur ses petites économies une boîte de couleurs, muni de laquelle il se mit à peindre, pendant l'été de 1826, d'après le cimetière et le télégraphe de la Butte-Montmartre, une petite étude que plus tard il ne jugeait pas indigne de figurer à l'Exposition universelle de 1867.

Ses parents, pleins de tendresse pour lui, cédèrent à ses instances et lui permirent de suivre sa vocation. Après une saison passée à Compiègne, chez un cousin de sa mère, le peintre Pau de Saint-Martin, Rousseau était, sur ses conseils, entré dans l'atelier de J.-Joseph Rémond qui, avec un *Enlèvement de Proserpine*, avait en 1821 obtenu le Grand Prix de Rome pour le paysage historique. Élève de Bertin, Rémond était un des représentants les plus accrédités des doctrines académiques; mais jusqu'à la fin de sa longue carrière, — il mourut le 15 juillet 1875, à l'âge de quatre-vingts ans, — il ne cessait pas de s'inspirer de la nature en cherchant les motifs de ses tableaux, soit dans le midi de la France, soit en Suisse ou en Italie.

Plein de déférence envers son maître, Rousseau avait d'abord suivi

TH. ROUSSEAU. — PLATEAU DE BELLE-CROIX.
(Collection de M. A. Belmont.)

avec docilité des enseignements qui cependant ne répondaient guère à ses aspirations. Pour lui complaire, tout en apprenant les éléments de son métier, il s'appropriait les procédés de composition en vogue à cette époque et concourait pour le prix de Rome. Le sujet du concours était cette année-là : *le Cadavre de Zénobie est recueilli dans les flots de l'Araxe par des pêcheurs*, et l'on conçoit qu'un pareil programme n'excitât que médiocrement l'imagination d'un jeune homme auquel le nom de Zénobie était tout aussi inconnu que celui de l'Araxe. Pour se dédommager de ces contraintes, dès qu'il le pouvait, Rousseau gagnait les champs et retrouvait la nature. Il n'avait pas à la chercher bien loin. Partout, dans la banlieue, à Saint-Cloud, au Bas-Meudon, à Saint-Ouen, et à Paris même, dans les grands jardins et les terrains vagues qu'on y voyait encore en maint endroit, bien des coins pittoresques sollicitaient ses pinceaux. Il goûtait en pleine liberté les jouissances que lui procuraient ces études et sentait que c'était là sa vraie voie. Bientôt même, comprenant qu'entre les deux directions qui s'offraient à lui l'écart était trop grand pour dédoubler ainsi sa vie, il se séparait de son maître et dans la belle saison, en 1828 et 1829, il s'installait à Moret, sur les bords du Loing, puis dans la vallée de Chevreuse.

PREMIÈRES ÉTUDES.

TH. ROUSSEAU. — LE CHÊNE.
(Collection de M. Mesdag.)

Les études les plus pittoresques et les plus variées étaient à sa portée. Celles qu'il peignit alors, très serrées, mais un peu menues dans les formes, un peu ternes et opaques dans les colorations, témoignent de sa sincérité. L'hiver le ramenait à Paris où il faisait au Louvre des copies, notamment d'après Claude Lorrain et Karel Du Jardin. Afin de se perfectionner dans la connaissance de la figure humaine, il fréquentait aussi quelque temps l'atelier d'un peintre d'histoire très réputé, Guillon-Lethière, sans doute avec l'idée de concourir de nouveau pour le prix de Rome. Mais ce n'était là qu'une velléité passagère et à laquelle il ne donna aucune suite. Autour de lui, la lutte romantique était déjà engagée et ses aînés, Paul Huet, Cabat, Flers, Decamps et Roqueplan prenaient une part active à la mêlée. Rousseau, avec son caractère doux et pacifique, était peu fait pour la bataille. Loin des discussions violentes où se dépensaient les plus ardents, il vivait à l'écart et travaillait sans relâche. Perdu dans la grande ville, il s'y sentait encore plus isolé qu'à la campagne.

Sur la foi de renseignements qu'on lui avait donnés, il gagnait l'Auvergne au mois de juin 1832, tenté par la rudesse et la sauvagerie de cette région, alors tout à fait retirée. Rousseau y trouvait amplement de quoi satisfaire ses admirations. Il partageait la nourriture frugale et les installations sommaires des fromagers et des sabotiers; sa santé s'était fortifiée et il ne craignait plus ni la fatigue, ni les privations. Capable de longues courses sous la pluie ou le soleil, il s'oubliait, tant que durait le jour, à travailler en plein air, avec un opiniâtre désir de s'instruire. Les abords du lac Chambon, les environs de Thiers, ceux surtout de cette merveilleuse ville du Puy — que les touristes étrangers s'accordent à proclamer une des plus pittoresques de l'univers — l'avaient retenu tour à tour, et les loyales images qu'il rapportait de ces différentes localités marquent les étapes successives de ses études.

Rentré à Paris, il y retrouvait chaque soir, après son travail quotidien, un petit cercle d'artistes qu'il connaissait déjà, entre autres Decamps, Diaz et Ary Scheffer. Ce dernier, frappé de ses dispositions et de ses progrès, lui témoigna de bonne heure une sympathie qui devait lui être très utile. Mais, timide et réservé comme il l'était, Rousseau se sentait toujours plus dépaysé parmi les militants du romantisme. Avec sa parole un peu embarrassée, il n'avait aucun goût à se mêler à leurs revendications tapageuses. Son langage était la peinture, et c'est par ses œuvres seules qu'il entendait manifester ses convictions. En 1831, il envoyait pour la première fois au Salon un *Site d'Auvergne*, dans lequel il avait insisté un peu lourdement sur les détails et amoindri d'autant la franchise de l'impression. Aussi cette œuvre qui portait la trace trop appuyée de ses efforts ne fut guère remarquée.

Avec les premiers soleils, la nature allait le consoler de son insuccès. Suivant le cours de la Seine, il descendit le fleuve jusqu'en Normandie. C'était là pour lui une contrée bien différente de celles qu'il avait explorées jusqu'alors. Aussi, en présence de ses ciels plus lumineux et plus animés, de ses cours d'eau s'écoulant paisiblement parmi des herbages plantureux, il avait éclairci sa palette un peu assombrie par l'Auvergne. Ses principales stations nous sont connues par les nombreuses études qu'il fit à ce moment et qu'il garda dans son atelier jusque vers la fin de sa vie : les Andelys, avec le Château Gaillard et les belles sinuosités de la Seine; les environs de Rouen et, en poussant jusqu'à la mer, Granville, sa plage mélancolique, semée de rochers épars et ses hautes falaises dont les folles herbes, ondulant sous la brise, veloutent les contours.

Ravi de cette première campagne, Rousseau était retourné l'année d'après en Normandie, puis, se dirigeant vers l'est, il faisait un séjour au Mont-Saint-Michel. La sauvage beauté de cet îlot surgissant au milieu de la grève et la majesté des constructions étagées sur ses pentes l'avaient profondément frappé. Avec une conscience extrême, il s'appliquait à exprimer le contraste de cette nature grandiose et de cette architecture à la fois si riche dans ses détails et si imposante par sa masse. C'est au Mont-Saint-Michel qu'il faisait la connaissance du paysagiste Ch. de la Berge (1805-1842), et la ténacité, les scrupules d'exactitude que celui-ci apportait dans le rendu le plus minutieux de la réalité ne laissaient pas de l'émouvoir. A son exemple, mais avec plus d'ampleur, Rousseau s'efforçait de pousser plus à fond ses études. Sans perdre de sa précision, sa facture, jusque-là un peu âpre, devenait plus souple. Il apprenait à mieux choisir ses motifs, à conserver à chacun d'eux son caractère particulier. Le labeur obstiné auquel il s'était livré devait porter ses fruits, et la *Côte de Granville*, qu'il exposait en 1833, attirait très justement sur lui l'attention: il n'avait alors que vingt et un ans. Mais le jeune artiste n'était pas homme à exploiter la faveur publique. Il se croyait, par ce succès même, engagé à des efforts plus énergiques pour développer son talent.

Jusque-là, dans ses œuvres, le côté décoratif avait tenu une grande place. C'étaient le plus souvent des vues pittoresques, des panoramas, où les arbres ne jouaient qu'un rôle secondaire et n'apparaissaient qu'en masse, aux arrière-plans. Avec le temps, il s'était mis à les aimer de plus en plus, et l'ambition lui vint de mieux exprimer leur beauté propre et d'en faire le sujet principal de ses tableaux. Afin de pousser plus avant ses études en ce sens, il était allé s'installer au cœur de la forêt de Compiègne. Là, tout entier à son travail, il s'exaltait dans sa griserie solitaire. Ses lettres débordent d'un enthousiasme lyrique. « Il a besoin de se cacher plus obscurément que jamais », d'oublier tout, pour ne pas se laisser détourner de sa tâche. En même temps que ses futaies de hêtres et de chênes, la forêt lui offre d'ailleurs ses étangs, les villages perdus dans ses profondeurs, les ruines encore abandonnées du château de Pierrefonds. Frappé de la poésie de ces grands bois, l'idée lui prit alors de retourner dans la forêt de Fontainebleau, qu'il n'avait guère fait qu'entrevoir à l'époque de son premier séjour à Moret. Mieux renseigné cette fois, c'est par un autre côté qu'il l'aborde, et il trouve à Chailly, chez la mère Lemoine, la nourriture et le gîte pour quarante sous par jour. L'automne étalait à ce moment la splendeur de ses colorations dans la vieille forêt. Comme Senancour qui, le premier, avait goûté sa beauté, il est avide d'en découvrir tous les aspects. Sans se lasser, marchant fiévreusement des journées entières, il la parcourt dans toutes les directions, s'égarant parfois en ces courses folles qu'il poursuit jusqu'à la nuit close.

Mais si modique que fût le prix de la pension à l'auberge de Chailly, les faibles ressources de Rousseau s'étaient épuisées avant qu'il eût le temps de s'installer sérieusement au travail. Avec l'hiver, il avait fallu retourner à Paris pour essayer d'y gagner quelque argent. Ce fut alors une période de gêne et de vie misérable. Par bonheur, au sixième étage de la maison de la rue Taitbout où il logeait, un jeune critique, ardent comme lui, épris comme lui d'art et de nature, Th. Thoré, habitait une mansarde voisine de la sienne. Leur misère et la communauté de leurs goûts les avaient rapprochés. Ils échangeaient leurs idées, ils allaient ensemble au Louvre, où les œuvres des maîtres flamands et hollandais les attiraient de préférence. Thoré qui, par ses prédications chaleureuses, devait les remettre en honneur, exhalait en leur présence toute sa verve et ne croyait pas les louer assez s'il ne leur sacrifiait, avec une férocité inconsciente, les Italiens les plus en vue, et les représentants les plus accrédités du style et des doctrines académiques. Des visées politiques et des plans de réforme sociale se mêlaient souvent à ses diatribes passionnées, et il gourmandait Rousseau de sa tiédeur et de son indifférence à cet égard. Mais leur amour sincère de la nature les unissait et leur faisait oublier ces divergences passagères. De leurs taudis, la vue s'étendait au loin sur l'horizon des toits et des cheminées de la grande ville. « Assis sur les rebords des fenêtres étroites, les pieds pendant au-dessus du vide », c'est à peine si, en se penchant, ils découvraient, à travers une échancrure, un morceau de l'hôtel de Rothschild et un petit peuplier qui, avide d'air et de lumière, allongeait vers le ciel

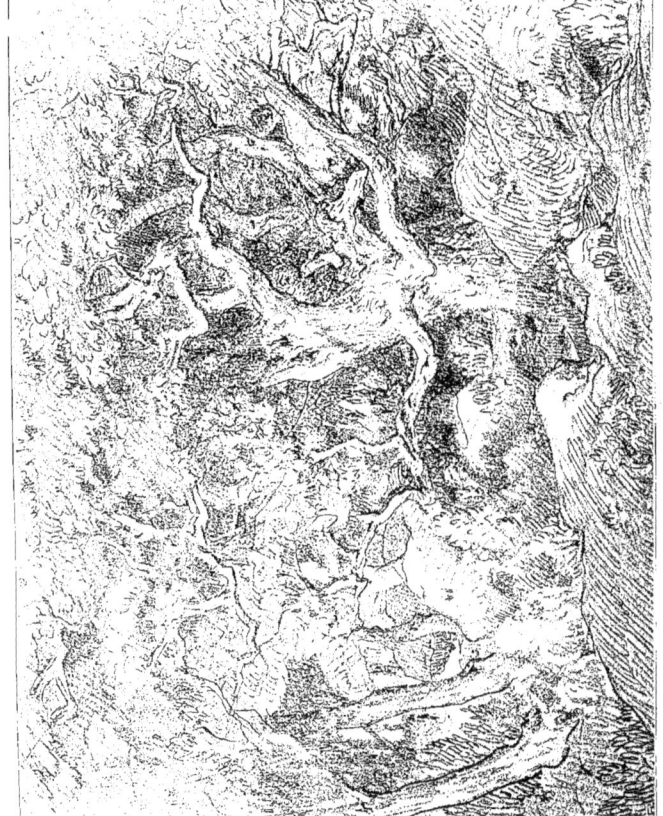

TH. ROUSSEAU. — LE CHÊNE DE ROCHE.
Dessin. (Phot. Braun, Clément et Cie.)

ses bras dépouillés. Cet arbre, pour les deux jeunes gens, était toute la nature.

« Te rappelles-tu, disait plus tard Thoré, en dédiant à son ami son étude sur le Salon de 1844[1], te rappelles-tu ce petit arbre du jardin Rothschild que nous apercevions entre deux toits?... Au printemps, nous nous intéressions à la pousse de ses feuilles, et nous comptions celles qui tombaient à l'automne. Et avec cet arbre, avec un coin de ciel brumeux, avec cette forêt de maisons entassées, tu créais des mirages qui te trompaient souvent dans ta peinture sur la réalité des effets naturels. Tu te débattais ainsi par excès de puissance, te nourrissant de ta propre invention que la vue de la nature ne venait point renouveler. La nuit, tourmenté d'images sans cesse variées et flottantes, tu te relevais, fiévreux et désespéré. A la clarté d'une lampe hâtive, tu essayais de nouveaux effets sur ta toile déjà couverte bien des fois, et le matin je te retrouvais fatigué, triste comme la veille, mais toujours ardent et misérable. »

Thoré essayait en vain de protéger contre les destructions de l'artiste ces ébauches successives, « caprices chéris pendant vingt-quatre heures et caressés avec passion », auxquels les nobles inquiétudes d'un idéal toujours fuyant faisaient bientôt succéder d'autres visions. Parfois, poussés par le même besoin de se retremper au contact de la vraie nature, tous deux s'échappaient aux champs. « Te rappelles-tu encore, écrivait Thoré, nos rares promenades aux bois de Meudon ou sur les bords de la Seine, quand, en fouillant dans tous les tiroirs, nous avions pu réunir à nous deux une pièce de cinquante sous? Alors, c'était une fête presque folle au départ. On mettait ses plus gros souliers, comme s'il s'agissait de partir pour un voyage à pied autour du monde; car nous avions toujours l'idée de ne plus revenir. Mais la misère tenait le bout du cordon de nos souliers et nous rattirait de force vers la mansarde, condamnés à ne voir dehors qu'un seul tour de soleil. Notre bourse ne durait guère. L'air de la Seine est bien vif et il faisait faim sous les bois. »

Du moins, la nature offrait à ces affamés « des orages gratis et des spectacles imprévus, disposés exprès pour eux ». C'étaient là des

1. *Salons de Th. Thoré*; 2ᵉ édit., 2 vol. in-12; 1870.

occasions mémorables, trop rares, et dont le souvenir les réconfortait longtemps. Au retour, il fallait se replonger dans les labeurs ingrats, gagner péniblement, l'un avec sa plume, l'autre avec son pinceau, de quoi suffire à leur chétive existence. Rousseau s'était aussi, vers cette époque, lié avec Jules Dupré qui, tout à fait de son âge, avait les mêmes goûts pittoresques, et il était fort tenté de l'accompagner dans la Creuse dont celui-ci lui avait vanté les merveilles. Cependant le désir de revoir le Jura, d'y retrouver ces premières impressions d'enfance qui avaient décidé de sa vocation l'emporta. Il partit donc, avec l'idée d'abréger son séjour s'il avait quelque déception. Mais les enchantements que lui réservait la montagne le retenaient pendant quatre mois au col de la Faucille, dans une petite auberge située à plus de 1300 mètres d'altitude. C'est de là qu'il écrivait à sa mère pour lui parler joyeusement de la vie qu'il menait, « toujours la même et heureuse vie, toujours aussi ardent pour voir que vigoureux pour courir » (17 août 1834). Si la nourriture était des plus simples, l'artiste avait comme compensation « ses régals de fraises et de framboises parfumées, qu'il cueillait lui-même en abondance sur ces hauteurs ». Cette fois, au lieu de se disperser en des études de hasard, sans but déterminé, il se proposait de résumer dans quelques œuvres mûrement préparées le caractère dominant de ce pays et « de donner sur ses toiles une idée de l'immensité qui l'environne ». Il cherche donc, il épie tous les moments où cette nature, déjà grande par elle-même, apparaît plus grandiose encore, avec les superbes mouvements des nuages et les jeux variés de l'atmosphère. Levers et couchers du soleil, déchaînements des orages, nuits silencieuses sous le dôme profond du ciel étoilé, il se repaît de ces spectacles augustes. A son retour à Paris, il rapportait une vingtaine d'études faites le long de la chaîne des Alpes. Outre une *Vue du Mont-Blanc*, à laquelle il travailla toute sa vie, il avait entrepris de retracer une des scènes qui l'avaient le plus frappé et dont il avait été témoin du haut du balcon de la sous-préfecture de Gex, qu'administrait alors un de ses amis : c'était la *Descente des vaches* dans une haute vallée du Jura, œuvre d'un aspect un peu rude, mais pleine de force et de grandeur. Les animaux y tenaient une large place, et bien que chacun d'eux ne fût pas dessiné avec une correction scrupuleuse, le mouvement de ces troupeaux était, dans son ensemble,

TH. ROUSSEAU. — LA SOURCE DU LISON.
(Dessin.)

assez fidèlement rendu[1]. Le tableau, envoyé au Salon de 1836, avait été refusé par le jury. Mais Ary Scheffer, fort épris du talent de Rousseau, le lui avait acheté et l'exposait dans son atelier où de nombreux visiteurs, conviés par lui, étaient venus l'admirer. Du reste, c'était déjà par l'obligeante entremise de Scheffer qu'en février 1834, le duc d'Orléans s'était rendu acquéreur d'une *Lisière de Forêt*, peinte également par l'artiste et dont le motif était des plus simples.

Rousseau n'était pas seul alors à subir les rigueurs du jury, et, à ce même Salon de 1836, Paul Huet, Marilhat, Delacroix, bien d'autres encore avaient éprouvé le même sort. Pendant douze années consécutives, il était victime d'injustices pareilles. Mais il ne s'abandonnait pas au découragement, et, loin de nuire à sa réputation, ces exclusions systématiques lui attiraient bien des sympathies. Il était désormais très apprécié de ses confrères les plus en vue, et un certain jour Delacroix avait amené George Sand dans son atelier pour y voir ses études. Le travail d'ailleurs lui procurait les satisfactions qu'il désirait avant tout. Attiré de nouveau par la forêt de Fontainebleau, vers la fin de l'automne, il avait appris à la mieux connaître à ce moment de l'année où à ses splendeurs s'ajoute le charme de son entière solitude. Installé cette fois à Barbizon, chez le père Ganne, il y passait l'hiver de 1836-1837. Captivé par la sauvage beauté de cette saison, il dessinait et peignait courageusement en plein air, par tous les temps, les doigts roidis par le froid. Comme il le disait, « il voulait jouer sur le grand clavier et toucher à toutes les harmonies ».

A la suite de la mort de sa mère qui l'avait profondément attristé, il cédait aux sollicitations d'un de ses admirateurs, Charles Le Roux, devenu son ami et son élève, et il faisait près de lui un séjour en Vendée. Connaissant bien la contrée où il résidait, Le Roux en révélait à son hôte les coins les plus pittoresques, et, profitant de ses conseils, il arrivait lui-même à en exprimer quelques-uns des aspects les plus caractéristiques. Dans une telle compagnie, se sentant ainsi entouré d'affection, Rousseau devenait très communicatif. Sans autre souci que celui de

---

[1]. Cette toile de dimensions assez grandes appartient à M. Mesdag, le célèbre peintre de marines et fait partie de la belle collection d'œuvres modernes qu'il a réunies à La Haye et qu'il vient de donner à la Hollande; malheureusement l'emploi immodéré du bitume a un peu noirci l'aspect et altéré la conservation de cet important ouvrage.

son art, il amassait de nombreuses études qu'il garda longtemps dans son atelier, comme *le Marais en Vendée* et *le Château de Bressuire*, et il peignait sur place dans des dimensions un peu plus grandes, sa célèbre *Allée de Châtaigniers*. C'était une avenue, se présentant presque de face, dont les cimes des vieux arbres se rejoignaient de part et d'autre pour former une voûte de verdure presque impénétrable. Mais la simplicité même du motif imposait à Rousseau l'obligation de le traiter avec toute la conscience dont il était capable.

FR. MILLET. — LE NOUVEAU-NÉ.
Dessin. (Phot. Giraudon.)

Suivant une habitude à laquelle il demeura fidèle, après avoir avec soin choisi sa place, il commença par faire sur sa toile même une esquisse très exacte, qu'il peignit ensuite d'un ton de bistre monochrome. Il trouvait à cette manière de procéder l'avantage de fractionner les difficultés de sa tâche, en établissant d'abord, avec toute la correction possible, la charpente de son œuvre et la mise en place des masses principales. C'était pour lui l'occasion de se familiariser avec les formes qu'il avait sous les yeux et en même temps de se rendre compte des conditions d'éclairage les plus favorables, afin d'arrêter l'heure précise de l'effet et les valeurs des divers éléments pittoresques de son œuvre. Si, par l'obstination qu'il mit à travailler à ce tableau, il l'avait, à la fin, un peu durci, du moins l'effet en était resté très puissant, et la nouveauté de ces recherches témoignait hautement de la conscience de Rousseau. La peinture très sage, très loyale, n'avait d'ailleurs rien d'agressif; elle commandait l'atten-

FR. MILLET. — LA BERGÈRE.
Dessin. (Phot. Giraudon.)

tion ; elle aurait dû mériter quelque sympathie à son auteur. Envoyée au Salon, l'*Allée des Châtaigniers* y fut cependant refusée. L'injustice de cette rigueur, bientôt signalée par les admirateurs de l'artiste, souleva de nombreuses et vives protestations. Un amateur éclairé de cette époque, M. Paul Périer, acheta pour 2000 francs, somme alors importante, l'œuvre que la brutale décision du jury avait contribué à rendre plus célèbre encore et qui marque une date dans la carrière du paysagiste.

C'est également en Vendée, sur les bords de la Sèvre nantaise, que Rousseau avait réuni les éléments d'un de ses tableaux les plus réputés, cette *Vallée de Tiffauges* qui, après avoir appartenu au baron Papeleu, a passé ensuite dans diverses collections, pour atteindre, en vente publique, il y a quelques années, le chiffre respectable de 75000 francs. Bordée de peupliers, de saules et de frênes élancés, dominée au centre par une colline boisée, la modeste rivière occupe tout le premier plan de la toile, et son eau peu profonde laisse entrevoir dans sa transparence les grandes herbes qui tapissent son lit et semblables à de vertes chevelures, se tordent au gré du courant. Cette eau, qui s'écoule lentement au milieu d'une riche végétation, parmi des roches moussues, est une merveille d'exécution. Le peintre a su indiquer à la fois sa couleur propre, les reflets des arbres voisins et du ciel qui s'y mirent, les plantes qui flottent à sa surface et celles qui plongent dans ses profondeurs.

De pareilles recherches étaient alors trop nouvelles et le public y était trop peu préparé pour qu'il goutât beaucoup l'art de Rousseau. Un amour de la nature aussi vivace était tenu pour révolutionnaire. Mais la constance et la loyauté du paysagiste lui valaient parmi ses confrères des sympathies bien faites pour le toucher. Entre tous, Jules Dupré se montrait un de ses plus ardents défenseurs et il ne laissait passer aucune occasion de lui témoigner la camaraderie la plus dévouée. Voyant le souci de perfection toujours inquiet qui poussait Rousseau à retoucher indéfiniment ses tableaux, il le sermonnait à cet égard, essayant de sauver de ses propres mains des œuvres excellentes dont des remaniements trop fréquents alourdissaient la facture et assombrissaient les tonalités. Rousseau sentait la justesse de ces conseils et s'en montrait reconnaissant. Sur les indications de son ami, il se décidait à faire un séjour dans l'Indre, puis sur les bords de la Creuse dont les beaux arbres et les étangs l'avaient surtout séduit. Ainsi que d'habitude, il se livrait à un travail assidu; mais abandonné à lui-même, il regrettait la société de Dupré et le soutien qu'il trouvait en lui. Les lettres qu'il lui écrivait trahissent son découragement. « Avec notre malheureuse passion pour l'art, lui disait-il, nous sommes voués à un tourment perpétuel; sans cesse, nous croyons toucher à une vérité qui nous échappe. » L'indifférence du public et l'état de gêne dont il ne pouvait sortir lui inspiraient parfois la tentation de revenir au paysage historique et il songea un instant à peindre Jeanne d'Arc écoutant les Voix au milieu d'une forêt. Mais bien vite, en présence de la nature, il reprenait confiance et poursuivait sa tâche accoutumée. « L'arbre qui bruit, la bruyère qui pousse, voilà pour moi la grande Histoire, celle qui ne changera pas. Si je parle bien leur langage, j'aurai parlé la langue de tous les temps.... Notre art, ajoutait-il, n'est capable d'atteindre au pathétique que par la sincérité de la portraiture. »

Dès son arrivée à Paris, il avait eu hâte de revoir Dupré. Las de la ville et pris tous deux d'un même accès de misanthropie, ils formèrent alors le projet de faire ensemble un séjour dans les Landes, qu'on leur dépeignait comme une contrée tout à fait sauvage. « Ça doit être beau, disait Dupré, et puisqu'on fuit ce pays, c'est là qu'il faut aller. » De quelques-uns des humbles motifs qu'il y trouva, Rousseau a tiré des œuvres justement réputées, comme *le Four banal*, une pauvre construction en briques, au-dessus de laquelle des buissons de chênes rabougris tordent leurs bras noueux et, de part et d'autre, sous le ciel morne, la bande étroite d'un horizon bleuâtre qui, sous la chaleur accablante de cette après-midi d'été, semble vibrer d'un tremblement continu. *Le Marais* du Louvre, qui a fait partie de la collection Hartman, est encore plus célèbre. C'est une vue de la plaine immense qui des Landes se déroule jusqu'au pied des Pyrénées, dont les cimes neigeuses apparaissent à l'horizon. Le ciel, d'un gris terne, manque, il est vrai, de transparence et de profondeur, et le premier plan sombre, trop peu reflété et découpé en repoussoir, pèse lourdement sur le cadre. En revanche, le centre du paysage est traité d'une façon magistrale. La chaîne des montagnes et les dentelures de leurs sommets, les plans successifs des terrains et le marais surtout avec sa végétation flottante de nénufars dont les feuilles d'un vert tendre se mêlent au bleu sourd de l'eau, en un mot tout ce qui peut ici faire l'intérêt du motif est si vrai, si imprégné de lumière, d'un dessin si savant et d'une exécution si souple que, sans penser aux difficultés vaincues par l'artiste, on ne songe qu'aux satisfactions qu'il a dû goûter au milieu de cette région pittoresque dont il a si bien rendu l'attachante poésie.

Ce furent là pour lui des moments privilégiés; mais l'idéal qu'il poursuivait était trop complexe, trop inaccessible pour qu'ils pussent durer bien longtemps. Aimant profondément la nature, l'admirant jusque dans ses moindres détails, Rousseau aurait voulu dans chacune de ses œuvres en exprimer toutes les beautés; jamais content de ses études, il ne les croyait jamais finies. Elles perdaient, en somme plus qu'elles ne gagnaient à ces reprises réitérées. Poussé par l'illusion du mieux, il détruisait ce qu'il avait fait, sans retrouver toujours les qualités dont il ne s'était pas contenté. Alors commençaient pour lui ces désespoirs auxquels, dès sa jeunesse, Thoré l'avait déjà vu en proie. A force de peiner sur son œuvre, il la fatiguait, s'en fatiguait lui-même et il devenait incapable de la juger. En dépit de son énergie, il doutait alors de sa voie et cédait à des accès de profond découragement.

CH. JACQUE. — MOUTONS SUR LA LISIÈRE D'UN BOIS.
(Phot. Giraudon.)

C'est en de telles circonstances que les sages conseils de Dupré étaient les bienvenus et avaient le plus de chance d'être écoutés. Très judicieusement, son ami le suppliait de s'arrêter à temps, de se résigner à certaines imperfections, gages parfois de mérites supérieurs. Rousseau sentait tout le prix de cette amicale franchise. Désireux de prolonger sa campagne d'études au dehors et aussi de ne point se séparer de Dupré, il était allé, au mois d'octobre 1845, s'établir près de lui, à Monsoult, sur la lisière de la forêt de L'Isle-Adam. Il y trouvait un pays aimable, des arbres élégants, penchés sur le cours de l'Oise ou semés dans les gracieuses vallées qui y débouchent. Quelques-uns des tableaux qu'il peignit alors contrastent par la clarté de leur aspect et l'aisance de leur facture avec ses œuvres précédentes. A voir ces grands peupliers épars sur les berges de la paresseuse rivière, leurs feuillages dorés qui s'élèvent dans l'azur, les eaux calmes qui les reflètent, la brume violacée qui, vers le déclin des belles journées, estompe l'horizon, on dirait que la nature déjà alanguie s'est parée de ses grâces les plus séduisantes avant d'entrer dans les longs sommeils qui vont suivre.

Les froids venus, les bois voisins offraient à Rousseau leurs austères solitudes. Frappé par la beauté d'un effet fugitif, il avait retracé, dans *le Givre*, le spectacle vraiment féerique auquel il assistait, avec l'aspect étrange de ces bois saisis par la gelée qui en dessine délicatement toutes les formes et jusqu'aux plus menus détails de leurs feuillages et

CH. JACQUE. — VACHES EN PATURE.
(Collection de M. Léon Bonnat.)

de leurs brindilles. N'ayant sous la main qu'une toile déjà utilisée, il avait su, sous les légers glacis de blanc dont il la recouvrait, en laisser çà et là transparaître les dessous. Il tirait ainsi parti des heureux hasards que lui offrait cette pratique, pour obtenir les tons opalins, finement nuancés dont la forêt s'était parée. L'entrain avec lequel il enlevait cette peinture lui conservait une vivacité et une franchise d'impression qui se retrouvent rarement à ce degré dans ses ouvrages, plus longuement travaillés. A côté de ces improvisations, il se proposait de fixer dans des compositions plus importantes le souvenir de beautés moins passagères. C'est alors qu'il commença cette *Forêt en hiver*, souvent reprise et interrompue et qu'il ne devait jamais finir : des chênes immenses, espacés dans les profondeurs d'une forêt séculaire et à travers le lacis de leurs branches dépouillées, le soleil qui va disparaître dans le ciel en feu. La donnée était superbe; mais toujours inquiet d'y mettre plus de grandeur et de force, le maître ne cessa pas, au cours des années, de remanier son œuvre et d'en noircir peu à peu l'aspect.

Si endurcis qu'ils fussent aux intempéries, les rigueurs de la saison avaient à la fin chassé les deux peintres. Mais en rentrant à la ville,

Rousseau ne voulut pas quitter son ami et il vint se loger place Pigalle à deux pas de l'avenue Frochot où habitait Dupré. Étranger au mouvement et aux distractions de la vie mondaine, il continuait à travailler à l'écart des intrigues et des agitations des coteries. Après un séjour fait en 1846, dans le Berry, où il rendait visite à George Sand, il se sentit de nouveau attiré par la forêt de Fontainebleau. Ayant désormais satisfait cette fièvre de curiosité à laquelle il avait si souvent cédé, il était pris du désir impérieux de se retirer dans un pays qui lui plût et à l'étude duquel il pourrait se consacrer sans partage.

A peu près respectée jusqu'alors, la forêt de Fontainebleau allait lui offrir les ressources d'étude incomparables qui font d'elle comme un immense domaine réservé aux paysagistes. La vieille forêt avait encore, au commencement du siècle dernier, conservé sa sauvagerie primitive. Elle ne prenait accidentellement un peu d'animation que pendant les séjours de chasse qu'y faisaient les rois de France, depuis saint Louis, qui avait une prédilection marquée pour « ses chers déserts », jusqu'à Louis XIV qui y forçait parfois trois cerfs dans la même journée. Fuyant les agitations de la cour et les ennuis de la politique, Louis XVI aimait à s'y réfugier en plein hiver et son journal nous apprend qu'un jour, par la neige, « il n'y avait rencontré que des sangliers et le peintre Georges Bruandet ». Il convient d'ajouter que les soi-disant représentations que ce dernier nous a laissées de la forêt ne sont que de fades pastiches des Hollandais, aussi insignifiants que fantaisistes. A l'exemple d'Aligny et de Bertin, Corot et, après lui, Paul Huet et Decamps y avaient déjà fait, il est vrai, quelques études passagères; Rousseau, au contraire, entendait s'y fixer définitivement. C'est à Barbizon qu'il s'installait en 1847, dans une maisonnette louée à un paysan. Une grange attenante était, à peu de frais, convertie par lui en atelier. Il était là bien placé, au centre même des sites dont il devait rendre célèbres les vieilles appellations : le *Bas-Bréau*, *Jean de Paris*, la *Reine-Blanche*, les *Monts-Girard*, la *Vallée* et les *Gorges d'Apremont*. Alors commença pour lui une vie remplie à la fois de travail et d'enchantements. La grande forêt lui appartenait; à tous les moments de l'année, à toutes les heures du jour, il pouvait voir et revoir ses coins favoris, y choisir ses motifs, chercher quel ciel, quelle lumière, quel effet s'accordaient le mieux avec leur caractère.

29. TH. ROUSSEAU. — LA HUTTE AUX CHARBONNIERS.
(COLLECTION GOULD.)

Muni du *pochon* de toile qui contenait son frugal repas, il partait de bon matin, et, durant des journées entières, absorbé dans sa tâche, il goûtait les fécondes ivresses de ce travail en plein air qui, à chaque instant, lui révélait autour de lui des beautés nouvelles. A la nuit tombante, il ne se décidait qu'à regret à regagner son gîte, et, au retour, sous la lumière décroissante, la haute futaie prenait des aspects plus mystérieux et plus imposants. Il avait un culte pour les vieux arbres et ne se lassait pas de les dessiner. Souffrant, comme d'offenses personnelles, des injures qui leur étaient faites, il vouait aux dieux infernaux les agents forestiers quand il les voyait marquer, pour une destruction prochaine, des chênes séculaires, présider aux plantations de pins dans les cantons rocheux, ou diriger les prétendus assainissements de la *Mare aux Evées*.

Dans ce milieu si fortement caractérisé et si bien fait pour lui, son talent prenait plus d'autorité. La nature seule lui semblait intéressante et il pensait qu'elle doit se suffire. Suivant lui, tous les éléments d'un paysage doivent être étroitement liés entre eux et former un tout d'une homogénéité parfaite. Pour qui sait voir et observer, un arbre raconte son histoire; il est tel que l'ont fait le terrain où il a poussé, les abris qui le protègent ou les intempéries auxquelles il est exposé. Toutes ces conditions comportent leurs conséquences logiques; toutes, quand l'artiste les respecte, marquent la loyauté de l'image et la gravent plus profondément dans l'esprit du spectateur.

La révolution de 1848 et les modifications qu'elle apporta dans le recrutement du jury des Salons de peinture allaient enfin fournir à Rousseau l'occasion de manifester tout son talent. Toutes les toiles envoyées par lui au Salon de 1849 y furent admises. C'étaient des œuvres exécutées depuis plusieurs années, et dont les motifs étaient empruntés aux études faites pendant son séjour à L'Isle-Adam : *l'Avenue*, les *Terrains d'automne*, et surtout cette délicieuse *Lisière de forêt*, d'après laquelle Français lithographiait plus tard, pour la Collection des Artistes contemporains, la fidèle reproduction que nous donnons ici. Un jeune chêne resté seul debout, au milieu d'une coupe, profile sur le ciel sa silhouette nerveuse; à côté, les cadavres de quelques arbres jonchent le premier plan, et, dans les ornières d'un chemin frayé pour l'exploitation, des flaques d'eau reflètent çà et là l'or du couchant. Au loin s'étend la profondeur des grands bois déjà envahis par les ombres du soir, et il semble que, dans l'atmosphère humide, on perçoive les âcres senteurs qui se dégagent des troncs abattus et des terrains détrempés par la pluie.

C'était là comme une révélation bien faite pour ravir ceux qui aiment la nature dans sa simplicité et son abandon. Sans être encore compris du grand public, ces ouvrages furent très appréciés par les peintres, et Rousseau était acclamé comme le chef de notre école de paysagistes. Au sortir de l'isolement où il avait vécu, son âme s'ouvrait à des marques de sympathie qui le dédommageaient amplement des injustices passées. On lui avait fait espérer que la décoration de la Légion d'honneur serait la consécration officielle de ce succès; mais vers la fin de l'Exposition, un de ses tableaux, d'abord placé au Salon d'honneur, en avait été retiré, et le jour de la distribution des récompenses, Jules Dupré fut seul décoré. Avec la conscience qu'il avait de sa valeur et sa susceptibilité un peu maladive, Rousseau, bien qu'il eût obtenu une médaille de première classe, fut froissé de n'être pas promu à côté de Dupré. Quelques propos fâcheux, plus ou moins véridiques, colportés de l'un à l'autre, envenimèrent encore les sentiments d'aigreur qui en étaient résultés et qui aboutirent malheureusement à une brouille entre les deux amis.

Dès qu'il eut quitté Paris, les joies du travail dans la grande forêt firent bien vite oublier au peintre les blessures de son amour-propre. Une autre amitié d'ailleurs allait remplacer pour lui celle de Dupré. Sur les conseils de Diaz, François Millet s'était, en 1849, vers la fin de juin, installé à Barbizon avec sa femme et ses enfants. La vie ne lui avait pas été clémente; de bonne heure il avait connu la misère qui, sans rémission, devait rester la compagne de sa rude existence. Condamné à accepter toutes les tâches pour subvenir à l'entretien de sa famille, il avait pendant longtemps hésité, incertain des voies où il s'engagerait, peignant, à l'occasion, quelques portraits, des tableaux mythologiques ou des bergeries à la manière de Boucher. Mais il était dégoûté de ces tentatives qui, sans lui procurer des ressources suffisantes, répondaient si peu à ses aspirations. De plus en plus, il se sentait porté vers la représentation des travaux et des scènes rustiques, au milieu desquels s'était passée son enfance, dans le pauvre hameau de la Manche, à Gruchy où il avait été élevé, parmi ces paysans ou ces matelots à qui la

CH. JACQUE. — LE TROUPEAU DE COCHONS.
(Eau-forte de l'artiste.)

mer, souvent hargneuse en ces parages, et une terre ingrate, disputée à la lande, ne fournissent qu'à grand'peine les moyens de subsister. Ses parents étaient de braves gens, pliant parfois sous le faix d'un labeur incessant, mais dont l'âme courageuse restait supérieure à la fortune. Ils n'étaient pas d'ailleurs sans quelque culture, et leur souvenir ainsi que leurs exemples devaient réconforter Millet dans la lutte terrible que, comme eux, il eut à supporter durant toute sa carrière.

Dégoûté du séjour de Paris, lassé des sujets qu'il avait traités jusque-là, le vaillant artiste, sans plus se soucier des caprices du public, était maintenant résolu à peindre exclusivement les humbles motifs qui l'attiraient. En se fixant lui-même à la campagne, il serait à même d'étudier de plus près les occupations et les mœurs de ces paysans que les conditions de sa propre vie, pareille à la leur, et le caractère même de son talent, plus farouche que gracieux, le préparaient à représenter dans la vérité familière de leurs types et de leurs allures, en insistant sur les côtés douloureux de leur destinée.

Un tel compagnon arrivait à point pour Rousseau. Presque du même âge, — Millet avait deux ans de moins que lui, — ils avaient entre eux assez d'affinités pour se convenir, assez de dissemblances pour s'apprécier mutuellement et trouver un intérêt égal à se fréquenter. Bien qu'ils cherchassent tous deux la solitude, il n'est guère probable qu'ils l'auraient supportée, absolue comme elle aurait été pour eux pendant les longues réclusions de l'hiver. Les plus forts ne résistent pas toujours à cette épreuve. Avec sa vive sensibilité et son besoin d'expansion, Rousseau était plus exposé qu'aucun autre à la torpeur et au découragement qui résultent le plus souvent d'une retraite aussi austère. Il avait donc tout à gagner au contact de Millet qui, avec un esprit plus cultivé et plus réfléchi, s'intéressait à plus de choses. Épris d'un même idéal de vérité, ils aimaient d'ailleurs également la nature et leur art, et comme leur programme s'appliquait à des objets différents, ils allaient, sans se porter ombrage, se prêter le soutien réciproque de leurs conseils et se servir l'un à l'autre à la fois de critique et de public. Tandis que Millet voulait exprimer la lutte de l'homme contre la nature, c'était celle de l'arbre contre le sol que Rousseau se proposait de peindre.

Bien des raisons, on le voit, les portaient à se rapprocher. Ils ne s'étaient cependant pas abandonnés tout de suite aux douceurs que ce

N. DIAZ. — VACHES DANS UNE MARE.
(Lithographie de Mouilleron.)

commerce pouvait leur offrir. Timides et fiers, ils avaient eu à vaincre la réserve qu'ils tenaient de leur pauvreté et du sentiment de leur valeur personnelle. Bientôt cependant, après s'être un peu observés, la simplicité et la droiture de leur vie devaient les réunir et amener entre eux cette affection loyale, qui, toujours croissante, ne se démentit pas un seul instant jusqu'à la fin de leur vie commune. Si Rousseau, un peu plus favorisé de la fortune, connut le premier le succès, il n'en profita guère pour lui-même; mais il s'en servit pour venir délicatement en aide à Millet et adoucir de son mieux la gêne à laquelle le condamnait l'entretien d'une très nombreuse famille.

Rousseau était, à ce moment, dans sa pleine maturité. En initiant Millet à la connaissance de la forêt, il ravivait en lui-même l'admiration de ses beautés. Avec plus de conscience et d'ardeur il s'appliquait à montrer la diversité de ses aspects, et à faire ainsi de l'ensemble de ses œuvres comme un grand poème composé en son honneur. C'est de cette époque que datent quelques-uns de ses meilleurs ouvrages. Nous nous bornerons à citer ici les principaux, ceux qui peuvent, en quelque sorte, servir de types. Dans *les Chênes*, qui, provenant de la galerie d'Ed. André, sont entrés au Louvre avec la collection Thomy-Thiéry, le paysagiste a représenté, en plein été, les grands arbres, alors isolés, qui se dressaient comme des colosses au milieu de la plaine bordée par les coteaux d'Apremont. Du haut d'un ciel pommelé, le soleil dardant ses

N. DIAZ. — MARE DANS UN TAILLIS.
(Collection de M. Gould.)

rayons découpe franchement sur le terrain leurs ombres fortes et courtes. Il a plu la veille et quelques flaques d'eau persistent dans les gazons dont la verdure rafraîchie contraste avec le sombre feuillage des chênes. C'est à la fois l'opposition de ces verts si différents et celle de la lumière éclatante avec l'intensité des ombres qui ont tenté le peintre et qu'il a su exprimer avec une justesse et une puissance singulières.

C'est aussi en plein été que Rousseau a peint le *Vieux Dormoir du Bas-Bréau*, qui appartient également au Louvre. Mais ici les arbres au lieu de nous être montrés tout entiers, sont coupés à mi-hauteur par le cadre. L'idée première de ces *Sous-Bois*, jusqu'alors négligés par les paysagistes, a été suggérée au maître par la nature elle-même. En nous permettant de mieux apprécier les imposantes proportions de ces arbres qui ne peuvent être embrassés dans toute leur hauteur par le regard, ces compositions, ainsi délimitées, nous placent au cœur même de la forêt et nous font pénétrer dans sa vie intime.

Tous les arrangements pittoresques de lignes, de tonalités et d'effets que peut offrir la nature, Rousseau les a expérimentés et pratiqués. En les combinant entre eux, il en a tiré un merveilleux parti. C'est ainsi que dans la *Sortie de forêt du côté de Brûle* (Musée du Louvre), qui fut exposée au Salon de 1851, il sait très heureusement associer deux dispositions décoratives très différentes pour exprimer à la fois le calme de la forêt et celui de la campagne au déclin du jour. Groupés sur la lisière du bois, quelques troncs de chênes et de hêtres séculaires se détachent en vigueur sur un ciel doré où flottent de légers nuages empourprés par le couchant. Sous la voûte de leurs ramures entrelacées, s'encadre une plaine immense, semée de quelques buissons. Le disque à moitié entamé du soleil va bientôt disparaître à l'horizon et une brume rosée estompe déjà et noie peu à peu les silhouettes des broussailles éparses. Par sa construction et sa tenue magnifique ce tableau compte parmi les chefs-d'œuvre du grand paysagiste.

Rousseau aimait les espaces vagues qui avoisinent la forêt et permettent ainsi de voir à bonne distance ses grands arbres et de jouir de la diversité de leurs formes. Cette disposition, qui lui plaisait, lui a fourni de nombreux motifs. Dans plusieurs d'entre eux nous retrouvons cette silhouette arrondie en éventail qu'il avait déjà donnée au *Four banal* et à la *Lisière de bois à L'Isle-Adam*. Par les inflexions légères et délicatement rythmées qui ôtent à une pareille disposition ce qu'elle pourrait avoir de trop régulier, il a su en tirer un très heureux parti. Dans le tableau : *Après la pluie*, le piquant de l'effet ajoute au pittoresque de la composition. Des chênes élancés, encore dans l'ombre, se détachent en vigueur sur les nuées assombries et, derrière eux, d'autres arbres, baignés de lumière, s'enlèvent brillants, dans le lointain, sur un ciel rasséréné. Il y a là un contraste saisissant dont le spectacle frappe toujours vivement dans la réalité et que l'artiste a su rendre avec un art accompli.

Le plus souvent, c'est l'âpre sauvagerie de la forêt qui attire l'artiste vers ses coins les plus désolés. Sous un jour brumeux, il aime à peindre les mornes solitudes des gorges d'Apremont, ou la plaine sablonneuse de Franchart, avec ses amoncellements de rochers et ses rudes broussailles que dominent quelques bouleaux malingres, secoués par le vent. Cette lutte de la végétation contre l'aridité et la pauvreté du terrain lui a même inspiré un de ses plus beaux ouvrages, un de ceux qui résument le mieux le caractère même de la forêt et celui de son propre talent : le *Chêne de roche* exposé au Salon de 1861, un vieil arbre ragot, meurtri et ravagé par le temps, fortement cramponné au sol par ses racines noueuses et tendant vers le ciel ses branches convulsivement tordues, avides d'air et de lumière. Les rochers qui l'étreignent de toutes parts, les cicatrices et les plaies béantes de sa rugueuse écorce, sa tête décapitée et ses bras rompus ou fracassés attestent éloquemment sa lamentable destinée. La saison est aujourd'hui plus clémente au pauvre lutteur; dans l'air tranquille, il étale au soleil ses membres endoloris et son robuste feuillage que troue çà et là le bleu du ciel, vibrant comme l'azur radieux d'un vitrail. En réalité, le chêne qui avait fourni au peintre le motif de ce tableau n'était, paraît-il, qu'un arbre chétif et insignifiant, près duquel il était passé plus d'une fois sans le remarquer, jusqu'à ce que, par une belle journée d'été, concevant tout à coup le parti dramatique qu'il en pouvait tirer, il l'eût ainsi transfiguré.

Comme Flaubert et Taine, dans les courtes descriptions qu'ils nous ont laissées de la forêt, comme Michelet, qui a beaucoup pratiqué et admiré « cette contrée étrange, sombre, fantastique et stérile », Rousseau ne se lasse pas d'insister sur les aspects de rudesse et de force qui l'ont surtout frappé. Bien mieux que le hêtre à l'écorce lisse et aux masses de feuillages mollement arrondies, le chêne était son arbre de prédilection : il en aimait le port plus volontaire, la ramure nerveuse, la silhouette capricieusement découpée. Parmi les humbles végétations de la forêt, c'étaient les plus épineuses, les plus hérissées : les houx, les genévriers, les genêts et les bruyères, qu'il représentait le plus volontiers. Détail curieux, dans ses *Sous-bois* vous ne rencontrerez jamais les tapis de fougères qui abondent cependant sous le couvert des futaies : leurs frondes souples et légères, délicatement étalées, n'ont jamais tenté ses pinceaux.

Dans ses conversations, dans ses lettres, Rousseau revenait souvent sur cette idée de force qu'il voulait surtout exprimer et sur le recueillement qui convient à la vie laborieuse de l'artiste. On dirait que c'est de lui-même qu'il veut parler quand, sous une forme un peu embarrassée, mais avec autant de sincérité que de justesse, il écrit à un ami : « Il faut qu'un sauvageon ait crû dans la paix et la rudesse des solitudes pour qu'il y ait de beaux fruits et de beaux rosiers dans nos jardins. De même, il faut que l'âme de l'artiste ait pris sa plénitude dans l'infini de la nature pour que nous ayons profit à la représentation qu'il fera d'un type particulier approprié à nos usages de civilisation. »

LOUIS CABAT. — SOIR D'AUTOMNE.
Musée du Louvre. (Phot. Neurdein.)

Millet, d'ailleurs, était sur ce point en parfaite conformité de sentiment avec Rousseau. Ce qu'il aimait surtout de la forêt, « c'était son calme et sa terrible grandeur ». Dédaigneux de la banale virtuosité des peintres à la mode, il pensait « que l'art est une langue et qu'il ne faut s'en servir que pour dire quelque chose ». Dans une lettre à M. Siméon Luce, son compatriote, il le presse de faire, en plein hiver, le voyage de Barbizon, car « les tristesses des bois valent bien la peine qu'on vienne les voir ». Il voudrait que dans ses tableaux « les choses n'aient pas l'air amalgamées au hasard et pour l'occasion ; mais qu'elles aient entre elles une liaison indispensable et forcée.... Je crois, ajoute-t-il, qu'il vaudrait presque mieux que les choses faiblement dites ne fussent pas dites, parce qu'elles en sont comme déflorées et gâtées ». Dans ses œuvres, ainsi que dans celles de son ami, c'est le caractère de force qui prévaut et qui donne à ses figures cette concision en quelque sorte sculpturale qui les grave si profondément dans notre esprit.

C'était une douceur et une sécurité pour Rousseau de voir ses idées ainsi partagées. De plus en plus, il s'intéressait aux travaux de Millet, à cet art dans les aspirations étaient si proches des siennes. Devenu son confident, il suivait, plein de sympathie et d'admiration, l'éclosion de ces œuvres dans lesquelles se déroule la vie misérable du paysan, avec la rudesse de ses types familiers et la dureté de son labeur. Le plus

N. DIAZ. — SOUS-BOIS.
Musée du Louvre. (Phot. Giraudon.)

souvent le paysage n'intervient que très discrètement dans les compositions de Millet ; mais réduit à ses traits les plus saisissants, il sert de commentaire expressif aux épisodes agrestes, dont il précise la signification. On y sent toujours l'union étroite, indestructible, du travailleur rustique avec la terre nourricière. C'est la campagne nue, avec ses longs sillons dans lesquels le semeur, au pas rythmé, jette d'un geste auguste la semence ; c'est au loin le petit village et son modeste clocher où, dans l'apaisement de la journée finie, l'Angelus tinte lentement ; c'est la plaine moissonnée, avec les hautes meules près desquelles de pauvres femmes courbées glanent péniblement quelques épis oubliés ; c'est le sol pierreux que l'homme à la houe, hébété sous les ardeurs du soleil, s'épuise à purger des mauvaises herbes ; c'est la forêt, couverte de son linceul de neige, à travers laquelle deux paysannes ploient sous leur faix de branches mortes, ou encore les horizons monotones des champs alignés sous la pluie, avec la silhouette du vieux berger trempé jusqu'aux os, au milieu de ses moutons, têtes basses, serrés les uns contre les autres, dans leur inertie résignée.

De temps à autre, quelques scènes moins austères s'encadrent d'un décor plus aimable ; comme cette haie rougie par l'automne près de laquelle deux fillettes interrompent leur tricot pour suivre au haut du ciel le vol triangulaire des oiseaux émigrants ; ce bois où s'engage la jeune pastoure rapportant affectueusement dans ses bras le petit agneau qui vient de naître et que sa mère accompagne de ses bêlements inquiets ; ou bien l'humble jardinet témoin des premiers pas d'un marmot, sous les regards émerveillés de ses parents. Quelquefois la part faite par Millet à la nature est moins restreinte et il s'est même essayé au paysage pur. Malhabile à nous en montrer les gaietés, il n'est arrivé dans le *Printemps* du Louvre qu'à une œuvre incohérente et gauche, d'un dessin à la fois mou et appuyé, d'une couleur criarde et diaprée à l'excès. Si avec des données mieux faites pour l'inspirer, la lourdeur de sa main le trahit encore, il rachète du moins ses défaillances par la sincérité de l'expression. Son *Hiver* avec la campagne désolée et déserte au milieu de laquelle une herse et une charrue gisent abandonnées, et son ciel brumeux où tournoie le vol innombrable des corbeaux croassants, est d'une impression aussi vraie que dramatique. Quant au *Parc à Moutons*, c'est un pur chef-d'œuvre et jamais le silence de la nuit et les vagues étendues de l'espace n'ont été rendus avec plus de poésie. De ces tons effacés et de ces formes indécises, l'artiste a su composer un tableau inoubliable. Grâce à la sûreté de son instinct, les hésitations et même le tremblement de son pinceau l'ont ici bien servi, en communiquant à son travail je ne sais quoi de flottant et d'immatériel et en donnant à ce simple motif un caractère ineffable de mystère et de grandeur.

Dans le choix des données qui surtout les attirent, Rousseau et Millet, on le voit, obéissent à un idéal pareil, et leur exécution à tous deux vise plus à la force qu'à la grâce et à l'élégance. Leur amitié était devenue de plus en plus étroite : ils avaient besoin l'un de l'autre et se complétaient mutuellement. Leur fécondité s'affirmait, d'ailleurs, par des œuvres nombreuses, fruit d'un labeur assidu, mûri par la réflexion. Autour d'eux, une colonie d'artistes, attirés par leur réputation croissante, s'était peu à peu fixée à Barbizon. Un des premiers, Charles Jacque s'y était établi,

30. — FR. MILLET. — LES CHAMPS EN HIVER.
(PHOT. BRAUN, CLÉMENT ET Cⁱᵉ.)

déjà en pleine possession d'un talent très original, mais qui ne devait que tardivement être apprécié à sa valeur. Né à Paris le 23 mai 1813, Jacque avait de bonne heure manifesté son goût pour la peinture. Cependant, tout en s'y livrant, il avait mené une vie assez aventureuse et successivement essayé de professions bien différentes. Tour à tour saute-ruisseau chez un notaire, apprenti dans l'atelier d'un graveur de cartes géographiques, engagé volontaire et assistant en cette qualité au siège d'Anvers, il s'adonnait ensuite à l'élevage des volailles et consignait les résultats de son expérience à cet égard dans un livre excellent, *le Poulailler*, dont il rédigeait le texte et dessinait les illustrations. Plus tard, il s'occupait de la culture des asperges, de la confection de meubles et d'un commerce de bric-à-brac. Enfin, dans les dernières années de sa vie, pris de la manie de la truelle, il construisait et exploitait des maisons d'habitation, à Paris, à Bois-Colombes, au Croisic et à Pau. Malgré cette mobilité d'esprit, grâce à sa prodigieuse activité, il n'avait jamais cessé de progresser comme graveur et comme peintre, car ses aptitudes étaient remarquables. L'étude du paysage et celle des animaux, pour laquelle il était particulièrement doué, l'avaient tout d'abord séduit. Vivant à la campagne, il s'était peu à peu intéressé à la vie des paysans et, dans de nombreuses eaux-fortes qui attestent sa justesse d'observation et la sûreté de son dessin, il s'appliquait à représenter la suite des travaux rustiques que ramène chaque année le cours des saisons.

Moins âpre que Millet, Charles Jacque, qui l'avait précédé dans ces sortes de sujets, n'atteint ni la grandeur de son style, ni sa profondeur de sentiment. Cependant, même à côté du maître, il a son originalité. Sans croire que le travail soit une condamnation et sans insister sur ses côtés douloureux, il cherche à montrer l'existence du campagnard telle qu'il la voit, avec ses duretés et ses tristesses inévitables, et aussi avec ses légitimes rémunérations. Pour lui, la nature n'est pas seulement une marâtre : elle donne à l'homme ses fleurs et ses fruits, et l'existence de ceux qui vivent en contact avec elle, si elle est parfois difficile, n'est pas toujours dépourvue de douceur. Les habitants de nos campagnes ne sont pas forcément rustauds et grossiers, déformés par l'effort et abrutis par la misère; les femmes n'y sont pas inévitablement vouées à la laideur ou à la malpropreté. Au village, comme ailleurs, le renouveau succède à l'hiver; l'enfance et la jeunesse ont leur grâce; la vieillesse peut avoir sa dignité. Dans les compositions de Jacque, ses travailleurs font bravement leur besogne ; robustes et bien découplés, ils plantent, ils bêchent, fauchent ou moissonnent en gens qui savent leur métier. Alertes et accortes, ses filles de ferme portent, sans broncher, les eaux grasses et la pâtée aux porcs; les gamins s'ébattent près des chaumières et, au seuil de la forêt, bergers et bergères gardent solitairement leurs troupeaux ou se réunissent pour deviser entre eux. C'est dans les acceptions moyennes que s'est maintenu l'artiste, et par l'aisance et la diversité de son talent il mérite une place à part dans l'histoire du paysage. Il dit nettement ce qu'il veut dire et groupe avec goût ses figures et ses animaux bien campés, bien dessinés dans la vérité de leurs allures. Autour d'eux, les bois, les champs, les ruisseaux, les cours de ferme, la terre avec ses riantes cultures ou triste et dépouillée, nous sont présentés sous leur aspect le plus pittoresque. Comme sa façon de comprendre la nature, la peinture de Jacque est saine et facile, franche et robuste, sans rudesse comme sans mièvrerie. Les prix toujours croissants de ses tableaux, fortement empâtés, bien conduits et d'un même souffle jusqu'au bout, témoignent de la légitime faveur dont ils jouissent aujourd'hui. Quant au mérite de son œuvre gravé, il est encore supérieur, et en le feuilletant à la Bibliothèque Nationale qui possède des exemplaires de choix de ses eaux-fortes, notamment de sa grande planche de la *Bergerie*, on estime à sa valeur la fermeté et la sûreté de son burin, la vie et le charme de ses compositions.

Admis le premier dans la société intime de Rousseau et de Millet, Diaz, un peu plus âgé qu'eux (1809-1876), avait le privilège de les dérider tous deux par la verve de ses saillies imprévues. A certains moments, la jovialité de son humeur lui suggérait des charges d'une bouffonnerie irrésistible et l'incitait même à danser en clochant de la manière la plus grotesque sur sa jambe de bois, son *pilon*, comme il disait. Profitant des exemples que lui donnait Rousseau, Diaz était parvenu à rendre, avec un sens très personnel, quelques-uns des aspects pittoresques de la forêt dont peu à peu il s'était épris. Son dessin hésitant, peu correct, trahissait l'insuffisance de son instruction première; mais, avec une adresse merveilleuse, il savait tirer parti des hasards d'une exécution spirituelle, pour exprimer le désordre touffu de ces clairières ou de ces fouillis à travers lesquels les rayons du soleil, tamisés par le feuillage,

PROSPER MARILHAT. — PAYSAGE D'AUVERGNE.
Musée du Louvre. (Phot. Neurdein.)

sèment çà et là quelques accrocs de lumière sur le velours des mousses, sur les rochers grisâtres, ou sur la blancheur éclatante des bouleaux. Son *Sous-Bois*, de la collection Thomy-Thiéry, peint en 1853, est, en ce genre, un de ses meilleurs ouvrages. Bien mieux que ses *Orientales* de rencontre ou ses molles figures allégoriques, insignifiants pastiches du Corrège et de Prud'hon, qui tiennent dans son œuvre une trop large place, ses intérieurs de forêt et même ses déserts sablonneux méritent de faire vivre son nom. Diaz avait trouvé sa voie à Barbizon, et quand, après chacun de ses séjours, il rentrait à Paris avec sa moisson d'études et de tableautins et que les artistes lui faisaient fête, modestement, en bon camarade, il reportait aux enseignements de Rousseau l'honneur de ses succès et ne se lassait pas de vanter chaleureusement le talent du maître. « Ce que je fais est peu de chose, disait-il, mais il y a là-bas un solitaire qui fait des merveilles. »

L'Exposition Universelle de 1855, où Rousseau n'avait pas moins de treize paysages, et où il obtint la médaille d'or, acheva de consacrer sa réputation. Avec des œuvres récentes comme la *Lisière des monts Girard*, les *Chênes d'Apremont*, et deux *Sorties de bois*, on y retrouvait d'autres tableaux plus anciens, dont les motifs étaient pris dans la forêt de L'Isle-Adam, en Normandie, dans les Landes et dans le Berri. L'ensemble donnait bien l'idée de la force et de la variété des productions de l'artiste. Grâce à son succès, les achats des amateurs et des marchands étaient devenus plus nombreux, et une aisance relative succédait à la gêne d'autrefois. Avec sa bonté habituelle, Rousseau avait hâte d'en faire profiter Millet, moins favorisé par la fortune. Pour lui venir en aide, tout en ménageant sa fierté, il usait d'un procédé aussi ingénieux que délicat et achetait lui-même, pour 4000 francs, sous le nom d'un soi-disant Américain, *le Greffeur*, qui figurait également à l'Exposition de 1855. Le secret fut si bien gardé que Millet ne découvrit que trois ans plus tard la généreuse supercherie imaginée par son ami.

En même temps, Rousseau se donnait la satisfaction d'approprier un peu sa modeste demeure de Barbizon, qu'il n'aimait plus guère à quitter. Un toit de tuiles avait remplacé le chaume dont elle était jusquelà couverte, et l'artiste cherchait à l'orner d'objets faits pour charmer ses regards et pour l'intéresser. Amoureux des couleurs brillantes, il s'était donné des colibris au plumage éclatant; il achetait des médailles,

JULES DUPRÉ. — ENVIRONS DE SOUTHAMPTON.
(Lithographie de Français.)

des estampes japonaises qu'il prenait plaisir à feuilleter, des eaux-fortes et des dessins de maîtres, entre autres une étude à la plume et à la sépia exécutée par Rembrandt pour *la Pièce aux cent florins*[1], et même un tableau de van Goyen. A l'un de ses élèves qui copiait ce tableau, il en expliquait les mérites : « Celui-là, disait-il, n'a pas besoin de beaucoup de couleurs pour donner l'idée de l'espace. A la rigueur, on peut se passer de couleurs; mais on ne peut rien faire sans l'harmonie. » Aussi recommandait-il avant tout de procéder par masses et de bien respecter les valeurs, afin de conserver l'unité d'impression. « Ce qui finit un tableau, ajoutait-il, ce n'est pas la quantité des détails; c'est la justesse de l'ensemble. Le tableau n'est pas seulement limité par le cadre. N'importe dans quel sujet, il y a un objet principal sur lequel vos yeux se reposent; les autres objets n'en sont que le complément; ils vous intéressent moins.... Cet objet principal devra aussi frapper davantage celui qui regarde votre œuvre. Si, au contraire, votre tableau est exécuté avec un fini précieux d'un bout à l'autre de la toile, le spectateur le regardera avec indifférence. Tout l'intéressant, rien ne l'intéressera. »

---

1. Cette étude appartient aujourd'hui au Musée de Berlin.

VOYAGES D'ÉTUDE.

JULES DUPRÉ. — LES LANDES.
Musée du Louvre. (Phot. Neurdein.)

Ainsi qu'il arrive souvent, en donnant ces conseils à son élève, Rousseau se les donnait aussi à lui-même, car, bien que préoccupé de l'unité de l'aspect, il arrivait que, dans les nombreux remaniements de ses tableaux, il s'écartait graduellement de l'impression initiale et l'affaiblissait. Toujours inquiet du mieux, et désireux de pousser l'exécution aussi loin que possible, il ne savait pas plus qu'autrefois s'arrêter à temps. Aussi essayait-il de se mettre en garde contre cette disposition invétérée, et, invoquant tour à tour l'autorité de Rembrandt et de Claude Lorrain, il revenait sans cesse sur ce grand principe de l'unité que, sous des formes variées, tous les maîtres ont affirmé.

Afin de sortir de lui-même et de se renouveler, Rousseau avait compris que de temps à autre il lui serait utile de changer un peu d'horizon et de quitter momentanément la forêt, ne fût-ce que pour revenir à elle avec plus de plaisir. C'est ainsi qu'en 1857 il faisait un séjour d'étude à Picquigny, en Picardie, et qu'il passait l'automne de 1863 dans le Jura, au col de la Faucille, où l'attiraient les souvenirs de sa jeunesse. Un grand dessin qu'il fit d'après les sources du Lison, un petit cours d'eau encaissé, sortant d'un cirque de hautes montagnes, lui avait procuré des jouissances de travail délicieuses : « Voyez ce Lison, disait-il, en montrant ce dessin à des amis, ne vaut-il pas l'Eurotas? » En 1865, il s'installait dans l'Artois, avec l'intention, qu'il ne put réaliser, de pousser jusqu'à Boulogne pour y peindre des marines.

Les étangs de la Sologne l'avaient aussi attiré. Il aimait l'eau, qui lui manquait un peu dans la forêt. Mais toutes les mares qu'elle renferme lui étaient connues et, pour la plupart, il les avait peintes. Rarement il se faisait faute d'introduire quelque flaque d'eau dans ses compositions. En même temps que cette introduction d'un des éléments pittoresques les plus essentiels lui permettait de mieux établir l'assiette de ses paysages, il leur donnait ainsi plus de vie et de diversité. Le ciel et les arbres voisins reflétés dans ce tranquille miroir s'y paraient de colorations plus savoureuses qui, étalées au centre même de ses compositions, leur ajoutent un charme piquant.

Bien que le prix de ses tableaux se fût graduellement élevé, la situation de Rousseau ne s'était guère améliorée. Sans être dépensier, il ne comptait guère et l'argent glissait entre ses doigts. Il avait donc traversé encore des périodes passagères de gêne, et il eut même un instant la pensée de quitter la France pour s'établir à Amsterdam où il comptait des admirateurs fervents, puis en Angleterre ou en Amérique. Mais encouragé par des amis, il avait fait quelques ventes et reçu quelques commandes qui lui procurèrent de nouveau un peu d'aisance.

En 1866, Rousseau était nommé membre du jury du Salon et, dans l'automne de cette même année, il avait été compris sur la liste des invitations faites par l'Empereur pour un séjour au palais de Compiègne. Flatté de cet honneur, il crut que c'était pour lui l'occasion d'exprimer en haut lieu ses opinions sur l'art, sur les musées, sur les rapports de l'administration avec les artistes, etc. Il s'était donc efforcé de réunir et de relier entre elles ses opinions à cet égard et de les condenser en un programme qu'il exposerait de son mieux à son hôte. Il se promettait de lui parler très librement. « Ah! je lui en dirai de bonnes, en bons termes, dignes, graves et fermes. » Il avait été écouté avec une patience indifférente qu'il avait prise pour de la sympathie et, dans sa candeur, il se flattait bien vainement que cet entretien, auquel il attachait une extrême importance, porterait ses fruits. L'année d'après, la réputation toujours croissante du maître le désignait au choix du gouvernement pour le jury de l'Exposition Universelle, et ses collègues, qui le tenaient en haute estime, l'appelaient à la présidence de ce jury. Il avait pris à cœur de justifier leurs suffrages en s'appliquant à assurer l'équité des jugements dans la distribution des récompenses et, oublieux de ses anciens griefs contre Dupré, il avait fait de nombreuses démarches pour lui obtenir une première médaille, mais sans pouvoir y parvenir. Malgré la peine qu'il avait prise, malgré le succès des dix-sept tableaux qui constituaient son propre envoi, et d'une centaine d'études qui furent en même temps exposées au Cercle des Arts, sa promotion comme officier de la Légion d'honneur avait un peu tardé à la suite de l'Exposition. Il demeurait profondément froissé de ce retard et humilié à ce point qu'il songea un moment à écrire à l'Empereur pour protester contre ce qu'il considérait « comme une injustice et un manque d'égards vis-à-vis du jury ». Cette omission incompréhensible avait été réparée le 7 août 1867.

A côté de cette légère faiblesse de caractère qu'on est étonné de rencontrer chez une nature aussi élevée, Rousseau a donné durant toute sa vie des preuves touchantes de générosité et de droiture. Parlant peu de lui-même, il semblait assez froid au premier abord; mais quand on avait gagné sa confiance, il se montrait tel qu'il était, affectueux et très expansif. Millet et sa famille ont reçu des témoignages réitérés de son inépuisable bonté. Non content d'aider son ami de sa bourse toutes les fois qu'il le pouvait et sans compter, il le soutenait dans ses moments de découragement et lui envoyait des amateurs et des marchands pour acheter ses œuvres.

Cependant sa propre santé, autrefois si robuste, s'était peu à peu altérée. Sans trop y prendre garde, il continuait à affronter toutes les intempéries. Atteint de douleurs rhumatismales contractées durant ses stations prolongées au froid, à l'humidité, il n'était pas devenu plus prudent. A la suite de son dernier séjour au col de la Faucille, en 1863, il revenait à Barbizon très changé, très affaibli. Depuis lors, les fatigues et les contrariétés subies pendant l'Exposition de 1867 l'avaient fort éprouvé. Rentré chez lui au mois d'août, il avait eu une attaque de paralysie partielle et pour être plus à portée des soins que réclamait sa situation, Millet le conduisait à Paris; mais Rousseau ne pouvant supporter d'être éloigné de Barbizon, il l'y avait bientôt ramené. Pendant quelques jours, il sembla que le bon air et le voisinage de la forêt ranimaient un peu le malade. Le 4 septembre il faisait en voiture une promenade qu'il dirigeait vers ses coins préférés. Il était heureux de revoir les bruyères, en pleines fleurs à ce moment. « C'est beau; c'est bon; c'est frais, » disait-il. Le 24 septembre, dans une nouvelle promenade, la dernière qu'il fit, il s'attendrissait en admirant ses vieux chênes : « Voyez-vous ces arbres-là, je les ai tous dessinés depuis trente ans; j'ai leurs portraits dans mes cartons! » Deux jours après, des attaques consécutives ôtaient tout espoir d'un rétablissement. Il avait alors traîné misérablement, mais jusqu'au bout, il ne cessait pas de parler de « sa chère forêt ». Cloué sur son lit, déjà en proie au délire et sentant la mort prochaine, il disait le 20 décembre à Sensier : « Il va y avoir une nouvelle crise; puis viendra la Grande Harmonie. » A la suite d'une dernière attaque, il mourait le 22 décembre, à neuf heures du matin, entre les bras de ses amis Tillot et Millet. La douleur de celui-ci fut extrême; il restait « consterné et abîmé. C'était un brave ami, écrivait-il, et une haute intelligence. Quel grand espace vide se fait autour de nous! » Rousseau était enterré dans le petit cimetière de Chailly, où sept ans après, par un jour d'hiver (24 janvier 1875), Millet devait le rejoindre. Depuis, un modeste monument leur a été élevé à la sortie de Barbizon, et Chapu, l'éminent sculpteur qui les avait connus tous deux, a rapproché sur la même plaque de bronze les images fraternellement accouplées des deux amis, au seuil même de cette forêt qu'ils avaient tant aimée.

Avec le temps, dans les nombreuses études dont les deux artistes ont été et sont encore fréquemment l'objet, leurs noms continuent à être inséparables et leur gloire n'a guère cessé de grandir; celle de Millet surtout, comme si, pour être plus tardive à lui venir, elle devait, après sa mort, le venger des rigueurs qui avaient accablé sa vie. Au déclin de la sienne, Rousseau avait déjà connu la célébrité. Mais, pourquoi ne pas le dire? il semble qu'en ces dernières années l'éclat de sa réputation se soit un peu amoindri. Quelques restrictions se glissent parmi les admirations qu'il méritera toujours d'inspirer et l'inégalité de ses œuvres explique ces fluctuations dans les jugements qu'on en porte. Tandis que quelques-unes d'entre elles, faites plus facilement et comme du premier coup, ont conservé leur transparence et leur spontanéité, la plupart, trop souvent reprises, ont beaucoup noirci. Alors que, par une réaction iné-

31. JULES DUPRÉ. — LA RIVIÈRE.
(COLLECTION ANGUS.)

JULES DUPRÉ. — A MARÉE BASSE.
(Phot. Giraudon.)

vitable, la peinture claire et facile tendait de plus en plus à prévaloir, leur opacité et leur exécution trop appuyée devaient nécessairement les déprécier.

Ces œuvres d'ailleurs sont restées éparses, disséminées dans les collections particulières, non seulement en France et dans les pays voisins, mais surtout en Amérique. On ne les a guère vues qu'isolées dans les ventes où elles apparaissaient successivement. A l'inverse de ce qui est arrivé pour Corot et Millet, elles n'ont jamais été réunies dans des expositions spéciales faites en l'honneur de Rousseau. Aux deux Expositions universelles de 1889 et de 1900 qui auraient dû fournir l'occasion d'en rassembler un choix, le maître était mal représenté, par des tableaux peu nombreux et pris comme au hasard. Fort heureusement, le Louvre, qui déjà possédait de lui des toiles importantes, s'est récemment enrichi de quelques-uns de ses meilleurs ouvrages. Le legs généreux de la collection Thomy-Thiéry y a fait entrer, en effet, une dizaine de tableaux parmi lesquels, à côté d'œuvres justement fameuses et de premier ordre, comme *les Chênes* (ancienne collection Éd. André), d'autres de petites dimensions, telles que les *Bords de la Loire* ou la *Plaine des*

Pyrénées, et même minuscules, comme le *Passeur* et le *Côteau*, nous montrent l'artiste sachant approprier sa touche aux proportions les plus exiguës, tout en conservant l'ampleur de son exécution.

Comme Rousseau n'a jamais daté ses tableaux, et qu'il les a souvent repris à différentes époques, on comprend qu'il est presque impossible d'établir leur chronologie d'une manière bien précise. Par sa ténacité, par ce désir ardent de perfection qui le portait à ne jamais les considérer comme terminées, ces œuvres de mérites si divers commandent le respect. Mais en dépit de ses fortes qualités, cet art décèle un effort trop marqué, une tension trop continue de la volonté, la constante inquiétude de celui que Paul Mantz appelle très justement « un grand tourmenté ». Une vague odeur d'huile s'y mêle aux parfums de la nature et la vivacité, le charme de l'impression en sont diminués d'autant. On est obligé de proclamer bien haut la puissance et la loyauté du bon ouvrier, l'opiniâtreté de ses recherches, la vaillance de cette lutte incessante où il se débat contre un métier trop compliqué. Malgré soi, on pense à l'heureuse sérénité, à la poésie ingénue et toujours souriante de notre cher Corot.

IV

Si dans les voies nouvelles ouvertes au paysage, les différences entre l'orientation de maîtres tels que Corot et Rousseau s'accusaient très nettement, leur sincérité du moins était pareille. En dehors des formules conventionnelles qui jusque-là avaient pesé sur nos artistes, la nature était désormais leur seule inspiratrice et la variété infinie de ses aspects suffit à expliquer la diversité des interprétations qu'ils nous en ont données.

Un des premiers, Louis Cabat, né, comme Rousseau, à Paris en 1812, a tenu une place importante dans les débuts de notre école et à ce titre son nom mérite d'être conservé. Il avait commencé par gagner sa vie en peignant sur porcelaine; puis, poussé par sa vocation, il avait été pendant quatre ans l'élève de Camille Flers, à qui il conserva toujours une reconnaissante affection. De son côté, son maître s'était attaché à ce grand garçon timide et un peu sauvage, et il l'emmenait avec lui dessiner ou peindre dans les jardins et les terrains vagues situés à cette époque dans la banlieue de Paris et qui sont aujourd'hui compris parmi les quartiers les plus élégants ou les plus populeux de la ville elle-même : les Champs-Élysées, le parc Monceau, Belleville, Montmartre et les abords du cimetière du Père-Lachaise, près duquel Flers avait sa demeure. Les études que Cabat fit alors lui fournirent les éléments de quelques-uns de ses meilleurs tableaux, tels que *le Jardin Beaujon* et *le Cabaret de Montsouris* qu'il exposait en 1834 et qui obtinrent un grand succès. L'année d'avant il avait débuté au Salon avec les *Sources de la Bouzanne*, à la suite d'une excursion faite en 1832 dans l'Indre, en compagnie de Jules Dupré qu'il connaissait depuis l'âge de quinze ans. Travailleurs infatigables, ils ne s'inquiétaient pas plus l'un que l'autre des conditions matérielles de la vie et s'estimaient heureux de trouver la nourriture et le gîte moyennant une pension de 1 fr. 50 par jour, dans une auberge où « ils étaient traités comme des rois ». Mais, comme en ces temps lointains les paysans n'étaient guère habitués à voir des artistes, la venue de ces étrangers et les mystérieuses opérations auxquelles ils se livraient dans la campagne excitaient des méfiances qui faillirent leur être funestes. « C'était, nous dit un biographe de Cabat[1], l'époque du choléra : ses ravages avaient partout jeté la panique et à l'effroi général se mêlaient des rumeurs d'empoisonnement, la croyance s'étant enracinée parmi les populations que des agents venus de Paris se répandaient dans les campagnes pour y corrompre les eaux. » Un jour que Cabat et Dupré s'étaient approchés d'une source qui leur semblait pittoresque, surveillés de près ils auraient été certainement écharpés, si, ne trouvant pas le motif assez à leur goût, ils ne s'en étaient d'eux-mêmes éloignés.

Le choix heureux des sites et la conscience avec laquelle Cabat cherchait jusque dans les moindres détails à en exprimer le véritable caractère, lui avaient bien vite mérité une grande réputation et il semblait que désormais sa voie fût tracée. Mais un séjour qu'il fit en Italie (1836-1837) ayant complètement changé ses goûts, il abandonnait les motifs intimes que jusqu'alors il avait traités, pour aborder un ordre de compositions plus ambitieuses. Cette transformation de son talent, déconcertant un peu la critique, devait attirer à Cabat les reproches des

---

1. A. Hustin, *L'Art*, XVIe année, t. I

romantiques qui l'avaient d'abord considéré comme un des leurs. Quand plus tard il revint aux sujets familiers qui avaient fait sa réputation, le mouvement de rénovation dont il avait été un des promoteurs s'était franchement accusé, avec une pléiade de jeunes paysagistes dont l'originalité était plus marquée que la sienne. Sans atteindre les qualités de style auxquelles il visait, il se cantonnait alors dans un genre intermédiaire, un peu hésitant dans son programme et dans ses moyens d'expression. Cabat n'avait d'ailleurs jamais recherché la popularité; mais la distinction de son talent et la dignité de sa vie lui avaient valu, avec une juste réputation, son entrée à l'Institut et le poste de directeur de l'Académie de France à Rome, qu'il sut très honorablement occuper. D'un caractère doux et conciliant, il s'était appliqué de son mieux à effacer les préventions passionnées qui, à cette époque, divisaient les artistes, et c'est entouré de la considération de tous qu'il s'éteignait à Paris dans un âge avancé, le 13 mars 1893.

LOUIS FRANÇAIS. — OFFRANDE A FLORE.
(Lithographie de l'artiste.)

*
* *

Presque contemporain de Cabat, Prosper Marilhat devait, avec un tempérament de peintre plus marqué, allier comme lui dans ses œuvres

LOUIS FRANÇAIS. — DESSIN D'APRÈS NATURE.
(Collection de M. Léon Bonnat.)

la recherche du style à un amour très vif de la nature. Né le 26 mars 1811 à Vertaizon, au cœur de l'Auvergne, il devait garder de ce pays où s'était passée son enfance le goût d'un pittoresque un peu sauvage. Sa vocation très précoce avait été encouragée, au collège de Thiers, par son professeur de dessin, un Italien nommé Valentini qui fut aussi le maître de Ch. Blanc[1]. Mais ses parents, bien que jouissant d'une certaine fortune, ne cédaient que très difficilement à son désir de s'adonner à la peinture. Ses études finies, Marilhat avait cependant obtenu la permission d'aller à Paris où il fréquentait durant une année l'atelier de Camille Roqueplan. C'est là que l'avait connu un riche Allemand, le baron de Hugel, qui lui offrait de l'emmener avec lui en Orient. Curieux comme il l'était, le jeune homme, au sortir de son pays natal, ne s'accommodait guère des tranquilles horizons de la banlieue parisienne. Il accepta donc avec empressement cette proposition et partit de Marseille le 31 avril 1831. Dans les lettres enthousiastes qu'il écrivait à sa

1. V. H. Gomot, *Marilhat et son Œuvre*; et Th. Gautier, *l'Art moderne*.

sœur des diverses contrées qu'il visita successivement, il lui vante « le caractère superbe de la Grèce, la grandeur et la beauté magnifique de ses plaines désertes. » Puis, c'est la Syrie, où il aborde, « aride, brûlée, réduite en cendres, mais sans avoir perdu la noblesse de ses formes. » Les trop courtes haltes de ces rapides escales n'étaient guère favorables à un travail un peu sérieux et, arrivé à Alexandrie, Marilhat, « jugeant que tout ce qu'il avait vu jusque-là n'était rien », se séparait de son compagnon pour se livrer en toute liberté à son travail. L'Égypte l'avait conquis par la simplicité et la pureté de ses lignes, par la merveilleuse harmonie de ses colorations et la beauté de sa lumière, aussi bien que par l'accord toujours heureux que la figure humaine y présente avec la nature. Pour rassasier ses yeux et amasser sans relâche de nombreuses études, les journées lui paraissaient trop courtes et ni les chaleurs excessives, ni la fatigue, ni les privations ne pouvaient l'arrêter dans son travail. Quand l'argent que lui envoyaient les siens tardait trop à lui parvenir, il peignait, pour vivre, des portraits ou brossait des décors pour le théâtre d'Alexandrie. Rappelé par sa famille, il ne se décidait à quitter l'Égypte qu'avec un profond regret.

Dans les tableaux que, rentré en France, en 1853, il composait à l'aide de ses études et qu'il exposait aux Salons qui suivirent, la *Place de l'Esbékieh*, le *Café sur une route de Syrie*, les *Ruines de Balbeck*, la *Vallée des tombeaux*, le *Village près de Rosette*, etc., Marilhat s'est appliqué à exprimer des impressions très vivement ressenties par lui, celle de la lumière et de l'étendue surtout, qui le frappaient particulièrement dans les contrées qu'il venait de parcourir. Le premier, il a su rendre avec autant de force que de délicatesse, dans son *Crépuscule sur les bords du Nil* et les *Arabes syriens en voyage*, le contraste entre la riche végétation qui se presse sur les rives des cours d'eau de ces contrées avec la désolation de leurs solitudes rocheuses. Ces pénétrantes images donnent bien l'idée de la grandeur et de la poésie de la nature en Orient. Mais de bonne heure, la santé de l'artiste fut compromise par les imprudences de sa vie aventureuse. Très ardent, passionné pour le plaisir comme pour le travail, il avait ressenti avec terreur les premières atteintes du mal dans lequel devait sombrer sa raison. A la suite d'un séjour en Auvergne, le calme qu'il y goûtait n'amenait qu'un court répit dans les progrès de ce mal et bientôt après, à son retour à Paris, il avait fallu l'interner dans une maison de santé où il mourait, le 14 septembre 1847, à l'âge de trente-six ans.

*
* *

Mêlé de près, et des premiers, nous l'avons vu, au mouvement de notre école moderne de paysage, Jules Dupré était né à Nantes, le 5 avril 1811, et il avait commencé par travailler dans la manufacture de porcelaine que son père exploitait à Parmain, en face de L'Isle-Adam. Un voyage fait avec lui dans la Creuse, dont les beautés pittoresques le frappèrent vivement, décidait de sa vocation et il fréquentait peu de temps l'atelier d'un peintre assez médiocre nommé Diebolt. Mais c'est à la nature même qu'il dut ses meilleurs enseignements. Dès l'âge de vingt ans, il exposait au Salon de 1831 un *Intérieur de forêt dans la Haute-Vienne* et d'autres tableaux dont les motifs étaient pris aux environs de L'Isle-Adam. Sociable, de tournure avenante, avec un beau visage éclairé par de grands yeux bleus, Dupré joignait l'agrément de sa personne aux promesses d'un talent très précoce. Un amateur, lord Graves, qui l'avait pris en affection, l'emmenait avec lui en Angleterre, d'où il rapporta de nombreuses études. Les *Environs de Southampton*, qu'il envoyait au Salon de 1835, y obtinrent un grand et légitime succès. Avec l'influence évidente de Constable, dont Dupré admirait beaucoup les œuvres, ce paysage montrait un sens de la nature très personnel. Ces prairies plantureuses parmi lesquelles une petite rivière coule à pleins bords, ce ciel orageux où roulent de gros nuages blanchâtres, ces mouettes dont le vol inquiet annonce à la fois le voisinage de la mer et les approches d'une tempête, ces chevaux frémissants avec leurs longues crinières agitées par le vent, tout dans cette donnée dramatique concourt à la force de l'impression. D'autres compositions d'un aspect très différent : *le Gué,* avec son horizon bas et un troupeau nombreux qui traverse une eau peu profonde; les *Chaumières dans les Landes,* frappées en plein par le soleil sous un ciel d'été, d'un bleu intense; *le Pacage* et *le Marais en Sologne,* attestent, par leur variété même, la souplesse de l'artiste dans ces productions de sa jeunesse.

Nous avons dit plus haut les relations affectueuses qui s'étaient établies entre Dupré et Rousseau, et la brouille qui devait les terminer, sans cependant altérer l'estime qu'ils professaient l'un pour l'autre. Si cette intime camaraderie avait très heureusement agi sur le développement artistique de Rousseau, la résolution prise par Dupré, — à la suite des succès qui avaient fait sa réputation, — de se tenir à l'écart des Salons, ne devait pas lui être aussi favorable. Faute de ce contact annuel avec ses confrères et avec le grand public, il allait, en effet, s'engager de plus en plus dans une voie funeste à son talent. Vivant à l'écart, partageant son année entre L'Isle-Adam où il s'était établi avec sa famille, et Cayeux-sur-Mer où il passait la belle saison, il abandonnait peu à peu les qualités de dessin et de goût qui recommandent ses premiers ouvrages, pour se livrer surtout à cette recherche de la force et de l'éclat à outrance qui a perdu bien des artistes. C'est avec cette préoccupation toujours croissante qu'il en venait à ces empâtements excessifs, prodigués partout et hors de propos, aux premiers plans comme aux lointains, dans les ciels et les eaux comme dans les arbres et les terrains. Son pinceau englué dans une matière trop épaisse avait perdu sa souplesse initiale, et l'uniformité de cette facture alourdie et un peu brutale aboutissait à une monotonie d'aspect dans laquelle disparaissaient progressivement les délicatesses de forme et de tonalités qui faisaient le charme des paysages de ses débuts. Déjà visibles dans les deux panneaux décoratifs, *le Matin* et *le Soir* qui, après avoir appartenu au prince Demidoff, furent achetés par l'État en 1877, ces défauts devaient de plus en plus s'accentuer dans les *Marines* que Dupré peignit vers la fin de sa vie. Mais jusque dans ces erreurs on sent l'artiste de race, désireux de mettre plus d'ampleur, de lumière et d'unité dans les synthèses qu'il nous présente de la nature. Si l'effort y reste trop apparent, si ce besoin de simplification aboutit souvent chez lui à des formules abstraites et trop sommaires, parfois aussi, en dépit de ces violences et de ces rugosités inutiles, l'audace de ces tentatives est justifiée par la grandeur et la poésie du résultat. Comme Rousseau, Dupré était un chercheur, toujours un peu inquiet, mais épris de son art, et admirateur des maîtres qui l'ont illustré. Déjà très souffrant, à la suite d'un refroidissement, la mort le surprit à son travail le 6 octobre 1889 et, deux jours après, il était enterré à L'Isle-Adam, dans ce coin de pays qu'il aimait et dont il ne s'était guère écarté depuis son enfance.

.*.

Contemporain et ami de la plupart des rénovateurs du paysage moderne, Fr.-Louis Français a largement contribué à les faire connaître par ses excellentes lithographies d'après les œuvres de Cabat, de Rousseau, de Dupré, et surtout de Corot qu'il se plaisait à appeler son maître. Si à une rare intelligence de leurs qualités propres, l'habile artiste a su joindre une souplesse d'interprétation qui lui permettait de rendre très fidèlement ces œuvres pourtant très différentes, c'est qu'il était lui-même un paysagiste de grand talent. Malgré la remarquable faculté d'assimilation que dénotaient de telles

CH. DAUBIGNY. — LE RU A VALMONDOIS.
(Collection de Mrs Byers.)

aptitudes, l'originalité de Français était restée entière, maintenue en lui par son amour de la nature et par les études assidues qui jusqu'à la fin de sa longue existence ne cessèrent jamais de le captiver.

Les débuts de sa vie avaient été très pénibles et il ne dut qu'à son courage et à son opiniâtreté de pouvoir se livrer à sa vocation. Né à Plombières le 17 novembre 1814, il était l'aîné des trois enfants d'une pauvre famille. Mais, tout gamin, il s'était senti attiré par les beautés pittoresques de la contrée qu'il habitait et dont avec une ardeur infatigable il explorait les coins les plus sauvages. Ne pouvant se décider à finir son apprentissage chez le serrurier où l'avait placé son père, il était parti un beau matin pour Paris, la poche peu garnie d'argent, mais robuste et résolu. Bientôt à bout de ressources, il s'estimait heureux d'entrer d'abord chez un libraire, aux appointements de 10 francs par mois, puis dans les bureaux de la *Revue des Deux Mondes* qui venait d'être fondée. Satisfait des services que lui rendait son commis, Fr. Buloz aurait bien voulu le garder près de lui, et, pour le détourner de son désir de se livrer à la peinture, il lui faisait représenter par Paul Huet combien une telle carrière était chanceuse. Mais, persistant dans son idée, Français manifestait nettement l'intention de se réserver quelques heures de ses journées pour continuer ses études artistiques. On s'était donc séparé. Alors commencèrent pour le jeune homme des années difficiles pendant lesquelles, dès qu'il avait pu gagner quelques sous, il fréquentait l'atelier de Suisse où se réunissait alors la jeunesse studieuse, afin de dessiner et de peindre d'après le modèle vivant. Ces études poursuivies avec ténacité furent très utiles à Français, et c'est grâce à elles que plus tard il devint capable de placer dans ses tableaux des figures bien tournées et même de faire quelques portraits assez remarquables, entre autres celui de son père, dont il avait, avec une grande ressemblance, affectueusement exprimé l'honnête physionomie.

Mais tous ses instincts le portaient vers le paysage, et c'est à grand'-peine qu'il arrivait à suffire à sa très frugale existence, jusqu'à ce qu'il trouvât à exécuter pour *le Magasin pittoresque* et pour quelques livres illustrés, publiés à cette époque, des dessins pour des gravures sur bois, qui peu à peu furent recherchés par les éditeurs, notamment par Curmer et plus tard par la maison Mame, à Tours. Ces travaux l'avaient mis en relations avec quelques artistes déjà un peu en vue, ses collaborateurs, Baron, Célestin Nanteuil et Meissonier. Ce dernier peignit même pour lui quelques personnages minuscules, dans une petite étude faite au parc de Saint-Cloud et qui fut très remarquée par les amateurs. Aligny et Corot encourageaient ces essais du débutant qui, à partir de 1837, envoyait aux Expositions des paysages dont les motifs étaient généralement empruntés aux bords de la Seine, au Bas-Meudon, à Bougival. Il obtenait une médaille au Salon de 1841 et, quelque temps après, deux dessus de porte commandés pour Chantilly lui étaient payés trois mille francs. C'était là une aubaine inespérée. A la tête d'une pareille somme, Français, enflammé par les récits de Corot, pouvait enfin réaliser un rêve depuis longtemps caressé et il partait en 1845 pour Rome, où il demeura pendant quatre ans. Ce séjour en Italie devait avoir une très heureuse influence sur le développement de son talent. Il pouvait enfin goûter, en pleine liberté, les joies de l'étude d'après nature, au milieu d'une contrée qui, avec des formes mieux écrites et des colorations plus riches et plus harmonieuses, lui offrait les motifs les plus variés : le long du cours du Tibre, dans les plaines incultes de la campagne romaine, sous les beaux ombrages des villas Borghèse ou Doria, à Tivoli, à Frascati, sur les bords du lac Némi, dans les propriétés alors abandonnées du prince Chigi, à Castel-Fusano et Arricia, dont la végétation luxuriante livrée à elle-même lui causait des transports d'admiration. C'étaient là des stations classiques pour les paysagistes ; mais, tandis que ses prédécesseurs y apportaient des visées préconçues de style et des recherches d'arrangements en vue de compositions mythologiques ou historiques, Français n'aspirait qu'à copier la réalité avec toute l'exactitude dont il était capable.

Désireux parfois d'étendre plus loin le champ de ses études, Français allait s'installer chez des paysans et partageait bravement leur gîte et leur nourriture. Les jours de pluie, il faisait poser les enfants, les vieux *pifferari* et les *mercanti* de passage. Il était toujours prêt pour de pareilles expéditions, et d'humeur très facile, il s'accommodait des compagnies réputées les moins avenantes. Je me souviens que, pour un séjour qu'il fit dans un des coins les plus retirés de la montagne, il était parti avec un peintre dont le caractère grincheux était proverbial et comme, au retour de ce séjour assez prolongé, on le questionnait sur ses relations avec ce fâcheux personnage : « C'est vrai que le *copain* n'a pas été souvent aimable, répondait-il tranquillement, mais il était si ennuyeux... qu'il en devenait amusant ! »

En rentrant à Paris, Français rapportait avec lui, outre ses études peintes à l'huile, de nombreuses aquarelles, — et il en avait beaucoup vendu à Rome même, — et un grand nombre de ces beaux dessins dont la perfection est devenue célèbre. Exécutés à la plume, sur papier légèrement teinté, avec des rehauts discrets de blanc et des couches légères de lavis à l'encre de Chine ou à la sépia pour indiquer les valeurs relatives des ombres, ces dessins étaient de véritables merveilles de patience et de maîtrise. Avec une tenue superbe dans l'aspect général, ils offraient une grande richesse de détails dont la vérité et la précision

CH. DAUBIGNY. — LE PRINTEMPS.
(Phot. Braun, Clément et Cⁱᵉ.)

mettaient bien en lumière le caractère des motifs et leur prêtaient un charme poétique. On sentait que son amour profond de la nature n'avait pas cessé un instant d'animer le peintre quand il traçait ces silhouettes à la fois si fermes dans l'établissement des masses, et si fines dans le rythme ondoyant et les minutieuses inflexions des lignes. A voir les grosses mains de Français, on n'aurait jamais soupçonné la délicatesse exquise avec laquelle, venant à bout des tâches les plus compliquées, il excellait à spécifier délicatement les différentes essences des arbres, le port et les capricieux enroulements des plantes les plus menues.

Tant que ses souvenirs étaient demeurés assez vivaces, l'artiste avait mis en œuvre les éléments pittoresques recueillis pendant qu'il était en Italie; mais bien vite il avait senti le besoin de se renouveler en consultant incessamment la nature et en se donnant ainsi à lui-même la suprême délectation des longues séances passées en sa présence. Toutes les contrées de notre France l'attirèrent ainsi tour à tour : les bords de la Seine aux environs de Paris, la Normandie jusqu'à l'embouchure du fleuve, à Honfleur, où, avec son constant souci de vérité, il peignit de grands hêtres aux branchages enchevêtrés, assaillis par les flots et impitoyablement courbés par le vent de la mer; la Bretagne, le Jura, la Franche-Comté, et cette séduisante Provence que, toutes les fois qu'il le pouvait, il aimait à parcourir, amassant sur sa route des aquarelles et des sujets de tableaux à Hyères, à Cannes, à Antibes et jusqu'à Gênes.

CH. DAUBIGNY. — LE PARC A MOUTONS.
(Collection de M. Mesdag.)

Mais, lui aussi, il était parfois repris par la nostalgie de l'Italie. C'était elle qui l'avait révélé à lui-même et, dans un des séjours qu'il y fit, il avait poussé jusqu'à Pompéi, d'où il rapportait les éléments d'une de ses meilleures peintures, une *Vue des Fouilles de Pompéi*, avec des femmes et des fillettes portant gravement sur leur tête, à la manière de statues antiques, des paniers remplis des décombres de la ville enfouie, et dans le fond, dominant les ruines, le grand coupable de toutes ces destructions, le Vésuve dont la fumée inoffensive s'élevait paisiblement dans un ciel d'azur. Ce voyage en Italie avait remis Français en goût de l'antiquité et, à la suite des représentations de l'*Orphée* de Gluck, il voulut, ainsi que le fit Corot, traduire dans son art les impressions qu'il avait éprouvées. Sous les clartés indécises de la lune, il représentait le chantre divin exhalant, dans le silence de la nuit, son désespoir auprès du tombeau d'Eurydice; mais la composition du tableau était restée un peu vide et sa lumière un peu triste. L'*Offrande à Flore*, au crépuscule, avec le sommet d'un temple émergeant d'un bois sacré et la statue de la déesse parée de fleurs par des jeunes filles, était d'un arrangement et d'un effet plus heureux. Cependant Français donnait encore mieux sa mesure dans *Daphnis et Chloé*, une de ses œuvres les plus importantes et les plus réussies. Cette fois, la nature lui en avait, presque sans aucune modification, fourni le motif et, autour de ce joli ruisseau de Cernay qui s'épand en joyeuses cascatelles parmi des rochers moussus, il s'était ingénié à réunir dans un amusant fouillis les plantes et les fleurs champêtres les plus variées. Parmi cette flore printanière et ces eaux courantes, le soleil matinal éclaire vivement les corps demi-nus des deux êtres ingénus, qui, serrés innocemment l'un contre l'autre et penchés au-dessus du petit cours d'eau, forment un groupe délicieux.

Si charmante que fût cette composition, l'artiste allait désormais renoncer à ses excursions dans le domaine de la Fable et se consacrer tout entier à des études scrupuleusement faites d'après nature, mais dont il faisait d'instinct des tableaux très attrayants. Les environs mêmes de Paris, Meudon, Chaville, Brunoy, lui procuraient des motifs à son gré, parfois bien humbles, comme cette *Rue à Combs-la-Ville*, à laquelle la justesse piquante de l'effet, la perfection du dessin et l'élégante tournure des personnages prêtaient une physionomie très originale. A Clisson, où il avait des amis qui l'attiraient souvent, on s'était habitué à le voir, et à respecter les coins qu'il aimait. Mais ce n'était pas seulement la beauté de la nature qui plusieurs fois chaque année le ramenait dans ses chères Vosges, où l'attendaient tant de vieux souvenirs. A Plombières, dans la maison de sa sœur, il s'était fait arranger un atelier pour y peindre pendant les mauvais jours. Dans ce milieu familial où il était tendrement entouré, il se sentait parfaitement heureux. Son arrivée était bien vite signalée. Il connaissait tout le monde, et ses compatriotes, fiers de lui, l'aimaient pour sa bonhomie, pour la joviale simplicité qu'il avait gardée. De loin, il les hêlait par leurs noms ou leurs surnoms; il s'enquérait de leur famille, de leurs intérêts, leur rappelait les anciens jours. Avec eux, il avait autrefois vagabondé dans tout le pays et il savait à l'avance, suivant le cours des saisons, quelles études il devait y faire. Au printemps, on le retrouvait en face des ruisselets grossis par la fonte des neiges, parmi les gazons reverdis, avec des arbres encore dépouillés, dont il se plaisait à rendre, avec sa conscience habituelle, les branchages aux lacis compliqués. Dans un des plus charmants tableaux de ses dernières années, la *Veille de la Fête-Dieu*, il avait peint, sous le ciel bleu, des chênes d'un vert frais, espacés parmi les prés fleuris où les bonnes Sœurs du village et les petites filles, leurs élèves, cueillaient à pleins paniers des marguerites, des scabieuses, des sauges et des coquelicots pour les reposoirs et la procession du lendemain. Quelques jours après, dans *la Fenaison*, il

32. — L. FRANÇAIS. — DAPHNIS ET CHLOÉ.
(MUSÉE DU LOUVRE. PHOT. BRAUN, CLÉ-
MENT ET Cie.)

représentait toute cette moisson parfumée des herbes mûres tombant en cadence sous la faux des paysans alignés. Parfois, il traversait les Vosges et poussait jusqu'à Munster, où il était fêté par ses amis Hartmann qui, après avoir encouragé ses débuts, ne cessaient pas de lui faire des commandes et possédaient une grande quantité de ses œuvres. C'était déjà pour eux qu'il avait exécuté cette *Journée d'Hiver en Alsace* qui, à l'Exposition universelle de 1855, valait à l'artiste un de ses premiers succès : une claire après-midi de neige ensoleillée, avec des chasseurs réunis autour d'un feu flambant, près de la digue d'un étang glacé.

Les honneurs et une modeste aisance étaient venus peu à peu à ce travailleur obstiné qui, très régulièrement et jusqu'au bout de sa carrière, ne cessa jamais de figurer aux Salons annuels et aux Expositions de la Société des Aquarellistes dont il était un des fondateurs. Au Salon de 1890, la médaille d'honneur lui était décernée, et cette même année il entrait à l'Institut. Au cours des visites officielles occasionnées par sa candidature, il écrivait à l'un de ses amis, en lui parlant de la probabilité de son élection : « Il me faudra bien trois mois d'études d'après nature pour digérer tout cela ».

Avec sa haute taille et sa robuste constitution, Français avait jusque dans sa vieillesse conservé un air de force et de santé. Il semblait promis à une vie très longue, et comme je lui prédisais qu'il irait à cent ans, il me répondait en riant : « Ajoutez, s'il vous plaît, les *quatre au cent* ». On avait plaisir à ses entretiens, car, ayant connu les grands artistes de son temps et s'étant mêlé de près à leur vie, il aimait à évoquer leur souvenir. Doué d'une mémoire excellente, il contait avec esprit, donnant à ses récits familiers un tour piquant et très personnel. Mais, confiant dans sa force, il oubliait un peu trop le chiffre d'années qui pesaient si peu sur ses larges épaules. Il lui arrivait en été, dans les journées les plus chaudes, de faire, sous le soleil ardent, de longues courses, chargé de son attirail de paysagiste, et de rester ensuite immobile pendant d'interminables séances de travail, assis dans des vallées étroites et humides, ainsi qu'il le fit bien des fois dans ses dernières années, aux environs de Clisson. Les avertissements ne lui avaient pourtant pas manqué; se croyant invulnérable, il ne modifiait en rien son genre de vie. A la suite d'une première atteinte de paralysie, un de ses yeux s'était pris et l'autre était menacé. Condamné à un repos qui devait singulièrement lui coûter, sa patience était admirable et il conservait jusqu'au bout sa conversation enjouée, ses malices spirituelles, sa souriante cordialité. Le 28 mai 1897, il s'éteignait doucement au milieu de cet atelier où il avait tant travaillé. Il avait été heureux et il avait mérité de l'être. Résumant toute sa carrière, il pouvait, peu de temps avant sa fin, écrire à Édouard Charton, qui lui avait témoigné, dès sa jeunesse, une vive affection : « A l'âge où je suis arrivé, après tant de pérégrinations, je laisserais volontiers au hasard le soin de m'orienter. Ceux qui aiment la nature et qui s'exercent à la comprendre et à l'approfondir trouvent la récompense de leurs efforts tout au moins en eux-mêmes... et, si j'étais à recommencer ma vie, je me ferais peintre de paysage. »

.

Restées longtemps trop effacées, les œuvres de Daubigny sont aujourd'hui estimées à leur valeur, et par la sincérité exquise et le sentiment très personnel que le maître y a mis, elles méritent, en effet, le premier rang. Né à Paris, le 5 février 1817, Daubigny ne fut pas un ouvrier de la première heure, mais son originalité lui assure une place d'honneur dans notre école contemporaine. Il appartenait à une famille d'artistes : son oncle, Pierre Daubigny, était miniaturiste, et son père, Edme-François Daubigny (1789-1843), avait été lui-même élève de Victor Bertin et paysagiste. Très délicat dans son enfance, Charles-François fut mis en nourrice à Valmondois, où il resta pendant plusieurs années. Sa mère le gardant ensuite auprès d'elle, il n'avait guère fréquenté l'école et son instruction ne fut pas poussée bien loin. Plus tard, il n'avait pas songé à la compléter ; il n'en sentait pas la nécessité et, comme il disait : « Il y a toujours des gens pour savoir ce dont on a besoin, sans compter les dictionnaires[1] ».

Les parents de Daubigny étant pauvres, il avait dû, très jeune encore, tirer parti des aptitudes qu'il manifestait pour le dessin. Dès l'âge de 15 ans, il peignait des dessus de boîtes et des paysages commandés par des horlogers et disposés pour recevoir une montre marquant les heures

1. V. *Charles Daubigny et son Œuvre*, par Fr. Henriet ; Lévy, 1878.

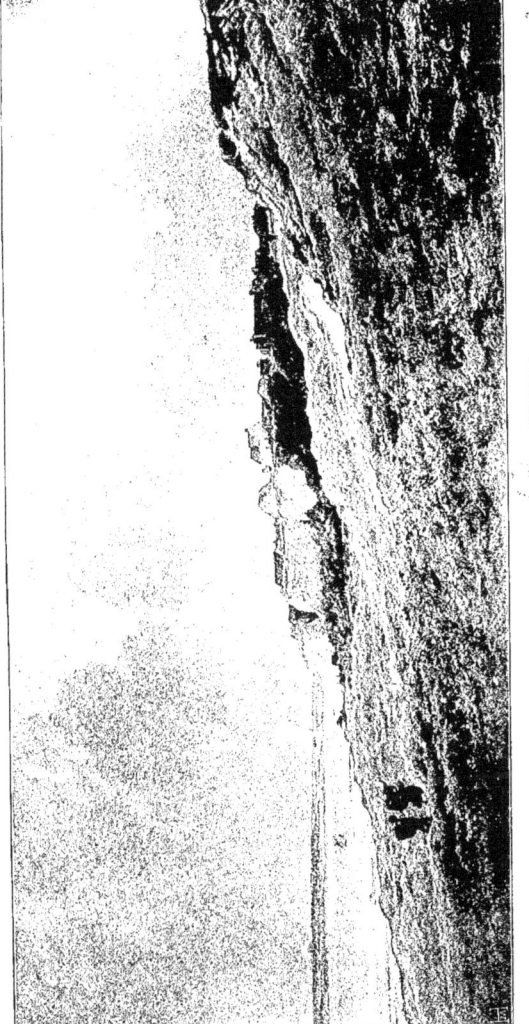

CH. DAUBIGNY. — LA CÔTE DE VILLERVILLE.
(Collection de M. Mesdag.)

dans le clocher d'une église placée au centre. A la mort de sa mère, son père s'étant remarié, le jeune homme, désireux de vivre à sa guise, — il avait alors 17 ans, — quittait la maison. Il ne pouvait qu'à grand'peine se suffire par son travail et s'estimait heureux de trouver à dessiner des en-têtes de factures, des prospectus pour pensionnats de demoiselles, des vues de propriétés à vendre, etc. Courageux, ne mangeant pas toujours à sa faim, il résolut cependant, dès qu'il le put, de faire deux parts de sa vie, l'une employée à ces tâches alimentaires, l'autre réservée à son instruction artistique. Suivant les idées de l'époque, il croyait qu'un séjour en Italie était nécessaire à la formation d'un peintre et, comme il s'était ouvert à l'un de ses camarades de son désir d'aller à Rome et que celui-ci l'avait partagé, tous deux s'étaient mis, en économisant sou par sou, à amasser un petit pécule qu'ils déposaient dans une cachette. Au bout d'un an, ayant compté leur trésor, ils se trouvaient à la tête d'une somme de 1400 francs, qu'ils jugèrent suffisante pour la réalisation de leur projet. On peut concevoir la vie qu'ils menèrent en Italie pour faire durer onze mois cette somme, grâce à laquelle ils visitaient successivement Florence, Rome et Naples. Daubigny avait de son mieux employé ce temps; mais il était encore trop peu habile pour profiter de ce voyage qui ne devait exercer aucune influence sur le développement de son talent.

La bourse vide, il avait fallu rentrer à Paris et se tirer d'affaire par un labeur obstiné. Pendant quelque temps, Daubigny reçut de très modiques appointements comme employé à la restauration des tableaux du Musée du Louvre dont le peintre Granet avait été nommé conservateur en 1826. Mais il s'était bientôt dégoûté de ce travail assez ingrat, ne pouvant d'ailleurs s'habituer au sans-gêne avec lequel il voyait qu'on traitait les chefs-d'œuvre de ce Musée. Un moment, il avait eu alors la pensée de concourir pour le prix de Rome et, à cet effet, il était entré dans l'atelier de Paul Delaroche qu'on lui désignait comme le plus propre à cette préparation. Il ne tardait pas à reconnaître que ses goûts ne le portaient pas de ce côté et reprenait avec ardeur ses études aux environs de Paris, dans la vallée d'Orsay, sur les bords de l'Oise, à Auvers, à L'Isle-Adam où son père avait lui-même travaillé, à Valmondois, où il aimait à retrouver la mère Béjot, sa nourrice. Entre temps, il fréquentait le Louvre et y admirait surtout les maîtres hollandais, no-

CH. DAUBIGNY. — BORDS DE L'OISE.
Musée du Louvre. (Phot. Braün, Clément et Cⁱᵉ.)

tamment van Goyen et Ruisdael. Il payait aussi son tribut au romantisme et cherchait à gagner un peu d'argent en faisant des illustrations pour *Notre-Dame de Paris*, pour *Le Jardin des Plantes* de Curmer, et les *Vies des Peintres* de Ch. Blanc. Mécontent des reproductions de quelques-uns de ses dessins, il s'était mis à graver à l'eau-forte et il acquérait bientôt une si grande habileté dans ce genre qu'il inventait lui-même des procédés destinés à donner au tirage de ses planches toute la finesse possible. A raison même de ces travaux, il se trouvait conduit à insister sur la forme et à la serrer de plus près dans ses études. Les premiers tableaux qu'il exposait, un *Saint Jérôme* et une *Vue prise dans la Vallée d'Oisans* (Salon de 1840) lui avaient montré la nécessité d'un dessin plus correct, car les indications qu'il avait jusque-là demandées à la nature étaient restées trop sommaires. Dans un *Intérieur de la Forêt de Montmorency*, la présence, au premier plan, d'un grand chardon étalant ses feuilles épineuses à côté d'un tapis de tussilages ne s'explique que par le désir évident d'utiliser une étude, et l'orage qui dans *le Nid de l'Aigle* (Salon de 1843) secoue les branchages des chênes n'est pour lui qu'un expédient destiné à masquer la notion encore très imparfaite qu'un trop court séjour à Fontainebleau lui avait donnée de la grande forêt.

Daubigny se sent plus à l'aise avec une nature plus modeste, mieux

CH. DAUBIGNY. — LE CHEMIN.
(Collection de M. Mesdag.)

en rapport avec son tempérament, et les *Environs de Choisy-le-Roi* exposés aussi en 1843 — des saules penchés au-dessus d'une eau morte envahie par des nénufars, — marquent un progrès décisif. Le petit pâtre, égaré en ces parages avec sa peau de bique et sa cornemuse, semble, il est vrai, emprunté à un croquis fait en Italie; mais la prairie en fleurs, les grandes oseilles et la végétation luxuriante qui garnissent les berges de cette mare dénotent une étude plus attentive et respirent déjà un bon parfum d'aimable rusticité. L'artiste dès lors avait trouvé sa voie. Vivant en commerce intime avec la nature et lui trouvant assez de charme pour ne demander qu'à elle seule l'intérêt des œuvres qu'elle lui inspire, il inclinera de plus en plus vers la simplicité. Les bords de la Seine et de l'Oise, le Morvan et la Picardie où il fit alors des séjours, lui montrent tour à tour des contrées très différentes dont il s'applique à respecter le véritable caractère. Son talent s'est assoupli et une possession plus complète des ressources de son art lui permet d'exprimer avec plus de décision et d'autorité les traits significatifs qui font la vie et la poésie d'un paysage.

Quand éclata, en 1848, la révolution de laquelle il attendait la réalisation de visées humanitaires, chez lui plutôt instinctives que raisonnées, Daubigny commençait à être connu et il obtenait au Salon de cette année une médaille de seconde classe. L'été de cette même année le ramenait dans le Dauphiné qu'il avait déjà visité. Les grands étangs de cette contrée pittoresque devaient encore l'y attirer plus d'une fois et les nombreux ouvrages qu'elle lui a inspirés attestent le charme qu'il y trouvait. C'était, au Salon de 1855, l'*Écluse de la Vallée d'Optevoz*, avec le calme d'une belle après-midi d'automne, des arbres à demi dépouillés sur un ciel placide et un ruisseau courant sur des cailloux parmi lesquels sautillent des bergeronnettes; ou bien cet *Étang de Gylieu* dont la nappe s'étale entourée d'une ceinture de joncs et de roseaux et dominée par des collines dont les pentes sont semées de grands arbres.

L'eau exerçait sur Daubigny une séduction irrésistible et il excellait à rendre la diversité de ses aspects. Dans *la Mare aux Cigognes* (1853) de la collection Thomy-Thiéry, c'est une eau stagnante, aux profondeurs transparentes, dont il nous montre la végétation très particulière et au milieu, un petit chêne rabougri, au tronc noueux, aux branches nerveusement enchevêtrées. Aux environs de Paris, le peintre aimait à retrouver les perspectives, pour lui familières, de cet aimable pays d'Auvers, avec le cours de l'Oise, ses îles et sous les ciels bleus où s'arrondissent de beaux nuages blancs, de grands peupliers bruissant au moindre souffle; ou bien des coins plus intimes, comme *le Ru de Valmondois*, ses eaux claires et ses frais ombrages, avec des laveuses espacées sur les rives et des linges blancs séchant au soleil.

L'attrait que l'eau avait pour le paysagiste était tel que, les longues séances d'études passées auprès d'elle ne lui suffisant pas, il avait fini par réaliser le rêve longtemps caressé de vivre sur elle, pour en jouir à toutes les heures du jour et de la nuit. Dès qu'il l'avait pu, il s'était fait construire un bateau aménagé à sa guise, le *Botin*, sorte d'atelier flottant qu'il amarrait aux bons endroits, afin d'y peindre par tous les temps, abrité du soleil ou de la pluie, les motifs qu'il pouvait ainsi librement choisir. Dans une suite d'eaux-fortes qu'il a consacrées à son bateau[1], l'artiste a pris plaisir à raconter les aventures de ses croisières. Tous les menus incidents de sa vie *lacustre* nous ont été retracés par

---

1. *Voyage en bateau*, croquis à l'eau-forte par Daubigny, 1862.

lui, d'un trait un peu gros, mais avec bonhomie, sans aucune prétention. Dès ses débuts, il se plaisait à griffonner ainsi sur le cuivre les jovialités qui lui venaient à l'esprit. Plus tard, en pleine possession des ressources de l'eau-forte, Daubigny s'en servira pour des œuvres plus sérieuses. Avec une complète intelligence de ce qui fait le mérite propre de ses maîtres préférés, il interprète, pour la Chalcographie du Louvre, quelques-unes de leurs œuvres : un dessin de Claude Lorrain, et deux tableaux de Ruisdael : *le Coup de Soleil* et *le Buisson*. Cette dernière planche, menée d'ensemble, méthodiquement, ainsi qu'en témoignent les belles épreuves de ses divers états que possède le Cabinet des Estampes, est un chef-d'œuvre de fidélité et de largeur. A deux siècles d'intervalle, le grand paysagiste hollandais a trouvé dans son confrère français un traducteur vraiment digne de lui.

Le talent du peintre, d'ailleurs, n'avait pas cessé de grandir. En même temps que son dessin gagnait comme sûreté et décision, sa couleur était devenue plus savoureuse et plus vivante. Les moindres motifs lui suffisaient désormais : un champ de blé plein d'épis mûrs; un bout de pré avec des coquelicots en fleurs; au milieu des sillons dépouillés, quelques arbres fruitiers dont la silhouette se détache fortement sur le ciel; un chemin qui monte parmi des chardons autour desquels les derniers rayons du soleil mettent une auréole d'or; ou la lune qui s'élève et répand ses clartés douteuses sur un troupeau en marche. A force de sincérité, ces humbles sujets traduits par lui deviennent intéressants.

L'Exposition de 1857, où figuraient *le Printemps*, la *Vallée d'Optevoz* et la gravure du *Buisson* de Ruisdael, plaçait Daubigny tout à fait au premier rang de nos paysagistes. *Le Printemps* (Musée du Louvre) est resté une de ses compositions les plus populaires, celle qui vient d'elle-même à l'esprit quand on prononce le nom de l'artiste et qui répond le mieux à l'idée qu'évoque son talent. Jamais, avant lui, l'éclosion du renouveau de la nature n'avait tenté les peintres et jamais aucun d'eux, depuis lors, n'en a comme lui rendu tout le charme. On connaît la simple donnée de cette œuvre exquise : un sentier bordé de jeunes pommiers en fleurs qui s'engage dans un champ de seigle et se perd à travers la campagne. Sous le ciel d'un bleu pâle où flottent quelques nuages blancs, les boutons roses et les feuilles encore tendres des pommiers s'épanouissent dans l'air attiédi ; les tiges grêles des seigles qui commencent à épier ondulent mollement ; des oisillons chantent sur les branches, et les gazons drus, piqués de pâquerettes et de sauges, empiètent sur l'étroit chemin. Assise sur son bourriquet, qui mâchonne quelque brin d'herbe accroché au passage, une paysanne s'avance vers le spectateur, et le blanc de sa chemise ainsi que le rouge vif du mouchoir qui la coiffe éclatent, comme une fanfare joyeuse, au milieu de ces tonalités délicates et un peu flottantes. La touche légère, caressante, à la fois fondue et précise, s'accorde avec le rythme heureux des lignes et la gaieté des colorations pour faire de ce bel ouvrage, en même temps qu'une fête pour les yeux, une merveille de grâce et d'intime poésie.

Avec les *Graves de Villerville* (Salon de 1859), aujourd'hui au Musée de Marseille — la collection Thomy-Thiéry en possède une réduction, — le contraste est saisissant. Sur le plateau dominant la mer glauque dont une bande étroite s'étend à l'horizon, le vent qui souffle du large presque sans relâche courbe les herbes, ploie les arbres et rase impitoyablement leurs cimes suivant une ligne oblique qu'aucune branche ne saurait dépasser. Une lumière très franche découpe nettement les formes et exalte les colorations intenses de ce paysage dont les moindres accidents sont significatifs. Dans cette même contrée, le village de Villerville a fourni à Daubigny une autre œuvre dont le caractère, bien que très différent, n'est pas moins rigoureusement marqué : basses, tassées et juchées sur la falaise, les misérables maisons des pêcheurs semblent se serrer les unes contre les autres pour affronter la double menace des flots et du ciel. Des nuées grises, des terrains détrempés, inconsistants, une tonalité générale effacée et terne s'ajoutent ici à la pauvreté du motif pour en exprimer toute la tristesse[1].

Autant la nature, dans de pareilles œuvres, manifeste avec une logique éloquente l'âpreté de la lutte entre ses forces mutuellement aux prises, autant elle apparaît féconde et généreuse dans *la Vendange* peinte en 1863 (Musée du Louvre). Le soleil dont, à travers un ciel voilé, on sent encore la chaleur bienfaisante, a mûri les grappes que les vendan-

---

1. Villerville, où Daubigny a beaucoup travaillé, lui a inspiré encore un autre tableau appartenant à la collection Mesdag et d'un aspect absolument opposé : Sous le ciel doux le petit village se chauffe au soleil, en face de la mer assoupie. Nous l'avons reproduit ici (pag. 469).

CH. DAUBIGNY. — LE MARAIS.
Musée du Louvre. (Phot. Giraudon.)

geurs affairés détachent des ceps pour les porter à une cuve amenée par deux bœufs qui reposent au milieu du chemin. Les pampres déjà dorés ou empourprés par l'automne, la langueur d'une atmosphère où flottent des senteurs vineuses, la simplicité et l'ampleur du motif, la largeur même d'une exécution magistrale, tout ici est expressif et s'accorde avec le sujet.

Grâce à la clairvoyance acquise par les consultations assidues qu'il demandait à la nature, Daubigny arrivait bien vite à discerner et à rendre le véritable caractère de contrées nouvelles pour lui. D'un voyage assez rapide fait en Angleterre, il rapportait quelques études où étaient très exactement reproduits les divers aspects qui l'avaient frappé. *La Tamise à Erith* (collection Thomy-Thiéry), datée de 1866, pourrait en servir de preuve. Sous un ciel de plomb qui essaie en vain de se nettoyer, le fleuve étale, entre les maisons et les bateaux de tonalités très intenses, — des bruns, des gris foncés et des rouges noirâtres, — la nappe de ses eaux claires et limoneuses, et, bien que très franchement accusé, ce contraste est, sans aucune dureté, d'un effet très puissant. De même, *la Meuse à Dordrecht* (Exposition universelle de 1900) rappellera à tous ceux qui ont vu la Hollande un des paysages les plus typiques de cette contrée plantureuse.

Le maître possède au plus haut degré le sens du tableau. Chacune de ses œuvres est d'une cohésion parfaite : toutes attestent l'entrain et le plaisir de peindre. Mais si, avec la souplesse de son talent, il est devenu capable d'exprimer toutes les impressions qui le frappent, cependant la grâce de la campagne dans ses coins les plus agrestes, les abords des villages, les vergers et les prés qui les entourent, les ruisseaux et les rivières l'attirent plus que les bois et les forêts. Ces séances de travail dans des sites humides, aux heures dangereuses des vapeurs matinales ou des moiteurs du soir avaient, à la longue, fini par altérer sa santé. En 1872, tourmenté par la goutte, il fit un premier séjour à Uriage, puis dans les Pyrénées aux eaux de Cauterets. Il se sentait menacé, mais, « avant de s'en aller, il aurait désiré faire encore une série de tableaux ». Le mal cependant avait empiré et, condamné à garder l'atelier, l'artiste abordait des compositions auxquelles il pensait depuis plusieurs années, mais pour lesquelles il n'avait pas amassé des études suffisantes. Comme diversion à ses souffrances, il avait voulu, ainsi qu'aux jours heureux, tenter, en 1876, une croisière à bord du *Botin* et il remontait la Seine jusqu'à Pont-de-l'Arche, en faisant escale aux Andelys. Cette imprudence ne lui ayant pas réussi, il était revenu à son cher pays de l'Oise où, tant qu'il put, il continuait à peindre. Le 1ᵉʳ février 1879, il mourait à Valmondois.

*
* *

De sept ans plus âgé que Daubigny, Constant Troyon[1] naquit à Sèvres où ses parents étaient employés à la manufacture de porcelaine. L'enfant, mis en apprentissage dans cet établissement, manifesta de bonne heure ses dispositions pour la peinture, et son parrain, M. Riocreux, directeur de la manufacture, ayant vu ses premiers dessins faits d'après nature, s'intéressa à lui et confia son instruction à Victor Bertin qui exerça sur lui, au début de sa carrière, une assez grande influence. La tendresse et le dévouement de sa mère, à laquelle il conserva toujours la plus reconnaissante affection, lui permirent de se consacrer tout entier à son art. Comme il travaillait un jour dans la campagne, aux environs de Sèvres, Roqueplan fut frappé de sa facilité précoce et l'en-

---

1. V. sur Troyon une Étude de Ch. Blanc dans *les Artistes de mon temps*, 1876; et surtout l'excellente monographie de M. A. Hustin dans la collection des *Artistes célèbres*.

33. — C. TROYON. — LES BŒUFS SE RENDANT AU LABOUR.
(MUSÉE DU LOUVRE, CLICHÉ NEURDEIN.)

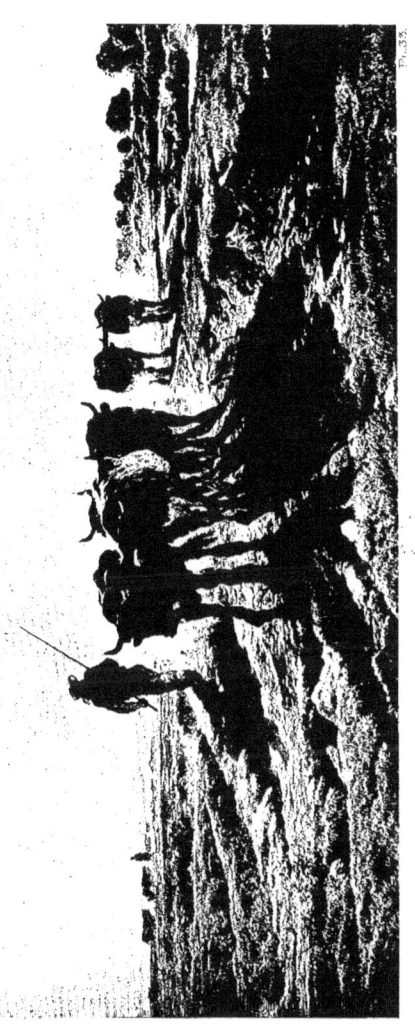

couragea à se fixer à Paris, où il le mit en relations avec quelques-uns de ses amis déjà un peu en vue, notamment Jules Dupré et Diaz. Dès 1833, les œuvres de Troyon étaient admises au Salon et elles lui valurent successivement, en 1838, 1840 et 1846, des médailles de 3ᵉ, de 2ᵉ et de 1ʳᵉ classe. Il avait eu un moment des velléités de paysage académique, et un certain *Tobie et l'Ange*, qu'il exposa en 1841, n'a rien à envier, comme composition, aux œuvres les plus conventionnelles qui se faisaient alors en ce genre. Il est vrai que son exécution visait au romantisme, et Théophile Gautier lui-même, d'habitude assez tolérant en pareille matière, protestait contre ses empâtements excessifs, qui, selon lui, « dépassaient les limites de ce qu'on peut se permettre à cet égard ». Cependant, peu à peu, dans ses paysages d'une touche un peu lourde et d'une couleur assez crue, le jeune artiste introduisait des animaux et des figures d'abord tout à fait accessoires, mais auxquels il attribuait graduellement plus d'importance, attiré qu'il était de ce côté et pressentant aussi qu'il y avait là une veine nouvelle à exploiter.

J. Raymond Brascassat (1804-1867) s'était déjà, il est vrai, acquis avant lui une grande réputation en peignant des vaches et des moutons d'un dessin correct, mais — sauf le *Combat de Taureaux* du Musée de Nantes, œuvre d'une fière tournure, — en général assez inertes et placés au milieu de paysages insignifiants, proprets et mollement exécutés. Au cours d'un voyage en Hollande fait par Troyon en 1846, la nature et les musées avaient produit sur lui une très vive impression. En même temps que les tableaux de P. Potter et de Cuyp lui montraient, réalisé en perfection, l'accord intime des animaux avec le paysage, ceux de Rembrandt le passionnaient à ce point qu'il copiait très soigneusement *la Ronde de Nuit*. Le complément d'intérêt que le clair-obscur ainsi entendu pouvait fournir à son talent avait été pour lui une révélation et, de retour en France, il avait fait d'après les animaux, soit aux champs, soit dans les étables, de nombreuses études en vue de se familiariser avec leurs formes et leurs couleurs, et aussi avec les modifications que les unes et les autres peuvent recevoir des jeux variés de la lumière. Mieux instruit à cet égard, il pouvait désormais attribuer plus d'importance à ces animaux, et les placer dans leur vrai milieu. Simplifiés et dégagés des accidents inutiles, ses paysages ajoutaient à ses compositions une signification très expressive.

C'était sous un ciel gris et chargé de pluie, un petit troupeau de moutons, mornes et pressés les uns contre les autres, cheminant avec lenteur, le long d'un sentier détrempé, parmi les plaines crayeuses de la Champagne; ou bien, en été, par une matinée ensoleillée, de belles vaches repues, errant à leur gré au milieu des grasses prairies de la vallée de la Touque; ou encore, dans une cour de ferme, le pêle-mêle amusant des volailles, des moutons et des vaches. Si dans plusieurs des grands tableaux que Troyon peignit alors, sa connaissance insuffisante de la structure de ses modèles s'accuse par des fautes de proportions et des exagérations de saillies; si, avec son désir d'éclat, il abuse parfois encore des empâtements, prodigue les glacis et arrive à ternir ou à durcir ses tonalités, comme dans le *Retour à la Ferme* du Musée du Louvre, en revanche, pour des œuvres de plus petites dimensions, telles que le *Troupeau de moutons* et les *Vaches à l'abreuvoir* de la collection Thomy-Thiéry, la simplicité des motifs, la largeur de l'aspect, l'harmonie robuste des colorations contribuent au charme de ces excellents ouvrages. Avec ses lointains flottant dans la brume, *le Matin*, qui appartient également à la collection Thomy-Thiéry, et dont Français a fait une excellente lithographie, est un vrai bijou de finesse et de transparence.

C. TROYON. — LE MATIN.
Musée du Louvre. (Lithographie de Français.)

La réputation était venue et avec elle, l'aisance. Débarrassé des soucis matériels qui avaient pesé sur ses débuts, Troyon, au lieu d'exploiter son talent acquis, sentit le besoin de l'étendre et de le fortifier par des études

« LES BŒUFS SE RENDANT AU LABOUR ».   481

C. TROYON. — MATINÉE AU MOERDYK.
(Collection de M. W. Elkins.)

plus rigoureuses encore. Au point où il était arrivé, ces études devaient rapidement porter leurs fruits. *Les Bœufs se rendant au labour* (Musée du Louvre), qu'il exposait en 1855, consacraient sa maîtrise. Il n'avait pas ménagé ses peines pour y mettre toute la perfection dont il était capable. Pendant plusieurs séjours faits en Sologne, il réunissait les éléments de ce tableau et cherchait ensuite à les relier fortement entre eux, dans une composition dont la nature lui avait certainement inspiré l'idée, mais à laquelle son intelligence et son talent communiquaient une puissance et une ampleur singulières. Le motif, bien connu, est des plus simples. Si la couleur du ciel s'est avec le temps un peu alourdie, la proportion des bêtes avec le paysage, le rythme heureux de leurs mouvements et de leurs silhouettes, la largeur et la justesse de l'effet matinal, la transparence des ombres même les plus intenses, où les formes sont restées lisibles, tout ici respire la vie grasse et féconde de la campagne et s'accorde pour faire de ce bel ouvrage un chef-d'œuvre de vérité et de poésie.

Le succès fut unanime et, dans son *Voyage à travers l'Exposition universelle de 1855*, About, rappelant à ce propos « les beaux paysages et les admirables bœufs de *La petite Fadette* et de *La Mare au Diable* », était en droit de dire : « M. Troyon est un grand peintre, aussi vrai que Mme George Sand est un grand écrivain ». On pouvait croire qu'à la suite de ce succès l'artiste serait nommé officier de la Légion d'Honneur; mais il n'avait jamais fréquenté les antichambres officielles et, s'il avait été décoré en 1849, c'était, ainsi que l'a raconté Charles Blanc, presque malgré le chef de l'État. Dans une visite au Salon de cette année, Louis-Napoléon, — alors Président de la République, — dont on avait attiré l'attention sur les œuvres de Troyon, manifestait à son entourage son peu de goût pour cette peinture « heurtée et à la grosse », et quelques jours après, malgré cette opinion si nettement formulée, il était très étonné de voir le nom de l'auteur sur la liste des propositions qui lui étaient faites pour la croix. Du moins, avait-il eu le bon esprit de signer le décret, en se contentant de dire au Ministre de l'Intérieur, M. Dufaure, qui le lui présentait : « Décidément, il paraît que je ne me connais pas en peinture. »

Avec le temps, la production de l'artiste était devenue de plus en plus abondante. Procédant méthodiquement, il avait acquis une grande sûreté. Sa palette s'était éclaircie et ses compositions, mieux établies, étaient aussi plus expressives. Il savait se servir de ses études et, comme il le disait lui-même, il avait appris à « retourner son veau ». Il y a des vaches de lui qu'on retrouve dans un grand nombre de ses œuvres, mais toujours disposées très habilement et avec une entente parfaite des ensembles. Les diverses contrées où il avait séjourné, la Normandie, la Touraine, la Champagne, la forêt de Fontainebleau et les environs mêmes de Paris lui fournissaient des motifs très différents : plages, scènes de chasse, pâturages, retours du marché, etc., qu'il variait encore par des effets de lumière. Parmi ceux de ses tableaux qui appartiennent à des collections américaines, deux surtout nous paraissent devoir être signalés : l'un, une *Matinée au Moerdyk* (collection de M. W. Elkins), composé avec les souvenirs du voyage en Hollande, a été peint en 1861. L'aspect très décoratif est d'une belle tenue, et l'impression de grandeur et de douce sérénité qui s'en dégage est très pénétrante. C'est, au contraire, la nature frémissante que nous montre l'*Orage en été* (collection de M. Drummond), avec son beau ciel dramatique, ses arbres secoués par le vent, et ses lointains déjà noyés dans la pluie qui tombe à torrents. On sent la pleine maturité de l'artiste dans ces œuvres

venues d'un même jet, avec une verve et une décision magistrales. Troyon sait bien ce qu'il veut et il le fait, sans l'ombre d'une défaillance, en homme qui possède à fond les ressources de son art. A l'inverse de Turner qui professait « qu'il faut toujours profiter des accidents », il répondait un jour à un ami qui lui vantait les hasards heureux de l'exécution d'un de ses confrères : « Il n'y a point de hasards en peinture! »

Grâce à sa facture expéditive, Troyon en était venu à terminer parfois en un jour un tableau de dimensions moyennes, et comme marchands et amateurs se disputaient ses œuvres, dont les prix allaient toujours en augmentant[1], il avait acquis une véritable fortune. Il en profitait pour rendre des services à des confrères moins favorisés que lui et pour se former une petite collection de peintures de Delacroix, Diaz, Rousseau et Millet. Sur un terrain qu'il avait acheté, boulevard Rochechouart, il se faisait construire une maison avec un grand atelier et un porche vitré sous lequel il pouvait peindre des animaux d'après nature. Mais bien qu'il fût d'une constitution très robuste, ce travail excessif finissait par compromettre sa santé. Déjà en 1855 il avait dû suivre un traitement et faire une saison à Uriage, puis dans les Pyrénées. Vers 1864, il fut atteint d'une paralysie et son intelligence commença à se troubler. C'est dans une maison de santé, à Vanves, où il avait fallu l'interner, qu'il mourut le 20 mars 1865. La vente aux enchères des tableaux et études laissés dans son atelier, faite du 22 janvier au 1er février 1866, produisit plus de 500 000 francs, et la mère de l'artiste héritait d'au moins 1 200 000 francs de ce fils qu'elle avait si tendrement aimé et auquel elle eut la douleur de survivre encore sept ans.

A côté de Troyon, son élève Émile van Marcke (20 août 1897-24 décembre 1890) s'est également rendu célèbre comme animalier. Les paysages qui servent de fonds aux bêtes qu'il a peintes — des pâturages, des marais, des plages et des chaumières normandes — s'harmonisent, il est vrai, très heureusement avec elles, mais ils n'ont jamais qu'une importance secondaire. S'il n'a pas l'ampleur, ni la riche diversité des compositions de son maître, van Marcke, avec plus de correction que

---

1. Le niveau de ces prix s'est encore élevé après la mort de Troyon, et à la vente de la collection Crabbe, faite à Bruxelles en 1890, trois tableaux du maître ont été payés 190 000 francs.

lui, a peint surtout des vaches. A ses débuts, son talent s'annonçait comme devant être moins exclusivement spécialisé ; mais dans les limites un peu restreintes où il s'est cantonné, il a manifesté des qualités picturales tout à fait supérieures, qui justifient absolument le succès de ses œuvres et la haute valeur qu'elles ont conservée.

.*.

Si la plupart des artistes dont nous venons de parler n'avaient pu, à raison de l'humble situation de leur famille, recevoir dans leur jeunesse une culture bien raffinée, ils avaient du moins, avec le temps, senti le besoin de l'instruction qui leur manquait et que, grâce à la finesse de leur organisation, ils surent se donner eux-mêmes. Il semble, au contraire, que Gustave Courbet ait tenu à honneur de conserver, avec la rudesse de son tempérament, l'ignorance et la grossièreté qu'il prenait pour une force. « J'ai fini mes études, » disait-il en 1858, et, comme le remarque finement Paul Mantz : « Chose grave, il le croyait[1]. » Doué d'ailleurs de dons très remarquables, il traversa la vie comme une sorte d'ouvrier d'art, alliant à une intelligence assez bornée et à une extrême vanité quelques-unes des rares qualités qui font le peintre : un coup d'œil très sûr, une main docile et cette hardiesse instinctive qui lui permettait d'aborder tous les sujets, même ceux pour lesquels il était le moins préparé. Nous n'avons pas à parler ici du peintre de figures, de ses prétentions exorbitantes, de cette doctrine du réalisme dont il se proclame l'apôtre, mais qu'il n'arrive pas à définir, de cette absence complète de goût et de mesure, ou de cette épaisse sensualité qui s'étalent dans des compositions telles que l'*Après-midi à Ornans*, le *Retour de la Conférence*, les *Demoiselles de la Seine*, l'*Allégorie philosophique de ma vie*, *Bonjour monsieur Courbet*, etc. ; non plus que des caricatures grotesques qui, dans l'*Enterrement à Ornans*, se mêlent à des morceaux excellents et à des figures aussi expressives que celles des pleureuses ; ni même de la force qu'il met dans des sujets plus à la portée de son talent, comme le *Casseur de pierres*, les *Demoiselles de village* et les portraits assez nombreux dans lesquels il a si complai-

1. *Gazette des Beaux-Arts*, 1878, t. I et II.

G. COURBET. — LA VAGUE.
Musée du Louvre. (Phot. Neurdein.)

samment reproduit sa propre image. Fort heureusement le paysagiste seul doit nous occuper. Né en 1819, dans la petite ville d'Ornans, au cœur d'une contrée accidentée et très pittoresque, Courbet a su retracer avec autant de vérité que de force quelques-uns de ses aspects les plus saillants : les assises de roches grisâtres qui affleurent les sommets des vallées encaissées de la Loue, les capricieux détours de cette jolie rivière, ses eaux claires et rapides, les harmonies très franches qu'offrent, au cours des saisons, ses coteaux couverts de neige, ses bois, d'une verdure luxuriante en été, ou parés, en automne, des colorations les plus éclatantes.

La *Remise des Chevreuils* donnée au Louvre par une société d'amateurs, et dans laquelle à la beauté d'un motif cher à l'artiste — les *Chevreuils sous Bois* légués par Mme Boucicaut, le *Ravin du Puits Noir*, etc., n'en sont, en effet, que des variantes — se joint le mérite d'une exécution à la fois puissante et délicate, nous paraît, en ce genre, le chef-d'œuvre de Courbet. Nous ne connaissons pas d'ailleurs de peinture où soit plus fortement évoqué le charme d'une eau courante s'écoulant, par une belle journée d'été, au milieu d'éboulis de roches moussues, sous de frais ombrages. Le lieu est à ce point solitaire, que les quatre chevreuils qui s'y abritent se sentent tout à fait en sûreté. Le tissu soyeux du pelage de ces jolies bêtes forme avec les opulentes frondaisons des buissons et des arbres, les jaunes blanchâtres des rochers et la limpidité transparente des eaux, un contraste délicieux. C'est par un travail très varié, où le pinceau et le couteau à palette interviennent tour à tour, que le peintre en face de la nature s'est ingénié à rendre les détails pittoresques qu'il avait sous les yeux. Sa facture est d'ordinaire plus rude, égale et un peu lourde. Avec une certaine grandeur dans la disposition et une tonalité très vigoureuse, *la Vague* du Louvre nous montre, en effet, des amas d'empâtements qui donnent aux flots de la mer recourbés en volutes écumantes un air fâcheux d'immobilité et de consistance. Le peintre a su, en revanche, conserver une fluidité de couleur et une légèreté de facture tout à fait remarquables dans d'autres *Marines* où le bleu du ciel et le bleu plus glauque de l'Océan s'accordent très harmonieusement avec le sable doré du rivage sur lequel la mer vient mourir dans un ourlet d'argent. Par la justesse exquise et la suavité caressante de ces douces ondulations, Courbet atteint ici à la poésie. C'est le même homme pourtant qui, mis en vue par ses déclamations politiques et humanitaires, n'arriva, sous la Commune, qu'à manifester son ineptie et sa jactance. Obligé de s'expatrier, il mourut obscurément le 31 décembre 1877, dans son exil volontaire, à La Tour de Peilz, en Suisse. Comme on l'a remarqué avec raison, en dépit des apparences, « c'était une nature molle », et avec les dons qu'il avait reçus, il eût mieux fait de moins parler, de ne pas agir, d'être tout simplement le grand artiste qu'il pouvait être et dont il n'a montré que des parties.

V

Les paysagistes dont nous avons parlé jusqu'à présent appartenaient à la génération qui, née avant 1820, avait été plus ou moins mêlée au mouvement romantique. Mais la riche floraison de talents qui s'était alors épanouie ne devait pas disparaître avec eux. Elle s'est continuée jusqu'à notre temps, et si les limites étroites de cette étude ne nous

...des
...choré. La
...borée fron-
...les rochers
...dilleurs. C'est par
...ils interviennent,
...s'ingénie à rendre les
...d'ordinaire
...grandeur dans la
...du Louvre nous
...ment aux flots de la
...d'immobilité et de
...une fluidité de cou-
...remarquables dans d'autres
...de l'Océan s'accordent
...lequel la mer
...gravité
...Courbet...la poésie,
...vue par ses déclamations
...la Commune, qu'à manifester
...rapatrié, il mourut obscurément
...La Tour de Peilz, en
...en dépit des apparences,
...des coups qu'il avait reçus, il eût
...agir, a été simplement le
...que des partis,

...appartenaient
...mêlée au
...qui s'était
...s'est continuée

permettent de parler que des morts, il est juste, du moins, que ceux d'entre eux dont l'originalité a été le plus fortement accusée, trouvent ici leur place.

Nous avons eu déjà l'occasion de remarquer que, sans négliger les motifs pittoresques qui s'offraient à eux dans leurs excursions, la plupart de ces artistes avaient été de préférence attirés vers certaines contrées dont leur origine, leur tempérament ou leur éducation les préparaient mieux à sentir la beauté propre. A mesure que leurs goûts les y ramenaient, ce commerce prolongé les rendait aussi plus aptes à en pénétrer et à en exprimer le véritable caractère. Ce que la Normandie avait été pour Bonington, pour Huet, pour Isabey et pour Flers, la forêt de Fontainebleau pour Rousseau et pour Diaz, les bords de l'Oise et le Dauphiné pour Daubigny, les vallées du Doubs pour Courbet et les Vosges pour Français, la Bretagne le fut pour Camille Bernier. Il était cependant né (4 mai 1823) à l'autre extrémité de la France, à Colmar où son père occupait le poste de receveur général des finances, et ce n'est que tardivement, quand son éducation fut terminée, qu'après avoir voyagé en Italie et en Orient, il put s'adonner entièrement à la peinture. Mais dès qu'il eut senti le besoin de pousser plus sérieusement ses études, la Bretagne l'avait captivé; elle devait devenir sa patrie d'adoption. A partir de 1857, où il figurait pour la première fois au Salon, avec la *Ferme de Kerluce*, c'est elle seule qui lui a fourni ses inspirations.

Il avait d'abord parcouru cette province en tous sens, séduit par la diversité de ses aspects. Mais bientôt, sa conscience ne s'accommodant plus de cette vie nomade, il s'était confiné dans sa modeste retraite de Kerlagadic (Finistère), où il trouvait réunis autour de lui les motifs les plus pittoresques et les plus variés. C'est avec une ténacité et une sincérité extrêmes qu'il s'appliquait à en dégager l'intime poésie. La vérité, telle qu'elle lui apparaissait, lui semblait plus intéressante et plus belle que tout ce qu'il aurait pu y ajouter. Il s'était donc mis résolument à sa tâche et il avait refait avec ardeur son instruction d'artiste. Oubliant ce qu'on lui avait appris jusque-là, il ne voulait tenir ses enseignements que de la nature elle-même et, en sa présence, il s'efforçait d'être toujours plus exact, plus précis.

Lent à se décider, Bernier, une fois fixé, apportait à son étude l'atten-

C. BERNIER. — BORDS DE L'ISOLE.
Musée de Morlaix.

tion patiente et la conscience qu'il considérait comme une probité chez l'artiste. Aucun parti pris ne devait altérer cette vision loyale de la nature qui, servie par une main docile, arrivait à fixer des impressions à la fois nettes et délicates. Jamais satisfait, il lui arriva plus d'une fois de s'asseoir aux mêmes endroits, apportant, à chacune des variantes qu'il donnait de ces motifs pareils, des exigences plus sévères, un désir plus ardent de perfection. Ainsi qu'il me l'écrivait de Kerlagadic, un des derniers printemps qu'il y passa : « Je rôde dans la lande et, tout en passant par mes vieux chemins, je regrette de m'être juré que je ne m'y arrêterais plus. Ce sont toujours mes motifs préférés et, dans ce moment où les feuillages sont encore clairs et légers, la nature est si charmante que je me tiens à quatre pour ne pas entreprendre, une fois de plus, un tableau que j'ai déjà fait cent fois! » C'est à cette conscience toujours plus scrupuleuse et mieux informée que sont dus les ouvrages accomplis qu'a laissés Bernier : *la Ferme* (Musée du Luxembourg), *la Lande* (Musée de Quimper), *l'Étang de Quimerc'h*, *le Chemin abandonné*, *les Sabotiers*, *les Bords de l'Isole* (Musée de Morlaix) et ces *Chemins creux* dont il a si excellemment exprimé la grâce et le rustique abandon.

Les nombreuses études généreusement données par sa veuve au petit musée de Kériolet (près de Concarneau), au cœur même de la contrée

J. JACQUEMART. — COIN DE FORÊT DES ENVIRONS DE MENTON.
Musée du Louvre. (Phot. Giraudon.)

peinte par Bernier, montrent par quel travail obstiné il avait mérité son talent. En parcourant ce coin de pays où il a vécu, à chaque pas le souvenir d'une de ses œuvres se présente à l'esprit; on est frappé de la justesse et de la poésie des interprétations qu'il en a données et dont l'ensemble forme une sorte de poème en l'honneur de sa chère Bretagne.

Estimé de tous, Bernier se faisait pardonner sa fortune par sa simplicité, par son labeur assidu et sa bonté. Grâce à son humeur affable et à la sûreté de son commerce, sa maison était devenue un centre amical où tous aimaient à se rencontrer. Non seulement les artistes malheureux ont toujours trouvé son aide, mais combien d'entre eux il a assistés à leur insu, tant sa générosité était délicate, inépuisable, ingénieuse à se dissimuler! Aucune jalousie, aucun mauvais sentiment n'approchaient de son âme. Quand, malgré les soins pieux dont il était entouré, la mort était venue, il l'avait vue s'approcher avec une sérénité qui ne s'était pas un moment démentie (12 mai 1902). En le conduisant à sa dernière demeure, ses proches et ses amis se disaient entre eux que jamais il n'avait sciemment fait de mal à personne; aucun d'eux ne savait tout le bien qu'il avait fait.

.*.

La spécialisation excessive qu'on observe dans toutes les directions de l'activité intellectuelle à notre époque, devait également se produire dans la peinture et pousser la plupart de nos paysagistes à se cantonner dans l'étude presque exclusive d'une région déterminée. A ce propos, il n'est que juste de rappeler ici le nom de Jacquemart dont, grâce à la générosité de Mme la baronne Nathaniel de Rothschild, le Louvre possède depuis peu de nombreuses aquarelles, en général inspirées par la Provence. Né à Paris en 1837, élève de son père, peintre de fleurs et auteur d'une histoire estimée de la céramique, Jules Jacquemart, avant de devenir le premier de nos aquarellistes, avait acquis une légitime autorité par son talent de dessinateur et d'aquafortiste. La suite de ses crayons d'après les objets d'art du Louvre, gravés ensuite par lui pour la publication : *Gemmes et Joyaux*, est tout à fait remarquable par la perfection et la souplesse du travail. Le charme de l'exécution chez l'artiste est tel qu'il parvient à nous intéresser aux choses les plus humbles, jusqu'à ces chaussures de tous les temps et de tous les pays qu'il s'est plu à représenter et dont il avait amassé lui-même, avec passion, la nombreuse collection qu'on peut voir aujourd'hui au Musée de Cluny.

Des séjours consécutifs faits à Menton, durant les hivers de 1875 à 1879 et motivés par l'état de sa santé, allaient révéler le talent de Jacquemart sous un jour nouveau. Dans ce court espace de temps, en effet, non seulement il s'était approprié les ressources techniques de l'aquarelle, mais il les avait lui-même singulièrement agrandies, et les œuvres qu'il a laissées ont exercé sur le développement de ce genre et sur ceux qui l'ont pratiqué depuis lors une influence considérable. Avec la justesse impeccable des mises en place, qu'il devait à ses qualités de dessinateur, Jacquemart, par la force et l'harmonie de son coloris, se montre un véritable novateur. D'une fidélité absolue, les divers aspects qu'il a retracés de Menton dénotent en même temps une extrême audace. Les teintes d'aquarelle posées sur le papier baissent notablement d'intensité à mesure qu'elles sèchent et, pour leur donner la fraîcheur et la vivacité qu'elles doivent conserver, il ne faut jamais craindre d'en hausser l'éclat. Avec la prévoyance exacte du résultat final, cette hardiesse initiale suppose une décision et un sang-froid qu'il est bien rare de trouver réunis chez le même artiste. C'est grâce à cet accord de dons, souvent inconciliables, que Jacquemart a su interpréter d'une manière saisissante la nature du Midi, sa mer étincelante sous le bleu radieux du ciel, ses blanches murailles dorées par le soleil, ses montagnes aux silhouettes nerveuses, aux couleurs tendres, avec les terrasses et les bois d'oliviers étagés sur leurs pentes.

Toutes ces tonalités joyeuses, jamais criardes, vibrent, contrastent ou s'accordent entre elles avec une puissance d'évocation si éloquente qu'on croirait voir apparaître eux-mêmes les sites les plus caractéristiques de ce merveilleux pays : les *Roches Rouges*, au pied desquelles s'abrite Menton tapi dans son nid de verdure ; le *Cap Martin*, encore solitaire à cette époque, avec ses rochers fauves, tour à tour caressés ou frappés par la vague ; les *Montagnes de Sainte-Agnès* et tout ce décor incomparable de la *Côte d'azur*. La facture singulièrement habile de l'artiste est cependant exempte de virtuosité. Ses heureuses trouvailles ne procèdent pas de témérités hasardeuses ; elles naissent de ces illuminations spontanées et de cet entrain de bon aloi que chez lui le commerce assidu de la nature provoquait et renouvelait incessamment. A cette sincérité constante, à la verve magistrale de l'exécution, à tout ce que de pareilles œuvres supposent d'énergie, on ne soupçonnerait jamais que c'est là le travail d'un malade. Dans ce Midi, où il est venu pour se reposer et reprendre des forces, Jacquemart s'exalte et se dépense sans mesure. Écrivant à un ami, il s'interrompt brusquement, « car le soleil annonce une splendide journée. Dehors ! dehors ! Je quitte la plume et prends mon chapeau de paille ! » Aussi ses rechutes sont continuelles ; à peine remis, il commet de nouvelles imprudences et dès que « le temps est doux et l'azur agréable, » il retourne à son cher labeur, « avec une activité de volonté plus vive que jamais et une telle indigence de respiration que la fatigue corporelle est pour lui au bout de tout effort un peu prolongé. »

Après un dernier séjour, en 1879-1880, dans lequel à l'éclat plus grand de sa couleur, à la sûreté croissante de son pinceau, il semble qu'il veuille mettre dans ses œuvres comme un suprême adieu à cette nature aimée, quand, au commencement de juin 1880, il rentre à Paris, au lieu « du temps bleu tendre » qu'il comptait y retrouver, c'est la pluie

A. DE CURZON. — UN ORAGE A TORRE DEL GRECO.
(Collection de M. H. de Curzon.)

froide et continue qui l'y attend. Ainsi que le remarque M. L. Gonse, dans la touchante notice qu'il a consacrée à Jacquemart[1], durant les trois mois d'agonie qui suivirent son retour, le vaillant artiste allait épuiser « toutes les souffrances morales de celui qui se voit mourir à la force de l'âge et à l'apogée de son talent » (26 septembre 1880); il avait à peine quarante-trois ans.

***

Alfred de Curzon, de dix-huit ans plus âgé que Jacquemart, avait comme lui un amour profond de la nature; mais il y joignit, dans la pratique de son art, des préoccupations de style qu'il tenait de son tempérament et de son éducation. Né le 7 septembre 1820, à Moulinet, près de Poitiers, il appartenait à une famille ancienne et très considérée de cette région. La vocation que de bonne heure il manifesta pour la peinture n'avait été accueillie par les siens qu'à la suite d'une certaine résistance dont ses dispositions évidentes et la confiance qu'inspiraient sa sagesse et sa raison précoces devaient bientôt triompher. Après des études de figure dans l'atelier de Drolling, où son isolement et sa distinc-

---

1. *Gazette des Beaux-Arts*, 1881, t. II, p. 450.

A. DE CURZON. — VUE PRISE A OSTIE PENDANT LA CRUE DU TIBRE.
Musée du Luxembourg. (Phot. Lévy.)

tion native l'avaient un peu fait souffrir à ses débuts, il était de plus en plus attiré vers le paysage et il trouvait chez Cabat une direction et des conseils dont il lui resta toujours reconnaissant. Il ne renonça jamais cependant aux compositions de genre ou d'histoire — quelques-unes même lui valurent un légitime succès; — mais c'est comme paysagiste surtout qu'il devait exceller. Un voyage d'un an en Italie le confirmait dans ses goûts et quand, à la suite du concours de 1849, il revint à Rome comme pensionnaire de la Villa Médicis, sa joie fut extrême. En face de cette belle nature qu'il interrogeait avec la candeur d'un enfant, il sentait toujours plus vivement le besoin de se perfectionner dans son art pour prouver de son mieux l'admiration qu'elle lui inspirait. Dur à son corps, infatigable au travail, il s'accommodait des plus humbles gîtes, et la quantité de dessins, d'aquarelles et d'études peintes à l'huile qu'il amassait dans ses cartons pendant les trois années de son séjour au delà des monts (1850-1852), atteste son incessante activité. Les dates qu'il y inscrit marquent les étapes journalières de ses pérégrinations à travers la campagne de Rome, dans les villas des environs, à Naples, à Pompéi, à Capri, à Sorrente et Amalfi, dans toutes ses stations le long de cette côte enchanteresse dont il a si bien compris et rendu les aspects les plus caractéristiques.

Au mois de mars 1852, en compagnie de Charles Garnier, le futur architecte de l'Opéra, de Curzon partait pour la Grèce. Il était préparé à ce voyage par toutes les aspirations de sa vie et par la pleine maturité de son talent. A Athènes, chaque jour le ramenait en vue de l'Acropole et, sans se lasser jamais, il reproduisait, sous la pure lumière d'un ciel incomparable, ces monuments aux proportions exquises, à la silhouette élégante, et les profils austères des montagnes qui les entourent. Dans les aquarelles qu'il fit sur place, comme dans les tableaux où, plus tard, il résumait ses impressions, la correction absolue du dessin égale le charme pénétrant de la couleur. Loin de chercher à atteindre la vivacité de cette merveilleuse lumière et l'éclat des tonalités qu'il a sous les yeux, de Curzon, avec des nuances amorties, transpose dans un mode plus discret les motifs dont la beauté le frappe, et spontanément il en exprime la noblesse et l'intime harmonie. Le sentiment de respect qui l'animait en leur présence était si sincère qu'Edmond About lui-même, qui d'Athènes, où il était alors, avait suivi le peintre dans plusieurs de ses excursions, conçut pour ce bon travailleur, si simple et si modeste, une estime affectueuse dont, à peu de temps de là, on retrouve la trace dans ses critiques. Au travers des spirituelles gamineries dont il est coutumier, perce je ne sais quelle déférence involontaire pour le caractère de ce jeune homme avec lequel il a vécu familièrement : « Il a sa manière, dit-il[1], une manière sobre et distinguée, toujours consciencieuse et jamais médiocre, un peu froide et cependant élégante. Ses trois *Paysages de la Campagne d'Athènes* sont d'une grande vérité. Si vous voulez connaître le sol maigre de l'Attique, la terre poudreuse, les arbres haletants, les temples désolés qui entourent la capitale du roi Othon et la triste parodie d'Athènes, regardez les tableaux de M. de Curzon; tout est là. Il a tout vu, tout compris, tout rendu, excepté peut-être l'éclat du soleil qui cuisait ses mains comme des écrevisses, lorsque nous chevauchions côte à côte, sur les cailloux brûlants de l'Ilissus. » De son commerce avec cette contrée privilégiée, de Curzon avait conservé comme une habitude de grandeur et de sérénité un peu mélancoliques qu'on remar-

---

1. *Voyage à travers l'Exposition universelle de 1855*, p. 216.

que dans toutes ses œuvres, dans ses *Murs de Rome*, et dans la *Campagne aux environs d'Ostie pendant l'inondation*, aussi bien que dans les sauvages solitudes du *Désert de Villers* (Normandie) et sur les *Bords du Clain*, près de Poitiers. C'est avec un sentiment très personnel de grâce et de simplicité charmantes qu'il interprète des motifs aussi différents.

L'état maladif d'une épouse tendrement aimée et vraiment digne de lui l'avait fait renoncer au séjour de Paris, et il s'était retiré à Passy, au boulevard Suchet, où sa vie s'écoulait presque solitaire, dans un quartier alors très à l'écart. En 1872, le soin de cette chère santé le ramenait dans le Midi, à Tamaris près de Toulon, et au milieu de ce pays aimable, il goûtait de nouveau, entouré des siens, les satisfactions d'un travail assidu. Après la perte de sa femme, il s'était rapproché de sa famille et de ses amis, en venant habiter rue d'Assas, où il mourait le 4 juillet 1895, après une courte maladie. Il n'avait jamais recherché les honneurs, et bien d'autres, qui ne le valaient pas, avaient eu une carrière plus en vue. Incapable d'un sentiment d'envie, il était heureux des succès de ses amis et l'on n'aurait jamais surpris sur ses lèvres un mot d'aigreur ou de regret. Ses ambitions étaient plus hautes. Le bon emploi de sa vie et sa droiture morale avaient été les meilleurs auxiliaires de son talent et donnaient à ses œuvres comme à ses actions cette unité supérieure qu'on aime à découvrir dans les existences les mieux conduites.

.*.

A mesure que toutes les provinces de France trouvaient des interprètes plus fidèles de leur intime caractère, nos paysagistes, jaloux d'étendre leur domaine, abordaient des contrées nouvelles. Depuis longtemps, nous l'avons vu, l'Orient avait attiré leur attention, et, dans la littérature comme dans l'art, il était devenu à la mode. Après Victor Hugo qui l'avait chanté, comme Diaz l'avait peint, sans l'avoir vu; après Decamps qui n'y avait guère passé qu'en courant, et Marilhat qui, grâce à des études plus sincères, en rapportait déjà des images plus véridiques, la facilité croissante des voyages devait amener une connaissance toujours plus complète de ces contrées, autrefois peu fréquentées. Le public aussi, devenu plus exigeant, ne se contentait plus des indications assez sommaires qui jusque-là en avaient été données. Il était désormais à même de juger avec plus de compétence les œuvres inspirées par les pays du soleil. Les écrits et les tableaux de Fromentin vinrent, à point nommé, provoquer et mériter toutes les sympathies[1].

Fils d'un médecin distingué de la Rochelle, Édouard Fromentin était né le 24 octobre 1820 dans cette ville, et il y avait fait ses études avec un tel succès que son père songea un moment pour lui à une carrière littéraire. Tout en suivant à Paris les cours de la Faculté de droit, les goûts naturellement élevés du jeune homme le portaient à rechercher la société d'écrivains alors très en vue, et il avait approché Michelet, Quinet et Sainte-Beuve. Entre temps, il prenait un si vif plaisir à fréquenter

ED. FROMENTIN. — GORGES DE LA CHIFFA.
(Collection de M. G. Gould.)

le Louvre qu'au lieu de préparer sa thèse de doctorat, il obtenait de sa famille la permission de se livrer à la peinture. Il entrait en 1843 dans l'atelier du paysagiste Rémond, le maître de Th. Rousseau, qu'il quittait l'année d'après pour devenir l'élève de Cabat, à qui il devait vouer une sincère reconnaissance. Mais de bonne heure l'admiration des œuvres de Marilhat exerçait sur lui une grande influence et l'attirait vers l'Algérie. Dès le premier voyage qu'il y fit en 1846, il fut absolument conquis par le charme de ce pays, et les tableaux exposés par lui au Salon de 1847, une *Mosquée près d'Alger* et les *Gorges de la Chiffa*, avec leur effet piquant et leur facture spirituelle, lui valurent un grand succès. A la suite

1. Voir sur Fromentin la consciencieuse étude de M. L. Gonse, parue dans la *Gazette des Beaux-Arts*, 1878, t. I et II; et publiée ensuite en volume.

PAYSAGES D'AFRIQUE.

ED. FROMENTIN. — REPOS DE LA CARAVANE.
(Collection de M. G. Gould.)

de nouveaux séjours à Constantine et à Biskra, en 1848 et en 1852-1853, les études qu'il en rapportait devaient consacrer la réputation de l'artiste. C'est au retour de ce dernier séjour qu'à peine réinstallé à Paris, ayant encore toute la fraîcheur de ses souvenirs, il exécutait, coup sur coup, une dizaine de tableaux où il avait rendu avec une vivacité extrême des impressions très diverses. Si le paysage y tenait une place importante, les figures jouaient cependant le principal rôle dans ces compositions où l'artiste avait cherché à résumer les traits les plus caractéristiques de la vie africaine. Ces œuvres et celles qui suivirent, comme la *Chasse au Faucon* et le *Repos de la Caravane* Salon de 1857, la *Lisière d'Oasis pendant le Sirocco*, l'*Audience chez le Khalife* et la *Rue de Laghouat*, marquent l'apogée de la réputation du peintre qui, au Salon de 1859, reçut à la fois la première médaille et la décoration.

Le talent de Fromentin était, comme sa personne même et sa conversation, élégant et plein de distinction. Mais l'éducation de l'artiste avait été tardive et, pressé de produire, il en avait abrégé la durée ; plus tard, ayant conscience de ce qui manquait à cette première instruction, il regrettait de n'en avoir pas réparé les lacunes. Avec autant de sincérité que de modestie, il souffrait de l'écart entre ses aspirations très hautes et la difficulté qu'il éprouvait à les exprimer. D'une grande finesse d'observation, quelques-uns de ses tableaux sont aussi d'une impression saisissante : la petite toile du *Simoun*, par exemple, avec son ciel plombé, strié de nuées obliques et sinistres qui, poussées par la violence de la tempête, secouent les palmiers, soulèvent et répandent au loin dans la plaine les colonnes d'un sable aveuglant; ou bien cette *Rue de Laghouat* où, dans l'écrasement de la nature accablée sous un soleil de feu, rien ne bouge, sauf quelques oiseaux de proie, qui planent dans l'air embrasé. Pêle-mêle, entassés comme des loques, et pressés contre la muraille dans l'ombre étroite qu'elle projette, des Arabes dorment ou rêvassent silencieux. « Commencée d'un côté, leur journée s'achève de l'autre côté du pavé; c'est la seule différence qu'il y ait dans leurs habitudes, entre le matin et le soir. »

Sous l'influence de Corot, la palette de Fromentin, d'abord très diaprée, s'affinait peu à peu en modulations plus délicatement nuancées; sa main gagnait aussi en souplesse et en légèreté. Sans atteindre la force, ses compositions avaient plus d'ampleur, des partis plus simples et plus larges. Dans les *Arabes chassant au Faucon*, du musée Condé à Chantilly, un de ses chefs-d'œuvre, le ciel et la nappe d'eau qui le reflète occupent toute la toile et l'heureuse silhouette du groupe des cavaliers se détache très franchement sur ce fond dont les tonalités d'un gris bleuâtre exaltent les vives colorations des costumes des personnages et les robes variées de leurs montures.

Les aspects de Venise et des lagunes voisines avaient vivement frappé Fromentin dans un voyage qu'il fit, en 1872, au nord de l'Italie, en compagnie de son ami M. Ch. Busson, et au retour il en reproduisait avec autant de vérité que de grâce les délicates harmonies. Il était moins bien inspiré dans une suite de tableaux dont la vie des Centaures lui fournissait les motifs; il n'avait ni le grand style qui convient à de pareils sujets, ni le souffle de sauvage poésie qui s'exhale des quelques pages écrites par Maurice de Guérin, ni les qualités de puissance et d'éclat qui animent les créations de Rubens ou de Barye. Les allures correctes des *Centaures* de Fromentin et la grâce un peu mignarde de leurs compagnes témoignent chez lui d'une modernité et d'une mièvrerie assez déplacées en cette occasion.

En revanche, la maîtrise du peintre comme écrivain lui mérite une place à part dans la littérature contemporaine. Son *Été dans le Sahara* qui parut en 1856 dans la *Revue de Paris* et l'*Année dans le Sahel* ainsi que le roman de *Dominique* publiés en 1858 et 1862 par la *Revue des Deux-Mondes* le mirent d'emblée au premier rang. Le volume des *Maîtres d'Autrefois*, écrit à la suite d'un séjour d'étude en Belgique et en Hollande, un des meilleurs et des plus charmants livres de notre époque, allait bientôt après étendre encore sa réputation et renouveler profondément la critique d'art. Sous sa plume, elle devenait elle-même une œuvre d'art, en même temps que l'amour de Fromentin pour la nature et sa connaissance des ressources du métier de peintre lui assuraient une base solide et une légitime autorité.

Le succès fut éclatant et les approbations les plus hautes, en consacrant ce succès, révélaient à Fromentin lui-même l'étendue et la richesse du domaine qu'il venait de découvrir. Une foule de sujets s'offraient dès lors à lui : sur les chefs-d'œuvre du Louvre, sur les devoirs de la critique, sur ses maîtres préférés et notamment sur Delacroix et Corot. En plein triomphe, alors que les portes de l'Académie française allaient s'ouvrir devant lui, à la suite d'une courte maladie, il mourait brusquement le 27 août 1876, dans sa maison de campagne de Saint-Maurice, près de la Rochelle, au milieu de ce pays où s'était passée sa jeunesse et dont il avait si poétiquement décrit, dans *Dominique*, les aspects variés et le charme mélancolique.

* * *

Un autre peintre des pays de la lumière, Léon Belly, né à Saint-Omer, le 10 mars 1827, sans avoir jamais vu l'Algérie, a cherché en Syrie, en Palestine et surtout en Égypte, les motifs de ses principaux tableaux. Nous nous étions connus de bonne heure, au collège, à Metz où il avait une partie de sa famille. Un peu plus tard, je l'avais retrouvé à Paris, élève de Troyon et, presque dès ses débuts dans la peinture, déjà en possession d'une singulière habileté. Sa mère, veuve d'un officier d'artillerie, avait soigneusement veillé à son éducation. Elle aimait les arts et pratiquait avec quelque succès la miniature. Loin de combattre la vocation de son fils, elle l'avait encouragée, mettant pour seule condi-

L. BELLY. — UNE MARE A DJISEH.
(Collection de Mme Léon Belly.)

tion qu'avant de la suivre, il terminât ses études littéraires et qu'il fût même en état de subir les examens pour l'École polytechnique. Fort intelligente, elle vivait à Paris dans une société choisie d'artistes et d'écrivains, et Belly, avec son esprit ouvert, avait très largement profité de ce milieu. Ses goûts étaient raffinés, et même un peu exclusifs : en musique, il avait une prédilection particulière pour S. Bach et au Louvre, Rembrandt, dont il avait copié plusieurs tableaux, était son maître préféré. Sa facilité était remarquable, presque décourageante pour ceux qui l'approchaient et j'avais pu en juger dans plusieurs stations d'études faites ensemble, dans les Pyrénées, en Normandie et surtout à Barbizon, où il était en relations intimes avec Th. Rousseau et par lui avec Millet. Bien qu'ils fussent tous deux encore ignorés du public, Belly professait pour eux une très vive admiration. Épris d'ailleurs de la grande forêt, il était là à bonne école; par la justesse de l'effet et le rendu minutieux de l'exécution, il arrivait à donner un grand charme aux moindres détails qu'il prenait pour sujets d'étude : des roches moussues, des troncs d'arbres, des terrains couverts de bruyères en fleurs.

Un premier voyage fait par lui en 1850-1851, avec MM. de Saulcy et

LÉON BELLY. — LE GUÉ DE MONTROULANT.
(Collection de Mme Léon Belly.)

B. Delessert, en Grèce, en Syrie et dans la Haute-Égypte, l'avait à ce point transporté que, l'année d'après, parcourant avec moi la Sicile et l'Italie, il restait aussi indifférent aux beautés de la nature qu'aux chefs-d'œuvre de l'art qui s'offraient à nous sur notre route. Rentré à Paris, il envoyait au Salon de 1853 des paysages dont les sujets étaient pris aux environs de Naplouse et de Beyrouth, ou sur les bords de la Mer Morte, et qui obtinrent quelque succès. Il ne cessait pas d'ailleurs de consulter la nature en travaillant à Barbizon où il réunissait les éléments de plusieurs tableaux qui figuraient à l'Exposition de 1855. Outre un *Portrait de jeune fille* et un *Portrait de Manin*, alors réfugié en France, il y avait envoyé un *Crépuscule en novembre*, un motif superbe, avec des chênes dont la silhouette tourmentée se détachait en vigueur sur un ciel d'automne; et un grand paysage en hauteur : *la Futaie*, dans lequel il se proposait de rendre l'effet très saisissant de chênes et de hêtres séculaires dont seules les cimes sont encore éclairées par les derniers rayons du soleil, tandis que le bas de la forêt et les terrains sont déjà noyés dans l'ombre. Dans une suite d'études préparatoires, le consciencieux artiste avait reproduit, par fragments superposés, les divers étages de ces arbres, si gigantesques que le regard n'arrivait pas à les embrasser tout entiers d'un seul coup d'œil. La quantité même et la précision de ces études, la nécessité d'en ajuster et d'en raccorder les tronçons pour en former un ensemble auquel il fallait conserver l'unité et la bonne tenue de l'effet, rendaient bien compliquée la réalisation d'un tel programme et pendant longtemps Belly s'était débattu contre les difficultés de sa tâche. Le résultat, si intéressant qu'il fût, n'avait pas répondu à son attente. Il recueillait d'ailleurs le bénéfice de ce travail opiniâtre en exécutant très facilement ensuite un autre tableau important dont la Normandie lui avait fourni le motif, la *Pêche aux équilles*, à marée basse, sous un ciel d'orage très mouvementé, avec une foule de figures habilement groupées le long d'une plage dominée par de hautes falaises.

Mais les souvenirs de l'Orient le poursuivaient, et au mois d'août 1855, il repartait pour le Sinaï dont les déserts environnants l'avaient vivement frappé; de là il gagnait l'Égypte où il demeurait jusqu'en décembre 1856. Les *Sycomores de Djiseh*, qu'il exposait en 1857, marquent un progrès décisif dans le développement de son talent. La justesse de l'effet, l'élégante correction du dessin, l'éclat de la couleur et l'heureux contraste de l'épaisse frondaison des sycomores avec la légèreté des palmiers dont les tiges élancées s'élèvent dans l'azur profond, tout, dans cette toile magistrale, atteste à la fois l'intime connaissance d'une nature très particulière et la pleine maturité de l'artiste. Cependant, bien qu'il eût déjà amassé de très nombreuses études, il ne se trouvait pas suffisamment muni pour aborder plusieurs compositions qui, par l'accord harmonieux des figures avec le paysage et par leur signification propre lui semblaient manifester d'une manière expressive les liens étroits qui, en Égypte, rattachent la race à la nature elle-même. Il retournait donc une troisième fois dans ce pays et il y demeurait d'octobre 1857 à avril 1858, afin de réunir toutes les études qui lui étaient nécessaires. Avec des visées très différentes, plusieurs des tableaux qu'il peignit méritent, à ce titre, de fixer notre attention. C'était d'abord le *Halage d'une barque* par des Arabes demi-nus, et sous l'ardeur d'un soleil brûlant, tirant de tout leur effort sur la corde à laquelle ils sont attelés, saisissante et véridique image de l'esclavage et de la misère qui de temps immémorial pèsent sur ces malheureuses populations; puis, au

38. — LÉON BELLY. — UNE MARE EN FORÊT.
(COLLECTION DE Mᵐᵉ L. BELLY.)

Salon de 1863, les *Femmes Fellahs* puisant de l'eau sur les bords du Nil, charmante évocation de types féminins aux formes souples et juvéniles, au milieu d'un paysage noyé dans la brume matinale. La *Caravane de pèlerins se rendant à La Mecque*, exposée en 1861, une des peintures les plus remarquables de notre école contemporaine et certainement la plus vraie et la plus saisissante qu'ait inspirée l'Orient, demeure le chef-d'œuvre de Belly. On connaît cette belle composition, la silhouette rythmée de cette file de pèlerins, la diversité de leurs allures, de leurs conditions, de leurs costumes, le fanatisme qui les anime et les soutient au cours de privations et de dangers de toute sorte, le long de cette route poudreuse, jalonnée çà et là par des ossements blanchis, s'étendant sous la double immensité du ciel sans nuages et du désert sans fin, sans autre accident que des côtes pierreuses et monotones, vaguement entrevues à travers les poudroiements d'une atmosphère embrasée. Ces espaces infinis, cette lumière éblouissante qui, dardée du haut du zénith, découpe sur le sol aride des ombres courtes et nettes, c'est sans contrastes violents, avec des tonalités moyennes, par la seule justesse des valeurs et des colorations que l'artiste a su les exprimer. Ajoutons que la technique ici est si simple et si franche qu'après plus de quarante ans, la toile, aujourd'hui au Musée du Louvre, a conservé intactes une vivacité et une fraîcheur qui tranchent sur l'aspect des œuvres avoisinantes. Le succès fut éclatant et à l'issue de l'Exposition, bien que Belly eût toujours vécu fièrement à l'écart, en dehors de toute coterie, la consécration officielle d'une première médaille et de la décoration se joignit pour lui aux louanges unanimes de la critique.

Par son mariage, en 1862, l'artiste trouvait une compagne dévouée qui s'intéressait à ses travaux. Attaché désormais à son intérieur, il renonçait à ses pérégrinations lointaines pour se borner à des études plus proches, en Normandie, dans la forêt de Fontainebleau, puis en 1865 et 1866 en Sologne, où, séduit par la sauvagerie de la contrée, il achetait, en 1867, la terre de Montboulant, près de Salbris. Il y vivait heureux, trouvant autour de lui, dans les landes, dans les étangs et les bois, des coins pittoresques bien faits pour lui plaire. Mais si attachante que fût pour lui l'étude de ce pays où il s'était fixé, il n'entendait pas s'y cantonner d'une manière exclusive et tout en donnant carrière à son imagination, il rêvait d'aborder certains sujets antiques dont, au cours de ses

G. GUILLAUMET. — LAGHOUAT.
Musée du Luxembourg. (Phot. Neurdein.)

voyages en Orient, il avait mieux compris le charme. Les beautés entrevues de la mer Tyrrhénienne et la lecture d'Homère lui inspiraient l'idée de replacer dans son véritable cadre l'épisode d'*Ulysse et les Sirènes* et de le traiter en dehors des traditions académiques, en empruntant à la nature elle-même les éléments de sa composition. Comme d'habitude, il n'avait pas épargné sa peine. Outre une suite remarquable de dessins et d'études peintes d'après le modèle vivant, il se préparait à cette tâche, nouvelle pour lui, par des copies très consciencieuses de Rubens, celle de la *Félicité de la régence* de la galerie de Médicis et celle des trois Sirènes qui figurent au premier plan du *Débarquement à Marseille*, dans cette même galerie. Le tableau exposé au Salon de 1867, — il appartient aujourd'hui au musée de Saint-Omer, — fut accueilli assez froidement par la critique et par le public. Si l'œuvre, à certains égards, manquait un peu de style et de cohésion, elle témoignait du moins de recherches et d'aspirations très méritoires. Belly avait été, un moment, froissé par cet accueil; mais les intimes satisfactions qu'il goûtait à son travail et dans son intérieur lui avaient bientôt rendu courage et il s'était remis vaillamment à ses chères études.

Il s'oubliait parfois jusqu'au cœur de l'hiver, à Montboulant, trouvant dans sa solitude et dans les tristesses mêmes de la saison un accord complet avec le caractère de ce grand pays abandonné. Peut-être, quoiqu'il n'en voulût jamais convenir, est-ce à ces stations trop prolongées au milieu d'une contrée encore trop peu assainie qu'il faut attribuer le mal cruel dont il ressentit, en mars 1872, les premières atteintes, une paralysie qui dura plus d'une année. D'abord terrassé par la violence de ce mal, il ne devait jamais s'en remettre complètement. Mais soutenu par le dévouement de sa femme, il luttait avec énergie, reprenant, dès qu'il le put, ses études au dehors, envoyant régulièrement aux Expositions des tableaux dont les motifs étaient empruntés à la Sologne ou à ses sou-

PUVIS DE CHAVANNES. — SAINTE GENEVIÈVE EN PRIÈRES.
Décoration du Panthéon. (Phot. Neurdein.)

venirs de voyage. Cependant d'année en année ses souffrances devenaient plus vives, plus continues, et quand s'ouvrit le Salon de 1877 où figuraient *le Gué de Montboulant* et *la Dahbieh engravée*, l'artiste était mort depuis plus d'un mois (24 mars 1877).

Une Exposition posthume de Léon Belly, organisée à l'École des Beaux-Arts (février 1878), montrait avec la diversité de ses aptitudes, la probité et l'excellence de son talent. Aujourd'hui encore, dans l'atelier —

pieusement conservé par celle qui, après avoir, avec les soins les plus assidus, assisté l'artiste durant sa vie, devait chercher dans le culte de sa mémoire la seule consolation qu'acceptât sa douleur, — les portraits, les beaux dessins, les copies de maîtres et les nombreuses études qui tapissent les parois, attestent à la fois les dons qu'avait reçus le peintre et la haute idée qu'il se faisait de son art.

*
* *

C'est de l'Algérie seule que devait s'inspirer un artiste dont le nom mérite d'être cité à côté de ceux de Fromentin et de Belly[1]. Né à Paris, dans la rue de Saint-Louis-en-l'Isle, le 26 mars 1840, Gustave Guillaumet montrait de bonne heure un goût très marqué pour la peinture. Presque enfant, il s'exerçait à dessiner, minutieusement, avec une ténacité patiente, tout ce qui le frappait : des insectes, des papillons, des lézards. Son père, qui s'était d'abord opposé à sa vocation, cédait bientôt aux instances du jeune homme qui, à peine entré à l'École des Beaux-Arts, y obtenait rapidement toutes les médailles dans les diverses branches de ses études. En 1861, concourant pour le prix de paysage historique, il était classé premier par la Section de peinture; mais le jugement des autres sections se prononçait en faveur d'un autre candidat. Cette année même, Guillaumet débutait au Salon avec trois paysages dont les titres : la *Destruction de Sodome*, l'*Enterrement d'Atala*, *Macbeth et les sorcières*, témoignent de ses préoccupations romantiques à ce moment. En 1862, désireux d'étudier en Italie les chefs-d'œuvre des maîtres et la nature, il partait pour Rome avec un de ses camarades. Mais surpris en Provence par la neige et le froid, tous deux, trouvant à Marseille un bateau à destination de l'Algérie, s'y embarquaient, et ce changement imprévu dans les projets de Guillaumet allait décider de sa carrière artistique.

L'instruction qu'il avait reçue à l'École des Beaux-Arts et son ardeur au travail le mettaient déjà à même de profiter de ce premier voyage. Malheureusement une cruelle épreuve lui était réservée : atteint à

---

[1]. Voir sur la vie et les œuvres de Guillaumet l'excellente notice écrite en tête des *Tableaux algériens* par un de ses amis, M. Eug. Mouton, et aussi l'article de M. Ch. Bigot dans la *Revue bleue* du 25 février 1888.

39. — GUILLAUMET. — LA SÉGUIA, PRÈS BISKRA.
(MUSÉE DU LUXEMBOURG, L. P. PHOT. PARIS.)

Biskra d'un violent accès de fièvre paludéenne, il y était retenu pendant trois mois à l'hôpital et cet accès qui devait, pour l'avenir, ébranler sa santé, « mettait, comme il le dit lui-même, une lacune de six semaines dans sa mémoire ». Très courageux, très opiniâtre, dès qu'il l'avait pu, il s'était livré avec ardeur au travail et il rapportait de ce voyage les éléments de son premier tableau africain : la *Prière dans le désert*, exposée au Salon de 1863 et qui attirait sur lui l'attention. Mais il avait à cœur de serrer de plus près ses études, afin de rendre avec une vérité toujours plus complète le caractère de cette nature pour laquelle il s'était passionné. Jamais satisfait, il apportait à cette tâche une telle conscience qu'il ne devait pas retourner moins de dix fois en Algérie et jusqu'à la fin de sa vie il y amassait tout ce qu'il pouvait de renseignements précis afin d'en mieux exprimer l'intime poésie. Les à-peu-près ne lui suffisaient pas et bravement, sans aucun souci du confortable, il poussait jusqu'aux confins du désert, à Laghouat, où il trouvait une population restée primitive, au milieu d'une contrée encore respectée. La pauvreté, l'étrangeté farouche de cette contrée et de ses habitants l'avaient, à ce premier contact, un peu dérouté. Mais peu à peu cette sauvagerie même l'attachait à son travail et lui valait avec le temps des sensations si profondes, si bien accommodées à son propre tempérament qu'il se vouait de toute son âme à les exprimer. Ce qu'il lui fallut de temps et de patience pour apprivoiser ses modèles et pour pratiquer dans ce coin de terre, où tout étranger était suspect aux indigènes, le métier mystérieux dont ils redoutaient les maléfices, on aurait peine à l'imaginer. A force de tact, de diplomatie et de bonté, il avait su endormir les défiances et, à la fin, gagner les sympathies. On s'était habitué à lui; il pouvait entrer dans ces intérieurs fermés, fréquenter les douars, les marchés; connaître ces misérables populations, leurs allures et leurs mœurs. Chacun des tableaux de Guillaumet nous montre, nettement caractérisées, résumées dans leurs traits les plus significatifs, les phases diverses de leur rude existence, aux prises avec une nature ingrate. Voici, dans l'*Habitation algérienne* (Musée du Luxembourg), et les *Fileuses à Bou-Saada* (collection de M. le baron A. de Rothschild) la femme, d'abord fillette, grêle et menue, mais bientôt flétrie par ses maternités précoces, écrasée aussi par les travaux incessants auxquels elle est astreinte ; puis, à côté d'elle, l'homme, son maître, occupé aux pauvres cultures, extirpant du sol les

J.-CH. CAZIN. — MAISON EN RUINE AU BORD DE LA MER.
(Collection de Mme Cazin.)

plantes et les racines enchevêtrées, le *Défrichement* (Salon de 1874), ou bien poussant devant lui, sous la pluie, une charrue primitive, le *Labour* (Salon de 1877); et si la chétive récolte vient à manquer, c'est la *Famine* (Salon de 1869; musée d'Alger) avec ses horreurs, ses mornes désolations ou ses inutiles révoltes.

Mais cette nature a aussi ses rares sourires et ses joies fugitives. Vers le déclin du jour, à l'heure où les ombres s'allongent, sur la *Place de Laghouat* (Musée du Luxembourg) toute la population, sur le seuil de ses tanières de boue calcinée, assiste aux ébats des enfants bizarrement emmaillottés dans leurs cabans; ou bien, le long d'un cours d'eau, la *Rivière à El Kantara*, près des palmiers d'une oasis, c'est une baignade bruyante de marmots, près de femmes accroupies qui lavent les loques de la famille. Enfin, dans une des œuvres les plus remarquables de Guillaumet, *la Séguia* (Musée du Luxembourg), l'artiste a rendu, avec une vérité et une poésie charmantes, l'impression de ces courts printemps du Pays de la Soif, et près d'une eau limpide, sous le ciel d'un bleu pâle, purifié par les pluies fécondantes, il nous montre la jeune

PAYSAGES ALGÉRIENS.

PUVIS DE CHAVANNES. — PAUVRE PÊCHEUR.
Musée du Luxembourg. (Phot. Neurdein.)

verdure, drue et lustrée, que bientôt un soleil implacable va faner.

Dans ces divers ouvrages, d'une tenue et d'une santé robustes, on sent la netteté d'une vision très perçante, la pénétration d'un esprit observateur soutenu par une volonté et un travail opiniâtres. Tout s'y tient; tout concourt à l'impression. Les compositions simples, claires, bien établies, semblent faciles et comme spontanées, quoique bien souvent elles soient le résultat d'une longue recherche et de nombreux essais. Mais quand le projet de l'artiste est arrêté, il est muni d'études assez précises et assez sûres pour mener jusqu'au bout son œuvre, sans hésitation, sans défaillances. Avec une exécution toujours très franche, pleine de fermeté et de souplesse, les tableaux de Guillaumet manifestent des qualités de coloriste et une entente de l'harmonie qui, chez lui, dérivent d'un sens très juste de la lumière. Dans ce grand pays, le plus souvent nu et désolé, où, comme il le dit : « l'homme tient si peu de place », il a su rendre en perfection les immenses étendues de l'espace par l'effacement progressif des formes et la décroissance graduelle des colorations, sans aucun de ces subterfuges ou de ces contrastes complaisants auxquels recourent d'ordinaire les paysagistes.

Et comme si ce n'était pas assez pour lui de nous avoir donné ces fidèles images du pays auquel il a consacré toute sa vie d'artiste, Guillaumet, la plume à la main, s'est appliqué à les compléter dans ses *Tableaux algériens*, en n'apportant, à cette tâche nouvelle pour lui, d'autre prétention que celle d'une vérité absolue. Dans ces courts récits, saisissants de couleur et de vie, le choix et la concision des traits sont encore plus d'un peintre que d'un écrivain. En pleine force de l'âge et de la maîtrise, l'artiste semblait promis à un long avenir, quand le 14 mars 1887, il était brusquement enlevé. La réunion au Louvre, prochaine nous l'espérons, de quelques-unes des principales œuvres de Guillaumet mettra à son vrai rang un des plus mâles talents qui aient honoré notre école.

.*.

Bien qu'il n'ait jamais peint de paysages purs et que la figure humaine tienne toujours la plus grande place dans ses compositions, Puvis de Chavannes (14 décembre 1824-24 octobre 1898) mérite que nous signalions brièvement ici le rôle important qu'il attribue à la nature dans ses œuvres et l'influence qu'il a exercée non seulement en France, mais à l'étranger, sur le mouvement de l'art contemporain. Lyonnais de naissance, il avait, comme les Flandrin et plusieurs autres de ses compatriotes, conçu la noble ambition de ne pas chercher dans son art des satisfactions exclusivement pittoresques et de traduire par lui les pensées et les aspirations d'un esprit très ouvert et très cultivé. Il hésita cependant assez longtemps sur la direction qu'il prendrait. Les qualités techniques du peintre n'accusaient pas chez lui un tempérament bien marqué et ne justifiaient aucunement les tendances réalistes que révèlent quelques-uns de ses premiers ouvrages. Envoyés aux Salons parisiens, plusieurs d'entre eux furent refusés par le jury et ceux qui y furent admis passèrent à peu près ignorés. Les vrais débuts de Puvis de Chavannes datent de l'année 1861, où il avait exposé *la Paix* et *la Guerre*. Cette fois — un peu tardivement, car il était âgé de trente-sept ans, — il avait trouvé la voie dans laquelle il devait persévérer, et les grandes œuvres décoratives qui suivirent montrent sous des aspects divers, mais avec une doctrine nettement affirmée, la richesse d'invention, l'originalité et la distinction dont il a fait preuve en interprétant les beaux sujets qu'il a traités.

Intimement liée à ses compositions, la nature leur prête un commentaire vivant et expressif. La pondération et l'heureuse ordonnance des masses principales, le rythme des lignes et le choix des colorations dominantes en accusent le caractère et s'harmonisent à la fois avec elles et avec l'architecture des monuments auxquels elles sont destinées. Les éléments des paysages dans lesquels elles s'encadrent, toujours empruntés à la réalité, sont transfigurés et fortement unis entre eux par l'artiste qui les subordonne aux convenances de son sujet et du programme qu'il s'est tracé. Dans *Ludus pro patria*, du Musée d'Amiens, ce sont les plaines de la Picardie que, pendant ses voyages à Amiens, « il voyait défiler sous ses yeux, par la portière d'un wagon, avec les bas-fonds de leurs rivières bordées de saules, de vernes et d'oseraies, leurs collines basses si pittoresquement empiécées de champs de blé, de colza et de betteraves, de maigres prairies, de petits bois très espacés.... De retour à son atelier, il en jetait le résumé sur le papier, et la vision de ce paysage avait été si intense, qu'il lui semblait qu'une observation sur place en eût plutôt affaibli la sensation. » Au Panthéon, pour la *Vie de sainte Geneviève*, c'est non seulement « l'antique silhouette du Mont-Valérien et les détours de la Seine » qui en situent géographiquement les épisodes, mais, ayant à représenter « la jeunesse de l'héroïne, il a voulu que tout fût jeune et frais autour d'elle : « l'année est jeune, c'est le printemps; le ciel est jeune, c'est le matin; enfin l'aspect général est tendre et doux, comme l'âme de cette enfant. » A la Sorbonne, où le programme était plus abstrait, plus complexe, si l'ensemble présente ingénieusement groupées et reliées entre elles des figures allégoriques personnifiant les idées générales que Puvis de Chavannes avait à exprimer, c'est encore la nature qui lui a fourni les traits particuliers qui précisent la signification de chacune de ces figures. Près de *l'Instruction*, symbolisée par « une Vierge laïque, » s'épanche « le ruisseau d'eau fraîche auquel viennent boire des enfants et un vieillard »; à côté de *l'Histoire*, « un enfant écarte les branches d'un buisson qui couvrait une inscription antique ». De même pour *le Bois sacré* du Palais des Arts à Lyon, pour *Marseille porte de l'Orient*, etc.

J.-CH. CAZIN. — LE VILLAGE.
(Collection de M. Montaignac.)

Mais en s'exerçant sur les données que lui offre la réalité, l'imagination de l'artiste les crée en quelque sorte à nouveau, par un travail de réflexion qui procède chez lui d'une culture très raffinée plutôt que d'une inspiration spontanément émanée de la nature. Le plus souvent, il ne consulte celle-ci qu'après coup, suivant le besoin qu'il en a, dans la mesure où son étude lui est indispensable. Pourquoi ne pas le dire, l'écueil de cet art c'est que, dans ses efforts vers la clarté et la simplicité, on sent trop la tension de la volonté, et l'on comprend qu'avec la rectitude de son fin bon sens, Cherbuliez souhaitât « qu'il fût plus naïvement naïf ». N'ayant eu à ses débuts qu'une instruction incomplète, Puvis de Chavannes ne parvint pas à en combler plus tard les lacunes. Obligé de transiger avec lui-même, il procède par des simplifications qui, au lieu de résulter du savoir, ne sont obtenues qu'à force d'ingéniosité. Ses intentions gagneraient à être affirmées par un dessin plus précis et un modelé plus correct; mais il serait incapable de les pousser plus loin. Tel qu'il est cependant, cet art très séduisant, très

J.-GH. CAZIN. — LES MEULES.
(Collection de M. Montaignac.)

élevé dans ses aspirations, a pour lui des qualités si rares, qu'en faisant largement appel à la collaboration du spectateur, il ne pouvait manquer de provoquer ses sympathies. S'il devait surtout plaire aux littérateurs, par la diversité même des commentaires et des développements qu'il leur suggérait, on oublie un peu trop que ses qualités originales n'avaient été au début appréciées que par les artistes qui, reconnaissant leur valeur, avaient hautement témoigné l'admiration qu'elles leur inspiraient et en les signalant au public, toujours défiant des nouveautés, les lui avaient imposées.

La réaction ne s'est produite qu'à la longue, alors que, par une idolâtrie inconsciente, les néophytes, dépassant toute mesure, ont voulu proclamer en bloc l'absolue perfection des œuvres de Puvis de Chavannes et la célébrer non seulement dans ses grandes décorations, mais dans ses tableaux de dimensions restreintes qui, sans avoir les mêmes mérites, avaient des défauts plus évidents : une exécution gauche et sommaire, une couleur triste, trop peu variée, et avec des singularités très manifestes, des inventions plus littéraires que picturales. Il est permis de trouver que, dans le *Pauvre Pêcheur*, par exemple, le paysage et les figures manifestent, dans les formes comme dans la tonalité, une misère trop systématiquement outrée pour être bien émouvante. Les fleurs étiolées, que cette fillette cueille « fiévreusement, machinalement, dans cet étrange parterre », ne sauraient pousser que dans le Jardin de la Rhétorique. Pour nous intéresser à l'aspect de ce pauvre pays et au sort lamentable de ces pauvres gens, l'auteur a senti lui-même la nécessité d'accompagner son œuvre d'un commentaire destiné à nous en faire comprendre les beautés, à en signaler comme des qualités les très réelles imperfections. Cette sœur ainée est « à l'âge ingrat », ce qui explique « sa petite main de singe » et son geste mécanique; « sa mère est morte, *sic jubeo*, » ajoute l'auteur, et il faut bien qu'il nous en informe, car la peinture ne nous l'apprendrait pas. « J'ai l'horreur du roman illustré à l'huile », dit-il encore, sans trop s'apercevoir qu'au moment même où il s'en défend, il en fait un. *L'Espérance*, une autre fillette qui pourrait aussi se réclamer de l'âge ingrat; la *Décollation de saint Jean-Baptiste*, avec la symétrie un peu enfantine de ses trois figures et de l'arbre placé au centre même de la composition et ramifié en trois grosses branches, également symétriques; *l'Enfant prodigue, le Rêve*, etc., prêteraient à des remarques pareilles pour leur gaucherie, peut-être involontaire, et leurs ingénuités certainement trop voulues.

Puvis de Chavannes se trouve à l'étroit dans ces œuvres de dimensions exiguës, et son talent n'est pas fait pour elles. Il faut à ses compositions les grandes parois des monuments, le recul nécessaire pour embrasser d'un regard les abréviations décoratives qu'elles comportent, leurs silhouettes expressives, leur harmonie originale, faite de quelques colorations amorties, mais qui vibrent entre elles et s'accordent avec le caractère des sujets. En présence de ces importants ouvrages, on aurait mauvaise grâce à épiloguer sur les défauts de détail qu'on pourrait y relever, tant l'ensemble a de cohésion, de noblesse et de poésie.

.·.

Tout en s'inspirant des aspirations élevées et des mêmes recherches de style que Puvis de Chavannes, Jean-Charles Cazin a plus que lui possédé des qualités vraiment picturales. Comme l'a finement remarqué un critique d'art américain, M. Th. Child[1] : « Si l'on peut dire de Puvis de Chavannes qu'il est un penseur qui peint, on doit dire de Cazin qu'il est un peintre qui pense. »

Cazin était né en 1841, à Samer (Pas-de-Calais), où son père s'était retiré pour exercer la médecine. Après qu'il eut terminé ses études au collège de Boulogne, sa famille, cédant à ses instances, lui permettait d'aller à Paris, afin d'y suivre la vocation qu'il manifestait pour la peinture. Entré à l'École gratuite de dessin, il y recevait les enseignements de Lecoq de Boisbaudran. Les noms de Bonvin, de Fantin-Latour, de Legros, Ribot, Dalou, Rodin, Aubé, Chaplain, Roty, Lhermitte, etc., qui furent aussi les élèves de ce maître, attestent assez la valeur d'une méthode qui avait pour but de cultiver chez eux la mémoire pittoresque. Cazin, en tout cas, serait la meilleure preuve de son efficacité. Grâce à l'esprit d'observation qu'elle avait développé en lui, il se contentait le plus souvent de simples croquis faits d'après nature pour peindre ses

---

1. *Catalogue of Paintings by J.-C. Cazin*; New-York, 1893. Consulter également sur l'artiste les articles de M. Paul Desjardins (*Gazette des Beaux-Arts*; septembre 1901) et dans la *Revue de l'Art ancien et moderne*, ceux de M. L. Bénédite (juillet et août 1901) qui, ayant beaucoup connu et aimé Cazin, était bien placé pour parler de lui.

J.-CH. CAZIN. — LE MOULIN A VENT.
(Collection de M. Montaignac.)

tableaux et conservait très fidèlement dans son souvenir les traits essentiels des motifs qui l'avaient tenté. Il aurait voulu que cette méthode fût plus répandue dans les ateliers, et son désir d'entrer à l'Académie des Beaux-Arts, il me l'a dit lui-même, lui venait surtout de l'autorité plus grande que, étant ainsi plus en vue, il pourrait avoir pour propager des principes dont il avait éprouvé l'utilité. Si sommaires que fussent ses croquis pris en présence de la nature, ils étaient faits avec une grande sûreté; sans entraver sa liberté, ils lui fournissaient la charpente solide de son œuvre. Quant à la couleur, elle se résumait pour lui en une tonalité générale qu'il voulait laisser dominer, mais sur laquelle quelques accents plus significatifs, placés au bon endroit, caractérisaient d'une manière précise les conditions particulières de la saison, du moment et de l'effet choisis. Chacune de ses peintures résumait ainsi une impression profondément ressentie et demeurée en lui très vivante. Sachant bien ce qu'il voulait, il l'exprimait sans hésitation, avec un sentiment très personnel.

L'excellence de ce procédé, incessamment amélioré par une pratique intelligente, permettait à Cazin d'aborder des effets très fugitifs dont il avait noté rapidement les traits essentiels, ou même de rendre avec une justesse singulière le charme de ces heures du crépuscule et de la nuit pour lesquelles l'étude directe de la réalité n'est pas possible. Il en était venu à mettre une précision et une diversité extrêmes entre les modulations, à la fois prochaines et délicates, de la lumière à la tombée du jour, dans ces instants délicieux où les sensations que la nature provoque en nous, ont l'intimité pénétrante d'émotions morales. Avec ses lignes très simples, avec les vastes étendues et les fines colorations de ses dunes, le pays où était né Cazin, et où chaque année il aimait à revenir, était singulièrement favorable à l'expression de ces effets passagers. Ainsi que Corot dont il dérive, mais en gardant intactes son originalité, ses harmonies et sa manière de peindre, grasse, large et fondue, Cazin sait conserver entière l'unité d'aspect de chacun de ses tableaux, et en caractériser très poétiquement la donnée. Ici, sous un ciel serein, la silhouette basse de pauvres chaumières, échelonnées parmi des terrains vagues et des herbes sèches, se découpe fortement sur l'or du couchant qu'estompe dans les lointains une brume légère; ailleurs, à cette même heure du crépuscule, d'autres chaumières conservant encore les chauds reflets du soleil disparu, restent comme imprégnées de sa lumière; ou bien, le soleil bas à l'horizon caresse de ses derniers rayons des meules alignées près d'une ferme ou des toits de tuiles roses; enfin, à la nuit tombée, en même temps que les étoiles commencent à s'allumer dans les profondeurs du ciel, nous voyons les petites fenêtres s'éclairer un moment pour le repas du soir et les courtes veillées.

Ces colorations harmonieuses et doucement reflétées, ces langueurs du jour mourant répandues dans l'atmosphère appartiennent bien à l'artiste. Peut-être même, sous les instances des amateurs et des marchands, en a-t-il un peu prodigué les variantes et s'est-il laissé trop strictement cantonner dans ces effets qui lui étaient souvent demandés comme des spécimens typiques de son talent. Cazin était cependant capable de variété et, ainsi que Corot, il savait mettre une poésie très personnelle à tout ce qu'il touchait. Une étude, que possède M. Heseltine, son beau-frère, tranche tout à fait sur la tonalité de ses motifs habituels : c'est, sous des nuées d'orage où persistent encore les restes d'un arc-en-ciel, une vaste étendue de campagne, avec des champs, des moissons et des arbres dont la verdure éclatante vient d'être avivée par la pluie. Une autre fois, dans *Un grain à Équihen*, il peint un ciel fauve et menaçant, la mer pâle se détachant sur l'horizon brumeux, et le pauvre hameau de pêcheurs avec ses maisons tapies dans la dune. Il aimait ces contrées misérables et abandonnées; elles l'attiraient dans les excursions qu'il faisait à l'étranger; c'étaient, en Italie, les abords déserts du Campo-Santo de Pise; en Hollande, les plages ignorées où se perd quelque mince cours d'eau; et encore, sous les pâles clartés de la lune, Bruges endormie, se regardant elle-même dans le miroir de ses canaux.

Toutes ces mélancolies et ces tristesses de la nature trouvaient en Cazin un interprète fidèlement expressif. Vers la fin de sa carrière, les jugeant suffisamment éloquentes, il les laissait parler elles-mêmes, sans les accompagner d'un commentaire inutile. Mais il n'avait pas toujours eu cette confiance et cette discrétion. Bien qu'on ait essayé de légitimer les appellations qu'il donnait, à ses débuts, à quelques-unes de ses compositions soi-disant historiques, il faut reconnaître qu'elles n'étaient aucunement justifiables. Ces anachronismes voulus sont donc d'autant plus regrettables chez lui qu'avec son sens fin et délicat, il était mieux qu'aucun autre en mesure de traiter les grands sujets qu'il travestissait ainsi.

Il le sentit plus tard, et, avec son amour de la nature et son talent d'interprétation très original, il comprit qu'il dirait plus sûrement et avec plus de convenance ce qu'il voulait dire, en se privant de ces plaisanteries d'un goût douteux et en se bornant à peindre des paysages purs, qui, débarrassés de ces hors-d'œuvre, avaient, en revanche, toute la poésie qu'il savait y mettre. Parfois aussi, la figure humaine introduite à propos dans ces paysages ajoute à leur signification et en précise le caractère. *La Journée faite*, *les Voyageurs perdus*, *l'Étude*, les *Bords de la Marne* sont, en ce genre, des œuvres accomplies, dans lesquelles la nature, au lieu d'être en contradiction avec les sujets, sympathise avec eux et leur prête un affectueux soutien. Son travail a un air de largeur tel que chacune de ses petites toiles semble, par son ampleur, une fresque en raccourci, avec la grâce et la délicatesse des tonalités en plus. Une pensée s'en dégage, assez généralisée pour s'adresser au public dans son ensemble, assez intime pour éveiller dans l'esprit de ceux qui aiment la nature des souvenirs précis.

C'est loin de son cher pays de Samer, au Lavandou, sur les bords de la Méditerranée, où il passait l'hiver pour remettre sa santé, que Cazin est mort le 26 mars 1901, dans sa pleine maturité. Il laisse une œuvre qui ne périra pas et, en dépit des tendances incohérentes de notre école contemporaine, il fournirait, s'il en était besoin, la preuve que, tout ayant été fait, tout reste toujours à faire, et que les choses les plus simples, comme les sujets les plus rebattus, peuvent être indéfiniment l'objet d'interprétations nouvelles. Sans récuser les enseignements du passé, Cazin aura montré que, après tant de siècles et tant de chefs-d'œuvre, il est possible de découvrir encore dans le domaine de l'art des coins inexplorés.

J.-CH. CAZIN. — EN PICARDIE.
(Collection de M. Montaignac.) Phot. Crevaux.

A. RAVIER. — FONTAINE AU BORD DE LA MER A PORTO D'ANZIO.

CHAPITRE IX

PAYSAGISTES FRANÇAIS EN PROVINCE. — PAYSAGISTES ÉTRANGERS. — J. P. CLAYS. — J. B. JONGKIND. — ANTON MAUVE. — JOHN EVERETT MILLAIS. — ANDRÉ ET OSWALD ACHENBACH. — ARNOLD BŒCKLIN. — LOUIS PASSINI. — JOSEPH DE NITTIS. — GIOVANNI SEGANTINI. — LES IMPRESSIONNISTES. — CONCLUSION.

A. MAUVE. — LA NEIGE.
(Phot. Lecadre.)

Il appartenait bien à la France d'assurer la complète expansion de la peinture de paysage, car elle réunit en elle les contrées les plus diverses. La Méditerranée et l'Océan baignent ses rivages; les Pyrénées et les Alpes forment ses limites; et, au Nord comme au Midi, l'extrême variété de ses ciels, de ses cours d'eau, de ses forêts et de ses cultures, offre aux artistes les contrastes les mieux faits pour solliciter leur étude. Aussi, nous l'avons vu, la plupart de nos provinces ont-elles eu leurs peintres attitrés, et, à côté des maîtres dont nous avons déjà parlé, bien d'autres auraient mérité de trouver ici leur place, si les proportions de ce livre l'avaient permis. Du moins devons-nous mentionner encore parmi les initiateurs, Jean-Alexis Achard (1807-1884), l'habile graveur à l'eau forte qui fut le maître d'Harpignies, et ses fines études peintes d'après nature dans l'Isère et aux environs de Cernay ; le lyonnais Auguste Ravier (1814-1895) dont les excellents dessins faits pendant sa jeunesse aux environs de Rome et les lumineuses aquarelles inspirées ensuite par le Dauphiné, commencent seulement à trouver près du public l'admiration dont ils jouissent depuis longtemps chez les artistes ; Eugène Boudin (1824-1898) qui a su rendre avec des colorations si pleines et si savoureuses l'aspect animé de nos plages et de nos ports, et leurs grands ciels mouvementés ; Louis Auguste Auguin (1824-1903) et la douce sérénité de ses horizons bordelais ; enfin Léon Pelouse (1838-1891) qui, dans les motifs empruntés aux bois de la Franche-Comté et aux coins familiers de la vallée de Cernay où il s'était établi, a manifesté sa vive et piquante virtuosité.

A l'imitation de nos paysagistes et le plus souvent à leur école, les étrangers suivaient leurs exemples dans leur patrie ou chez nous-mêmes et devenaient leurs émules. C'est en s'attachant de préférence à reproduire les traits les plus caractéristiques de son pays natal que le Belge Jean Paul Clays (1817-1900) a conquis sa réputation, demeurant avant tout le peintre de l'Escaut, de ses nappes tranquilles ou de ses eaux limoneuses, clapotantes, et de ses lourds bateaux aux voiles goudronnées. De son côté, bien qu'il ait fait d'assez nombreux séjours à Paris, où son influence s'est exercée sur nos premiers impressionnistes, le Hollandais Johann Bartolo Jongkind (1822-1891) ne s'est pas lassé de nous montrer les aspects familiers des campagnes de sa patrie, avec le gazon dru et lustré de ses prairies, ses maisons déjetées et branlantes, ses moulins aux grandes ailes se reflétant dans le miroir immobile des canaux, sous les lueurs indécises de la lune ou les pâles rayons du soleil filtrant à travers d'épais nuages. Autant ses colorations sont diaprées, heurtées, son exécution rude et un peu gauche, autant, chez son compatriote Anton Mauve (1838-1888) les tonalités sont douces et amorties, la facture souple et fondue. On sent chez lui comme un reflet des harmonies de Corot. Echappé à 14 ans du foyer paternel, Mauve a trouvé son originalité en représentant les coins les plus abandonnés de la Gueldre ou les dunes des environs de Scheveningue, avec quelques moutons vaguant sous la pluie, dans une plaine semée de bouleaux chétifs, ou bien de misérables chaumières au bord d'un chemin que la neige recouvre de son linceul.

De l'autre côté du détroit, John Everett Millais (1829-1896), enrôlé d'abord dans le petit groupe des préraphaélites, et connu surtout comme peintre de genre, a peut-être mieux encore donné sa mesure dans les paysages franchement anglais vers lesquels son amour sincère de la nature l'attirait vers la fin de sa carrière, tels que le *Froid Automne* aux tonalités rutilantes et dorées, ou cet *Etang* d'une impression si dramatique avec des amas de roseaux frissonnants, ployés, échevelés sous les rafales d'un vent d'orage qui déchire et disperse les nuées dans le ciel.

Au contraire, les rares paysagistes qu'a produits l'Allemagne ne se sont pas inspirés d'elle, et tandis qu'à Dusseldorf, André Achenbach (1815), aujourd'hui le doyen des artistes allemands, se plaisait à peindre, dans une couleur grasse et puissante, les ports de la Hollande et de la mer du Nord, avec leurs jetées battues par les vagues et leurs barques de pêche pressées les unes contre les autres, son frère Oswald (1827-1905) allait chercher aux environs de Rome et de Naples des motifs bien italiens par l'éclat de la lumière, par la grâce des lignes et la diversité pittoresque des nombreuses figures qui les animent. Sans être un paysagiste pur, le Bâlois Arnold Boecklin (1827-1901), fixé de bonne heure en Allemagne, a su renouveler par une large intervention de la nature les sujets mythologiques ou tout à fait allégoriques qu'il a traités. Dans ses *Tritons* et ses *Ondines*, l'outrance des bleus violacés de la mer contraste avec des varechs brunâtres et dans *L'Ile de la Mort* l'opposition violente des noirs cyprès et des murailles blanches parle à l'imagination et prête parfois à des œuvres, d'ailleurs fort inégales, un charme étrange de mystérieuse sauvagerie.

L'attrait qui de tout temps a poussé les artistes du Nord vers les pays de la lumière, agissant sur l'Italien Louis Passini (1832-1903), l'a entraîné jusqu'au fond de la Perse. Rochers dénudés du Liban, mosquées et bazars de Constantinople, riches végétations des jardins persans, tous les aspects variés de la nature et de la vie qu'il rencontrait sur son chemin ont été rendus par lui avec une précision et une sûreté de touche merveilleuses, avec un sentiment très délicat et très juste des harmonies de l'Orient. Un attrait singulier poussait, en revanche, à remonter vers le Nord un de ses compatriotes, Joseph de Nittis

L. PELOUSE. — L'HIVER DE CERNAY.
Musée du Luxembourg. (Phot. Giraudon.)

1846-1884, originaire de l'Italie méridionale. Fixé à Paris en 1868, il avait dû à un tableautin minime, la *Route de Brindisi* exposée au Salon de 1872, une éclatante et subite réputation, et l'aspect de cette diligence cahoteuse, disloquée, gravissant péniblement en plein soleil, au pas de deux haridelles efflanquées, la route poudreuse, d'une blancheur aveuglante, résumait une impression ressentie par tous ceux qui ont voyagé dans la péninsule, avec une justesse si saisissante qu'on pouvait croire que le jeune artiste avait, dès ses débuts, trouvé sa voie définitive. Mais, avec sa curiosité et son amour de la nature, Nittis ne pouvait se résigner à vivre de ses seuls souvenirs. Séduit par les aspects de Paris, il en avait ensuite reproduit les ciels grisâtres, et sa *Place des Pyramides*, après une ondée, avec une foule de figures élégantes et très spirituellement posées, est une œuvre d'un goût charmant. Comme si ce n'était pas encore assez d'un tel écart entre les motifs qui avaient rendu le jeune artiste célèbre et ceux auxquels désormais il se complaisait, à la suite d'un séjour fait à Londres, il interprétait avec la même supériorité les brumes épaisses de la Tamise et parmi les silhouettes estompées du *Pont de Londres* et du *Pont de Westminster*, des personnages affairés,

E. BOUDIN. — LE PORT DE BORDEAUX.
Musée du Luxembourg. (Phot. Neurdein.)

bien anglais cette fois, émergeant d'un brouillard intense. Par la diversité de ses œuvres et par la constante sincérité de son talent, la carrière de Nittis s'annonçait comme très heureuse, quand, entouré des amitiés que lui valaient sa franchise et sa droiture, il mourait prématurément à l'âge de trente-huit ans. Si l'artiste avait, en quelque manière, subi l'influence des maîtres de notre école, il convient d'ajouter qu'il devait à son tour exercer une action très marquée sur nos jeunes impressionnistes à qui il avait, dans ses paysages parisiens, montré des voies nouvelles. Nombre d'entre eux, à sa suite et sans avoir son talent, se sont fait des succès en reprenant gauchement après lui les mêmes données.

Plus encore que Nittis, Giovanni Segantini (1858-1899), né sur les confins de l'Italie, à Arco dans le Tyrol, s'était inspiré de notre art contemporain. Après les fades tableaux de genre par lesquels il débutait, les premières œuvres de lui qui attirèrent l'attention n'étaient, à vrai dire, que des pastiches de Millet. La série des *Ave Maria* — sur la montagne, dans les champs, sur l'eau, etc., — dérive directement de l'*Angelus*, et dans ses compositions rustiques : telles que *Le Baiser à la fontaine*, *Les Deux Mères*, *Le Berceau vide*, *Le Père est mort*, etc., la sentimentalité voulue de ces tableaux d'un goût douteux ne fait que mieux ressortir la banalité des sujets et la médiocrité de l'exécution. Mais l'enfance errante et misérable de ce pauvre abandonné explique assez et excuserait au besoin des travaux alimentaires qui n'auraient pas suffi à tirer de pair leur auteur. Celui-ci devait d'ailleurs conserver jusqu'au bout, avec une forte dose de candeur, un penchant naïf pour la réclame, qui s'alliait chez lui à des aspirations très élevées. Son existence étant devenue un peu moins besogneuse, c'est la montagne qui allait révéler Segantini à lui-même. Bien mieux que n'avaient fait en Suisse ses peintres attitrés, Fr. Diday (1803-1878), et A. Calame (1810-1864) il a compris et rendu l'âpre poésie des sommets, la limpidité de l'atmosphère, la rudesse de ces plateaux rocailleux où croissent péniblement quelques arbres tourmentés et chétifs, le cercle grandiose des pics glacés qui ferment l'horizon. Si parfois encore il associe aux aspects de cette nature austère des allégories énigmatiques ou enfantines, comme dans les *Mauvaises Mères*, les *Impudiques*, la *Source de malheur*, l'*Ange de la vie*, etc., si le plus souvent aussi sa touche uniformément martelée, dans les premiers plans comme dans les lointains et les ciels, et la mosaïque trop apparente de tons violents durement juxtaposés donnent à ses œuvres une certaine monotonie, dans quelques-uns de ses tableaux les plus simples, tels que les *Pâturages au Printemps* avec le sourire furtif du renouveau, et surtout l'*Enterrement sur la Montagne* où il a si fortement caractérisé toutes les tristesses de la nature et de la vie en ces régions désolées, il atteint une éloquence à la fois noble et familière. A la fin de septembre 1899, Segantini, poussé par un scrupule de conscience, avait voulu faire sur les hauteurs du Schaafberg (2700 m.) dans l'Engadine, quelques études en vue de l'achèvement de tableaux destinés à l'Exposition Universelle de 1900. Pris d'un refroidissement, sa mort soudaine, en face des montagnes qu'il avait tant aimées, donnait à son talent une suprême et touchante consécration.

*
* *

Ces paysagistes étrangers, et bien d'autres encore que nous pourrions ajouter à cette liste, ont dignement continué les traditions de ceux de nos vaillants travailleurs qui, épris de la nature, la consultaient avec une constance respectueuse, sans épargner jamais ni leur temps, ni leur peine, et méritent ainsi de prendre place à côté d'eux. Pourquoi ne pas le reconnaître cependant, autour de nous comme chez nous-mêmes, à cette brillante phalange a succédé une génération qui, éprise avant tout de succès, paraît, dans son ensemble, vouloir se soustraire à toutes les obligations d'études et de travail suivis qui seules peuvent former un véritable paysagiste. Le nombre toujours croissant des artistes, la multiplicité des expositions et le désir de s'y faire remarquer à tout prix devaient inévitablement amener cette production hâtive, ces toiles de proportions démesurées et ces excentricités voulues dont il était réservé à notre époque de voir le déplaisant étalage. C'est avec toutes les audaces de l'ignorance que les débutants, à l'âge où ils devraient apprendre les éléments de leur art, affrontent le public et s'efforcent d'attirer les regards. Dans les tâches rudimentaires auxquelles les condamne leur incapacité, un fossé, un pont, une meule, une route ou un canal avec leurs talus bien alignés et leurs berges régulières, suffisent à la simplicité de leurs goûts. Encore si la représentation de ces humbles motifs était relevée par une observation plus attentive ou une étude plus pénétrante. Mais l'essentiel c'est de manifester son indépendance et de montrer de l'inédit. De là, avec force prétentions, une recherche presque exclusive de procédés bizarres et le parti-pris évident de piquer la curiosité du public, de l'étonner, de le dérouter par les tentatives les plus aventureuses et les plus grotesques. Des critiques d'avant-garde, — ainsi qu'ils s'intitulent eux-mêmes — s'érigent en apôtres des doctrines nouvelles qu'ils célèbrent en des phrases incompréhensibles, à grand renfort d'adjectifs rares et de mots détournés de leur vrai sens. A leur suite, des amateurs candides, aussi indifférents à l'art qu'à la nature, mais docilement enrôlés, emboîtent le pas, tout fiers, dans leur snobisme inconscient, de paraître y voir mieux et plus que les autres. Enchantés qu'on leur abrège ou qu'on leur épargne les lenteurs de l'apprentissage, des adolescents s'improvisent peintres sans avoir appris leur métier, certains à l'avance que leurs moindres ébauches trouveront des admirateurs. On les adjure de s'arrêter, au moment où commenceraient les difficultés : de ne plus toucher à leurs œuvres ; de ne pas déflorer par une insistance inopportune des impressions où se marque si

OSWALD ACHENBACH. — LE MÔLE DE NAPLES.
(Phot. Giraudon.)

bien leur précieuse personnalité. A quoi bon tant de travail alors qu'une bonne exécution serait une tare et que l'ignorance est la plus sûre garantie de l'originalité ? Cet art expéditif et brutal n'est-il pas d'ailleurs celui qui convient à une notable partie de ce public blasé, pressé, qui n'ayant plus le temps de lire les livres se contente de les feuilleter et ne pouvant dans sa vie haletante accorder aux arts qu'une attention distraite et toujours disputée, a besoin d'être arrêté au passage et violemment secoué pour regarder un tableau.

Que tout fût à reprendre dans cet essai de rénovation du paysage, qu'à côté de la troupe des impuissants et des arrivistes il n'y eût pas de convaincus, de véritables peintres dont l'action n'a pas laissé d'être utile à notre art contemporain, nous ne saurions le prétendre. S'il ne nous était interdit de parler des vivants, nous ne serions pas embarrassé de citer ici des noms qui mériteraient de figurer à côté de ceux des maîtres du paysage. Mais à part Alfred Sisley (1839 + 1899), — qui en dépit de sa facture rude et uniformément tapotée et de son dessin toujours un peu sommaire, a su parfois exprimer le rayonnement et les vibrations de la lumière, avec des harmonies et des effets qu'on n'avait guère abordés jusque-là, — aucun de ceux qui ont donné le branle au mouvement impressionniste et qui le dominent encore n'a disparu. Sans

A. MAUVE. — MOUTONS EN PATURE.
(Phot. Lecadre.)

faire acception des personnes, il convient, du moins, de signaler un des bénéfices que nous a valus leur initiative, c'est-à-dire la pratique d'une peinture plus claire. Etant donnés l'obscurité de nos hivers et l'éclairage souvent médiocre de nos appartements, il y avait certainement avantage à substituer aux toiles très montées de ton de la période précédente, des représentations plus fraîches et plus lumineuses de la nature, en laissant au temps seul le soin de faire des vieux tableaux.

Contenue dans de justes limites, la tentative des réformateurs n'aurait provoqué que des applaudissements. Mais le mépris hautain professé par eux pour l'art du passé, surtout pour les qualités qu'ils ne possèdent pas eux-mêmes, et l'outrecuidance si peu justifiée de leurs prétentions devaient singulièrement dépasser le mérite de leurs œuvres. Ce n'est point par des coups d'audace que d'emblée on devient un maître, et si les obstacles très réels qu'une instruction insuffisante oppose au développement de l'originalité sont attestés par des exemples fréquents dans l'histoire de l'art, nous n'en connaissons pas, au contraire, qui résulteraient d'une forte instruction reçue de bonne heure, complétée et soutenue ensuite par les enseignements directs que seule l'étude continue de la nature peut fournir au paysagiste. Il n'est qu'à comparer l'extrême diversité que présentent entre eux les ouvrages des maîtres, avec la monotonie de ceux que la plupart des novateurs contemporains voudraient imposer à notre admiration, pour voir à quelles conventions, à quelles formules étroites et systématiques, ils aboutissent dans ces ébauches sommaires où ils semblent se copier les uns les autres.

Oui, sans doute, l'art est vieux; mais si la connaissance et l'intelligence plus complètes des œuvres du passé ont développé en nous un esprit critique qui pèse sur la production, la nature est plus vieille encore que l'art. Dans les consultations sincères que lui demandent ceux qui l'aiment, ils peuvent à la fois se convaincre que si tout a été dit avant eux, tout cependant reste encore à dire. Pour nombreux que soient les chefs-d'œuvre que nous ont légués nos devanciers, la richesse de la nature demeure infinie et il n'est pas à craindre que la source à laquelle ils ont tant puisé soit tarie pour nous.

J. DE NITTIS. — PLACE DES PYRAMIDES.
Musée du Luxembourg. (Phot. Neurdein.)

INDEX ET TABLES

TH. ROUSSEAU. — LA MARE.
(Collection Mesdag.)

INDEX ALPHABÉTIQUE DES NOMS PROPRES

CONTENUS DANS CE VOLUME

ABOUT (Edmond), 481, 494.
ACHARD (Jean-Alexis), 522.
ACHENBACH (André), 523.
ACHENBACH (Oswald), 523.
AKEN (Jérome van), 44, 45.
ALGARDE (L'), 96.
ALIGNY (Théodore Caruelle d'), 388, 389, 430, 462.
ALLEGRI (Antonio), dit LE CORRÈGE, 7, 8, 9, 447.
ALLEGRAIN (Étienne), 148.
ALLEGRINI, 136.
ANGELICO (Frà Giovanni) da Fiesole, 74, 294.
ANTONELLO (de Messine), 12.
ARTHOIS (Jacques d'), 70.
ASSELYN (Jean), 155, 156.
AUGUIN (Louis-Auguste), 522.
AVERCAMP (Hendrik van), 248, 264, 268.
BACH (Sébastien), 500.
BACON (Roger), 309.
BAKHUYZEN (Ludolf), 264, 267.
BALCKENEYNDE (Claes), 235.
BALDINUCCI, 123, 135, 142.
BARBARELLI (Giorgio), dit LE

GIORGIONE, 20, 22, 27, 350.
BARBARY (Jacopo de), 74, 79.
BARENT (Cornelisz), 200.
BARKER (Thomas), 312.
BARON (Henri), 462.
BARTSCH (Adam), 191, 230, 246.
BARYE, 498.
BASAITI (Marco), 13, 14.
BATTEM (Gérard van), 183.
BEAUDET (Étienne), 111.
BEAUMONT (sir George), 332, 333, 336.
BEETHOVEN (Ludwig van), 400.
BELLINI (Giovanni), 12, 13, 14, 15, 22, 24.
BELLINI (Jacopo), 12.
BELLORI, 112, 115.
BELLY (Léon), 499-506.
BERCHEM (Nicolas), 156-160, 161, 177, 187, 349.
BERCK-HEYDE (Gerrit), 272.
BERCK-HEYDE (Job), 183, 272.
BERGE (Charles de la), 415.
BERNIER (Camille), 487-489.

BERTIN (Édouard), 388, 389, 390, 392, 430.
BERTIN (Victor), 387, 390, 394, 468, 478.
BÉTHUNE (duc de), 132, 139.
BEYEREN (Abraham van), 202.
BICKNELL (miss Maria), 339, 340.
BLANC (Charles), 457, 472, 482.
BLES (Henri de), 46.
BLOEMAERT (Abraham), 151, 152.
BODINIER, 388.
BOECKLIN (Arnold), 523.
BONAVENTURE D'ARGONNE, 115.
BONIFAZIO, 32.
BONINGTON (Richard Parkes), 367, 371, 373, 487.
BORDONE (Paris), 32.
BORROMÉE (cardinal Frédéric), 55.
BOTH (Andries), 152.
BOTH (Jan), 152, 155, 349.
BOUCHER (François), 354-365.
BOUDIN (Eugène), 522.

BOUILLON (duc de), 140.
BOULOGNE (Bon), 136.
BOULOGNE (Jean de), dit VALENTIN, 91.
BOURDON (Sébastien), 91, 130, 135.
BOYDELL, 135.
BRANT (Isabelle), 62.
BRASCASSAT (Raymond), 479.
BRIL (Mathieu), 59.
BRIL (Paul), 59, 91, 143, 151, 165.
BRONCHORST, 152.
BROUWER (Adrien), 70, 270.
BRUANDET (Georges), 363, 430.
BRUEGHEL (Ambroise), 56.
BRUEGHEL (Jean), 54, 55, 165.
BRUEGHEL (Pierre Ier), 50-54.
BRUEGHEL (Pierre II), 54.
BUHOT (Étienne), 377.
BUONAROTTI (Michel-Ange), 4.
BUSSON (Charles), 478.
CABAT (Louis), 413, 454-456, 461, 492, 496.
CALAME (A.), 526.
CALIARI (Paolo), dit LE VÉRONÈSE, 31, 33, 34, 306.
CALLOT (Jacques), 91, 124, 130.
CAMPAGNOLA (Domenico), 32.
CANALE (Antonio), 34, 35.
CAPPELLE (Johannes van de), 262-264.
CARAVAGE (Polidoro de), 151.
CARRACHE (Annibal), 10, 59, 97, 151.
CASANOVA (François), 363.
CAZIN (Jean-Charles), 116, 516-520.
CHAMPAIGNE (Philippe de), 95.
CHARLES-QUINT, 31.
CHARTON (Édouard), 468.
CHERBULIEZ (Victor), 230, 512.
CHEVALIER (Étienne), 90.
CLAYS (Jean-Paul), 522.
CLOUET (François), 91.
COCK (Jérôme), 51.
COLLANTES (Francisco), 307.
CONINXLOO (Gillis van), 50.
CONSTABLE (John), 11, 23, 330-352, 371, 407, 459.
CORNEILLE DE LYON, 91.
CORNELIS DE HARLEM, 164.

COROT (Camille), 11, 116, 356, 383-411, 430, 453, 454, 461, 462, 465, 498, 499, 518, 522.
COTMAN (John), 313.
COUCKE (Pierre), d'Alost, 51.
COURBET (Gustave), 484-486, 487.
COURTOIS (Jacques), 91, 136.
CROME (Old), 312, 313.
CURZON (Alfred de), 492-495.
CUYLENBORCH (Abraham), 152.
CUYP (Albert), 215-227, 257, 310, 312, 350, 479.
CUYP (Gerrit), 214.
CUYP (Jacob Gerritsz), 214, 215, 216.
DANTE (Alighieri), 399.
DAUBIGNY (Charles-François), 111, 468-478, 487.
DAUBIGNY (Edme-François), 468.
DAVID (Gérard), 43, 44.
DAVID (Louis), 365.
DECAMPS (Alexandre), 376-379, 413, 414, 430, 495.
DECKER (Cornelis), 192.
DELACROIX (Eugène), 56, 115-116, 117, 366, 367, 373, 380, 407, 423, 483, 499.
DELAISHMENT (Marie), 92.
DELAROCHE (Paul), 471.
DENON (Baron), 364.
DIAZ DE LA PEÑA (Narcisso), 414, 444, 447, 479, 483, 487, 495.
DIDAY (François), 526.
DIDEROT (Denis), 356.
DROLLING (Martin), 492.
DRYDEN (John), 319.
DUBBELS (Hendrik), 262, 264.
DUBOIS (Guillaume), 192, 251.
DUGHET (Gaspard), dit LE GUASPRE, 97, 119, 120.
DUGHET (Jean), 97.
DUGHET (Marie-Anne), 97.
DUMONSTIER, 91.
DUNTHORNE (John), 331, 334.
DUPRÉ (Jules), 420, 426, 428, 430, 432, 451, 455, 459-460, 461, 479.
DURER (Albert), 111, 47, 74-87, 150.
DYCK (Antoine van), 68, 69, 310, 311.

EARLOM, 135.
ELLE (Ferdinand), 94.
ELSHEIMER (Adam), 87, 88, 127, 151.
EVERDINGEN (Allart van), 174, 175, 200, 262, 264, 348.
EYCK (Hubert van), 39, 140.
EYCK (Jean van), 111, 39, 41, 42, 43, 48.
FABRIANO (Gentile da), 12.
FABRITIUS (Carel), 275.
FARRINGTON (Joseph), 333.
FÉART DE CHANTELOU, 105, 114, 118.
FÉLIBIEN (André), 94, 100, 108.
FLANDRIN (Paul), 366.
FLERS (Camille), 379, 413, 455, 487.
FLINCK (Govaert), 289.
FOUQUET (Jean), 90, 91.
FOUQUIÈRES (Jacques), 107.
FOURMENT (Hélène), 62, 63.
FRAGONARD (Honoré), 360, 363.
FRANÇAIS (Louis), 403, 410, 431, 461-468, 487.
FRÉDÉRIC-HENRI (le Prince), 167.
FREY (Agnès), 79.
FROMENTIN (Édouard), 186, 188, 211, 222, 230, 234, 267, 496-499.
GAINSBOROUGH (Thomas), 311, 312, 348.
GAUTIER (Théophile), 479.
GELÉE (Claude), dit LE LORRAIN, 11, 121-148, 152, 194, 222, 310, 311, 315, 319, 320, 324, 328, 332, 335, 348, 350, 355, 402, 413, 449, 475.
GÉRICAULT (Théodore), 365.
GHIBERTI (Lorenzo), 3.
GILBERT (M.-J.), 25, 26.
GIOTTO (di Bondone), 2.
GIRTIN (Thomas), 314.
GLAUBER (Jean), 148.
GLUCK, 400, 408, 465.
GOETHE (Jean-Wolfgang), 180, 186, 194.
GOETKINT (Pierre), 55.
GOLTZIUS (Henri), 164.
GOSSAERT (dit Jean de MABUSE), 45, 150.
GOWAERTS (Abraham), 50.

INDEX ALPHABÉTIQUE DES NOMS PROPRES.

Goya y Lucientes (Francisco), 308.
Goyen (Jan van), III, 156, 165-167, 170, 192, 201, 202, 219, 223, 248, 279, 448.
Gozzoli (Benozzo), 3, 4.
Granet (François-Marius), 471.
Grebber (Pieter de), 156.
Gros (Antoine-Jean, baron), 365, 371.
Guardi (Francesco), 34, 35, 348.
Guérin (Maurice de), 498.
Guérin (Pierre-Narcisse), 372.
Guillaumet (Gustave), 506-510.
Hackaert (J.), 251.
Hagen (Jan van der), 251.
Hals (Frans), 70, 164, 166.
Harpignies, 522.
Helst (Barthélemy van der), 240.
Herle (Wilhelm de), 73.
Herrera (Francisco de), 295.
Heyde (Jan van der), 183, 251.
Hobbema (Myndert), 192, 196-212, 223, 251, 310.
Holbein (Hans), 310.
Homère, 399.
Honthorst (Gérard), 128.
Hooch (Pieter de), 202, 350.
Houbraken (Arnold), 157, 169, 215, 240, 243, 251, 286.
Houckgeest, 272.
Huet (Paul), 371-376, 413, 423, 430, 462, 487.
Hugo (Victor), 373, 495.
Hulst (Frans de), 192.
Huysmans (Cornelis), de Malines, 71, 312.
Huysum (Justus van), 157.
Ingres (Dominique), 366.
Isabelle d'Este, 18.
Isabey (Eugène), 380, 383.
Isabey (Jean-Baptiste), 380.
Jacque (Charles), 443-444.
Jacquemart (Jules), 490-492.
Jardin (Karel du), 160-162, 413.
Jean de Bavière, 39.
Jegher (C.), 60.
Jobokind (Johann Bartolo), 522.

Kalf (Willem), 200.
Kessel (Jan van), 192.
Keyser (Thomas de), 215.
Koninck (Philips de), 251, 287.
Laar (Pierre de), 130.
Ladbrooke (Robert), 313.
La Fontaine, 121.
Lagneau, 91.
Lagrange (Léon), 355, 359.
Lallemand (Georges), 94.
Lantara, 363.
Lastman (Pieter), 276.
Lauri (Filippo), 136.
Lawrence (sir Thomas), 323, 347.
Lebrun (Charles), 108.
Lecoq de Boisbaudran, 516.
Lenain (les), 91.
Le Roux (Charles), 423.
Leslie (C.-R.), 331-335.
Lethière (Guillon), 413.
Linden van Slingelandt (van der), 226.
Lingelbach (Jean), 177.
Lippi (Fra Filippo), 3, 4.
Lisse (Dirck van der), 152.
Lochener (Stephan), 74.
Longus, 17.
Loutherburg (Philippe), 363.
Malherbe (François de), 121.
Malton (Thomas), 314.
Mander (Karel van), 51, 165.
Manglar (Adrien), 356.
Mantegna (Andrea), 6, 7, 74.
Mantz (Paul), 454, 484.
Manuce (Alde), 17.
Marcke (Émile van), 483, 484.
Mariette, 51, 112, 119.
Marilhat (Prosper), 423, 456-459, 495, 496.
Marini (Le Cavalier), 96.
Marne (Louis de), 363.
Martin (John), 326.
Massimi (le Cardinal), 97.
Matham (Jacques), 242.
Maurice de Nassau, 235.
Mauve (Anton), 522.
Mazo (Juan Bautista del), 306.
Meissonier (Jean-Louis-Ernest), 462.
Memling (Hans), 43, 74.
Metsu (Gabriel), 274.
Michallon (Etna), 384, 385, 386, 387, 393.

Michel (Georges), 363, 364.
Miel (Jean), 130, 136.
Millais (John Everett), 523.
Millet (Francisque), 148.
Millet (François), 52, 116, 432, 435, 436, 440-443, 444, 451, 452, 483, 500.
Moeyaert (Claesz), 156, 228.
Molière, 121.
Molyn (Pieter), 164, 174, 279.
Momper (Josse de), 50.
Montalto (le Cardinal), 123.
Moreau (Louis), 363.
Moro (Antonio), 150, 310.
Moucheron (Frédéric), 251.
Murillo (Bartholomé Esteban), 307.
Nanteuil (Célestin), 462.
Neer (Aert van der), 224, 248, 264, 267-270.
Newton (Isaac), 309.
Nittis (Joseph de), 323, 324, 325.
Nolpe (Pieter), 256.
Noyers (de), 105.
Olis (Jan), 152.
Orley (Bernard van), 46.
Ostade (Isaak van), 270, 271.
Ostade (Adrien van), 171, 177, 270.
Oudry (Jean-Baptiste), 354, 355.
Ovide, 17.
Pacheco, 295, 296.
Panini (Giovanni Paolo), 359.
Passini (Louis), 523.
Patel (Pierre-Antoine), 148.
Pater (Jean-Baptiste), 354.
Patinir (Joachim), 46, 49.
Pelouse (Léon), 522.
Philippe le Bon, 39, 40.
Piles (de), 66, 94.
Poelenburgh (Cornelis), 151, 152.
Ponte (Jacopo da) dit le Bassan, 32.
Porcellis (Julius), 200, 255, 256, 263.
Potter (Paul), III, 160, 220, 227-241, 479.
Potter (Pieter), 227.
Poussin (Nicolas), III, 32, 92-119, 120, 121, 129, 144, 148, 152, 350, 355.

Pozzo (commandeur del), 105.
Primaticcio (Francesco), 91.
Prud'hon (Pierre), 447.
Pujol (Abel de), 377.
Puvis de Chavannes, 116, 510-516.
Quesnoy (François du), 96.
Ravier (Auguste), 522.
Rembrandt (Harmensz) van Ryn, III, 147, 158, 159, 165, 203, 255, 263, 276-292, 293, 350, 364, 448, 449, 479.
Rémond (Joseph), 411, 496.
Reynolds (sir Joshua), 115, 335.
Reynst (Jean), 162.
Reynst (Lambert), 201.
Richelieu (le cardinal de) 106.
Richier (Ligier), 124.
Robert (Hubert), 359, 360.
Robert (Léopold), 388.
Robusti (Jacopo), dit le Tintoret, 33, 298, 306.
Roghman (Roelant), 286.
Roqueplan (Camille), 413, 457, 478.
Rosa (Salvator), 10, 11.
Rosso (Giovambattista), 91.
Rousseau (Jean-Jacques), 195.
Rousseau (Théodore), II, 411-454, 460, 461, 483, 487, 496, 500.
Rubens (Pierre-Paul), III, 32, 56-68, 69, 97, 150, 298, 310, 311, 350, 353, 498, 504.
Ruisdael (Isaac), 168.
Ruisdael (Jacob), II, III, 159, 171-196, 199, 200, 202, 203, 207, 211, 212, 225, 251, 262, 310, 335, 348, 350, 364, 475.
Ruisdael (Salomon), 168-171, 178, 192, 202, 219, 223, 262.
Ruskin, 318, 327, 328.
Saenredam, 272.
Saint-Non (l'abbé de), 360.
Sand (George), 423, 430, 482.
Sandrart (Joachim de), 122, 127, 128, 132, 144.
Sanazar, 17.
Sanzio (Raphaël), 5, 6, 366.
Savery (Roelant), 50, 174, 175.

Scarron, 108.
Scheffer (Ary), 414, 423.
Schilperoort (Conrad van), 165.
Schnetz (Jean-Victor), 388.
Scorel (Jan van), 150.
Segantini (Giovanni), 525, 526.
Segers (Hercules), 286, 287.
Senancour (Étienne Pivert de), 416.
Shakespeare (William), 309, 310, 399.
Sisley (Alfred), 528.
Six (le bourgmestre), 284, 288.
Smith, 179, 203.
Smith (John), 333.
Sneyers (Pierre), 302.
Solms (Amélie de), 234, 235.
Starke (James), 313.
Steen (Jan), 202, 274.
Swanenburch (Isaac van), 165.
Swanenburch (Jacob van), 276.
Tassi (Agostino), 123, 124.
Teniers (David), 54, 69, 70.
Ter-Borch (Gérard), 274.
Théocrite, 17.
Thoré (Th.), 112, 416, 419, 427.
Tiepolo (Giambattista), 34.
Troyon (Constant), 380, 478-483, 499.
Turner (Joseph Mallord William), 313-330, 348, 351.
Uden (Lucas van), 50.
Uylenburgh (Saskia van), 278, 286.
Valkenburgh (Lucas van), 50.
Valenciennes (Pierre-Henri), 387.
Vannucci (Pietro), dit le Pérugin, 5.
Varin (Quintin), 94.
Vasari (Giorgio), 15.
Vecelli (Tiziano), dit le Titien, III, 1, 20-33, 51, 56, 59, 97, 98, 297, 306, 335, 349, 394.
Velazquez (Diego), III, 107, 294-306.

Velde (Adrien van de), III, 177, 183, 187, 220, 241-254, 272.
Velde (Esaïas van de), 164, 166, 264, 279.
Velde (Jan van de), 241, 242.
Velde (Willem van de), le Jeune, 242, 257-262.
Velde (Willem van de), le Vieux, 242, 257, 263.
Venne (Adrien van de), 248.
Verboom (Hendrik), 192, 251.
Vermeer (Jan), de Delft, 160, 202, 274, 275.
Vermeer (Jan), de Harlem, 184.
Vernet (Joseph), 262, 310, 355-359.
Vertangen (Daniel), 152.
Verwilt (Frans), 152.
Vincent (George), 313.
Vinci (Leonardo da), 4, 5, 7, 19.
Virgile, 17, 319, 399.
Vivarès, 120.
Vivarini (Luigi), 14.
Vlieger (Simon de), 223, 256, 257, 263, 279.
Vliet (Hendrik van), 272.
Vouet (Simon), 91, 107.
Vries (Roelof de), 192.
Vroom (Cornelis), 263.
Wals (Godefroi), 123.
Watteau (Jean-Antoine), 32, 348, 353, 354, 363.
Weenix (Jean-Baptiste), 156.
Wet (Jacob de), 228.
Weyden (Rogier van der), 43.
Wilkie (David), 343.
Wils (Jean), 156.
Wilson (Richard), 310, 311, 333, 348.
Winckelmann, 359.
Witte (Emmanuel de), 272, 273.
Wolgemut (Michaël), 74, 75.
Wouwermann (Philips), 177, 243, 271, 349.
Wynants (Jan), 184, 192, 243, 251, 271, 348.
Zampieri (Domenico), dit le Dominiquin, 96, 97.
Zurbaran (Francisco), 294.

TABLE DES ILLUSTRATIONS

CONTENUES DANS LE TEXTE

J.-C. Cazin. *En Picardie.* (Collection Montaignac.)	Frontispice
Ch. Daubigny. *L'Étang.* (Musée du Louvre.) Phot. Neurdein	1
J.-C. Cazin. *Le Moulin à vent.* (Collection Montaignac.)	1
Jacob Ruisdael. *Étude d'après nature.* (Collection Dutuit.)	IV
Le Titien. *Paysage avec tour.* (Collection de M. Léon Bonnat.)	1
Léonard de Vinci. *Étude d'arbre,* dessin à la plume	1
Benozzo Gozzoli. *Les Rois Mages.* (Palazzo Riccardi.) Phot. Alinari.	4
Filippo Lippi *Rencontre de saint Jean et de Jésus.* (Musée de Berlin.) Phot. Hanfstaengl	5
Annibal Carrache. *La Pêche.* (Musée du Louvre.)	8
Giovanni Bellini. *La Transfiguration.* (Musée de Naples.) Phot. Brogi	9
Giovanni Bellini. *Martyre de saint Pierre de Vérone.* (Musée de Berlin.) Phot. Hanfstaengl.	12
Marco Basaiti. *La Vierge et l'Enfant Jésus.* (National Gallery.) Phot. Hanfstaengl	13
Le Giorgione. *Apollon et Daphné.* (Collection du Séminaire à Venise.) Phot. Anderson.	17
Vue actuelle de Castelfranco. Photog. d'après nature	20
Le Giorgione. *La Tempête.* (Palais Giovanelli à Venise.)	21
Le Titien. *La Vierge au Lapin.* (Musée du Louvre.)	25
Le Titien. *Paysage aux Satyres.* (Collection de M. Léon Bonnat.)	29
Le Titien. *Persée et Andromède.* (Collection de M. Léon Bonnat.)	33
Andrea Mantegna. *Fragment de paysage.* (Château de Mantoue.)	36
Pierre Brueghel. *Les Aveugles.* (Musée de Naples.)	37
P.-P. Rubens. *Les Vaches* (fragment). (Pinacothèque de Munich.)	37
Jan van Eyck. *Les Chevaliers du Christ.* (Musée de Berlin.)	40
Jan van Eyck. *Les Saints Ermites.* (Musée de Berlin.)	41
Bernard van Orley. *Le Château royal à Bruxelles.* (Tapisserie des Chasses de Maximilien.)	44
Gérard David. *La Fuite en Égypte.* (Collection de M. Rodolphe Kann.)	45
J. Joachim Patinir. *Saint Christophe.* (Musée de l'Escurial.)	48
Pierre Brueghel. *Le Paiement de la Dîme.* (Musée de Bruxelles.)	49
Jean Brueghel. *Le Ruisseau.* (Galerie de Dresde.)	52
Paul Bril. *Tobie et l'Ange.* (Galerie de Dresde.)	53
P.-P. Rubens. *L'Hiver.* (Galerie de Windsor.)	57
P.-P. Rubens. *L'Arc en Ciel.* (Pinacothèque de Munich.)	60
P.-P. Rubens. *Le Tournoi.* (Musée du Louvre.)	61
P.-P. Rubens. *Retour des Champs.* (Palais Pitti.)	64
P.-P. Rubens. *La Charrette embourbée.* (Musée de l'Ermitage.)	65
Huysmans de Malines. *La Ruine.* (Musée du Louvre.)	68
Adrien Brouwer. *Les Chaumières.* (Collection de M. Maurice Kann.)	69
P.-P. Rubens. *Étude d'arbre renversé.* (Musée du Louvre.)	72
Albert Durer. *Contrée sablonneuse.* (Cabinet de Berlin.)	73
Albert Durer. *Géranium sauvage*	73
Albert Durer. *La Tréfilerie.* (Cabinet de Berlin.)	76
Albert Durer. *Plantes au bord de l'Eau.* (Collection de l'Albertina.)	77
Albert Durer. *Le Village.* (Collection de M. Léon Bonnat.)	80

LES MAITRES DU PAYSAGE.

Albert Durer. *Les Moulins.* (Bibliothèque nationale.) 81
Albert Durer. *Les Remparts de Nuremberg.* 84
Albert Durer. *Le Vieux Château* 85
Albert Durer. *Fleur de lys.* (Collection de M. Léon Bonnat.) 88
Claude Lorrain. *Dessin d'après nature.* (Collection de M. J.-P. Heseltine.). 89
Claude Lorrain. *Arbres et plantes.* (Collection de M. Léon Bonnat.). 89
Jean Fouquet. *Sainte Marguerite.* (Musée du Louvre.). 92
Nicolas Poussin. *Dessin d'après nature.* (Musée du Louvre.). 93
Nicolas Poussin. *Dessin d'après nature.* (Musée du Louvre.). 96
Nicolas Poussin. *Les Bergers d'Arcadie.* (Musée du Louvre.). 97
Nicolas Poussin. *Diogène.* (Musée du Louvre.). 101
Nicolas Poussin. *Orphée et Eurydice.* (Musée du Louvre.). 105
Nicolas Poussin. *Dessin d'après nature.* (Musée du Louvre.). 109
Nicolas Poussin. *Dessin d'après nature.* (Collection de l'Albertina.). 112
Nicolas Poussin. *Apollon et Daphné.* (Musée du Louvre.) 113
Gaspard Poussin. *Vocation d'Abraham.* (National Gallery.) Phot. Hanfstaengl. 117
Claude Lorrain. *Étude d'arbres.* (British Museum.) 121
Claude Lorrain. *Acis et Galathée.* (Galerie de Dresde.) Phot. Hanfstaengl. 125
Claude Lorrain. *Le Départ.* (Collection de M. Léon Bonnat.) 129
Claude Lorrain. *Mercure et Argus.* (Collection de M. J.-P. Heseltine). 133
Claude Lorrain. *La Fuite en Égypte.* (Galerie de Dresde.) Phot. Hanfstaengl. 137
Claude Lorrain. *Les Moulins.* (Collection de M. Léon Bonnat.) 141
Claude Lorrain. *L'Étang.* (Collection de M. J.-P. Heseltine.) 145
Claude Lorrain. *Vaches dans la Campagne.* (Collection de M. J.-P. Heseltine.) . . . 148
Paul Potter. *Vaches au repos.* (Collection de M. J.-P. Heseltine.) 149
Rembrandt. *Le Moulin à vent.* (Fragment d'une eau-forte.) 149
Jean Both. *Paysage d'Italie.* (Ryksmuseum d'Amsterdam.) 153
Nicolas Berchem. *Ruines Romaines.* (Ryksmuseum d'Amsterdam.). 156
Nicolas Berchem. *Paysage avec animaux.* (Musée du Louvre.). 157
Nicolas Berchem. *Les trois troupeaux.* (Ryksmuseum d'Amsterdam.) 161
Karel du Jardin. *Paysage italien.* (Musée de Berlin.) 164
Nicolas Berchem. *Le Gué.* (Collection de M. J.-P. Heseltine.). 165
Karel du Jardin. *Le Pâturage.* (Musée du Louvre.). 169
Jan van Goyen. *Les Chaumières.* (Pinacothèque de Munich.) Phot. Hanfstaengl . . . 172
Jan van Goyen. *La Rivière.* (Galerie de Dresde.) 173
Salomon Ruisdael. *Chaumières près de la mer.* (Musée de Berlin.) 176
Salomon Ruisdael. *La Halte.* (Ryksmuseum d'Amsterdam.). 177
Jacob Ruisdael. *Cascade près d'un Château.* (Galerie de Dresde.) 180
Salomon Ruisdael. *Le Bac.* (Collection de l'Albertina.) 181
Allaert van Everdingen. *Paysage Norvégien.* (Collection de l'Albertina.). 185
Jacob Ruisdael et Adrien van de Velde. *Dans la Dune.* (Collection de M. Warneck.). . 189
Jacob Ruisdael. *Le Monastère.* (Galerie de Dresde.) 193
Jacob Ruisdael. *Le Buisson.* (Musée du Louvre.) Eau-forte de Daubigny. 197
Jacob Ruisdael. *Le Château de Bentheim.* (Galerie de Dresde.) 200
Jacob Ruisdael. *Le Marais.* (Musée de l'Ermitage.) 201
Jacob Ruisdael. *La Campagne en Hiver.* (Pinacothèque de Munich.). 204
Jacob Ruisdael. *La Ruine.* (Collection de l'Albertina.) Phot. Braun, Clément et Cie. . 205
Jacob Ruisdael. *La Forêt.* (National Gallery.). 208
Jacob Ruisdael. *Les Voyageurs.* (Eau-forte du Maître.). 209
Myndert Hobbema. *L'Allée de Middelharnis.* (National Gallery.). 213
Myndert Hobbema. *Le Village.* (Collection de M. Rodolphe Kann.) 217
Albert Cuyp. *Vue de Dordrecht.* (Ryksmuseum d'Amsterdam.) 221
Albert Cuyp. *Le Moulin à Vent.* (Collection de M. J.-P. Heseltine.) 224
Albert Cuyp. *L'Hôtellerie.* (Collection de M. Rodolphe Kann.). 225

TABLE DES GRAVURES.

Paul Potter. *Le Taureau.* (Buckingham-Palace.) 229
Paul Potter. *La Vache qui se mire.* (Musée de La Haye.) 232
Paul Potter. *Pâturage.* (Galerie de Dresde.). 233
Paul Potter. *Bestiaux en pâture.* (Collection de M. J.-P. Heseltine.). 236
Adrien van de Velde. *Mercure et Argus.* (Collection Dutuit.) 237
Adrien van de Velde. *Bergère et Troupeau.* (Ryksmuseum d'Amsterdam.). 240
Adrien van de Velde. *Matinée d'Été.* (Musée de Berlin.). 241
Adrien van de Velde. *Divertissements de l'Hiver.* (Galerie de Dresde.). 245
Adrien van de Velde. *Partie de Campagne.* (Ryksmuseum d'Amsterdam.). 249
Willem van de Velde. *Le Coup de Canon.* (Ryksmuseum d'Amsterdam.). 252
Willem van de Velde. *Marine.* (Musée du Louvre.) 253
J. van de Cappelle. *La Régate.* (Ryksmuseum d'Amsterdam.). 256
Aert van der Neer. *Clair de Lune.* (Galerie de Dresde.) 257
Aert van der Neer. *Le Matin.* (Musée du Louvre.) Eau-forte de Ch. Jacque 261
Isaak van Ostade. *Canal glacé en Hollande.* (Musée du Louvre.). 265
Emmanuel de Witte. *Intérieur d'un Temple.* (Ryksmuseum d'Amsterdam.) 268
Jan van der Heyde. *Canal Hollandais.* (Ryksmuseum d'Amsterdam.) 269
Rembrandt. *Le Christ endormi pendant la Tempête.* (Collection de Mrs Gardner.). . . 272
Rembrandt. *Vue d'Omval.* (Eau-forte du Maître.) 273
Rembrandt. *Paysage aux trois arbres.* (Eau-forte du Maître.). 277
Rembrandt. *Chaumière entourée d'arbres.* (Collection de M. J.-P. Heseltine.) 281
Rembrandt. *Le Château sur la Montagne.* (Musée de Cassel.). 285
Rembrandt. *Entrée de Village.* (Musée Teyler.). 289
Jacob Ruisdael. *Les Moulins.* (Musée du Louvre.). 292
J.-B. del Mazo. *Vue de Saragosse.* (Musée du Prado.). 292
Velazquez. *Jardins de la villa Médicis.* (Musée du Prado.). 292
Velazquez. *L'Infant don Balthazar.* (Musée du Prado.) 297
Velazquez. *Jardins de la villa Médicis.* (Musée du Prado.). 301
Velazquez. *Chasse à la toile.* (National Gallery.). 305
Francisco Collantès. *Le Buisson ardent.* (Fragment. Musée du Louvre.) Phot. Neurdein. 308
John Constable. *Pont d'Abingdon.* (Dessin d'après nature.). 309
Gainsborough. *Paysage avec animaux.* (Collection de M. J.-P. Heseltine.) 309
W. Turner. *Apollon et la Sibylle.* (National Gallery.) Phot. Braun, Clément et Cie . . 313
W. Turner. *Travaux rustiques.* (Lavis à l'encre de Chine.) 317
W. Turner. *Le Navire Charles le Téméraire remorqué par un bateau à vapeur.* (National Gallery.) Phot. Braun, Clément et Cie. 321
W. Turner. *La Jetée.* (Collection de M. J.-P. Heseltine.). 325
John Constable. *Dedham-Mill.* (Musée of South Kensington.) 329
John Constable. *Newbury-Canal.* (Dessin d'après nature.). 333
John Constable. *Étude d'arbres à East-Bergholt.* 337
John Constable. *Le Champ de blé.* (National Gallery.) Phot. Braun, Clément et Cie . 345
John Constable. *Arbres à Hampstead.* (Dessin d'après nature.) 349
John Constable. *L'Écluse.* (Collection de M. J.-P. Heseltine.) 352
Antoine Watteau. *Dessin d'après nature.* (Collection de M. Léon Bonnat.). 353
Camille Corot. *La Mare.* Phot. Giraudon. 353
Antoine Watteau. *Compagnie élégante dans un parc.* (Galerie de Dresde.) 357
J.-B. Oudry. *Un Jardin à Arcueil (1744).* (Musée du Louvre.) Phot. Braun, Clément et Cie. 361
Joseph Vernet. *Le Pont Saint-Ange à Rome.* (Musée du Louvre.) Phot. Neurdein. . . 364
Hubert Robert. *Le Capitole.* (Musée du Louvre.) Phot. Giraudon 365
Honoré Fragonard. *Le Lavoir.* (Musée du Louvre.) Phot. Braun, Clément et Cie . . 369
R. P. Bonington. *Plage normande.* (Collection de M. Roses.) 373
R. P. Bonington. *L'Embouchure de la Touque.* (Lithographie de Th. Chauvel.) . . . 376
A. Decamps. *Le Bain des Nymphes.* (Lithographie par L. Français.) 377

LES MAITRES DU PAYSAGE.

A. Decamps. *Les Murs d'Aigues-Mortes*. (Musée du Louvre.) Phot. Neurdein. 381
E. Isabey. *La Ville et le Port de Dieppe*. (Musée de Nancy.). 384
E. Isabey. *Marée basse*. (Musée du Louvre.) Phot. Neurdein. 385
Camille Corot. *Vue de Gênes*. (Collection de M. Ryerson.) 389
Camille Corot. *Le Rageur*. (Forêt de Fontainebleau.) Phot. Giraudon. 392
Camille Corot. *Une Matinée*. (Musée du Louvre.) Phot. Neurdein. 393
Camille Corot. *Bain de Diane*. (Musée de Bordeaux.) Phot. Neurdein. 396
Th. Rousseau. *Le Curé*. (Collection de M. G. Gould.) 400
Camille Corot. *Village de Picardie*. Phot. Giraudon. 401
Th. Rousseau. *Lisière de Forêt*. (Lithographie de L. Français.). 405
Th. Rousseau. *Marais dans les Landes*. (Musée du Louvre.) Phot. Braun, Clément et Cie. 408
Th. Rousseau. *La Forêt en Hiver*. (Collection de M. P. Widener.). 409
Th. Rousseau. *Plateau de Belle-Croix*. (Collection de M. A. Belmont.) 412
Th. Rousseau. *Le Chêne*. (Collection de M. Mesdag.) 413
Th. Rousseau. *Le Chêne de Roche*. (Dessin.) Phot. Braun, Clément et Cie. 417
Th. Rousseau. *La Source du Lison*. (Dessin.) 421
Fr. Millet. *Le Nouveau-né*. Phot. Giraudon 424
Fr. Millet. *La Bergère*. Phot. Giraudon. 425
Ch. Jacque. *Moutons sur la lisière d'un bois*. Phot. Giraudon 428
Ch. Jacque. *Vaches en pâture*. (Collection de M. Léon Bonnat.). 429
Ch. Jacque. *Troupeau de Cochons*. (Eau-forte de l'artiste.). 433
N. Diaz. *Vaches dans une Mare*. (Lithographie de Mouilleron.) 436
N. Diaz. *Mare dans un taillis*. (Collection de M. Gould.). 437
Louis Cabat. *Soir d'Automne*. (Musée du Louvre.) Phot. Neurdein. 440
N. Diaz. *Sous Bois*. (Musée du Louvre.) Phot. Giraudon. 441
Prosper Marilhat. *Paysage d'Auvergne*. (Musée du Louvre.) Phot. Neurdein. . . . 445
Jules Dupré. *Environs de Southampton*. (Lithographie de L. Français.) 448
Jules Dupré. *Les Landes*. (Musée du Louvre.) Phot. Neurdein. 449
Jules Dupré. *A Marée basse*. Phot. Giraudon 453
L. Français. *Offrande à Flore*. (Lithographie de l'artiste.). 456
L. Français. *Dessin d'après nature*. (Collection de M. Léon Bonnat.). 457
Ch. Daubigny. *Le Ru à Valmondois*. (Collection de Mrs Byers.). 461
Ch. Daubigny. *Le Printemps*. (Musée du Louvre.) Phot. Braun, Clément et Cie. . . 464
Ch. Daubigny. *Le Parc à moutons*. (Collection de M. Mesdag.) 465
Ch. Daubigny. *La Côte de Villerville*. (Collection de M. Mesdag.). 469
Ch. Daubigny. *Bords de l'Oise*. (Musée du Louvre.) Phot. Braun, Clément et Cie . . . 472
Ch. Daubigny. *Le Chemin*. (Collection de M. Mesdag.). 473
Ch. Daubigny. *Le Marais*. (Musée du Louvre.) Phot. Giraudon 477
C. Troyon. *Le Matin*. (Musée du Louvre.) Lithographie de L. Français. 480
C. Troyon. *Matinée au Moerdyk*. (Collection de M. W. Elkins.) 481
Gustave Courbet. *La Vague*. (Musée du Louvre.) Phot. Neurdein. 485
Camille Bernier. *Les Bords de l'Isole*. (Musée de Morlaix.) 488
Jules Jacquemart. *Coin de Forêt aux environs de Menton*. (Musée du Louvre.) Phot. Giraudon. 489
Alfred de Curzon. *Un Orage à Torre del Greco*. (Collection de M. Henri de Curzon.). 492
Alfred de Curzon. *Vue prise à Ostie pendant la crue du Tibre*. (Musée du Luxembourg.). 493
Ed. Fromentin. *Gorges de la Chiffa*. (Collection de M. G. Gould.). 496
Ed. Fromentin. *Repos de la Caravane*. (Collection de M. G. Gould.). 497
Léon Belly. *Une Mare à Djiseh*. (Collection de Mme Léon Belly.). 500
Léon Belly. *Le Gué de Montboulant*. (Collection de Mme Léon Belly.) 501
Gustave Guillaumet. *Laghouat*. (Musée du Luxembourg.) Phot. Neurdein. 504
Puvis de Chavannes. *Sainte Geneviève en prières*. (Décoration du Panthéon.) Phot. Neurdein 505
J.-Ch. Cazin. *Maison en ruine au bord de la Mer* (Collection de Mme Cazin.). 508

TABLE DES PLANCHES HORS TEXTE.

Puvis de Chavannes. *Pauvre Pêcheur.* (Musée du Luxembourg.) Phot. Neurdein . . . 509
J.-Ch. Cazin. *Le Village.* (Collection de M. Montaignac.) 512
J.-Ch. Cazin. *Les Meules.* (Collection de M. Montaignac.) 513
J.-Ch. Cazin. *Le Moulin à vent.* (Collection de M. Montaignac.) 517
J.-Ch. Cazin. *En Picardie.* (Collection de M. Montaignac.) 520
Auguste Ravier. *Fontaine au bord de la Mer à Porto d'Anzio.* 521
Ant. Mauve. *La Neige.* Phot. Lecadre 521
Léon Pelouse. *L'Hiver à Cernay.* (Musée du Luxembourg.) Phot. Giraudon. 524
Eugène Boudin. *Le Port de Bordeaux.* (Musée du Luxembourg.) Phot. Neurdein . . . 525
Oswald Achenbach. *Le Môle de Naples.* Phot. Giraudon 528
Ant. Mauve. *Moutons en pâture.* Phot. Lecadre 529
J. de Nittis. *Place des Pyramides.* (Musée du Luxembourg.) Phot. Neurdein 530
Th. Rousseau. *La Mare.* (Collection Mesdag.) 533
John Constable. *Environs de Salisbury.* (Collection de M. J.-P. Heseltine.) . . . 542
J.-C. Cazin. *Les Gerbes.* (Collection de M. Montaignac.) 544

TABLE DES PLANCHES HORS TEXTE

Pl. 1. Myndert Hobbema. *Le Moulin à eau.* (Musée du Louvre.) . . . . . . Frontispice
2. Giorgone. *Le Concert champêtre.* (Musée du Louvre.) 18
3. Le Titien. *Bacchus et Ariane.* (National Gallery.) 26
4. Canaletto. *Vue de Venise.* (Musée du Louvre.) Phot. Braun, Clément et Cie . . 34
5. Rubens. *L'Automne.* (National Gallery.) 63
6. Poussin. *Polyphème.* (Musée de l'Ermitage.) Phot. Braun, Clément et Cie . . . 104
7. Claude Lorrain. *Le Débarquement de Cléopâtre.* (National Gallery.) 140
8. Jan van Goyen. *Vue de Dordrecht.* (Musée d'Amsterdam.) Phot. Braun, Clément et Cie 167
9. Jacob Ruisdael. *Le Château de Bentheim.* (Collection de M. A. Beit.) 186
10. Jacob Ruisdael. *Marine.* (Collection de lord Northbrook.) 192
11. Jacob Ruisdael. *Le Moulin à vent.* (Collection de M. R. Kann.) D'après une photographie de la Gesellschaft für vervielf. Kunst, à Vienne. 193
12. Myndert Hobbema. *Village au bord de l'eau.* (Collection de M. R. Kann.) D'après une photographie de la Gesellschaft für vervielf. Kunst, à Vienne 212
13. Albert Cuyp. *Les Vaches dans la Campagne.* (National Gallery.) 220
14. Paul Potter. *Le Bétail de la Ferme.* (Musée de l'Ermitage.) Phot. Braun, Clément et Cie. 234
15. Ad. van de Velde. *La Ferme.* (Musée de Berlin.) Phot. Hanfstaengl 246
16. Ph. Wouwermann. *L'Hiver.* (Collection de M. R. Kann.) D'après une photographie de la Gesellschaft für vervielf. Kunst, à Vienne 270
17. J. Vermeer de Delft. *Vue du canal de Rotterdam, à Delft.* (Musée de la Haye.) Phot. Hanfstaengl 274
18. Rembrandt. *La Fuite en Égypte.* (Musée de Dublin.) 280
19. Rembrandt. *Le Moulin à vent.* (Collection de lord Lansdowne.) Phot. Scheltema et Holkema, Amsterdam 288
20. Velazquez. *Saint Antoine visitant saint Paul.* (Musée du Prado.) Phot. Laurent, à Madrid 304

21. W. Turner. *Le Port de Calais*. (National Gallery.) Phot. Braun, Clément et Cie. 316
22. J. Constable. *Cathédrale de Salisbury*. (Musée de South-Kensington.) 334
23. J. Constable. *La Ferme de la Vallée*. (National Gallery.) Phot. Braun, Clément et Cie. 342
24. Fragonard. *L'Escarpolette*. (Collection de M. R. Kann.) D'après une photographie de la Gesellschaft für vervielf. Kunst, à Vienne. 364
25. Eug. Delacroix. *Le Christ endormi pendant la Tempête*. (Collection van Horne.). 366
26. Paul Huet. *L'Inondation de Saint-Cloud*. (Musée du Louvre.) Phot. Braun, Clément et Cie. 374
27. C. Corot. *L'Étang de Mortefontaine*. (Musée du Louvre.) 394
28. C. Corot. *Le Village de Sin-le-Noble*. (Musée du Louvre, Collection Tomy Thierry.) Phot. Braun, Clément et Cie 402
29. Th. Rousseau. *La Hutte aux Charbonniers*. (Collection Gould.). 430
30. Fr. Millet. *Les Champs en Hiver*. Phot. Braun, Clément et Cie 442
31. Jules Dupré. *La Rivière*. (Collection Angus.) 452
32. L. Français. *Daphnis et Chloé*. (Musée du Louvre.) Phot. Braun, Clément et Cie. 466
33. C. Troyon. *Les Bœufs se rendant au Labour*. (Musée du Louvre.) Cliché Neurdein. 478
34. C. Troyon. *L'Orage en Été*. (Collection Drummond, à Montréal.). 482
35. G. Courbet. *La Remise des Chevreuils*. (Musée du Louvre, Cliché Neurdein.). . 484
36. Ch. Daubigny. *L'Écluse d'Optevoz*. (Phot. Braun, Clément et Cie.) 476
37. Camille Bernier. *L'Étang de Quimerc'h*. (Musée de Quimper.). 486
38. Léon Belly. *Une Mare en Forêt*. (Collection de Mme L. Belly.) 502
39. Guillaumet. *La Séguia, près Biskra*. (Musée du Luxembourg.) L. P. Phot. Paris. 506
40. J. Cazin. *La Plage d'Équihen*. (Collection de Mme J. Cazin). 516

Avis au Relieur. — Le placement des planches numérotées : 33, 34, 35 et 36 doit être fait conformément à la pagination indiquée pour chacune d'elles.

J. CONSTABLE. — ENVIRONS DE SALISBURY.
(Collection de M. J.-P. Heseltine.)

TABLE DES MATIÈRES

Avant-Propos.. i à iv

CHAPITRE PREMIER. — Les Maîtres du Paysage en Italie............ 1

I. Première apparition du paysage dans l'art chrétien : les mosaïques et les miniatures. — Giotto. — Les maîtres de l'Ombrie. — Léonard de Vinci. — Raphaël. — Le Corrège. — La décadence et les Carrache. — II. Le Paysage dans l'École vénitienne. — G. Bellini. — Marco Basaiti. — Le Giorgione. — Le Titien. — Canaletto............................... 1 à 36

CHAPITRE II. — Le Paysage dans l'École flamande................ 37

I. Les miniaturistes. — Les van Eyck et leurs successeurs. — Gérard David. — J. Bosch. — J. Patinir. — II. Les Brueghel. — Les Paysages de Rubens. — D. Teniers. — Ad. Brouwer........................... 37 à 72

CHAPITRE III. — Le Paysage dans l'École allemande.............. 73

Sa tardive éclosion. — Albert Durer. — Ses voyages en Italie. — Excellence et sincérité de ses études d'après nature. — Adam Elsheimer......... 73 à 88

CHAPITRE IV. — Les maîtres du paysage en France au XVIIe siècle.... 89

I. Débuts de l'École française. — Jean Fouquet. — Les Lenain. — Nicolas Poussin paysagiste. — Sa vie et ses œuvres. — Caractère bien français de son talent. — Gaspard Dughet. — II. Claude Lorrain. — Sa vocation. — Ses dessins; ses eaux-fortes et ses tableaux. — Le « Liber veritatis ». — Principales œuvres.. 89 à 148

CHAPITRE V. — Les Paysagistes hollandais....................... 149

I. L'École d'Utrecht et les « italianisants ». — C. Poelenburgh. — Les frères Both. — Nicolas Berchem. — Karel du Jardin. — II. Les Paysagistes de Harlem. — J. van Goyen. — Salomon et Jacob Ruisdael. — A. van Everdingen. — M. Hobbema. — III. Les animaliers : A. Cuyp. — Paul Potter. — Ad. van de Velde. — IV. Les peintres de la mer, des plages et des villes hollandaises. — W. van de Velde. — Jan van de Cappelle. — Les Ostade. — A. van der Neer. — Ph. Wouwerman. — Jan Wermeer de Delft. — V. Rembrandt paysagiste.................................. 149 à 292

CHAPITRE VI. — Le Paysage dans l'École espagnole............... 293

Éclosion tardive de l'École espagnole. — Diego Velazquez. — Son amour de la nature. — Place importante du paysage dans ses œuvres. — J.-B. del Mazo. — Francisco Collantès..................................... 293 à 308

CHAPITRE VII. — Les Paysagistes de l'École anglaise.............. 309

I. L'art en Angleterre. — La nature chez les littérateurs. — Les jardins anglais. — Les premiers paysagistes. — Turner. — II. John Constable. — Sa vocation. — Son amour de la nature et sa sincérité. — Ses jugements sur les maîtres... 309 à 352

544 LES MAITRES DU PAYSAGE.

CHAPITRE VIII. — Les Maitres du Paysage moderne en France. 353

    I. Les Précurseurs. — II. Corot; sa vie et ses œuvres. — III. Théodore Rousseau et les peintres de Barbizon. — IV. Les Paysagistes nés avant 1820. — V. Les Paysagistes nés après 1820 . . . . 353 à 520

CHAPITRE IX. — Les Paysagistes provinciaux ou étrangers 521

    I. Paysagistes français en province. — II. Paysagistes étrangers. — III. Les impressionnistes. — Conclusion. . . . . 521 à 530

INDEX DES NOMS PROPRES CONTENUS DANS CE VOLUME. 533
TABLE DES ILLUSTRATIONS CONTENUES DANS LE TEXTE 537
TABLE DES GRAVURES HORS TEXTE 541
TABLE DES MATIÈRES. 543

J.-CH. CAZIN. — LES GERBES.
(Collection Montaignac.)

PARIS — IMPRIMERIE LAHURE

www.ingramcontent.com/pod-product-compliance
Lightning Source LLC
Chambersburg PA
CBHW050321020526
44117CB00031B/1314